河南省哲學社會科學規劃項目"《肩水金關漢簡》文本整理與研究"（2019CKG002）研究成果，得到"信陽師範學院'南湖學者獎勵計劃'青年項目（Nanhu Scholars Program for Young Scholars of XYNU）"的支持

肩水金關漢簡釋文合校

姚磊 著

中國社會科學出版社

圖書在版編目（CIP）數據

肩水金關漢簡釋文合校／姚磊著. —北京：中國社會科學出版社，2021.6
ISBN 978 - 7 - 5203 - 8503 - 9

Ⅰ.①肩…　Ⅱ.①姚…　Ⅲ.①居延汉简—注释—校勘　Ⅳ.①K877.54

中國版本圖書館 CIP 數據核字（2021）第 098110 號

出 版 人　趙劍英
責任編輯　范晨星
責任校對　韓天煒
責任印製　王　超

出　　　版　中国社会科学出版社
社　　　址　北京鼓樓西大街甲 158 號
郵　　　編　100720
網　　　址　http://www.csspw.cn
發 行 部　010 - 84083685
門 市 部　010 - 84029450
經　　　銷　新華書店及其他書店

印　　　刷　北京君昇印刷有限公司
裝　　　訂　廊坊市廣陽區廣增裝訂廠
版　　　次　2021 年 6 月第 1 版
印　　　次　2021 年 6 月第 1 次印刷

開　　　本　710 × 1000　1/16
印　　　張　32.75
字　　　數　520 千字
定　　　價　169.00 元

目　　錄

序

肩水金關漢簡，因爲發掘出土的地點是漢代肩水都尉金關遺址而得名。金關是弱水流域肩水都尉與居延都尉之間對過往人員進行檢查、管控的關卡。用關嗇夫的話是"主出入吏民，禁備盜賊"，漢簡則是其日常運作而形成的各類文書記錄的孑遺。

金關漢簡主體分爲兩部分，一部分是 1930 年代西北科學考察團貝格曼的發掘品，是居延舊簡的重要組成部分之一，現藏台北"史語所"；一部分是 1970 年代甘肅居延考古隊的發掘品一萬二千枚，爲了區別與甲渠候官、第四隧之"居延新簡"稱爲"肩水金關漢簡"，而實際上，早先的發掘簡報將二者合稱爲"居延新簡"，實物現藏甘肅簡牘博物館。

肩水金關漢簡，在 1998 年曾在早年釋文的基礎上，利用可以觀察、釋讀但無法成像的紅外顯示儀校讀一遍，至高清紅外掃描儀引入到簡牘釋讀後，也就有了中西書局的五卷本《肩水金關漢簡》。筆者有緣參與前者與後者的二、四卷釋讀定稿。

當 2020 年 9 月 23 日下午，從馬家塬大墓 M16 馬車解剖現場走到地表翻看微信，有三條來自姚磊的消息，希望本人給其大作寫一個序。序可不是一般的文字，有時間感覺文章的題目都不容易起。卻之不得，勉而爲之。

筆者與姚磊的結緣，不是他在蘭州大學讀書時。雖是同鄉，都是河南人，但在蘭大讀書的時間前後相差比較遠。簡牘將我們二人拉在一起，他在武漢大學讀博時，時常的 QQ 交流，使我們慢慢了解對方，直到後來通過金關漢簡校訂面見才對上號。之後，對他的關注則是因爲其通過簡牘綴合解決的很多肩水金關漢簡的釋文問題。每有所得，或可先睹爲快，或可從網上全文下載，加註於釋文之中。

　　當看到 500 多頁、30 餘萬字的書稿時，頗爲震動。一是能在這麽短的時間内拿出一個融合諸家校讀的《肩水金關漢簡釋文合校》，可見其用力之勤；大家都知道其在漢簡尤其是金關漢簡綴合方面功力尤深，没有想到又有《肩水金关汉简缀合》之姊妹篇。另一個是全書涉及校讀的簡文有一千多條，約佔肩水金關漢簡的十分之一。如此多的簡牘釋文或多或少存在問題與爭議，也確實值得大家在使用與研究過程中重視這一現象。

　　作爲肩水金關漢簡釋讀的曾經參與者，對造成這一現象原因的感受如下：一是漢簡本身保存狀況問題。字跡漫漶、筆畫殘泐、簡體隙裂，是影響釋讀的重要原因。二是漢簡本身書寫的隨意性。作爲漢代基礎行政單位的日常文書，文書的日常行爲，受書寫者的文化水平影響較大，字體拙稚、減筆、部首混用與位移，以及訛體、脱字，都會影響到今天對簡文的釋讀。三是簡牘自身數量多，工作任務大，既是出版延宕時間之久的原因，也是整理、釋讀可能存在不足的原因。到後期的定稿將專家集中起來，用三五天的時間，對兩千多枚簡牘校讀一過，時間略顯倉促，也會造成個别字的斟酌度不足。

　　全書將散見於不同媒體刊物的諸家校釋集中在一起，大大方便了檢索與驗核。既是階段性成果，也是最基本的整理工作，爲肩水金關漢簡的進一步整理、校讀奠定了基礎。因爲簡牘的釋文是最基礎的整理工作之一，只有釋文正確了才能在此基礎之上開展不同方面的研究與探討。如字庫的整理與編輯，就與每個字的釋讀脱不了關係。

　　簡牘釋讀不僅需要看字形，還要注意與字義的結合，還可以利用辭例進行輔助判讀，在簡牘資料大大豐富的今天，又有了極爲方便的檢索手段，都爲簡牘的釋讀提供了便利。從這一點出發，筆者發現目前的釋文校讀多注重了字形，而這些有問題的字，之所以有問題，就是因為原本不完整、有殘缺或漫漶不清。如果在釋讀時考慮到字義、辭例就可能避免一些誤會。如簡 73EJC：604 的“遷”與“還”的分歧，原本書寫的筆畫減省，字體似是而非，但作爲人名考慮“遷”字就會更加合理；還有幾個明顯的“傳文書”，類似“毋官獄徵事”一詞，可以補充諸家不曾注意的釋文，簡 73EJT11：25A“□□□從事”實爲“毋官獄徵事”、簡 73EJT24：311A“□□行候事”實爲“案毋官徵事”。

　　明末歷史學家李維貞以爲"校書猶掃落葉，歲掃隨有"；近現代史學大家陳垣整理碑文有"抄書易，抄碑難；抄碑易，校碑難"之感。校讎不易，簡牘亦同。簡牘釋讀存在的不順暢點，仍值得再進一步做工作。如謝桂華先生常言語義不通，或無法解釋，可能就是釋文有問題，就可以打個問號，就值得翻看圖版。

　　《合校》在總結現有校讀成績的時候，也讓我們看到肩水金關漢簡釋文存在的問題。筆者數年前也曾注意過這一問題，並試作對個別簡文進行校讀，但礙於簡牘的數量巨大，很難一蹴而就，移情別戀，半途而廢。"地不愛寶"，簡牘資料層出不窮，簡牘校讀之餘地尚爲廣闊。也正是筆者前幾年提出"出土文書整理與研究再發力"的原因吧！簡牘資料的整理、再整理，仍需同志者勉之。

張俊民

2020 年 10 月 18 日

凡　例

1. 肩水金關漢簡釋文、圖版以中西書局出版的《肩水金關漢簡（壹）》（2011 年）、《肩水金關漢簡（貳）》（2012 年）、《肩水金關漢簡（叁）》（2013 年）、《肩水金關漢簡（肆）》（2015 年）、《肩水金關漢簡（伍）》（2016 年）五卷十五册爲底本。居延漢簡釋文以"中研院"簡牘整理小組編《居延漢簡》爲底本，居延新簡以甘肅文化出版社的《居延新簡集釋》爲底本。

2. 先列出《肩水金關漢簡》整理者出版的釋文（統稱"整理者"），再匯總學者們的意見，最後自己的意見以按語形進行述評；如果釋文變動較大，則出具新的釋文。爲方便讀者檢索，校訂順序按照出版先後以及簡號排序。

3. 由於綴合部分已單獨整理出版《肩水金關漢簡綴合》，故此部分內容不再單獨列出。

4. 爲方便讀者閱讀，所討論文字加粗，並在字下加下畫綫標記，如"朔"。

5. 釋文中的符號，沿用肩水金關漢簡整理者的符號，簡文中的補釋用（）標注。

6. 分欄按照 ABCDEF 等標記欄號，行號用阿拉伯數字 1、2、3 等表示，如 A1 表示第 1 欄第 1 行。

7. 爲行文方便，稱述學者姓名時不加先生或其他尊稱；爲方便閱讀，姓名均加黑加粗。

8. 在引述各家意見時，爲突出重點，在不影響觀點表達的基礎上，對內容有刪減或調整。

一 《肩水金關漢簡（壹）》

（一）73EJT1

1. 73EJT1：1

甘露二年五月己丑朔甲辰朔丞相少史御史守少史仁以請詔有逐驗大
逆無道故廣陵王胥御者<u>惠</u>同……狀身小長詐<u>麿</u>少言書到二千石遣毋害
都吏　　　　　　　　　　　　　　　　　　　　　　　　73EJT1：1

　　[1] 李洪財："惠"字當爲"憲"，王錦城、沈思聰同李洪財意見。①

　　[2] 方勇："麿"字可能讀爲"僞"，表示虛僞義……牘文"詐僞"
是形容麗戎巧詐虛僞的性格。② 劉倩倩同。③

　　按：依據簡文内容，學界有"甘露二年御史書"、"甘露二年丞相御
使書册"、"甘露二年丞相御史律令"等不同的稱呼，居延新簡 EPT43：
92 號簡内容與此簡較爲一致可參。楊媚、鄔文玲、趙寵亮、王錦城做了

---

　　① 李洪財：《漢簡草字整理與研究·漢代簡牘草字彙編》，博士學位論文，吉林大學，2014
年，第 167 頁；王錦城：《〈肩水金關漢簡〉校讀札記（三）》，簡帛網，2017 年 10 月 15 日，ht-
tp：//www.bsm.org.cn/show_article.php？id＝2924；沈思聰：《肩水金關漢簡人名索引與釋文校
訂》，碩士學位論文，復旦大學，2018 年，本書關於李洪財、沈思聰的意見若無特殊説明均出自
其博士、碩士學位論文，不另注。
　　② 方勇：《讀肩水金關漢簡札記二則》，簡帛網，2011 年 9 月 16 日，http：//www.bsm.
org.cn/show_article.php？id＝1550。後發表於《魯東大學学报》2012 年第 2 期。
　　③ 劉倩倩：《〈甘露二年丞相御史律令〉校注》，復旦大學出土文獻與古文字研究中心網，
2015 年 1 月 12 日，http：//www.gwz.fudan.edu.cn/Web/Show/2421；劉倩倩：《〈肩水金關漢簡
（壹）〉注釋及相關問題研究》，碩士學位論文，華東師範大學，2015 年。本書關於劉倩倩的意
見若無特殊説明均出自其碩士學位論文，不另注。

較好的集釋工作①，故以上僅補釋吸納了新的意見。

2. 73EJT1：4

地節三年 A1

閏月吏民 A2

出入關致籍 A3　　　　　　　　　　　　　　　　　　　　73EJT1：4

[1] 任達："節"我們釋爲"莭"。②

按：任達改釋可從。

3. 73EJT1：6

河南郡雒陽宜歲里王富　乘駹牡馬一匹輜車一兩弩一大九一矢五十

枚刀劍各一（竹簡）　　　　　　　　　　　　　　　　　73EJT1：6

[1] 晏昌貴："歲"，原釋文作"茂"，今改釋。③

[2] 王錦城：原釋文即作"歲"，不作"茂"。

按：從整理者釋。

4. 73EJT1：7

新汲令史德里孫世　　□□一

　　　　　　　　　馬□□　　劍一刀一弓一矢卅三　　丿（竹簡）

　　　　　　　　　　　　　　　　　　　　　　　　　　73EJT1：7

[1] 沈思聰："卅三"圖版作 ，當釋"卅二"。

按：沈思聰改釋可從。另外，整理者所釋"□□一"中的"一"字

①　楊媚：《〈甘露二年丞相御史律令〉冊釋文輯校》，《簡牘學研究》第 4 輯，甘肅人民出版社 2004 年版；郇文玲：《〈甘露二年御史書〉校讀》，《中國古代法律文獻研究》第 5 輯，社會科學文獻出版社 2012 年版；趙寵亮：《〈甘露二年丞相御史書冊〉考釋補議》，《甘肅省第二屆簡牘學國際學術研討會論文集》，上海古籍出版社 2012 年版；王錦城：《〈肩水金關漢簡〉分類校注及相關問題研究》，博士學位論文，華東師範大學，2019 年。本書關於王錦城的意見若無特殊說明均出自其博士學位論文，不另注。

②　任達：《〈肩水金關漢簡（壹）〉文字編》，碩士學位論文，吉林大學，2014 年，第 2 頁。

③　晏昌貴：《增補漢簡所見縣名與里名》，《歷史地理》第 26 輯，上海人民出版社 2012 年版。

圖版作：▓▓，是從簡的左側延續至右側的一個筆畫，即屬於"馬□□"中的文字。從文意分析，是數字的可能性最大，但由於圖版殘缺，無法準確釋讀，暫存疑不釋較爲適宜。此字下有一字圖版作：▓▓，疑"匹"字殘筆。由此，釋文作：

　　新汲令史德里孫世　……

　　　　　　　　　馬□匹　……　劍一刀一弓一矢卅二　丿（竹簡）

　　　　　　　　　　　　　　　　　　　　　　　　　　73EJT1：7

5. 73EJT1：8

戍卒汝南郡召陵倉里宋猜　年廿五　（竹簡）　　　　73EJT1：8

　[1] 晏昌貴："倉"原釋文作"會"，今從張新俊改釋，見《〈肩水金關漢簡（壹）〉釋文》。①

　[2] 王錦城：原釋文即作"倉"。

按：晏昌貴所言有誤，所依簡文當張俊民提供，而非張新俊，從整理者釋。

6. 73EJT1：9

戍卒梁國己氏泗亭里□當時年□三　（竹簡）　　　　73EJT1：9

　[1] 劉倩倩："己"釋文誤將"巳"釋爲"己"。②

　[2] 沈思聰：第一個"□"，原簡殘存左半，圖版作 𰀀，當釋作"莊"。第二個"□"，原簡殘存左半，圖版作 𰀁，當釋作"卅"。

　[3] 王錦城：該簡縱裂，僅存左半，釋文即作"己"不誤。

按：王錦城所言可從，沈思聰補釋"莊"字可從，補釋"卅"可備一說，由於圖版殘缺，暫不釋讀。由此，釋文作：

戍卒梁國己氏泗亭里莊當時年□三　（竹簡）　　　　73EJT1：9

---

　　① 晏昌貴：《增補漢簡所見縣名與里名》，《歷史地理》第 26 輯，上海人民出版社 2012 年版。

　　② 劉倩倩：《〈肩水金關漢簡（壹）〉注釋及相關問題研究》，碩士學位論文，華東師范大學，2015 年。

7. 73EJT1：11

胡臨呼勿一　　弓　　　　　　　　　　　　73EJT1：11

[1] 何茂活："勿一" 圖版作 ，當釋爲 "逐"。本書 1：187 "逐
蓬火"，"逐" 字作 ，寫法與此同，唯末筆曲直及結構疏密有異。①

[2] 沈思聰：何茂活釋爲 "逐"，暫存疑。

按：何茂活意見可備一説。

8. 73EJT1：13

田卒趙國襄國長宿里龐寅年廿六　　　　　　73EJT1：13

[1] 任達："宿" 我們釋爲 "安"。②

按：任達改釋可從。

9. 73EJT1：14

月卒一旦有□校兵者欲何應之　　　　　　73EJT1：14A

□□□□嗇夫　　　　　　　　　　　　73EJT1：14B

[1] 李洪財：未釋字 應是 "武" 字之草寫，並舉出《居》65·
18 有 "武校" 的辭例，但 "武校" 究竟何意，尚不得知。③

[2] 黃艷萍："" 非 "武" 的草寫，更可能爲 "來" 字的訛寫，
"" 字的 "一" 筆可能爲書寫時的訛誤。"月卒" 即月底、月末。此
簡意爲：月底一旦有來校閲兵物的人，打算怎麼去應對呢？④

---

① 何茂活：《〈肩水金關漢簡（壹）〉釋文訂補》，復旦大學出土文獻與古文字研究中心網，
2014 年 11 月 28 日，http：//www. gwz. fudan. edu. cn/Web/Show/2392。

② 任達：《〈肩水金關漢簡（壹）〉文字編》，碩士學位論文，吉林大學，2014 年，第 3
頁。

③ 李洪財：《〈肩水金關漢簡〉（壹）校讀札記》，復旦大學出土文獻與古文字研究中心網，
2012 年 9 月 17 日，http：//www. gwz. fudan. edu. cn/Web/Show/1929。

④ 黃艷萍：《初讀〈肩水金關漢簡（壹）〉札記》，復旦大學出土文獻與古文字研究中
網，2013 年 5 月 30 日，http：//www. gwz. fudan. edu. cn/Web/Show/2058。

［3］王錦城：此暫從整理者作未釋字處理。

按：筆者傾向黃艷萍釋"來"的意見，但" ▬▬ "筆可能爲書寫時的訛誤，恐非。此簡右側存有墨跡，當有兩行書寫，整理者僅釋讀了左側一行，右側一行整理者未注明，當補釋。整理者未釋字圖版作： ，疑圈處的橫線乃右側一行的墨跡，也即左側一行此字圖版當爲： ，也即"來"字。"有來"一詞有見於73EJT23：394號簡，辭例爲"客舍言昨朝有來過者"，可爲佐證。此外，"校"字當與"兵"連讀，而非李洪財所認爲的同上一字連讀，居延新簡中有"校兵"辭例可爲佐證。對於EPT20：8號簡的"拘校兵物"，孫占宇认爲："指清點兵器和物品。"①73EJT1：14號簡的"校兵"，意亦可從。

10. 73EJT1：17

今毋餘緯　　　　　　　　　　　　　　　　　　73EJT1：17

［1］秦鳳鶴："緯"原簡寫作 ，當釋"綈"。《居延新簡》EPF22·158、《居延新簡》EPT6·81中"弟"字原簡分別寫作 、 。這兩個字形與"綈"字右邊所從偏旁形體相近。綈，古代一種粗厚光滑的絲織品。《説文·糸部》："綈，厚繒也。"《管子·輕重戊》第八十四："魯、梁之民俗爲綈。公服綈，令左右服之，民從而服之。"②

按：秦鳳鶴改釋可從。

11. 73EJT1：18

張掖肩水塞閉門關嗇夫糞土臣　　　　　　　　　　73EJT1：18

［1］黃艷萍："閉"當爲"關"。③

［2］孔德眾、張俊民：其中"閉"無疑也是"關"字，減筆的原因

---

① 孫占宇：《居延新簡集釋》第1册，甘肅文化出版社2016年版，第476頁。
② 秦鳳鶴：《〈肩水金關漢簡（壹）（貳）〉釋文校訂》，《中國文字學會第九届學術年會論文集》，貴陽，2017年8月；秦鳳鶴：《〈肩水金關漢簡〉（壹）（貳）釋文校訂》，《漢字漢語研究》2018年第2期。
③ 黃艷萍：《初讀〈肩水金關漢簡（壹）〉札記》，復旦大學出土文獻與古文字研究中心網，2013年5月30日，http：//www.gwz.fudan.edu.cn/Web/Show/2058。

無疑就是原來字筆畫太多，在門之內很難填充實有筆書，在書寫時簡化而爲之。①

　　[3] 張俊民："閉"是"關"字……殘存的文字是關嗇夫上書皇帝的部分文字，自稱"糞土臣"。既然是關嗇夫當然是關門比較合理。②

　　按：諸家改釋可從。

12. 73EJT1：22

酒寬小人過章唯次公<u>察</u>過<u>前</u>足過

章金關亭章得廣具待次公會莫　　　　　　　　　73EJT1：22A

　　[1] 李洪財："前"，似"步"之草書，漢簡中"步"也可寫作此形，"前"也可寫作此形，尚難確定，存疑。③

　　[2] 劉倩倩："酒寬"疑爲"酒泉"。

　　[3] 王錦城：A 面第一行"前"字李洪財認爲或爲"步"。該字圖版作 ，從字形來看，似當釋"步"，但文義不明，暫從整理者釋。又"酒寬"劉倩倩疑爲酒泉。其說非，寬字明顯不爲泉。

　　按：暫從整理者作"前"，此外，整理者所釋"察"字，圖版作： ，恐非，疑"定"字。

13. 73EJT1：26

車牛一兩　——劍一　　　　　　　　　　　　　73EJT1：26

　　[1] 劉倩倩："劍"似應釋爲"劒"。④

　　按：當從整理者原釋。

---

　　① 孔德衆、張俊民：《漢簡釋讀過程中存在的幾類問題字》，《敦煌研究》2013 年第 6 期。

　　② 張俊民：《肩水金關漢簡（壹）釋文補例》，簡帛網，2014 年 12 月 16 日，http：//www. bsm. org. cn/show_article. php？id＝2112。

　　③ 李洪財：《〈肩水金關漢簡〉（壹）校讀札記》，復旦大學出土文獻與古文字研究中心網，2012 年 9 月 17 日，http：//www. gwz. fudan. edu. cn/Web/Show/1929。

　　④ 劉倩倩：《〈肩水金關漢簡（壹〉）注釋及相關問題研究》，碩士學位論文，華東師范大學，2015 年。

14. 73EJT1：27

☑如律令/掾市客令史可置　　　　　　　　　　　　　　73EJT1：27

［1］王錦城："客"字或爲"賓"。

按：簡文中該字圖版作：，疑"宏"字，肩水金關漢簡中"宏"字圖版作：（73EJF3：180）、（73EJF3：548）、（73EJT37：23），可參。此外，"掾宏"在肩水金關漢簡中亦有出現，如"掾宏令史□"（73EJF3：180）、"掾宏史嚴書吏"（73EJF3：548）、"掾宏兼史詡書吏隆"（72EBC－7：2）。由此，該字當釋作"宏"。

15. 73EJT1：32

田卒趙國尉文翟里韓□☑　　　　　　　　　　　　　　73EJT1：32

［1］沈思聰："韓"下一字似爲"王"。

按：圖版殘缺嚴重，暫且存疑。

16. 73EJT1：40

曲□卒謝充　丿　　　　　　　　　　　　　　　　　　73EJT1：40

［1］馬智全："□"當釋"河"，右半略省，是"河"字的簡寫。①李燁同。②

［2］黃艷萍、張再興："□"當釋"沰"，或爲"河"字之"譌"。③

［3］王錦城：該字確和"河"字不類，但據文義來看，"曲河"漢簡屢見，其或爲"河"字之訛，此暫釋作"河"。

按：馬智全意見可從。

17. 73EJT1：42

日勒丞王勝　馬二匹軺車二乘　小史脩□里王奉光　丿　73EJT1：42

［1］李洪財：其中"□"應釋作"勢"字。《居》193·27B："因報

---

① 馬智全：《〈肩水金關漢簡（壹）〉校讀記》，《考古與文物》2012年第6期。

② 李燁：《〈肩水金關漢簡（壹）〉研究三題》，碩士學位論文，西南大學，2013年。

③ 黃艷萍、張再興：《肩水金關漢簡校讀叢札》，《簡帛》第17輯，上海古籍出版社2018年版。

子**勢**前所言事竟"……可知兩字是一字。《説文》："**勢**，健也。"①

　　[2] 何茂活："脩"後之字爲，當釋爲"飭"。"脩飭"成詞，意義合乎縣邑鄉里取名之習慣與情理。本書9：120"脩義里"可爲其證。另，8：84"脩穫里"當釋爲"脩禮里"。"脩禮"圖版作。"脩義"、"脩禮"爲動賓結構，"脩飭"爲並列結構，結構不同，但語義相近。②

　　[3] 王錦城：該字圖版作形，釋"**勢**"恐非，其左邊部分非"食"字，釋"飭"恐亦不妥，暫從整理者釋。

　　按：何茂活意見可從。

18.73EJT1：53

□□百□錢　　□□□廿二錢　今見錢二百一十五方^马

　　二斗它二千石未出

　　三百　其二人錢五千七百付大司農未出・七千六百五

十□（削衣）

　　……　　　　　　　　　　　　　　　　　　73EJT1：53

　　[1] 李洪財："三百"應作"二百"。③

　　按：改釋可從。

19.73EJT1：54

弘農郡陝倉□里蔡青　葆養車騎馬一匹驃牡左剽齒五歲高五尺八寸名曰張中　大奴□昌　（竹簡）　　　　　　　73EJT1：54

　　[1] 沈思聰："昌"前一字未釋字作，當釋"廣"。

　　按：圖版殘缺嚴重，暫存疑。

─────────────

　　① 李洪財：《〈肩水金關漢簡〉（壹）校讀札記》，復旦大學出土文獻與古文字研究中心網，2012年9月17日，http：//www.gwz.fudan.edu.cn/Web/Show/1929。

　　② 何茂活：《〈肩水金關漢簡（壹）〉釋文訂補》，復旦大學出土文獻與古文字研究中心網，2014年11月28日，http：//www.gwz.fudan.edu.cn/Web/Show/2392。

　　③ 李洪財：《漢簡文字中的合文與連寫現象》，《古文字研究》第33輯，中華書局2020年版，第432頁。

20. 73EJT1：55

肩水□□隧卒陳□ 貰賣布襲一領布絝一兩並直八百界□□

73EJT1：55

［1］沈思聰："肩水"二字後的"□□"，原簡僅存左半，圖版作

，當釋"平樂"。"並"字，圖版作 ，當做"并"。

按：沈思聰補釋、改釋可從。

21. 73EJT1：58

□以食臨渠卒張誼九月十月□ 73EJT1：58

［1］魯家亮："月"字之下尚有少量殘存筆劃，其下之字很可能是
"食"。①

［2］王錦城：（魯家亮）補釋或可從，但圖版磨滅不可辨識，當從整
理者釋。

按：魯家亮補釋可從。

22. 73EJT1：61

□□審端貰賣布復袍一領

……73EJT1：61

［1］劉倩倩："審"應釋爲"富"。②

［2］王錦城：上部殘泐，不能確知，暫從整理者釋。

按：當從整理者原釋。

23. 73EJT1：63

□□令寫移檄□ 73EJT1：63

按："檄"下一字圖版殘缺，從辭例看當是"到"字。

---

① 魯家亮：《肩水金關漢簡釋文校讀六則》，《古文字研究》第 29 輯，中華書局 2012 年版。

② 劉倩倩：《〈肩水金關漢簡（壹）〉注釋及相關問題研究》，碩士學位論文，華東師范大學，2015 年。

24. 73EJT1：66

☑言之從關嗇夫賞糴粟

☑□□□　　　　　　　　　　　　　　　　　　73EJT1：66

［1］劉倩倩：此處"糴粟"乃名詞，指穀物。

［2］王錦城："糴"通"糴"，義爲買入糧食……"賞糴"謂以賒欠的方式買入糧食。

按：王錦城之言可從。

25. 73EJT1：69

☑張掖郡中正光占□☑

☑□□□□□□☑　　　　　　　　　　　　　　73EJT1：69

按：整理者所釋"張"字圖版作：▨▨，當釋"長"。

26. 73EJT1：75

戍卒梁國己氏官里陳可置　（竹簡）　　　　　　73EJT1：75

［1］何茂活："梁"實作"梁"。①

按：何茂活改釋可從。

27. 73EJT1：77

☑爲田七十五畮　（竹簡）　　　　　　　　　　73EJT1：77

［1］劉倩倩："畮"應釋作指"每"，通"畮"。②

［2］王錦城：該字當爲"畮"字不誤。

按：當從整理者原釋。

28. 73EJT1：82

當陽卒郭玉柃　六石具弩一橐矢五十☑　　　　73EJT1：82

---

① 何茂活：《〈肩水金關漢簡（壹）〉釋文訂補》，復旦大學出土文獻與古文字研究中心網，2014 年 11 月 28 日，http：//www.gwz.fudan.edu.cn/Web/Show/2392。

② 劉倩倩：《〈肩水金關漢簡（壹）〉注釋及相關問題研究》，碩士學位論文，華東師範大學，2015 年。

[1] 沈思聰："玉枔"，圖版作▨、▨，當釋"王孫"。

按：沈思聰改釋"王"字可從，所釋"孫"由於圖版不清晰，暫存疑。另外，簡面中部右側還有墨跡，圖版作：▨，疑勾校符號"丿"，整理者漏釋，當補。

29. 73EJT1：83

☑□施刑屯居延作一日當二

☑☐☐☐☐☐   73EJT1：83

[1] 張俊民："□"可作"皆"。①

[2] 王錦城：補釋或可從，但簡首殘斷，該字僅存下部一點墨跡，不能確知，當從整理者釋。

按：張俊民補釋可從。

30. 73EJT1：84

故第四農長閬安居一名充河□☑ A1

☑□□□農丞□適□大常□☑ A2

☑馮廣昌穎川郡陝☑ A3   73EJT1：84

[1] 田炳炳："陝"當是"郟"之反寫。②

[2] 董珊：由於73EJT1：84殘缺，解釋上有多種可能，"穎川郡陝"也可能釋爲"穎川郡郟"，"陝"與"郟"可以通假。③

[3] "尾聲"："穎川郡陝"可能是"穎川郡陜"的誤寫或誤識。陜，

---

① 張俊民：《〈肩水金關漢簡（叁）〉釋文獻疑》，簡帛網，2015 年 1 月 19 日，http：//www.bsm.org.cn/show_article.php? id＝2138。

② 田炳炳：《説〈肩水金關漢簡（壹）〉中的"陝"》，簡帛網，2014 年 6 月 9 日，http：//www.bsm.org.cn/show_article.php? id＝2030。

③ 董珊（戰國時代）：《説〈肩水金關漢簡（壹）〉中的"陝"》，簡帛網簡帛論壇，2014 年 6 月 9 日，0 樓，http：//www.bsm.org.cn/bbs/read.php? tid＝3185&keyword＝% BC% E7% CB% AE% BD% F0。

常與狹、峽通，可能亦與郟通，當因皆夾聲所致，而並不與陝通。①

　　［4］劉倩倩：穎川郡有“郟”而無“陝”，此處或爲筆誤。②

　　［5］王錦城：從字形來看，似當釋“陝”，但於文義難通，又陝後殘斷，文義不明，當存疑待考。

　　［6］沈思聰：“□適□”三字分別作![字形]、![字形]、![字形]，當釋作“馬適均”。

　　按：董珊之説可從，沈思聰補釋“馬”可從，補釋“均”字由於圖版不清晰，不能確指。

31. 73EJT1：85

　　☑□收吏計以□責如記上□☑　　　　　　　　　　　　73EJT1：85A

　　☑□至觻得迎奉候□當☑　　　　　　　　　　　　　　73EJT1：85B

　　［1］李洪財：“上”下一字是“會”字。

　　［2］李燁、張顯成：原簡末“上”字後一字整理者未釋……當爲“錢”字。③

　　［3］王錦城：從字形來看似更近“會”字，但文義不明，此暫從整理者作未釋字處理。

　　按：細查之下，李洪財與李燁、張顯成的區別在於圖版右下角：![字形]，即圈處勾畫的這一筆的歸屬。李洪財認爲這一筆是下一字的起筆，而李燁、張顯成則認爲是此字的尾筆。從簡文間距來看，我們傾向李洪財的判斷，暫把此字釋作“會”。由此，釋文作：

　　☑□收吏計以□責如記上會☑　　　　　　　　　　　73EJT1：85A

　　☑□至觻得迎奉候□當☑　　　　　　　　　　　　　73EJT1：85B

---

① 尾聲：《説〈肩水金關漢簡（壹）〉中的“陝”》，簡帛網簡帛論壇，2014 年 6 月 10 日，1 樓，http：//www. bsm. org. cn/bbs/read. php？tid = 3185&keyword = % BC% E7% CB% AE% BD% F0。

② 劉倩倩：《〈肩水金關漢簡（壹）〉注釋及相關問題研究》，碩士學位論文，華東師范大學，2015 年。

③ 李燁、張顯成：《〈肩水金關漢簡（壹）〉校勘記》，《古籍整理研究學刊》2015 年第 4 期。

32. 73EJT1：86

☑宜逐捕亡民安樂里發<u>赤</u>張披□☑　　　　　　73EJT1：86

[1] 何茂活："赤"當釋爲"告"。①

按：何茂活改釋可從，細查圖版左側仍有墨跡，當有兩行。

33. 73EJT1：87

☑敢□□□以家☑　　　　　　73EJT1：87

[1] 王錦城：該簡左半尚殘存一行文字，今據以補"……"

按：王錦城之言可從。

34. 73EJT1：89

☑長<u>止一</u>　　　　　　73EJT1：89

[1] 何茂活：原釋"止一"者實爲"送"字，因中間部分筆畫漫漶，故誤釋爲二字。②

按：何茂活改釋可從。

35. 73EJT1：90

☑足下甚苦事

☑長常賢幸甚　　　　　　73EJT1：90A

☑月朔大

丙寅七日尸　　　　丁亥廿八日

丁卯八日尸　　　　戊子廿九日尸

戊辰九日尸　　　　己丑卅日□

己巳十日尸　　　　　　　　73EJT1：90B

[1] 李洪財：B面此簡共三欄，此錄兩欄。最後一字未釋，此字當

---

① 何茂活：《〈肩水金關漢簡（壹）〉釋文訂補》，復旦大學出土文獻與古文字研究中心網，2014 年 11 月 28 日，http：//www. gwz. fudan. edu. cn/Web/Show/2392。

② 何茂活：《〈肩水金關漢簡（壹）〉釋文訂補》，復旦大學出土文獻與古文字研究中心網，2014 年 11 月 28 日，http：//www. gwz. fudan. edu. cn/Web/Show/2392。

是"謁"之草寫。居308.42A："伏地再拜請史奉謁"……在此處何意尚不明確。①

　　[2] 王錦城：李洪財所釋或可從，但不能確知，此暫從整理者作未釋字處理。

　　按：李洪財改釋可從。

36. 73EJT1：96

　　☑□　伏地再拜過☑　　　（削衣）　　　　　　　73EJT1：96

　　按：整理者所釋"過"字，恐非，該字圖版作：，當"進"字。73EJT10：410 號簡"進"字作：，可參。"再拜進"爲書信常用語，謙抑之詞，又見於居延漢簡239.118"樂伏地再拜進書"，509.13 號簡"伏地再拜進"。另，該簡簡首一字整理者未釋，圖版作：，疑"息"字，73EJT10：252 號簡"息"字作：，可參。參照居延漢簡239.118號簡，此處"息"可能是人名。

37. 73EJT1：104

　　五月丙寅嗇夫延坐受☑　　　　　　　　　　　　73EJT1：104

　　[1] 何茂活："延坐"實爲"長生"，參1：124"地節二年七月戊子嗇夫長生封"……二簡所見之"嗇夫長生"當爲同一人，且二簡所屬年份也應相同。據《二十史朔閏表》，地節二年五月壬戌朔，丙寅日爲初五；七月辛酉朔，戊子日爲廿八。1：104 簡"五月丙寅"前殘缺者亦應爲"地節二年"。②

　　按：何茂活改釋可從。

38. 73EJT1：112

　　☑□合昌☑　　　（削衣）　　　　　　　　　　73EJT1：112

　　① 李洪財：《〈肩水金關漢簡〉（壹）校讀札記》，復旦大學出土文獻與古文字研究中心網，2012 年 9 月 17 日，http：//www.gwz.fudan.edu.cn/Web/Show/1929。
　　② 何茂活：《〈肩水金關漢簡（壹）〉釋文訂補》，復旦大學出土文獻與古文字研究中心網，2014 年 11 月 28 日，http：//www.gwz.fudan.edu.cn/Web/Show/2392。

[1] 沈思聰：原簡殘存右半，"合" 當釋 "始"。

按：沈思聰改釋可備一説。

39. 73EJT1：123

元康四年十一月☒

百<u>約</u>至五年□☒　　　（左齒）　　　　　　　　73EJT1：123

[1] 邢義田：按絢原簡字形確如所釋，但如參照其他居延簡，則知此字即 "約" 字。"約至" 爲漢世賈買契約中常詞，其例甚多。張俊民在簡帛網發表的釋文已指出爲 "約" 字。① 黄艷萍同②。

按：邢義田改釋可從。

40. 73EJT1：125

本始二年八月<u>辛卯</u>朔戊申居延戶曹佐　　　　　73EJT1：125A

七月戊子出關☒　　　　　　　　　　　　　　　73EJT1：125B

[1] 張俊民：本始二年（前 72 年）八月應該是 "甲申" 朔。"甲申" 距離簡牘所記 "辛卯" 中間還有六日，即使是後人干支推演有誤，也不會相差如此天數。這種現象，祇能從簡牘釋文或記録找原因了。從簡牘圖版來看，本簡相當清楚，首先釋文不會因爲圖版看不清楚而出現問題。而造成朔閏不合的原因應該就是書寫錯誤。③

按：曆法確實不合，書手存在書寫錯誤。此時便有兩種可能，一是寫錯干支，二是寫錯年號。經查，地節二年（前 68 年）八月正好是辛卯朔，此外，相鄰簡 73EJT1：124 號簡簡文作 "地節二年七月戊子嗇夫長生封"，亦是地節二年，據此懷疑書手有寫錯年號的可能。石昇烜等人曾綴合居延漢簡的八枚簡爲一個完整的册書，分別是 90.33 + 19.8 + 192.29 +

---

① 邢義田：《〈肩水金關漢簡（壹）〉初讀札記之一》，簡帛網，2012 年 5 月 8 日，http：// www. bsm. org. cn/show_article. php？id = 1686。後發表於《簡帛》第 7 輯，上海古籍出版社 2012 年版。

② 黄艷萍：《〈肩水金關漢簡〉（壹—肆）異體字研究》，博士學位論文，華東師范大學，2016 年。

③ 張俊民：《肩水金關漢簡札記二則》，簡帛網，2011 年 9 月 30 日，http：//www. bsm. org. cn/show_article. php？id = 1558。

192.17＋182.49＋19.44＋293.10＋182.11。綴合後發現該册書能與303.12
號簡形成印證，還出現了一個有意思的情況"書手可能連續謄錄多份内
容類似的過所文書，在抄寫簡303.12至首行末端時，依照公文用語本該
寫'遣'字，卻誤看了新綴合木牘第二行末端的'馬'字，照樣謄寫，
因而造成衍文。"① 據此，懷疑73EJT1：125號簡也可能是在謄寫過程中，
犯了相同的錯誤。

41. 73EJT1：126

地節三年十一月癸未朔辛丑軍令史遂敢言之詔書發三輔大常中二千☑
里□□自言作日<u>滿</u>・謹案□□□□□□□□十一月乙酉□□□□☑

　　　　　　　　　　　　　　　　　　　　　　　73EJT1：126

［1］伊強："滿"字原作 ，當是"備"字。② 黃艷萍同。③
按：伊強改釋可從。

42. 73EJT1：130

戍卒鉅鹿郡曲周孝里功師卷☑　　　　　　　73EJT1：130

［1］張再興、黃艷萍："功師"當讀作"工師"。④
按：補釋可從。

43. 73EJT1：131

河南雒陽大里大女張□☑　　　　　　　　　73EJT1：131

［1］沈思聰：原簡殘存上半，未釋字圖版作 ，當釋"貴"。
按：圖版殘缺嚴重，所釋字有多種可能，暫存疑不釋。

① 石昇烜等：《居延漢簡303.12相關殘簡綴合》，《古今論衡》2015年第28期。
② 伊強：《〈肩水金關漢簡〉文字考釋五則》，簡帛網，2015年2月19日，http：//www.
bsm. org. cn/show_article. php？id＝2160。
③ 黃艷萍：《〈肩水金關漢簡〉（壹—肆）異體字研究》，博士學位論文，華東師範大學，
2016年。
④ 張再興、黃艷萍：《肩水金關漢簡校讀札記》，《中國文字研究》2017年第26輯。

44. 73EJT1：134

田卒梁國睢陽平居里☑　　　　　　　　　　　73EJT1：134

〔1〕何茂活："梁"實作"梁"。①

按：何茂活改釋可從。

45. 73EJT1：135

戍卒梁國睢陽丞筐里☑　　　　　　　　　　　73EJT1：135

〔1〕何茂活："梁"實作"梁"。②

按：何茂活改釋可從。

46. 73EJT1：137

戍卒梁國睢陽中丘里不更李☑　　　　　　　　73EJT1：137

〔1〕何茂活："梁"實作"梁"。③

按：何茂活改釋可從。

47. 73EJT1：150

☑士夏奉世年廿八今睢陵里不更張德年廿六　　丁　73EJT1：150

☑□不更蔡野年廿四　　　□　丿　73EJT1：182

按：73EJT1：150 號簡簡首整理者所釋"士"字，圖版作：，知該字上部殘斷，亦有可能是"里"字，故此處暫存疑不識較宜；簡末整理者所釋"丁"，恐非，此處圖版作：，73EJT1：182 號簡與此相類，圖版作：，整理者作：□、丿，兩簡互相印證，疑均是符號"一"、"丿"。

---

① 何茂活：《〈肩水金關漢簡（壹）〉釋文訂補》，復旦大學出土文獻與古文字研究中心網，2014 年 11 月 28 日，http：//www.gwz.fudan.edu.cn/Web/Show/2392。

② 何茂活：《〈肩水金關漢簡（壹）〉釋文訂補》，復旦大學出土文獻與古文字研究中心網，2014 年 11 月 28 日，http：//www.gwz.fudan.edu.cn/Web/Show/2392。

③ 何茂活：《〈肩水金關漢簡（壹）〉釋文訂補》，復旦大學出土文獻與古文字研究中心網，2014 年 11 月 28 日，http：//www.gwz.fudan.edu.cn/Web/Show/2392。

48. 73EJT1：151

☑更竟里韓誤詣居延□☑　　　　　　　　　　　　73EJT1：151

[1] 沈思聰：未釋字原簡殘存上半，圖版作 肪，當釋“卒”。

按：圖版殘缺嚴重，所釋字有多種可能，也可能爲“夜”，暫存疑不釋。

49. 73EJT1：156

本始六年二月己乙卯府☑

匈奴虜入河泉□☑　　　　　　　　　　　　　　　73EJT1：156

[1] 馬智全：“河泉□”當釋“酒泉會”，“酒”字右半簡寫，與“河”近似，“泉”字清晰“會”殘存上半。“酒泉會”，應指酒泉會水……會水縣位於酒泉郡東部，地近張掖郡……是防守匈奴進攻的重要地區。該簡記載了本始六年匈奴深入酒泉東部一帶，具有重要價值。①

按：馬智全改釋可從。

50. 73EJT1：157

戍卒魏郡梁期來趙里王相年☑　　　　　　　　　73EJT1：157

[1] 晏昌貴：“趨”原釋文作“趙”，今從張新俊改釋，見《〈肩水金關漢簡（壹）〉釋文》。②

[2] 王錦城：原釋不誤，當爲“趙”。

[3] 黃艷萍：73EJT1：157 號簡整理者所釋的“梁”字當作“梁”。③

[4] 沈思聰：“魏”字當釋“魏”。

按：晏昌貴所言有誤，所依簡文當張俊民提供，而非張新俊。黃艷萍改釋可從，沈思聰改釋可備一説。

---

① 馬智全：《〈肩水金關漢簡（壹）〉校讀記》，《考古與文物》2012 年第 6 期。

② 晏昌貴：《增補漢簡所見縣名與里名》，《歷史地理》第 26 輯，上海人民出版社 2012 年版。

③ 黃艷萍：《〈肩水金關漢簡〉（壹—肆）異體字研究》，博士學位論文，華東師範大學，2016 年，第 121—122 頁。

51. 73EJT1：160

累山卒富□☑　　　　　　　　　　　　　　　　73EJT1：160

按："富"下一字圖版作：![字形]，整理者未釋，結合字形辭例，當
"充"字。肩水金關漢簡中有辭例可爲佐證。

52. 73EJT1：161

戍卒梁睢陽宜□☑　　　　　　　　　　　　　　73EJT1：161

按："宜"下一字整理者未釋，此字圖版作：![字形]，疑"安"字殘筆，
肩水金關漢簡中有辭例可爲佐證。

53. 73EJT1：165

襄國氾里☑　　　　　　　　　　　　　　　　　73EJT1：165

[1] 晏昌貴："氾"原釋文作"泛"，今改釋。①

[2] 沈思聰："氾"圖版作![字形]，當釋"氾"。

[3] 王錦城：(晏昌貴)原釋文即作"氾"。

按：從整理者原釋。

54. 73EJT1：168

☑□疾心腹寒炅未能　　　　　　　　　　　　　73EJT1：168

[1] 張雷："疾"前一字爲"治"。②

按：圖版殘損嚴重，存疑不釋較爲適宜。

55. 73EJT1：174

亭隧吏常□☑　　　　　　　　　　　　　　　　73EJT1：174C

八月乙未肩水令☑　　　　(檢)　　　　　　　　73EJT1：174D

---

① 晏昌貴：《增補漢簡所見縣名與里名》，《歷史地理》第26輯，上海人民出版社2012年版。

② 張雷：《秦漢簡牘醫方集注》，中華書局2018年版，第405頁。

　　〔1〕沈思聰：原簡（C）殘存左半筆畫，未釋字圖版作█，當釋
"敬"。

　　〔2〕王錦城：D面"令"字圖版作█形，下部殘缺，當存疑待考。

　　按：C面圖版殘缺嚴重，所釋字有多種可能，也可能爲"發"，暫存
疑不釋。D面整理者所釋"令"字恐非，從殘存圖版分析，疑爲"倉"
字，"肩水倉"漢簡中習見。73EJT3：113號簡"倉"字作：█，可參。

56. 73EJT1：178

☑屋蘭守左尉德☐☑

☑☐☐☐☐☐☐☑　　　　　　　　　　　　　　73EJT1：178A

☑☐呂益壽以來　　　　　　　　　　　　　　　73EJT1：178B

　　〔1〕何茂活："呂"前之字殘存下部，當釋爲"男"。①"蘭"圖版實
作█，當釋爲"闌"。金關簡中"屋蘭"作"屋闌"者並不少見，如以
下數例中的"蘭"字圖版均作"闌"："☑屋蘭騎士滅胡里蘇乙"（4：
9），"北部助府屋蘭尉史"（4：148），"兄妻屋蘭宜衆里井君任年廿一"
（6：42）。爲準確反映簡牘用字的實際情況，還是以釋"闌"爲宜。②

　　按：何茂活釋"男"可備一説，釋"闌"可從。

57. 73EJT1：182

☑☐不更蔡野年廿四　　　☐ノ　　　　　　　73EJT1：182

　　按：參73EJT1：150號簡，釋文作：

☑☐不更蔡野年廿四　　　—ノ　　　　　　　73EJT1：182

58. 73EJT1：199

閏月丙申驪靬長樂亡移書報府所☑（削衣）　　73EJT1：199

---

　　① 何茂活：《〈肩水金關漢簡（壹）〉殘斷字釋補》，復旦大學出土文獻與古文字研究中心
網，2014年11月20日，http：//www.gwz.fudan.edu.cn/Web/Show/2377。後發表於《中國文字
（新四十二期）》，臺北：藝文印書館2016年版。

　　② 何茂活：《〈肩水金關漢簡（壹）〉釋文訂補》，復旦大學出土文獻與古文字研究中心網，
2014年11月28日，http：//www.gwz.fudan.edu.cn/Web/Show/2392。

[1] 邢義田：此簡左側雖稍殘，字跡清晰，釋文可從。唯"樂"字張德芳釋作"東"(《敦煌懸泉漢簡釋粹》，頁225)。73EJT1：315"樂昭年"、73EJT5：10"千奉里徐樂"、之"樂"字書法和此簡幾出一轍，可證釋"樂"較確。①

按：邢義田補釋可從。

59. 73EJT1：201

□□卒□路人　　　　　　　　　　　　　　　　73EJT1：201

[1] 沈思聰："路人"上一字，原簡殘存左半，圖版作 ，當釋"郢"。

按：圖版殘缺，暫存疑不釋。

60. 73EJT1：211

☑爲長□☑

☑寇臨☑　　　　　　　　　　　　　　　　　73EJT1：211

[1] 何茂活："臨"前之字 實爲"察"。6：77A"察事"之"察"作 ，9：300"近衣強酒食察官"之"察"亦作 ，俱可爲證。據《秦漢魏晉篆隸字形表》，睡虎地簡52.2作 。可見在篆隸字形中，"察"的"又"部分書於右下並非個別現象。②

按：何茂活改釋可從。

61. 73EJT1：217

☑苦候望事冬時伏願子元近衣進☑

---

① 邢義田：《〈肩水金關漢簡(壹)〉初讀札記之一》，簡帛網，2012年5月8日，http：//www.bsm.org.cn/show_article.php？id=1686。後發表於《簡帛》第7輯，上海古籍出版社2012年版。

② 何茂活：《〈肩水金關漢簡(壹)〉殘斷字釋補》，復旦大學出土文獻與古文字研究中心網，2014年11月20日，http：//www.gwz.fudan.edu.cn/Web/Show/2377。後發表於《中國文字(新四十二期)》，臺北：藝文印書館2016年版。

☑蓬火事□□□☑　　　　　　　　　　　73EJT1：217A

□□數以□上………

□□□□□□護之□□□　　　　　　　　73EJT1：217B

［1］何茂活："近衣進"後殘斷，"進"後當爲"酒食"或"食"。"蓬火事"前殘斷，當爲"察"。①

［2］沈思聰："顧"字圖版作**顧**，即"顧"。

按：何茂活、沈思聰意見可備一説，B面"護之"兩字亦有"蓬火"兩字的可能。

62. 73EJT1：234

□□郡□□河里不更□朝年廿六☑　　　　73EJT1：234

［1］張俊民："里"字之前應有七個字，"□河"應是"陽石"，"馬"字尚不如"馮"字更接近字體。②

［2］沈思聰："朝"前一字，原未釋，細審圖版**弓**當釋"弓"。

［3］王錦城：（張俊民）補釋或可從，但該字圖版殘泐，不能辨識，當從整理者釋。

按：張俊民改釋可從。

63. 73EJT1：249

遠望隧□□□□□□□□□☑　　　　　73EJT1：249

［1］沈思聰：原簡殘存左半，當釋"遠望隧□□潁川偃陵□里□義"。

［2］侯曉旭：我們認爲釋文爲："遠望隧戍卒潁川偃陵步里□年"。③

按：沈思聰、侯曉旭補釋大多可從，"步""義""年"字存疑不釋較爲適宜。

---

① 何茂活：《"近衣"考論兼訂相關諸簡釋文》，《簡牘學研究》第6輯，甘肅人民出版社2015年版。

② 張俊民：《金關漢簡札記》，簡帛網，2011年10月15日，http：//www.bsm.org.cn/show_article.php？id＝1565。

③ 侯曉旭：《〈肩水金關漢簡〉（壹）補釋一則》，簡帛網，2019年6月24日，http：//www.bsm.org.cn/show_article.php？id＝3392。

64. 73EJT1：252

□□肩水☑   73EJT1：252

[1] 何茂活："肩水"之前二字左旁基本完整，右旁殘缺。據殘存筆迹及相關文例，當爲"謁移"。①

按：何茂活補釋可從。

65. 73EJT1：258

☑以騎士□□□□   73EJT1：258

[1] 李洪財："騎士"后兩字尚有墨跡，依稀可辨，似"不更"二字。②

按：李洪財補釋"不"字可從，然所釋"更"字，圖版作：　，張俊民認爲是"足"字，筆者懷疑是"及"字，待考。③

66. 73EJT1：268

□□幸☑   73EJT1：268A

☑□□□☑   73EJT1：268B

[1] 何茂活：簡中三字，前二字存左半，後一字存上部分。據殘存筆畫，可釋爲"酒食□"。"食"上之"人"可作"亠"。如3：22A、5：113 等簡，"食"字均如此。④

按：何茂活補釋可從。

---

① 何茂活：《〈肩水金關漢簡（壹）〉殘斷字釋補》，復旦大學出土文獻與古文字研究中心網，2014 年 11 月 20 日，http：//www. gwz. fudan. edu. cn/Web/Show/2377。後發表於《中國文字（新四十二期）》，臺北：藝文印書館 2016 年版。

② 李洪財：《〈肩水金關漢簡〉（壹）校讀札記》，復旦大學出土文獻與古文字研究中心網，2012 年 9 月 17 日，http：//www. gwz. fudan. edu. cn/Web/Show/1929。

③ 此字下一字張俊民懷疑是"現"或"復"字。

④ 何茂活：《〈肩水金關漢簡（壹）〉殘斷字釋補》，復旦大學出土文獻與古文字研究中心網，2014 年 11 月 20 日，http：//www. gwz. fudan. edu. cn/Web/Show/2377。後發表於《中國文字（新四十二期）》，臺北：藝文印書館 2016 年版。

67. 73EJT1：271

☐☐

小鉐

小☐　　　　　　　　　　　　　　　　　　　73EJT1：271

〔1〕邢義田：仍將從木或金旁的"齒"釋作"鑪"或"䶂"。①

按：邢義田之言可從。

68. 73EJT1：279

☑☐☐　☐☑

☑予薛☐　　☐☑　　　　　　　　　　　73EJT1：279A

☑弘☐☐百付☐☑　　　　　　　　　　　73EJT1：279B

〔1〕沈思聰："薛"圖版作〔圖〕，當釋"薛"。

按：沈思聰改釋可備一説。

69. 73EJT1：280

二月庚子斥免令☑　　　　　　　　　　　73EJT1：280

按：整理者所釋"斥""免"兩字圖版作：〔圖〕、〔圖〕，疑爲"居""延"兩字，兩字字形可參看：〔圖〕（地灣漢簡 86EDT14：3）、〔圖〕（73EJT9：85）。肩水金關漢簡中有相似辭例可爲佐證。

70. 73EJT1：282

☑張掖大☐☐☐☑　　　　　　　　　　　73EJT1：282

按：該簡文字存在殘損的情況。"大"下三字圖版作：〔圖〕、〔圖〕、〔圖〕，從殘存字跡分析，可能是"守""卒""史"三字。同探方中有辭

---

① 邢義田：《一種漢晉河西和邊塞使用的農具－"鑪"或"齒（从木）"》，簡帛網，2015年1月9日，http：//www.bsm.org.cn/show_article.php？id＝2131。後發表於《簡帛》第11輯，上海古籍出版社2015年版。

例可爲佐證。

71. 73EJT1：288

☑霸□入□☑   73EJT1：288

［1］沈思聰："入"圖版作，當釋"人"。

按：圖版殘缺嚴重，所釋字有多種可能，也可能爲"火"，暫存疑
不釋。

72. 73EJT1：289

☑□□不肖□□☑

……   73EJT1：289A

☑□卿足下☑   73EJT1：289B

按：該簡簡首第一字圖版右側殘缺，作：，整理者未釋，疑
"會"字殘筆。居延漢簡 274.35 號簡有"長孫中君御者足下會不肖敢□
伏□□者"辭例可爲佐證。此外，"肖"下第二字，圖版作：，整理
者未釋，疑"廷"字殘筆。

73. 73EJT1：299

☑丞郭處□☑   73EJT1：299

按：整理者所釋"丞"字恐非，該字圖版作：，由於圖版殘缺，
似爲"里"字。"處"下一字圖版作：，疑勾校符號"卩"。

74. 73EJT1：313

☑從方李□☑   73EJT1：313

按：該簡"李"下一字圖版作：，從殘存字跡分析，可能是
"火"字。同探方中 73EJT1：127 號簡"火"字作：，可參考。① 漢
簡中有相似辭例可爲佐證，如下：

———————

① 張俊民認爲可能是"久"。

丁巳夜定昏時火從西方來□□　　　　　　　　　73EJT1：172＋127①

亭舉堠上一苣火從東方來□□　　　　　　　　　　　　EPF8：6

懷疑 73EJT1：313 號簡是 73EJT1：172＋127、EPF8：6 號簡這樣的句式，
"李"字疑是"來"，即 73EJT1：313 號簡有習字簡的可能。

（二）73EJT2

75. 73EJT2：6

☑□來年卅一　　　　　　　　　　　　　　　　　73EJT2：6A

[1] 何茂活："年"前之字，圖版作 ，應釋爲"樂"。河西簡牘
中"樂"常草寫作 （居延 393.11）、（武威醫簡 84 乙）等，其篆隸
字形及行書草書字形間的演變關係可參《漢代簡牘草字編》。②

按：草書情況下，"樂"、"來"兩字字形接近，暫存疑。

76. 73EJT2：9

章曰□□令印　　　　　　　　　　　　　　　　　73EJT2：9B

[1] 何茂活：缺釋者爲"緱氏"。③

按：何茂活改釋可從。

77. 73EJT2：11

☑□正月庚辰平陵令舜里有秩斗令史　　　　　　　73EJT2：11

按：整理者所釋"里"字恐非，此字圖版作：，當"丞"字，
73EJT30：32 號簡丞字作：，可供參考。此外，肩水金關漢簡 73EJT24：
532 號簡中亦有相似文例可爲佐證，簡首一字疑爲"之"字殘筆。

---

① 伊強：《〈肩水金關漢簡（壹）〉綴合六則》，簡帛網，2015 年 10 月 6 日，http：//www.
bsm. org. cn/show_article. php？id＝2324。

② 何茂活：《〈肩水金關漢簡（壹）〉釋文訂補》，復旦大學出土文獻與古文字研究中心網，
2014 年 11 月 28 日，http：//www. gwz. fudan. edu. cn/Web/Show/2392。

③ 何茂活：《〈肩水金關漢簡（壹）〉殘斷字釋補》，復旦大學出土文獻與古文字研究中心
網，2014 年 11 月 20 日，http：//www. gwz. fudan. edu. cn/Web/Show/2377。後發表於《中國文字
（新四十二期）》，臺北：藝文印書館 2016 年版。

78. 73EJT2：14

田卒平干國南和□里公士李未年卅二（竹簡）　　　　　73EJT2：14

［1］何茂活：簡末之字實爲“六”。① 李燁、張顯成同。②

按：諸家改釋可從。

79. 73EJT2：18

☑□者省擇其十人作牛車輮工遣詣天水郡☑　　　　　73EJT2：18

［1］何茂活：“工”前之字，圖版作[圖版]，應釋爲“輪”。據釋文電子版，原釋爲“輪”，當是。出版時改爲“輮”，未妥。③

按：何茂活改釋可從。

80. 73EJT2：21

☑郡李□□—□☑　　　　　　　　　　　　　　　73EJT2：21A

☑伏伏□遊卿欲□不□遊　　　　　　　　　　　　73EJT2：21B

［1］何茂活：據圖版，釋文可改訂爲“☑郡李長卿—李長卿☑”，“—”與後一“李”字疊書。B面之“卿”與A面之“卿”字形基本相近，可以佐證。④

按：何茂活改釋可從，另，“郡”字從圖版看當“君”字。

81. 73EJT2：41

☑王□卿取豆二斗 伏伏☑　　　　　　　　　　　73EJT2：41

---

① 何茂活：《〈肩水金關漢簡（壹）〉殘斷字釋補》，復旦大學出土文獻與古文字研究中心網，2014年11月20日，http：//www.gwz.fudan.edu.cn/Web/Show/2377。後發表於《中國文字（新四十二期）》，臺北：藝文印書館2016年版。

② 李燁、張顯成：《〈肩水金關漢簡（壹）〉校勘記》，《古籍整理研究學刊》2015年第4期。

③ 何茂活：《〈肩水金關漢簡（壹）〉釋文訂補》，復旦大學出土文獻與古文字研究中心網，2014年11月28日，http：//www.gwz.fudan.edu.cn/Web/Show/2392。

④ 何茂活：《〈肩水金關漢簡（壹）〉殘斷字釋補》，復旦大學出土文獻與古文字研究中心網，2014年11月20日，http：//www.gwz.fudan.edu.cn/Web/Show/2377。後發表於《中國文字（新四十二期）》，臺北：藝文印書館2016年版。

[1] 沈思聰：缺釋字圖版作 。"王□卿"當釋"王長卿"。

按：沈思聰補釋可備一説。

82. 73EJT2：42

河南雒陽督都里路安☑　　　　　　　　　　　　　　　73EJT2：42

[1] 沈思聰："督"字圖版作 ，當釋"叔"。

按：沈思聰意见可備一説。

83. 73EJT2：49

居延佐張齋☑　　　　　　　　　　　　　　　　　　　73EJT2：49

[1] 沈思聰："齋"字圖版作 ，當釋"齋"。73EJT5：68 、73EJT6：110＋62 、73EJT23：1013 、73EJT37：92 亦有此問題，參看此條。

按：沈思聰意见可從。

84. 73EJT2：50

☑平里魯年子☑　　　　　　　　　　　　　　　　　　73EJT2：50

[1] 沈思聰："年"字圖版作 ，當釋"羊"。

按：沈思聰意见可備一説。

85. 73EJT2：53

☑□□予彭長君急毋報 A1

☑□問若强飯察縣官事 A2　　　　　　　　　　　　　73EJT2：53A

☑□□A1

☑傅 A2

☑少翁 A3

☑□A4　　　　　　　　　　　　　　　　　　　　　73EJT2：53B

[1] 何茂活：A 面第二行"問"前之殘字當爲"多"，"多問"爲書牘常用謙辭，金關簡中除此例外，還有"去病伏地再拜多問"（21：

349B）、"□多問"（24：210A）等。①

[2] 王錦城：何茂活補釋或可從，但該字圖版殘缺，不能確知，當從整理者釋。

按：何茂活之言可從。另，A面第一行"予"上一字圖版作：，疑爲"官"字。

86.73EJT2：58

☑□張大守□與從者陽里王得之<u>自</u>

☑毋留止如律敢言之

☑掾偃令史光佐□   73EJT2：58

[1] 沈思聰："佐"下未釋字圖版作，當釋"敞"。

按：沈思聰補釋可備一説。此外，第一行簡尾整理者所釋"自"字，恐非，該字圖版作：，當"皆"字，73EJT10：214號簡"皆"字作：，可參。肩水金關漢簡中亦有相似辭例可爲佐證。"俱""皆"同義，《説文》："皆，俱詞也。"② 亦可知此處當爲"皆"而非"自"。

87.73EJT2：73

淮陽新郪□里陳橫 ⌣   73EJT2：73

[1] 晏昌貴："祖"字從張新俊釋，見《〈肩水金關漢簡（壹）〉釋文》。③

[2] 王錦城：原簡"郪"和"里"字之間僅有一字，釋"祖"存疑，暫從整理者釋。

按：晏昌貴所言有誤，所依簡文當張俊民提供，而非張新俊，另外，張俊民釋文也沒表達此意見，此處字體不清，暫從整理者意見。

---

① 何茂活：《"近衣"考論兼訂相關諸簡釋文》，《簡牘學研究》第6輯，甘肅人民出版社2015年版。

② （東漢）許慎：《説文解字》，中華書局1963年版，第74頁。

③ 晏昌貴：《增補漢簡所見縣名與里名》，《歷史地理》第26輯，上海人民出版社2012年版。

88. 73EJT2：78

☑□橐他候福爲致□☑　　　　　　　　　　　　　　　73EJT2：78

［1］沈思聰：簡末一字殘存上半筆畫，圖版作，當釋“裏”。

按：沈思聰釋“裏”不確。此簡與 73EJC：312 號簡內容較爲相似，如下：

河平三年五月癸丑橐他候福移致□□卒

都尉府　　　　　　　　　　　　　　　六月庚□☑　　　73EJC：312

經查，“致”下一字兩簡分別作：（A）、（B），對比可知爲同一字，由於圖版殘缺，暫無法準確識別。幸運的是我們找到了近似辭例，如下：

河平三年七月丙戌居延丞□爲傳送囚

繳得　閏月丙寅入金關南　八月戊子出金關北　　　73EJT28：56

該簡相近語義處爲“送”字，圖版作：，與 A、B 兩字字形頗爲接近，我們進一步檢索“送”字圖版，如下：（73EJT10：227）、（EPT51：85）、（EPT51：301），經對比可知 A、B 兩字當均爲“送”字。另，73EJT2：78 簡首一字圖版殘缺，作：，依據 73EJC：312、73EJT28：56 兩簡的辭例，當爲干支，從殘存墨跡看，當爲“丑”字，（73EJT10：275）、（73EJT34：4）、（181.4）等“丑”字可參。此外，73EJC：312 號簡整理者所釋“移”字，圖版作：，似亦有“爲”字的可能。由此，釋文作：

☑丑橐他候福爲致送☑　　　　　　　　　　　　　　73EJT2：78

河平三年五月癸丑橐他候福爲致送□卒

都尉府　　　　　　　　　　　　　　　六月庚□☑　　　73EJC：312

89. 73EJT2：80

☑歲之中有疾病☑　　　　　　　　　　　　　　　73EJT2：80A

☑□☑　　　　　　　　　　　　　　　　　　　　73EJT2：80B

[1] 張雷："病"字當爲"藏"，讀爲"臟"。①

按：該字圖形殘損，原整理者所釋確存在一定問題，張雷改釋"藏"有一定道理，可備一説。

90. 73EJT2：105

☑延□督成里使邊隧☑　　　　　　　　　　　　73EJT2：105

[1] 何茂活："督"實爲"福"，右旁之"畐"完整，左旁之"礻"依稀可辨。缺釋之字存疑待考。② 黃艷萍同。③

按：何茂活改釋可從。

（三）73EJT3

91. 73EJT3：7

右前騎士<u>關</u>都里☑

右前騎士<u>關</u>都里王☑

右前騎士白石里孟賀　　　　左前☑

中營右騎士千秋里龍昌　　　左前騎士☑

中營右騎士累山里亓褒　　　左前☑　　　　　73EJT3：7

[1] 張俊民：兩個"關"字作門內"羽"……應該釋讀爲"闗"字。④

[2] 沈思聰：當作"闗"。

按：張俊民改釋可從。

---

① 張雷：《秦漢簡牘醫方集注》，中華書局 2018 年版，第 407 頁。

② 何茂活：《〈肩水金關漢簡（壹）〉殘斷字釋補》，復旦大學出土文獻與古文字研究中心網，2014 年 11 月 20 日，http：//www.gwz.fudan.edu.cn/Web/Show/2377。後發表於《中國文字（新四十二期）》，臺北：藝文印書館 2016 年版。

③ 黃艷萍：《〈肩水金關漢簡〉（壹—肆）異體字研究》，博士學位論文，華東師範大學，2016 年。

④ 張俊民：《肩水金關漢簡（壹）釋文補例》，簡帛網，2014 年 12 月 16 日，http：//www.bsm.org.cn/show_article.php？id＝2112。

92. 73EJT3：14

☑庚子朔己丑肩水司馬令史翟延☑　　　　　　　　73EJT3：14

［1］馬智全：“己”當釋“乙”，“乙”字跡清晰，左半略殘，右部
存留，與同書73EJT5：56簡“乙辰、乙巳”的“乙”字寫法相同，而與
同簡“己酉”的“己”絕不相類。庚子朔，乙丑爲第二十六日，己丑爲
第五十日，不可能出現在該月之內。① 黄艷萍同。②

按：馬智全改釋可從。

93. 73EJT3：24

☑以令取傳謹案豐武非亡人命□當得　　　　　　　73EJT3：24

［1］馬智全：“□”當釋“者”，“者”字存多半，可釋。③ 張俊
民同。④

按：馬智全改釋可從。

94. 73EJT3：37

熒陽□樂李□年卅八　　　　　　　　　　　　　　73EJT3：37

［1］趙爾陽：對照出土或傳世的漢代簡文、封泥、碑銘及銅器銘文，
尤其是《肩水金關漢簡》前四冊圖版，“熒”字在兩漢當從火，“熒陽”
爲標準寫法。⑤

［2］沈思聰：“李”後缺釋之字，原圖版作 ，當釋“駝”。

按：趙爾陽所言可從，沈思聰補釋可備一説。

---

① 馬智全：《〈肩水金關漢簡（壹）〉校讀記》，《考古與文物》2012年第6期。
② 黄艷萍：《〈肩水金關漢簡〉（壹—肆）異體字研究》，博士學位論文，華東師範大學，
2016年。
③ 馬智全：《〈肩水金關漢簡（壹）〉校讀記》，《考古與文物》2012年第6期。
④ 張俊民：《肩水金關漢簡（壹）釋文補例》，簡帛網，2014年12月16日，http：//
www.bsm.org.cn/show_article.php？id＝2112。
⑤ 趙爾陽：《小議〈肩水金關漢簡〉中的地名“熒陽”》，《甘肅省第三屆簡牘學國際學術
研討會論文集》，上海辭書出版社2017年版。

95. 73EJT3：38

其一釜□張卿百敦君五十丁<u>韋</u>君粟錢李子方魚錢　　　73EJT3：38A

張子方百——<u>府</u>六六五五六六八八九<u>十</u>　　　73EJT3：38B

［1］李洪財："韋"字當是"相"字。①

［2］何茂活："十"後漏釋一"十"字。簡中"六六五五六六八八"
及"十十"均爲疊字形式，唯"九"字未重疊。② 李燁、黃艷萍同③。

按：諸家改釋可從。此外，B 面整理者所釋"府"字圖版作：府，
恐非"府"字，缺少考慮到簡文均是數字，疑爲"二""卅"兩字。

96. 73EJT3：40

<u>歲重里賞</u>☒　　　　　　　　　　　　　73EJT3：40

［1］何茂活：首字圖版作歲，實爲"蒙"。4：4"蒙宜成里朱昌年
廿五☒"，"蒙"作蒙，寫法相同。"蒙"爲梁國之縣名，"重"及"宜
成"爲里名。④

按：何茂活改釋可從。

97. 73EJT3：46

日勒男子趙子<u>惠</u>責□□置錢百七十□四□十五凡直□☒　73EJT3：46

［1］王錦城："寁"字原作"惠"，該字下部不從"心"，當爲
"寁"字。

按：當從整理者原釋。

① 李洪財：《〈肩水金關漢簡〉（壹）校讀札記》，復旦大學出土文獻與古文字研究中心網，
2012 年 9 月 17 日，http：//www. gwz. fudan. edu. cn/Web/Show/1929。

② 何茂活：《〈肩水金關漢簡（壹）〉釋文訂補》，復旦大學出土文獻與古文字研究中心網，
2014 年 11 月 28 日，http：//www. gwz. fudan. edu. cn/Web/Show/2392。

③ 李燁：《〈肩水金關漢簡（壹）〉研究三題》，碩士學位論文，西南大學，2013 年；黃艷
萍：《〈肩水金關漢簡〉（壹—肆）異體字研究》，博士學位論文，華東師范大學，2016 年。

④ 何茂活：《〈肩水金關漢簡（壹）〉釋文訂補》，復旦大學出土文獻與古文字研究中心網，
2014 年 11 月 28 日，http：//www. gwz. fudan. edu. cn/Web/Show/2392。

98. 73EJT3：52

奉<u>明</u>樂陵里<u>向</u>護年五十八　　　字君都　　　　　　　73EJT3：52

[1] 李洪財：應該是"官"而不是"向"。

[2] 黃浩波："明"當作"朋"。①

按：諸家改釋可從。

99. 73EJT3：53

鬼新蕭登　故爲甲渠守尉坐以縣官事歐笞戍卒尚勃<u>讞</u>爵減

　　　　　元延二十一月丁亥論　故觻得安漢里正月辛酉入

　　　　　　　　　　　　　　　　　　　　　　　　73EJT3：53

[1] 張再興、黃艷萍："讞"當"灖"。② 沈思聰同。

按：改釋可從。

100. 73EJT3：54

王嚴叩頭白　　　　　　　　　　　　　　　73EJT3：54A

李長叔君急責人酒屬得二斗內之□□責人☑

願且復給三斗叩頭幸＝甚＝☑　　　　　　　73EJT3：54B

[1] 李燁、張顯成：原簡"之"字後有兩字，其中第二字當爲"復"字。③

[2] 王錦城：補釋可從，但圖版字跡模糊，不能辨識，暫從整理者釋。

按：李燁改釋可從。

101. 73EJT3：55

河平四年二月甲申朔丙午倉嗇夫望敢言之故魏郡原城陽宜里王禁自

---

① 黃浩波：《肩水金關漢簡地名簡考（八則）》，《簡帛研究》2017 秋冬卷，廣西師範大學出版社 2018 年版。

② 張再興、黃艷萍：《肩水金關漢簡校讀札記》，《中國文字研究》2017 年第 26 輯。

③ 李燁、張顯成：《〈肩水金關漢簡（壹）〉校勘記》，《古籍整理研究學刊》2015 年第 4 期。

言二年戉屬居延犯法論會正月甲子赦

令免爲庶人願歸故縣謹案律曰徒事已毋糧謹故官爲封偃檢縣次續食給法所當得謁移過所津關毋

苛留止原城收事敢言之

二月丙午居令博移過所如律令　　掾宣嗇夫望佐忠　　73EJT3：55

[1] 張俊民：五月之"五"字，並不十分清楚，而更像正月之"正"。"戉"，從字形上非常接近"戍"，而文義上"戍"字更合理。"毋糧謹故官"可作"毋糧，謹故官"，從文義上"謹"之後似乎脫一"言"或"請"字。王禁返回之時沒有口糧，需要沿途如文書所言"縣次續食，給法所當得"。"居令博"顯然是"居延令博"的脫字。①

[2] 肖從禮："戉"本文暫改釋作"戍"。②

按：整理者釋文已是"正月"，"戉"當"戍"字，張俊民改釋可從。

102. 73EJT3：58

綏和六年三月己巳朔癸酉肩水候憲□☑　　　　　　73EJT3：58A

毋忽如律令……　　　　　　　　　　　　　　　73EJT3：58B

[1] 張俊民：本簡的原來釋文是將"六"字爲"二"字。當然在參照圖版就會發現其中的"二"並不是十分清楚，但是仍然可以看清楚原本就是"二"字。這樣的話，本簡釋文存在的"綏和六年"和綏和六年"三月己巳朔"問題不就迎刃而解了嗎。③ 黃艷萍同。④

按：張俊民改釋可從。

① 張俊民：《肩水金關漢簡札記二則》，簡帛網，2011 年 9 月 30 日，http：//www. bsm. org. cn/show_article. php？id＝1558。

② 肖從禮：《西北漢簡所見"偃檢"蠡測》，《甘肅省第二屆簡牘學國際學術研討會論文集》，上海古籍出版社 2012 年版。

③ 張俊民：《金關漢簡札記》，簡帛網，2011 年 10 月 15 日，http：//www. bsm. org. cn/show_article. php？id＝1565。

④ 黃艷萍：《〈肩水金關漢簡〉(壹—肆) 異體字研究》，博士學位論文，華東師範大學，2016 年。

103. 73EJT3：65

☑己丑朔丙申居延令……肩水金關遣亭長張永從令封

☑當舍傳舍從者如律令／掾宗守令詡佐昌　　　　　　　　73EJT3：65

〔1〕李燁、張顯成：釋文可修訂爲"己丑朔丙申居延令□□□過所肩水金關遣亭長張永從令封"……其中"過"字前一字從字形上看尚能認出是"移"字，這也符合這類文書的用語特點。①

〔2〕張俊民："省略號"後作"□丞□移過所縣河津。"

按：李燁、張顯成補釋可從，此外，從殘存字跡並結合釋文看，張俊民改"肩水金"爲"縣河津"，亦可從。

104. 73EJT3：77

單衣小頭字子文軺車一乘馬一匹騂牡齒八歲高五　　　　73EJT3：77

〔1〕李燁：漏釋卩。②

按：補釋可從。

105. 73EJT3：88

皮氏䜝里王雷年卌八　　　　　　　　　　　　　　　　73EJT3：88

〔1〕沈思聰："䜝"，即"鬃"，讀爲"漆"。

按：沈思聰意見可備一説。

106. 73EJT3：89

橐他通望隧長成襃

建平三年五月家屬符

妻大女䑗得當富里成禹年廿六　子小女候年一歲　弟婦孟君年十五

弟婦君始年廿四　小女護惲年二歲　弟婦君給年廿五

車二兩　用牛二頭　馬一匹　　　　　　　　　　　　73EJT3：89

---

① 李燁、張顯成：《〈肩水金關漢簡（壹）〉校勘記》，《古籍整理研究學刊》2015 年第 4 期。

② 李燁：《〈肩水金關漢簡（壹）〉研究三題》，碩士學位論文，西南大學，2013 年。

橐他□望隧長□□

建平四年正月家屬出入盡十二月符

弟大男□年廿　弟婦始年廿　子小女倩卿年三歲

牛二頭　車一兩　　　　　　　　　　　　　　　73EJT37：176

按：73EJT37：176 與 73EJT3：89 號簡，有着緊密的聯繫，極有可能是"通望隧長成襃"一家的出入關記錄，相互比對兩簡，校訂釋文作：

橐他通望隧長成襃

建平三年正月家屬符

妻大女䑏得當富里成禹年廿六　子小女候年一歲　弟婦監君年十五

弟婦君始年廿四　小女請卿年二歲　弟婦君給年廿五

車二兩　用牛二頭　馬一匹　　　　　　　　　　73EJT3：89

107. 73EJT3：93

■右第廿六車九人　（竹簡）　　　　　　　　　73EJT3：93

[1] 黄艷萍：T3：93、T394、T7：107B、T33：43、F1：110、T37：1516、T37：110 當隸定"弟"。①

按：改釋可從，諸簡不再一一列出。

108. 73EJT3：95

戍卒穎川郡傿陵邑步里公乘舞聖年卅黑中長七尺四寸　～　（竹簡）
　　　　　　　　　　　　　　　　　　　　　　　73EJT3：95

[1] 沈思聰："舞"圖版作 ，當釋"燕"。

按：沈思聰意見可備一說。此外，整理者所釋"中"字，依據張俊民提供的釋文文檔，原釋"色"，後在整理出版時改"色"作"中"。②知整理者在"中"、"色"兩字的取捨上存在過遊移。此字圖版作： ，當是"色"字，73EJT37：920、73EJT37：995、73EJT37：1102 三簡中的

---

① 黄艷萍：《〈肩水金關漢簡〉（壹－肆）釋文校補》，《簡牘學研究》第 7 輯，甘肅人民出版社 2018 年版。

② 張俊民：《〈肩水金關漢簡（壹）〉釋文》，簡帛網，2011 年 9 月 23 日，http：//www. bsm. org. cn/show_article. php？id = 1555。

"色"字作：、、，可爲佐證。由此，當從整理者原釋作"色"。

109. 73EJT3：97

田卒潁川郡長社邑潁里韓充年廿四　　（竹簡）　　　　　73EJT3：97

［1］黃浩波："長杜邑"爲"長社"之訛誤。①

［2］王錦城：引文有誤，原簡即作長社。

按：黃浩波所依據爲張俊民提供釋文，此釋文版本與《肩水金關漢簡》原書釋文有差異，此處《肩水金關漢簡》釋文便是作"長社"。

110. 73EJT3：103

七月甲丙戊壬申乙丁巳辛卯丙戊寅凡十日毌北戊毌東南月八日九日十日十二日十四日廿七日廿八日有比日毌　　　　73EJT3：103

［1］馬智全："巳"當釋"己"，該字補寫，字體清晰，左上部未連，釋"己"爲是。從簡文看，所謂"七月甲丙戊壬申乙丁己辛卯丙戊寅凡十日毌北"，十日當指甲、丙、戊、壬申、乙、丁、己、辛卯、丙、戊寅，正當十日，如釋巳，則丁巳爲一日，總成九日，與"凡十日"不符。②

［2］何茂活："比"當釋爲"此"，圖版作，其左爲"止"的草寫，非"匕"。另，"丁"字右下角所書之字不是"巳"而是"己"。③

［3］王強：無論從字形還是文意來看，何先生的説法似乎都不可信，應該釋爲"皆"字，不當析作二字，"東南"後的"月"字可能是"凡"字。④

按：馬智全改釋可從。何茂活認爲"比"當釋爲"此"，恐非，當從整理者釋作"比"，"有比"又見於73EJT7：25號簡，辭曰"收責有比書到"，可爲佐證。

---

① 黃浩波：《〈肩水金關漢簡（壹）〉所見郡國縣邑鄉里》，簡帛網，2011年12月1日，http：//www.bsm.org.cn/show_article.php？id＝1586。

② 馬智全：《〈肩水金關漢簡（壹）〉校讀記》，《考古與文物》2012年第6期。

③ 何茂活：《〈肩水金關漢簡（壹）〉釋文訂補》，復旦大學出土文獻與古文字研究中心網，2014年11月28日，http：//www.gwz.fudan.edu.cn/Web/Show/2392。

④ 王強：《肩水金關漢簡所見數術內容拾補》，《出土文獻》第14輯，中西書局2019年版。

111. 73EJT3：108

居延令從史唐□年卅二歲　　□□□一匹牡騂齒七歲　七月己巳入

　　　　　　　　　　□□□□□三歲　　　　　　73EJT3：108

[1] 王錦城、魯普平："唐"下一字圖版作：，可釋作"豐"。①

按：改釋可從。此外，第二行第二列釋文，簡首一字殘存墨跡爲：，當"從"字，第四字殘存墨跡爲：，當"年"字，兩字肩水金關漢簡作：（73EJT1：1）、（73EJT2：5），可參。結合文意，此處應是"從者□□年□三歲"。

112. 73EJT3：109

永光五年正月乙巳朔壬申肩水城尉奉世行☑

成宣等自言遣葆□□□之官如牒書到出入如☑　　　　73EJT3：109

按：第一行整理者所釋"行"字圖版作：，疑爲"移"字。肩水金關漢簡中有相似辭例可爲佐證。第二行整理者所釋"之""官"前未釋三字，圖版作：、、，張俊民告知爲"齋衣用"，對比73EJT32：6＋64號簡，可從。由此，釋文作：

永光五年正月乙巳朔壬申肩水城尉奉世移☑

成宣等自言遣葆齋衣用之官如牒書到出入如☑　　　73EJT3：109

113. 73EJT3：115

居延守左部游徼田房年卅五歲

軺車乘馬二匹駁□齒五歲高五尺

三寸　　　　　　　　　　　　　　　　　　73EJT3：115

[1] 邢義田：此簡彩色圖版僅部分清晰，紅外線十分清晰，簡左右側稍殘，釋文可從。唯"駁"字原簡右側不甚清晰，或亦可作"駮"；

_____

① 王錦城、魯普平：《肩水金關漢簡釋文校補舉隅》，《出土文獻》第11輯，中西書局2017年版。

"駮"下一字作"手＋北"，待釋。①

［2］何茂活：缺釋之字 爲"銚"……這裏應爲"駣"的異寫，指三歲的馬。②

按：邢義田認爲"駮"作"駮"，可從，然認爲此字下一字作"手＋北"，恐非，此字圖版作：，從木從兆，疑是"桃"字。居延漢簡、肩水金關漢簡中有辭例可爲佐證。此外，蕭旭曾論證"桃花馬"，指"毛色由黃白二色相雜的馬"③，可參看。疑此簡簡文存在簡省。

（四）73EJT4

114. 73EJT4：2

……鷩精三石毌＝嬰塢戶鼓　　　　　　　　　　　　73EJT4：2

［1］何茂活：首行末端殘斷文字亦爲"塢戶"，應補出。④

按：補釋可從。

115. 73EJT4：8

河內郡野王敬老里李偃☑　　　　　　　　　　　　73EJT4：8

［1］劉倩倩："野"應釋爲"壄"，野王即壄王。⑤

［2］王錦城：該字爲"野"字不誤，釋"壄"非是。

按：野、壄兩字相通，整理者所釋不誤。

---

① 邢義田：《〈肩水金關漢簡（壹）〉初讀札記之一》，簡帛網，2012 年 5 月 8 日，http：//www. bsm. org. cn/show_article. php？id＝1686。後發表於《簡帛》第 7 輯，上海古籍出版社 2012 年版。

② 何茂活：《〈肩水金關漢簡（壹）〉殘斷字釋補》，復旦大學出土文獻與古文字研究中心網，2014 年 11 月 20 日，http：//www. gwz. fudan. edu. cn/Web/Show/2377。後發表於《中國文字（新四十二期）》，臺北：藝文印書館 2016 年版。

③ 蕭旭：《"桃華（花）馬"名義考》，《中國文字研究》2015 年第 22 輯。

④ 何茂活：《〈肩水金關漢簡（壹）〉殘斷字釋補》，復旦大學出土文獻與古文字研究中心網，2014 年 11 月 20 日，http：//www. gwz. fudan. edu. cn/Web/Show/2377。後發表於《中國文字（新四十二期）》，臺北：藝文印書館 2016 年版。

⑤ 劉倩倩：《〈肩水金關漢簡（壹）〉注釋及相關問題研究》，碩士學位論文，華東師范大學，2015 年。

116. 73EJT4：9

屋蘭騎士減胡里蘇乙　　　　　　　　　　　　　　73EJT4：9

［1］何茂活："蘭"字圖版均作"闌"。①

按：何茂活所言可從。

117. 73EJT4：24

田卒上黨邨留☑　　　　　　　　　　　　　　　　73EJT4：24

［1］馬智全："邨"當釋"屯"，字體清晰，右上墨跡略洇，當釋"屯"無誤。屯留爲上黨郡屬縣。② 黃艷萍同。③

按：改釋可從。

118. 73EJT4：27

☑□寫移敢言☑　　　　　　　　　　　　　　　　73EJT4：27

［1］何茂活：簡首殘字爲"謹"，存留右下部分。"謹寫移敢言之"之句，居延漢簡中多見之，如：45.9"□謹寫移敢言之"，168.7"十一月丁巳吞遠候長放敢言之謹寫移敢言"，10.11"元康二年九月丁酉朔庚申肩水候長長生敢言之謹寫移唯官移昭武獄敢言之"等。④

按：從辭例分析何茂活所言可從，然該字字形與常見"謹"字存在一定差異，暫從整理者意見，不釋讀。

119. 73EJT4：38

河南郡雒陽□□□西里公乘趙強年廿一　弩一矢五十枚卩

　　　　　　　　　　　　　　　　　　　　　　　73EJT4：38

---

① 何茂活：《〈肩水金關漢簡（壹）〉釋文訂補》，復旦大學出土文獻與古文字研究中心網，2014 年 11 月 28 日，http：//www. gwz. fudan. edu. cn/Web/Show/2392。

② 馬智全：《〈肩水金關漢簡（壹）〉校讀記》，《考古與文物》2012 年第 6 期。

③ 黃艷萍：《〈肩水金關漢簡〉（壹—肆）異體字研究》，博士學位論文，華東師範大學，2016 年。

④ 何茂活：《〈肩水金關漢簡（壹）〉殘斷字釋補》，復旦大學出土文獻與古文字研究中心網，2014 年 11 月 20 日，http：//www. gwz. fudan. edu. cn/Web/Show/2377。後發表於《中國文字（新四十二期）》，臺北：藝文印書館 2016 年版。

河南郡雒陽緱氏東宛里公乘趙強年廿五　　弓一矢五十枚☒

73EJT9：40

按：兩簡格式相同，而且都是來自河南郡雒陽的"趙強"，攜帶兵器均是遠射器，故筆者懷疑兩簡所記的"趙強"爲同一人。73EJT4：38 號簡整理者所釋的"西"字圖版作：▆，知圖版殘缺不全，雖和"西"字近似，但也類"宛"字殘筆，73EJT9：40 號簡"宛"字作：▆，可爲參考。73EJT4：38 號簡筆墨脫落嚴重，同簡的"陽"字圖版作：▆，其右側的"易"字脫落成"卩"。有可能"宛"字也存在同樣的情況，以至於近似"西"字。所以，筆者推測 73EJT4：38 號簡是"雒陽緱氏東宛里"。

綜上，釋文作：

河南郡雒陽緱氏東宛里公乘趙強年廿一　　弩一矢五十枚卩

73EJT4：38

關於"雒陽緱氏"，周振鶴、黃浩波均有論述，可參看。[1] 73EJT4：38 號簡的"趙強"年齡是二十一，73EJT9：40 號簡的"趙強"年齡是二十五，從簡文看，他已在邊地至少五年。梳理簡文發現，同趙強一樣在邊地年久的雒陽人並非個案，如：

河南郡雒陽南胡里史高年十五歲☒　　　　　　　73EJT10：182

河南郡雒陽南胡里公乘史高年卅□☒　　　　　　73EJF3：544

河南郡雒陽榆壽里不更史敎年卅長七尺二寸黑☒　　73EJT37：1220

河南郡雒陽榆壽里不更史敎年廿四長七尺二寸黑色　　五月辛☒

73EJT37：1445

從 73EJT10：182、73EJF3：544 兩簡可知雒陽南胡里的"史高"在邊地至少十五年，從 73EJT37：1220、73EJT37：1445 兩簡可知雒陽榆壽里的"史敎"在邊地至少六年，而且"史高"至少在十五歲的時候已在邊地。本爲外地籍貫卻生活于此，分析可能性有三，一是戍守邊地未歸故里，二是"客田"于此，三是移民于此。筆者傾向是第二種，一是漢簡中有很多"客田"記載，二是"史高"年十五便在邊地，遠未到戍卒

---

①　黃浩波：《〈肩水金關漢簡（壹）〉所見郡國縣邑鄉里》，簡帛網，2011 年 12 月 1 日，http：//www.bsm.org.cn/show_article.php？id＝1586。

征發的年齡，三是他們並未改變籍屬爲張掖郡，仍是"河南洛陽"。裘錫圭認爲："在西漢晚期，頗有一些外地人到居延來租田耕種。"① 肖從禮認爲："客田行爲可能是舉家遷徙到外地進行耕作活動"。② "客田者"他們居住在耕作地，仍保留原籍信息以備查核。據相關簡文，"客田"外地需要原籍的官員提供相關證明用以查核，如：

五鳳二年二月甲申朔壬戌駿鄉嗇夫順敢言之道德里周欣自言客田張掖

郡觻得縣北屬都亭部元年賦筭皆給調移觻得至八月□檢

二月辛亥茂陵令　守左尉親行丞事/掾充　　　　　　　73EJT37：523A

茂陵左尉　　　　　　　　　　　　　　　　　　　　　73EJT37：523B

河平四年七月辛亥朔庚午西鄉有秩嗇夫誼守斗食佐輔敢言之中安男子楊譚自言欲取偃檢與家屬俱客田居延界中謹案譚等年如牒皆非亡人命者當得取偃檢父老孫都證調移居延如律令

敢言之七月癸酉長安令右丞萬移居延如律令/掾殷令史賞

　　　　　　　　　　　　　　　　　　　　　　　　　　73EJT37：527

從73EJT37：523 號簡分析，客田張掖的"周欣"需要其原籍茂陵的地方官員證明其已經交過元年的"賦筭"；從73EJT37：527 號簡看，客田居延的"楊譚"需要原籍父老證明其"非亡人命者"。故"客田"外地者需要保留其原籍信息不能變動。

120. 73EJT4：41

☑吉佐並敢告尉史步昌里張宣自言取☑

☑□二月辛巳尉史豐至敢言之謹☑

☑□過所如律令　/　詣詣事（二次書）　　　　　　73EJT4：41A

☑君君君　　　　　　　　　　　　　　　　　　　　73EJT4：41B

［1］何茂活：A 面第二行衍釋"至"字，蓋因原釋"豐"爲"曲

---

① 裘錫圭：《從出土文字資料看秦和西漢時代官有農田的經營》，《裘錫圭學術文集》第5卷，復旦大學出版社2012年版，第243頁。

② 肖從禮：《西北漢簡所見"偃檢"蠡測》，《甘肅省第二屆簡牘學國際學術研討會論文集》，上海古籍出版社2012年版，第293頁。

至"，後改訂爲"豐"後，誤留"至"字。① 黄艷萍同②

[2] 張俊民：A 面釋文無殘缺符號，B 面有。"豐至"應爲一字，"至"爲衍字。③

按：諸家改釋可從。

121. 73EJT4：44

□不當始元□☑　　　　　　　　　　　　　73EJT4：44A

☑莫當君言谷内☑　　　　　　　　　　　73EJT4：44B

[1] 何茂活："始"後之字圖版作 ![字], 當爲"氏"。1：20 "虞氏" 及 4：98 "吴氏"之"氏"分別作 ![字] 和 ![字]，字形雖不全同，但筆形筆意均相吻合。④

按：何茂活改釋可從。

122. 73EJT4：70

□□朔反三日

申酉朔反二日　　　　　　　　　　　　73EJT4：70

[1] 張俊民：本簡爲"反支"簡，因其推演方式亦與干支有關，在此言及。按照反支的推演方式，申酉二日反支，反三日的干支是"午未"。則可補釋"午未"二字。⑤

[2] 王錦城：補釋或可從，但該簡右側殘斷，未釋字僅存一點墨跡，不能確知，當從整理者釋。

---

① 何茂活：《〈肩水金關漢簡（壹）〉釋文訂補》，復旦大學出土文獻與古文字研究中心網，2014 年 11 月 28 日，http：//www.gwz.fudan.edu.cn/Web/Show/2392。

② 黄艷萍：《〈肩水金關漢簡〉（壹—肆）異體字研究》，博士學位論文，華東師范大學，2016 年。

③ 張俊民：《肩水金關漢簡（壹）釋文補例》，簡帛網，2014 年 12 月 16 日，http：//www.bsm.org.cn/show_article.php？id=2112。

④ 何茂活：《〈肩水金關漢簡（壹）〉釋文訂補》，復旦大學出土文獻與古文字研究中心網，2014 年 11 月 28 日，http：//www.gwz.fudan.edu.cn/Web/Show/2392。

⑤ 張俊民：《肩水金關漢簡（壹）釋文補例》，簡帛網，2014 年 12 月 16 日，http：//www.bsm.org.cn/show_article.php？id=2112。

按：張俊民之言可備一説。

123. 73EJT4：80

☑當**其**償入**臧**獄已決□☑　　　　　　　　　73EJT4：80

[1] 張俊民：應爲減罪的部分文字。“其”爲“與”、“臧”爲“減”。①

按：張俊民改釋可從。

124. 73EJT4：81

☑□年卅黄色馬☑　　　　　　　　　　　　　　73EJT4：81

[1] 沈思聰：未釋字圖版作 ，當釋“仔”。

按：亦有可能是“得”字，故此處暫存疑不釋較宜。

125. 73EJT4：83

刁廣大奴記長七尺黑色　　　　　　　　　　　73EJT4：83

[1] 沈思聰：“刁”當釋“刀”。

按：沈思聰改釋可備一説。

126. 73EJT4：99

☑□王嚴

河平二年九月壬子居延庫守丞賀爲**轉**　　九月☑

上計大守府　　　　　　　　　　　　　　　73EJT4：99

[1] 邢義田：原簡“轉”字左旁不清，或應爲“傳”字。居延和懸泉簡中多有“某某人爲傳”文例，金關簡73EJT6：27A亦見“居延令博爲傳”。②

按：邢義田意見可從。另“王”上一字從殘存圖版看，疑爲

---

① 張俊民：《肩水金關漢簡（壹）釋文補例續》，簡帛網，2012年5月8日，http：//www.bsm.org.cn/show_article.php？id＝1687。

② 邢義田：《〈肩水金關漢簡（壹）〉初讀札記之一》，簡帛網，2012年5月8日，http：//www.bsm.org.cn/show_article.php？id＝1686。後發表於《簡帛》第7輯，上海古籍出版社2012年版。

"里"字。

127. 73EJT4：104

會水候印☑   73EJT4：104

按：此簡較爲特殊，仔細核查圖版，發現有二次書寫的情況。如下圖：

73EJT4：104（上）	73EJT4：104（下）
圖 1	圖 2

由圖 1 可知會、水、候、印四字，形狀上存在一大一小、墨跡上存在一淡一濃的二種不同書寫形式，暫且把大而淡的文字稱爲 A，小而濃的文字稱爲 B；由圖 2 可知在簡的下半部分依然存在文字，但並不清晰，無法識別。

從墨跡的疊壓關係看，B 類文字壓在 A 類文字之上，有可能是後寫的；從"水"字的書寫看，（A）、（B），A、B 兩類文字書寫風格存在差異，有可能不是同一人所寫；從二次書寫只寫"會水候印"四字看，可能是爲了突出強調"會水候印"的重要性。檢索居延漢簡、居延新簡、肩水金關漢簡、敦煌漢簡、額濟納漢簡，"會水候印"也僅此一例。由此，釋文作：

會水候印……（A）

會水候印（B）   73EJT4：104

128. 73EJT4：110

謹因孫長實<u>奉</u>記伏地再拜　乘山萬世駐北頃共封移氏池

子卿……73EJT4：110A

遺子卿不審到不即到㤹急以封之年叩頭㤹＝甚＝　　　　73EJT4：110B

[1] 何茂活：A面左行缺釋之字中有"北虜亭"三字。①

[2] 劉樂賢：A面"奉"字，也可以改釋爲"奏"。②

[3] 沈思聰："實"圖版作 ，當釋"賓"。

[4] 王錦城：何茂活補釋可從，但該行文字僅存右半，不能確知，此從整理者釋。

按：諸家意見可從。由此，釋文作：

謹因孫長賓奏記伏地再拜　乘山萬世駐北頃共封移氏池

子卿……北虜亭……　　　　　　　　　　　　　73EJT4：110A

遺子卿不審到不即到㤹急以封之年叩頭㤹＝甚＝　　　73EJT4：110B

129. 73EJT4：113

河平三年十月丙戌朔丙肩水守候

……　　　　　　　　　　　　　　　　　　　　73EJT4：113A

河平三年十月丙<u>子</u>朔丙戌肩水守候　塞　塞尉寫移過所河

　　　　　　　　　　　　　　　　　　　　73EJT4：113B

[1] 何茂活：據《二十史朔閏表》，河平三年十月朔日干支爲丙戌。本簡A面所書正確，但後一"丙"字後漏書"戌"字；B面所書"丙子朔"系"丙戌朔"之誤書。釋文中可酌予補正。③

按：何茂活意見可從。

---

①　何茂活：《〈肩水金關漢簡（壹）〉殘斷字釋補》，復旦大學出土文獻與古文字研究中心網，2014年11月20日，http://www.gwz.fudan.edu.cn/Web/Show/2377。後發表於《中國文字（新四十二期）》，臺北：藝文印書館2016年版。

②　劉樂賢：《金關漢簡〈譚致丈人書〉校釋》，《古文字論壇（第1輯）——曾憲通教授八十慶壽專號》，中山大學出版社2015年版。

③　何茂活：《〈肩水金關漢簡（壹）〉釋文訂補》，復旦大學出土文獻與古文字研究中心網，2014年11月28日，http://www.gwz.fudan.edu.cn/Web/Show/2392。

130. 73EJT4：116

☑候長□非稱已適候長☑　　　　　　　　　　　　　　　73EJT4：116

〔1〕馬智全："□"當釋"辟"，"辟"存左半，可釋。"辟非"爲漢代常用名。①

〔2〕秦鳳鶴："□"原簡寫作，當釋"甚"。《敦煌漢簡》1455A、《武威漢代醫簡》62 中"甚"字原簡分別寫作、，可比對。甚，候長名字。"甚"作爲人名，又見於《居延新簡》EPT59：124A"執胡隧長甚惠不追"。該簡文應釋讀作："候長甚非稱已適候長"。②

按：筆者傾向秦鳳鶴的釋讀。

131. 73EJT4：120

元始五年正月庚□☑

欲以令取傳謹案□☑　　　　　　　　　　　　　　　73EJT4：120

〔1〕何茂活：據圖版殘存字跡及《二十史朔閏表》，"庚□"當爲"丙寅"，其後當有"朔"字，殘斷不存。另，左行"案"後之字爲"蒼"。③

按：何茂活之言可從。

132. 73EJT4：137

☑□□□某家大福某頓首＝幸☑　　　（削衣）　　　73EJT4：137

〔1〕王錦城：原釋文僅在"首"字後加重文符號"＝"，"頓"字後重文符號圖版殘缺。

按：圖版右側殘缺，暫從整理者原釋。

---

① 馬智全：《〈肩水金關漢簡（壹）〉校讀記》，《考古與文物》2012 年第 6 期。

② 秦鳳鶴：《〈肩水金關漢簡（壹）（貳）〉釋文校訂》，《中國文字學會第九屆學術年會論文集》，2017 年 8 月。

③ 何茂活：《〈肩水金關漢簡（壹）〉殘斷字釋補》，復旦大學出土文獻與古文字研究中心網，2014 年 11 月 20 日，http：//www.gwz.fudan.edu.cn/Web/Show/2377。後發表於《中國文字（新四十二期）》，臺北：藝文印書館 2016 年版。

133. 73EJT4：148

北部助府屋蘭尉史☑   73EJT4：148

[1] 何茂活：爲準確反映簡牘用字的實際情況，還是以釋"蘭"爲宜。①

按：何茂活所言可從。

134. 73EJT4：153

要虜隧卒梁國載秋里李游子   六石具弩一完   藁矢銅鏃五十☑

73EJT4：153

[1] 何茂活："梁國"之"梁"圖版中實作"粱"，系同音通假。釋文應照錄借字，以存其真。金關簡中"梁國"作"粱國"者不少，如 1：75、1：134、1：135、1：137、5：14、5：39 等簡，圖版俱作"粱國"，而釋文均作"梁國"，不妥。該書第貳卷注意保留借字，處理較爲妥當。如 21：37、23：939、24：28 等簡均據圖版釋爲"粱國"。②

按：何茂活改釋可從。

135. 73EJT4：155

戍卒上黨郡長☑   73EJT4：155

[1] 晏昌貴："壺"字從張新俊釋，見《〈肩水金關漢簡（壹）〉釋文》。③

[2] 王錦城：原釋"長"不誤，該簡文不存在"壺關"里名。

按：晏昌貴所言有誤，所依簡文當張俊民提供，而非張新俊，暫從整理者意見。

---

① 何茂活：《〈肩水金關漢簡（壹）〉釋文訂補》，復旦大學出土文獻與古文字研究中心網，2014 年 11 月 28 日，http：//www. gwz. fudan. edu. cn/Web/Show/2392。

② 何茂活：《〈肩水金關漢簡（壹）〉釋文訂補》，復旦大學出土文獻與古文字研究中心網，2014 年 11 月 28 日，http：//www. gwz. fudan. edu. cn/Web/Show/2392。

③ 晏昌貴：《增補漢簡所見縣名與里名》，《歷史地理》第 26 輯，上海人民出版社 2012 年版。

136. 73EJT4：164

□☑　　　　　　　　　　　　　　　　　　　　　　　　73EJT4：164

〔1〕何茂活：缺釋之字，水平翻轉後爲▇，當釋爲"敞"字。疑系排版之誤。①

按：何茂活補釋可從。

137. 73EJT4：168

☑戌朔壬戌☑

☑臨敢言之☑　　　　　　　　　　　　　　　　　　73EJT4：168

按：依據張俊民提供的釋文文檔，第二行簡首整理者所釋"臨"字，原釋"編"，後在整理出版時改"編"作"臨"。② 知整理者在"臨"、"編"兩字的取捨上存在過遊移。該字圖版作：▇，左側從"糸"而非"臣"，字形與"編"字一致，當是"編"字。此外，從文書格式分析，第二行簡首也往往是"……編敢言之"，由此，該字當從整理者原釋作"編"。

138. 73EJT4：171

趙子都襜褕十☑　　　　　　　　　　　　　　　　　73EJT4：171A

□足下善册☑　　　　　　　　　　　　　　　　　　73EJT4：171B

〔1〕曹方向："七"，圖版作▇，整理者誤釋爲"十"。③ 馬智全、黃艷萍同。④

按：諸家改釋可從。

---

① 何茂活：《〈肩水金關漢簡（壹）〉釋文訂補》，復旦大學出土文獻與古文字研究中心網，2014 年 11 月 28 日，http：//www. gwz. fudan. edu. cn/Web/Show/2392。

② 張俊民：《〈肩水金關漢簡（壹）〉釋文》，簡帛網，2011 年 9 月 23 日，http：//www. bsm. org. cn/show_article. php? id = 1555。

③ 曹方向：《初讀〈肩水金關漢簡（壹）〉》，簡帛網，2011 年 9 月 16 日，http：//www. bsm. org. cn/show_article. php? id = 1549。

④ 黃艷萍：《〈肩水金關漢簡〉（壹—肆）異體字研究》，博士學位論文，華東師范大學，2016 年。

139. 73EJT4：175

七月盡八月食七石　丿　　　　　　　　　　　　　73EJT4：175

[1] 曹方向："十"，圖版作，整理者誤釋爲"七"。豎筆下端似又有短横，則有可能是"七十"合文。①

[2] 王錦城：（曹方向）其説或是。該字中間一豎似較長，確和"十"字形似。又下面部分豎筆處似還有筆畫，亦存合文的可能。不過均不能確知，暫從整理者釋。

按：曹方向所言可從。

140. 73EJT4：178

逐捕未能發□☑　　　　　　　　　　　　　　　　73EJT4：178

[1] 何茂活：簡末缺釋之字，當釋爲"紃（糾）"。糾，小篆作，故有異體"紃、糺、糾"等。詳參《漢語大字典》。發糾，爲檢舉揭發之意。《後漢書·蔡邕傳》："言事者因此欲陷臣父子，破臣門戶，非復發糾姦伏，補益國家者也。"也説"糾發"。《後漢書·王暢傳》："暢深疾之，下車奮厲威猛，其豪黨有釁穢者，莫不糾發。"②

[2] 王錦城：從圖版來看，該字左半爲"糸"無疑，但右半不明，此從整理者釋。

按：何茂活之言可備一説，暫從整理者原釋。

141. 73EJT4：179

初元年十月甲午朔庚午尉卿☑　　　　　　　　　73EJT4：179

[1] 張俊民：本簡爲公文書的首起部分，"甲午朔"月中不當有"庚午"日。查《二十史朔閏表》初元年十月爲甲子朔，庚午爲七日。第

---

① 曹方向：《初讀〈肩水金關漢簡（壹）〉》，簡帛網，2011 年 9 月 16 日，http：//www. bsm. org. cn/show_article. php？id＝1549。

② 何茂活：《〈肩水金關漢簡（壹）〉釋文訂補》，復旦大學出土文獻與古文字研究中心網，2014 年 11 月 28 日，http：//www. gwz. fudan. edu. cn/Web/Show/2392。

一個"午"應爲"子"字。①

[2] 羅見今、關守義："午"當釋爲"子"，"甲午朔"爲"甲子朔"之誤，修改後，庚午爲初七。另，釋文在"元"字之後訛奪重複號"＝"，當釋爲"初元＝年十月甲子朔庚午尉卿"。②

[3] 黃艷萍："年"上脱"元"字，當爲"初元元年"。疑當時口語省讀爲"初元年"，受口語的影響寫作"初元年"。"午"係整理者誤釋，應爲"子"字而非"午"字。③

[4] 王錦城：從圖版來看，"元"字後並未有重文符號"＝"。應當如黃艷萍所説，"初元"後原簡脱"元"字，而這種省寫爲當時通行做法。

按：諸家改釋可從，另外，左側尚有墨跡，當還有一行文字。

142. 73EJT4：184

☑□不具語今旦幸賜書又遠糧鄭☑

☑□……　　　　　　　　　　　　　　　　　　73EJT4：184A

……

☑具傳語爲□□愚自以爲直□☑　　　　　　　　73EJT4：184B

[1] 張俊民：書信用語，"糧"字應爲"煩"。④ 伊強、黃艷萍同。⑤

按：諸家改釋可從。

143. 73EJT4：189

關都亭長安世弓檃丸直二百卅案直☑　　　　　73EJT4：189

按：簡首"關"字，張俊民、李洪財、王錦城等認爲是"闌"，

---

① 張俊民：《肩水金關漢簡（壹）釋文補例續》，簡帛網，2012 年 5 月 8 日，http：//www. bsm. org. cn/show_article. php？id = 1687。

② 羅見今、關守義：《〈肩水金關漢簡（壹）〉紀年簡考釋》，《敦煌研究》2013 年第 5 期。

③ 黃艷萍：《〈肩水金關漢簡（壹）〉紀年簡校釋》，《簡牘學研究》第 5 輯，甘肅人民出版社 2014 年版。

④ 張俊民：《肩水金關漢簡（壹）釋文補例》，簡帛網，2014 年 12 月 16 日，http：//www. bsm. org. cn/show_article. php？id = 2112。

⑤ 黃艷萍：《〈肩水金關漢簡〉（壹—肆）異體字研究》，博士學位論文，華東師範大學，2016 年。

可從。

144. 73EJT4：191

□□令居義陽里姚翁忠年卌五黑色☑ 73EJT4：191A

……　　　　　　　　　　　　　　　　　73EJT4：191B

［1］沈思聰："翁忠"，疑讀爲"翁中"。

按：沈思聰之言可備一説。

145. 73EJT4：192

☑□客行□傳者非書☑ 73EJT4：192

［1］何茂活："行"後之字當爲"道"。《中國簡牘集成》："在途爲行道，相對居署而言。"居延漢簡及金關簡中多見此語，兹不贅舉。①

按：何茂活之言可從，另，從字形看，"非"字當爲"北"字。

146. 73EJT4：196

☑張子□☑　　　（削衣） 73EJT4：196

［1］沈思聰：未釋字圖版作 ，當釋"阿"。

按：沈思聰之言可備一説。

147. 73EJT4：213

……錢□☑　　　（削衣） 73EJT4：213

［1］李洪財："錢"後有一字殘餘，尚可辨識，乃是"伏"字，可補。②

按：李洪財之言可從。

---

① 何茂活：《〈肩水金關漢簡（壹）〉殘斷字釋補》，復旦大學出土文獻與古文字研究中心網，2014年11月20日，http：//www. gwz. fudan. edu. cn/Web/Show/2377。後發表於《中國文字（新四十二期）》，臺北：藝文印書館2016年版。

② 李洪財：《〈肩水金關漢簡〉（壹）校讀札記》，復旦大學出土文獻與古文字研究中心網，2012年9月17日，http：//www. gwz. fudan. edu. cn/Web/Show/1929。

（五）73EJT5

148. 73EJT5：6

☑□取錢　三人　受穀小斛三☑　　　　　　73EJT5：6A

☑□□　　　　　　　　　　　　　　　　　　73EJT5：6B

［1］李洪財：此簡下尚有一"元"字，清晰易辨。①

按：此字圖版作： ▨ ，左側仍有墨跡，右側似有彎鉤，疑"宀"，從殘留墨跡看，有"完"字或"關"的可能，暫存疑。②

149. 73EJT5：8

☑襲一領布復絝一兩並直千八百又貸交錢五百凡並

☑大昌里丁當妻郵君所　　　　　　　　　　73EJT5：8A

☑小女世母徐□□孫帀人與入　　　　　　　73EJT5：8B

［1］張俊民："交"應爲"它""它錢"有額外貸錢不是買賣產生的意思。"郵君所"是指賣買財物發生的地點。"郵君"爲人名，按照居延漢簡例，簡牘中"郵"與"舒"字差異不大，易淆，作爲人名應該釋作"舒"字。B面文字爲習字所書，"小女"按照空間應是一個字，可作"安"。釋文按照習字的性質可作：安世母徐姬□与孫市入與入。"③

［2］王錦城：從圖版來看，A面"交"、"郵"整理者釋讀不誤，改釋非。B面字多不可辨識，此從整理者釋。

按：張俊民改"郵"作"舒"、改"小女"作"安"，改"帀"作"市"，並補"姬"字，皆可從，然"交"爲"它"之説，恐當從整理者所釋，該字圖版作： ▨ ，當是"交"字④，"交"通"茭"⑤，"交錢"

① 李洪財：《〈肩水金關漢簡〉（壹）校讀札記》，復旦大學出土文獻與古文字研究中心網，2012年9月17日，http：//www.gwz.fudan.edu.cn/Web/Show/1929。

② 何茂活告知亦有可能是"關"字。

③ 張俊民：《肩水金關漢簡（壹）釋文補例續》，簡帛網，2012年5月8日，http：//www.bsm.org.cn/show_article.php? id=1687。

④ 李洪財：《漢簡草字整理與研究》，博士學位論文，吉林大學，2014年，第452頁。

⑤ 馮其庸、鄧安生：《通假字彙釋》，北京大學出版社2006年版，第776頁。

即"茭錢"，謝桂華有《"茭錢"試解》一文可參看。① 由此，釋文作：

　　☑襲一領布復絝一兩並直千八百又貸交錢五百凡並

　　☑大昌里丁當妻舒君所　　　　　　　　　　　　　　73EJT5：8A

　　☑安世母徐姬□与孫市入與入　　　　　　　　　　　73EJT5：8B

150. 73EJT5：14

戍卒梁國睢陽華里士五袁豺年廿四　　　　　　　　　　73EJT5：14

〔1〕何茂活："梁"實作"梁"。②

按：何茂活改釋可從。

151. 73EJT5：18

戍卒魏郡鄴呂廣里士伍馮長卿年　　　　　　　　　　　73EJT5：18

〔1〕晏昌貴："產"，原釋文作"廣"，此從張新俊釋，見《〈肩水金關漢簡（壹）〉釋文》。③

〔2〕王錦城：原釋不誤，當爲"廣"。

按：晏昌貴所言有誤，所依簡文當張俊民提供，而非張新俊，從整理者意見。

152. 73EJT5：22

神爵四年二月己未朔丁□□□☑

衣用謹踈年長物色謁移☑　　　　　　　　　　　　　　73EJT5：22

〔1〕黃艷萍：神爵四年二月朔爲乙未，由於"己"和"乙"手寫時極易混，故"己未"當爲"乙未"之誤寫。④

按：改釋可從。

---

① 謝桂華：《"茭錢"試解》，《歷史研究》2016 年第 2 期。

② 何茂活：《〈肩水金關漢簡（壹）〉釋文訂補》，復旦大學出土文獻與古文字研究中心網，2014 年 11 月 28 日，http：//www.gwz.fudan.edu.cn/Web/Show/2392。

③ 晏昌貴：《增補漢簡所見縣名與里名》，《歷史地理》第 26 輯，上海人民出版社 2012 年版。

④ 黃艷萍：《〈肩水金關漢簡（壹）〉紀年簡校釋》，《簡牘學研究》第 5 輯，甘肅人民出版社 2014 年版。

153. 73EJT5：26

☑白練襦布布單衣白布絝<u>劍</u>一弓一矢廿☑　　　　　　　73EJT5：26

［1］劉倩倩："劍"應釋爲"劒"。①

按：暫從整理者原釋。

154. 73EJT5：28

☑過河津金關☑

☑過所如律令☑　　　　　　　　　　　　　　　　73EJT5：28

［1］王錦城："過"當爲"道"。

按：王錦城改釋可從。

155. 73EJT5：31

<u>計到</u>三年四月己酉以請詔施刑□☑

關以縣次續食<u>驗決</u>所當得☑　　　　　　　　　　　73EJT5：31

［1］張俊民：本簡也是傳文書抄件，言某人以請詔弛刑到某地去服役或歸家，傳文書言"以縣次續食"。其中"計到"二字不妥，應作"□□"。"驗決"二字，應作"給法"。傳文書中"縣次續食，給法所當得"爲習慣用語之一，圖版亦可證。②

［2］王錦城：張俊民改作未釋字或可從，暫從整理者釋。

按：張俊民改釋、補釋可從。

156. 73EJT5：32

☑□□□□☑

☑□□□□□☑　　　　　　　　　　　　　　　　73EJT5：32

［1］何茂活：該簡文字漫漶難辨，但經放大後，可辨識出左行文字

---

① 劉倩倩：《〈肩水金關漢簡（壹）〉注釋及相關問題研究》，碩士學位論文，華東師范大學，2015 年。

② 張俊民：《肩水金關漢簡（壹）釋文補例續》，簡帛網，2012 年 5 月 8 日，http：//www.bsm.org.cn/show_article.php? id=1687。

爲"毋官獄徵事"。①

　　按：何茂活補釋可從。

157. 73EJT5：39

戍卒梁國杼秋東平里士五丁延年卅四　　庸同縣敬上里大夫朱定□☑

　　　　　　　　　　　　　　　　　　　　　　　73EJT5：39

　　［1］何茂活："梁"實作"梁"。②

　　［2］沈思聰："杼"，原簡作 ⿰木阝（邘），73EJT21：126 亦有此問題，參看此條。"定"後一字殘存上端筆畫，圖版作 ，當釋"年"。

　　按：何茂活改釋可從，沈思聰補釋可從。

158. 73EJT5：44

☑□樂願□□茯舍有客毋入　　　　　　　　73EJT5：44A

☑謹請□□□　　　　　　　　　　　　　　73EJT5：44B

　　［1］何茂活："舍"前之字右半稍殘，非"茯"字，當釋爲"前"。③

　　按：何茂活改釋可從。

159. 73EJT5：45

·右□轉穀百九十三石二斗☑　　　　　　　73EJT5：45

　　［1］劉倩倩：未釋字應釋爲"將"。④

　　［2］王錦城：該字似非"將"字，暫從整理者釋。

　　按：暫從整理者原釋，不作釋讀。

───────────────

　　① 何茂活：《〈肩水金關漢簡（壹）〉殘斷字釋補》，復旦大學出土文獻與古文字研究中心網，2014 年 11 月 20 日，http：//www. gwz. fudan. edu. cn/Web/Show/2377。後發表於《中國文字（新四十二期）》，臺北：藝文印書館 2016 年版。

　　② 何茂活：《〈肩水金關漢簡（壹）〉釋文訂補》，復旦大學出土文獻與古文字研究中心網，2014 年 11 月 28 日，http：//www. gwz. fudan. edu. cn/Web/Show/2392。

　　③ 何茂活：《〈肩水金關漢簡（壹）〉殘斷字釋補》，復旦大學出土文獻與古文字研究中心網，2014 年 11 月 20 日，http：//www. gwz. fudan. edu. cn/Web/Show/2377。後發表於《中國文字（新四十二期）》，臺北：藝文印書館 2016 年版。

　　④ 劉倩倩：《〈肩水金關漢簡（壹）〉注釋及相關問題研究》，碩士學位論文，華東師範大學，2015 年。

160. 73EJT5：53

戍卒鉅鹿郡南䜌㯋里雍橋年卅一　丿　　73EJT5：53

［1］沈思聰："雍"圖版作，當釋"廱"。

按：暫從整理者原釋。

161. 73EJT5：54

田卒魏郡鄴遇里周遂年廿三☑　　73EJT5：54

按：該簡尾端還有殘存的三行墨跡，可惜不清晰而無法釋讀，唯有尾字，圖版作：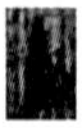，當勾校符號"丿"。

162. 73EJT5：55

掾觻得好仁里公乘李利年廿八長七尺二寸黑色　　73EJT5：55A

□□□□　　73EJT5：55B

［1］何茂活：據圖版，可改訂爲"□□丁弘"。①

［2］王錦城：（何茂活）補釋或可從，但該行文字多隨意塗寫，不能確知，當從整理者釋。

按：王錦城所言可從，暫從整理者原釋。

163. 73EJT5：56

十一日　己酉 戊寅 戊申 丁丑 丁未 丙子 丙午 乙辰 乙巳甲戌 甲辰 癸酉 73EJT5：56

［1］馬智全："乙辰"當釋"乙亥"，"辰"與"亥"寫法頗近，其區別在於"亥"左側有折筆，而"辰"左側撇出，無折筆。② 張俊民③、

---

① 何茂活：《〈肩水金關漢簡（壹）〉殘斷字釋補》，復旦大學出土文獻與古文字研究中心網，2014 年 11 月 20 日，http：//www. gwz. fudan. edu. cn/Web/Show/2377。後發表於《中國文字（新四十二期）》，臺北：藝文印書館 2016 年版。

② 馬智全：《〈肩水金關漢簡（壹）〉校讀記》，《考古與文物》2012 年第 6 期。

③ 張俊民：《肩水金關漢簡（壹）釋文補例續》，簡帛網，2012 年 5 月 8 日，http：//www. bsm. org. cn/show_article. php？ id = 1687。

黄艷萍同①。

　　按：諸家改釋可從。

164. 73EJT5：62

黑扡二　　　　　　　　　　　　　　　　　　　　73EJT5：62

[1] 伊强："扡"原字形作🔲，但"黑扡"意義頗難解。在出土漢代簡帛文獻中，"手"、"牛"作爲偏旁寫法非常接近且有混同的情況，因此，"🔲"也可釋寫爲"牠"。②

[2] 王錦城：（伊强）其説或是。"牠"通"犉"，爲黄毛黑脣的牛。

　　按：伊强之言可從。

165. 73EJT5：65

☑□陵邑富里張護　　官布復袍一領　　犬练一兩　　枲履一兩
　　　　　　　　　　　皁布單衣一領　　皁布單衣一領　　尸

　　　　　　　　　　　　　　　　　　　　　　　　73EJT5：65

[1] 王錦城：第一行"练"字原作"练"，其當從"末"，據改。

　　按：從整理者原釋。

166. 73EJT5：66

右扶風虢材官臨曲里王弘□□□十□□（竹簡）　　73EJT5：66

[1] 邢義田：按此簡紅外線圖版較清晰，"□□□十□□"與"王弘"二字間有甚大間距，且筆跡不同。原釋文未空格，欠妥。③

　　按：邢義田意見可從，當空出距離。

167. 73EJT5：67

再再不□□恐不□□地（竹簡）　　　　　　　　73EJT5：67

---

①　黄艷萍：《〈肩水金關漢簡〉（壹—肆）異體字研究》，博士學位論文，華東師范大學，2016 年。

②　伊强：《〈肩水金關漢簡〉名物詞考釋二則》，簡帛網，2014 年 11 月 19 日，http：//www. bsm. org. cn/show_article. php？id＝2103。

③　邢義田：《〈肩水金關漢簡（壹）〉初讀札記之一》，簡帛網，2012 年 5 月 8 日，http：//www. bsm. org. cn/show_article. php？id＝1686。後發表於《簡帛》第 7 輯，上海古籍出版社 2012 年版。

　　［1］張俊民：本簡的文字爲練習寫字時書寫的，俗叫"習字簡"。可補作"再再不□再忍不叩地地"。①

　　按：張俊民所釋"忍"字當從整理者原釋作"恐"，第一個"不"下一字整理者以及張俊民皆未釋，該字圖版作：，當爲"地"字，書手寫作時出現了簡省。同簡"地"字作：，可參。

168. 73EJT5：68

甘露四年戊寅朔甲午甲渠鄣守候何齋移肩水金關令史□

罷軍徙補轢得臨谷候官令史書到案籍內如律令　　　　　73EJT5：68A

令史安世　　　　　　　　　　　　　　　　　　　　73EJT5：68B

　　［1］沈思聰："齋"字當釋"齋"。73EJT5：68 、73EJT6：110＋62 、73EJT23：1013 、73EJT37：92 亦有此問題，參看此條。

　　［2］白軍鵬：所謂的"齋"字若考慮嚴格釋寫均當爲"齋"。②

　　按：改釋可從。

169. 73EJT5：70

欲發□四□□□□之此藥已□十箴欷良已識

□□□□久五椎下兩束　　　　　　　　　　　　　　73EJT5：70

　　［1］張雷："箴"字當爲"歲"。③

　　按：張雷改釋可從。

170. 73EJT5：72

☑□□□□□馬二匹軺車一乘謹移過所縣道河津關毋苛留止如律令

☑令史宗行丞事移過所如律令　／佐定安世　　　　　73EJT5：72

　　①　張俊民：《肩水金關漢簡（壹）釋文補例續》，簡帛網，2012 年 5 月 8 日，http：//www. bsm. org. cn/show_article. php？ id＝1687。

　　②　白軍鵬：《試說漢代的"齋"——兼談簡牘印文整理時對該字的處理》，《古文字研究》第 33 輯，中華書局 2020 年版，第 583 頁。

　　③　張雷：《秦漢簡牘醫方集注》，中華書局 2018 年版，第 409 頁。

　　按：第一行簡首諸字從殘存圖版看，疑爲"俱""乘""所""占""用"五字，73EJT10：133、73EJT10：134號簡有"占用馬一匹軺車一乘"、"俱乘所占馬一匹軺車一乘"可參。

171. 73EJT5：73

以所帶劍<u>對</u>歐<u>種</u>戍卒王奉親肩背皆青黑雍種廣<u>衰</u>各半所得以會

73EJT5：73

　　[1] 曹方向：衰，圖版作 ，整理者誤釋爲"哀"。秦漢司法檢驗文書中時常使用"廣衰"來描述傷口、瘢痕的尺寸。①

　　[2] 方勇：簡文中所謂的"對"字應爲"首"字無疑。簡文"戍卒"上一字"種"字應爲"重"字，疑讀爲"中"，"重"、"中"相通的例子很多，其應表傷害義，簡文"廣"字下一字即所謂"哀"字，應是"衰"字無疑。由此，我們給簡文重新作釋文爲：

　　以所帶劍首歐（毆）重（中）戍卒王奉親，肩背皆青黑、雍（臃）種（腫），廣衰各半所，得以會。②

　　[3] 邢義田："歐種"何指？現有"種"爲人名，或"種"即"中"、"撞"等不同的意見。我認爲"種"應即"腫"，"歐種"即毆打戍卒王奉親，以致其肩背發腫，後文"青黑雍種"即"青黑癰腫"指發腫處的顏色，"廣衰"指受傷發腫處的大小。原釋文哀字，從白，不妥。方勇〈讀肩水金關漢簡劄記二則〉（武漢大學簡帛中心簡帛網）已正確指出"對"應作"首"，"哀"應作"衰"，不贅。③

　　[4] 王錦城：方勇説不確。"種"通"腫"，毆腫即毆打使腫。

　　按：諸家所言大部可從，另，從目前殘存圖版，方勇釋"重"較爲適宜。由此，釋文作：

---

　　① 曹方向：《初讀〈肩水金關漢簡（壹）〉》，簡帛網，2011年9月16日，http：//www. bsm. org. cn/show_article. php？id＝1549。

　　② 方勇：《讀肩水金關漢簡札記二則》，簡帛網，2011年9月16日，http：//www. bsm. org. cn/show_article. php？id＝1550。後發表於《魯東大学学報》2012年第2期。

　　③ 邢義田：《〈肩水金關漢簡（壹）〉初讀札記之一》，簡帛網，2012年5月8日，http：//www. bsm. org. cn/show_article. php？id＝1686。後發表於《簡帛》第7輯，上海古籍出版社2012年版。

以所帶劍首歐重戍卒王奉親肩背皆青黑雍種廣袤各半所得以會

73EJT5：73

172. 73EJT5：78

橐他

莫當隧長童去疾妻昭武安漢里董第卿

年廿七歲黑色　　　　　　　　　　　　　　73EJT5：78

［1］張俊民：該簡釋文在武漢大學簡帛研究中心簡帛網上筆者曾作"童董"處理（前一個是紅字，後一個是綠字）。原因一是就有釋文是作"童"，且有前述文例佐證。但是在將圖版審視後，本簡上的"童"與"董"寫法確實是有差異的，作"董"字較妥。①

按：核查圖版，知整理者目前所作釋文是依據圖版現存字跡作出的隸定，從張俊民提供的釋文看，整理者也存在過猶疑。但我們有一個懷疑，當時邊塞有"妻隨夫姓"的習俗②，此簡中的夫妻很有可能是同一個姓氏，也即都是"董"。原因一是"童"與"董"兩字字形非常接近（暫把首字稱爲 A，另一個字稱爲 B），對比如下：

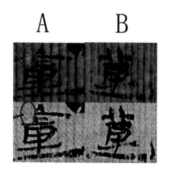

對比可知兩字字形近似，有同爲一字的可能。原因二是 A 字存在殘缺，在圈處存在明顯的脫落現象，而此處正是"董"字草字頭上的左側一點的位置。故，推測此處兩字均爲"董"，是姓氏。

---

① 張俊民：《金關漢簡札記》，簡帛網，2011 年 10 月 15 日，http：//www. bsm. org. cn/show_article. php？ id = 1565。

② 張俊民：《新、舊居延漢簡校讀二例》，《考古與文物》2009 年第 2 期。

173. 73EJT5：82

☑□□蓬薑   73EJT5：82

［1］何茂活：此簡右邊稍殘。"蓬"後之字作■，實爲"菑"。據張俊民公佈的釋文電子版，原釋正確，出版前改成了"薑"。菑，小篆作■，居延簡甲 646 作■，漢武班碑作■，漢孟孝琚碑也作■，馬王堆帛書中作■（戰國縱橫家書 096）、■（周易 008），金關簡 9：3、9：20、9：28 中的"齊郡臨菑"以及 24：112B"章曰菑右尉印"等均可爲證。24：112A"蒙守令史曹子"，"曹子"實亦爲"菑右"。據此可知本簡之"蓬薑"實爲"蓬菑"。"蓬"爲蓬蒿，"菑"爲荒地，二者意義相關。①

按：何茂活改釋可備一説。

174. 73EJT5：84

☑廷甲甲☑   73EJT5：84

［1］王錦城、魯普平：第二個"甲"字作■形，當爲"申"字。②

按：王錦城改釋可從。

175. 73EJT5：86

☑□南必里大夫□☑   73EJT5：86

［1］沈思聰：末字原簡殘存上半筆畫，圖版作■，當釋"樓"。

按：沈思聰之言可備一説。

176. 73EJT5：93

☑牛車一兩 五月己亥出 卩   73EJT5：93

---

① 何茂活：《〈肩水金關漢簡（壹）〉殘斷字釋補》，《中國文字（新四十二期）》，臺北：藝文印書館 2016 年版。

② 王錦城、魯普平：《肩水金關漢簡釋文校補舉隅》，《出土文獻》第 11 輯，中西書局 2017 年版。

[1] 何茂活：本簡釋讀無誤，但圖版倒置，應垂直旋轉 180 度。①

按：何茂活所言可從，當爲排版失誤。

177. 73EJT5：95

九人<u>酒</u>二石百六十肉十斤廿五<u>入</u>直百八十五<u>凡</u>☑　　　　73EJT5：95A

□之請伏地再拜□請受☑　　　　73EJT5：95B

[1] 馬智全：“入”當釋“凡”，簡文清晰。“凡直”表總價值，簡文常用語。② 李燁同③，黄艷萍同。④

[2] 劉倩倩：“酒”應釋爲“洦”。⑤

[3] 王錦城：簡末“凡”字似亦非凡，當存疑待釋。

按：馬智全改釋可從，劉倩倩改釋不可從，當從整理者釋“酒”，簡末“凡”字從文意可以推知。

178. 73EJT5：98

責□□錢五十☑　　　　73EJT5：98

[1] 何茂活：缺釋之字爲“丁氏”，雖殘左半，但可辨識。⑥

按：何茂活意見可從。

179. 73EJT5：100

黃犗齒十歲劍一　　　　73EJT5：100

按：簡的左側尚有墨跡，圖版作：，整理者漏釋，當是鈎校符

---

① 何茂活：《〈肩水金關漢簡（壹）〉釋文訂補》，復旦大學出土文獻與古文字研究中心網，2014 年 11 月 28 日，http：//www. gwz. fudan. edu. cn/Web/Show/2392。

② 馬智全：《〈肩水金關漢簡（壹）〉校讀記》，《考古與文物》2012 年第 6 期。

③ 李燁：《〈肩水金關漢簡（壹）〉研究三題》，碩士學位論文，西南大學，2013 年。

④ 黄艷萍：《〈肩水金關漢簡〉（壹—肆）異體字研究》，博士學位論文，華東師範大學，2016 年。

⑤ 劉倩倩：《〈肩水金關漢簡（壹）〉注釋及相關問題研究》，碩士學位論文，華東師範大學，2015 年。

⑥ 何茂活：《〈肩水金關漢簡（壹）〉殘斷字釋補》，復旦大學出土文獻與古文字研究中心網，2014 年 11 月 20 日，http：//www. gwz. fudan. edu. cn/Web/Show/2377。後發表於《中國文字（新四十二期）》，臺北：藝文印書館 2016 年版。

號"卩"。

180. 73EJT5：104

辛甚

進

程掾丿

□卿　　（削衣）　　　　　　　　　　　　　　　73EJT5：104

[1] 沈思聰：細審圖版，"□卿"當釋"子卿"。"□"圖版作 。

按：沈思聰補釋可從。

181. 73EJT5：114

□部候長長實敢言之

兑具更實移吏卒被兵簿　　　　　　　　　　　　73EJT5：114

[1] 沈思聰："實"，原簡殘存左端筆畫，圖版作 ，疑釋"實"。
王錦城同。

按：改釋可從。另"長實"之"實"圖版殘損，當存疑。

（六）73EJT6

182. 73EJT6：14

□令延印

十一月乙卯驛北卒敊以來☒　　　　　　　　　　73EJT6：14A

☒蓁一檄書到出入如律令☒　　　　　　　　　　73EJT6：14B

[1] 何茂活："敊"字，圖版作 ，當即"敦"字。《武威漢簡》
甲本特牲7及11"敦"作 、，武氏石闕銘作 ，字形與之相近。①

[2] 張再興、黃艷萍："蓁"當釋"楬"。②

---

① 何茂活：《〈肩水金關漢簡（壹）〉釋文訂補》，復旦大學出土文獻與古文字研究中心網，
2014 年 11 月 28 日，http://www.gwz.fudan.edu.cn/Web/Show/2392。

② 張再興、黃艷萍：《肩水金關漢簡校讀札記》，《中國文字研究》2017 年第 26 輯。

［3］王錦城：“穀”字似非“敦”，暫從整理者釋。

按：兩字補釋、改釋可從。另，從文意分析，A 面簡首第一字當
“居”。

183. 73EJT6：22

官居延都尉

獲時匈奴虜　　　　　　　　　　　　　　　　　　　73EJT6：22A

搖□□□□　　　　　　　　　　　　　　　　　　　73EJT6：22B

［1］沈思聰：B 面文字殘存右半，“搖”下一字圖版作，可釋爲“搖
橫□□□”。

按：沈思聰之言可備一説。

184. 73EJT6：30

☑癸亥　癸丑　壬午　壬子　　　　　　　　　　　　73EJT6：30

［1］張俊民：本簡爲曆譜簡，某年某日後四個月的干支。但是“癸
亥”的下一個干支不可能是“癸丑”，即“癸丑”的上一個干支應是
“癸未”。①

按：改釋可從。

185. 73EJT6：31

保同縣臨池里大夫潘忠年廿三長七尺二寸　　入　　73EJT6：31

［1］李燁：漏釋“丿”。②

按：補釋可從。

186. 73EJT6：35

毋它昆弟　與□□

病野遠爲吏死生恐不相見□　　　　　　　　　　　73EJT6：35

---

① 張俊民：《肩水金關漢簡（壹）釋文補例續》，簡帛網，2012 年 5 月 8 日，http：//
www. bsm. org. cn/show_article. php？id＝1687。

② 李燁：《〈肩水金關漢簡（壹）〉研究三題》，碩士學位論文，西南大學，2013 年。

[1] 王錦城：第一行文字以小字補寫於第二行文字之間，其中"毋它"位於"野"和"遠"之間，"昆弟"位於"遠"和"爲"之間，"與□□"位於"不"和"相"之間。

按：該簡存在削改痕跡，在"遠"和"爲"之間，"爲"和"吏"之間等均存有墨痕。另，第一行"與"下兩字圖版作：[图]、[图]，整理者未釋，疑爲"亡""予"兩字，73EJT7：3 號簡"亡"字作：[图]，73EJT21：65 號簡"予"字作：[图]，可參。

187. 73EJT6：38

☑露三年九月壬午朔甲申都鄉嗇夫充國以私印行小官事敢言之長秋里尚光自

☑□□□市居延謹案光年爵公乘年六十毋官獄事當得取傳謁移居延過所毋苛留止　　　　　　　　　　　　73EJT6：38A

□□令印　　　　　　　　　　　　73EJT6：38B

[1] 王錦城：A 面第二行"年爵"的"年"當爲原簡書寫時衍。

按：王錦城所言可從。

188. 73EJT6：39

□嘉二年七月丁丑朔丁丑西鄉嗇夫政敢言之成漢男子孫多牛自言爲家私市居延☑

傳謹案多牛毋官獄徵事當得取傳謁移肩水金關居延縣索出入毋苛留止☑

七月戊寅觻得長守丞順移肩水金關居延縣索寫移書到如律令/掾尊守□☑　　　　　　　　　　　　73EJT6：39A

觻得丞印　　　　　　　　　　　　73EJT6：39B

[1] 劉倩倩：可補此簡時間爲鴻嘉二年。①

按：補釋可從。

①　劉倩倩：《〈肩水金關漢簡（壹）〉注釋及相關問題研究》，碩士學位論文，華東師范大學，2015 年。

189. 73EJT6：40

肩水候　　　　　　　　　除平陵歸□里公大夫☑

永光四年正月壬辰符　　　大女□□長七尺……　　　（右齒）

　　　　　　　　　　　　　　　　　　　　　　73EJT6：40

　　[1] 邢義田："除"字稍有殘損，從餘筆看，疑應作"候"。此候應即指簡頭的肩水候。候爲平陵某里之人，爵爲公大夫。① 郭偉濤、王錦城同。②

　　按：改釋可從。

190. 73EJT6：41

葆聟

廣地

後起隧長逢尊妻居延廣地里逢廉年卅五

子小女君曼年十一歲

葆聟居延龍起里王都年廿二

大車一兩 用馬二匹 用牛二　　　（左齒）　　　　73EJT6：41A

……　　　　　　　　　　　　　　　　　　　　　73EJT6：41B

　　[1] 邢義田："聟"字不見於《說文》，後世辭書以爲係"壻"之俗字……聟即壻無疑。葆聟或指尚未成婚之壻。③

　　按：邢義田之言可從。

191. 73EJT6：42

彙他勇士隧長井臨　建平元年家屬符

---

　　① 邢義田：《〈肩水金關漢簡（壹）〉初讀札記之一》，簡帛網，2012 年 5 月 8 日，http：//www. bsm. org. cn/show_article. php？id = 1686。後發表於《簡帛》第 7 輯，上海古籍出版社 2012 年版。

　　② 郭偉濤：《漢代張掖郡肩水塞研究》，博士學位論文，清華大學，2017 年，第 212 頁。

　　③ 邢義田：《〈肩水金關漢簡（壹）〉初讀札記之一》，簡帛網，2012 年 5 月 8 日，http：//www. bsm. org. cn/show_article. php？id = 1686。後發表於《簡帛》第 7 輯，上海古籍出版社 2012 年版。

·兄妻屋蘭宜眾里井君任年廿一 子小男習年七歲 兄妻君之年廿三
子大男義年十 子小男馮一歲　　　　（右齒）

車一兩用□☑　　　　　　　　　　　　　　73EJT6：42

［1］邢義田：原簡清晰。兩“兄”字書法完全相同，第一行“兄”字上無點，·應刪。①

［2］何茂活：爲準確反映簡牘用字的實際情況，還是以釋“蘭”爲宜。②

按：諸家改釋可從。

192. 73EJT6：46

臨叩頭言子其辨薛繱負□六年日冊□之□　　　73EJT6：46A

櫜他候史薛繱叩　　　　　　　　　　　　　73EJT6：46B

［1］沈思聰：“其”字圖版作⬛，似“真”字。

按：沈思聰之言可備一説，此外，整理者所釋“薛”字，圖版作：⬛，疑“君”字。

193. 73EJT6：48

戍卒穎川郡長社邑重里公乘成朔年廿八刀　　（竹簡）　　73EJT6：48

［1］李燁：漏釋丶。③

按：補釋可從。

194. 73EJT6：50

濼涫文里不更王更士年十九　　　　　　　　73EJT6：50

［1］沈思聰：“士”字，原簡殘損上部分筆畫，圖版作⬛，當釋“生”。

---

①　邢義田：《〈肩水金關漢簡（壹）〉初讀札記之一》，簡帛網，2012 年 5 月 8 日，http：//www. bsm. org. cn/show_article. php？ id＝1686。後發表於《簡帛》第 7 輯，上海古籍出版社 2012 年版。

②　何茂活：《〈肩水金關漢簡（壹）〉釋文訂補》，復旦大學出土文獻與古文字研究中心網，2014 年 11 月 28 日，http：//www. gwz. fudan. edu. cn/Web/Show/2392。

③　李燁：《〈肩水金關漢簡（壹）〉研究三題》，碩士學位論文，西南大學，2013 年。

按：暫從整理者原釋。

195. 73EJT6：53

☑□里王步舒年卅八歲長七尺二寸黑<u>劇食</u>牛車一兩弩一矢五十劍一

73EJT6：53

［1］劉欣寧：“正廣占”原作“劇食”。① 王錦城同。

按：劉欣寧改釋可從。

196. 73EJT6：63

登山隧長司馬駿見 長利 大刀<u>□幣</u> <u>單□</u>大削幣德少廿石 卒文異眾見

73EJT6：63

［1］馬智全：“□幣”當釋“幣”，“單□”當釋“單幣”，此二“幣”字與“大削幣”的“幣”寫法相同。“幣”指敗壞，簡文常用語。② 黃艷萍同。③

按：馬智全所言可從。

197. 73EJT6：64

關嗇夫持君視事以來一從書出入□事□　　　　　73EJT6：64A

［1］李洪財：“出入”後一未釋字原簡圖如下[圖]基本上可以看出是“聞”字。此“聞”當用作“問”，“出入問事”。④

［2］何茂活：“出入”之後缺釋之字[圖]爲“聞”。聞事，應爲將某事告知他人之意。簡末之字似爲“來”，但不能確定。⑤

按：補釋“聞”可從，“來”字存疑。

① 劉欣寧：《漢代“傳”中的父老與里正》，《早期中國史研究》2016 年第 8 卷第 2 期。

② 馬智全：《〈肩水金關漢簡（壹）〉校讀記》，《考古與文物》2012 年第 6 期。

③ 黃艷萍：《〈肩水金關漢簡〉（壹—肆）異體字研究》，博士學位論文，華東師範大學，2016 年。

④ 李洪財：《〈肩水金關漢簡（壹）〉校讀札記》，復旦大學出土文獻與古文字研究中心網，2012 年 9 月 17 日，http：//www.gwz.fudan.edu.cn/Web/Show/1929。

⑤ 何茂活：《〈肩水金關漢簡（壹）〉釋文訂補》，復旦大學出土文獻與古文字研究中心網，2014 年 11 月 28 日，http：//www.gwz.fudan.edu.cn/Web/Show/2392。

198. 73EJT6：75

☑子男小狗年<u>八</u>

☑子女廉年十八

☑小女貴年六　　　　　　　　　　　　　　　　73EJT6：75

[１] 曹方向：子女貴之“子”，整理者釋“小”，從圖版上看，當是“子”。①

[２] 李燁：子男小狗年八，八當爲十。②

按：曹方向所言可從，第一行整理者所釋“八”字，圖版作：，漫漶不清，無法認定，暫存疑。

199. 73EJT6：76

永光五☑

謂關□☑　　　　　　　　　　　　　　　　　73EJT6：76

[１] 曹方向：關下之字，整理者闕釋。所存殘筆作，綜合字形、辭例來看，似乎是“嗇夫”之“嗇”字上部左側筆畫之殘留……也許可以補“嗇夫”二字。簡文當是永光五年因某事，某某人“謂關嗇夫”。③

[２] 王錦城：曹方向補釋可從，但該字僅存一點墨跡，此從整理者釋。

按：曹方向改釋可從。

200. 73EJT6：81

車一乘謁移縣道河津關毋苛留止如律☑

四月己巳居延令弘庫嗇夫定行丞事☑　　　　　73EJT6：81A

居令延印

---

① 曹方向：《初讀〈肩水金關漢簡（壹）〉》，簡帛網，2011 年 9 月 16 日，http：//www.bsm. org. cn/show_article. php？id＝1549。

② 李燁：《〈肩水金關漢簡（壹）〉研究三題》，碩士學位論文，西南大學，2013 年。

③ 曹方向：《初讀〈肩水金關漢簡（壹）〉》，簡帛網，2011 年 9 月 16 日，http：//www.bsm. org. cn/show_article. php？id＝1549。

四月己巳佐明以來　　　　　　　　　　　　　　　　73EJT6：81B

[1] 胡永鵬：原釋文作兩行。據紅外綫圖版可知，原簡書有三行文字。第一行殘失嚴重，但部分文字尚可辨識。簡首兩字圖版分別作 、，爲"甘"、"露"二字之殘存。①

[2] 王錦城：胡永鵬補釋或可從，但該行文字僅剩一點墨跡，此僅據以補"……"號。

按：胡永鵬改釋可從。

201. 73EJT6：92

如乾餱伊美哉粲呼如以梁食浸扜繢也　　　　　　　　73EJT6：92

[1] 方勇：其中所謂"浸"字應爲"浚"字，我們將簡文暫作如下句讀：

……如乾餱。伊（噫）！美哉，粲呼（乎）！如以梁食浚扜繢也。②

按：方勇所言可從。

202. 73EJT6：93

戍卒穎川郡定陵遮里公乘秦霸年五十　　庸池里公乘陳寬年卅四

73EJT6：93

[1] 黃艷萍：其中" " 整理者釋爲"遮"，據圖版應釋爲"德"。③

按：黃艷萍改釋可從。

203. 73EJT6：99

☑□彭沮年卅長七尺二寸黑刑之□☑　　　　　　　　73EJT6：99

① 胡永鵬：《肩水金關漢簡校讀札記》，《漢字文化》2015 年第 3 期。

② 方勇：《讀〈肩水金關漢簡（壹）〉小札（二則）》，簡帛網，2013 年 6 月 10 日，http：//www.bsm.org.cn/show_article.php？id=1859。後以方勇、周小芸署名，名爲"《讀金關漢簡小札（二則）》"，載於《金塔居延遺址與絲綢之路歷史文化研究》，甘肅教育出版社 2014 年版。

③ 黃艷萍：《初讀〈肩水金關漢簡（壹）〉札記》，復旦大學出土文獻與古文字研究中心網，2013 年 5 月 30 日，http：//www.gwz.fudan.edu.cn/Web/Show/2058。

[1] 沈思聰："刑"圖版作"荆"，讀爲"形"。

按：整理者所釋"刑"字恐非，該字圖版作：█████，當是"色"字。73EJT3：95、73EJT9：162、73EJT37：920、73EJT37：995、73EJT37：1102簡中的"色"字作：██、██、██、██、██，可參。整理者所釋"乏"字，圖版作：█████，當"正"字，"正"下一字疑爲"月"字。

204. 73EJT6：106

☑卒魏郡百人大守　封遣定陶☐☑　　　　　　　　　　73EJT6：106

[1] 邢義田：按此簡彩色及紅外線圖版都清晰。第一字"卒"上半部全不可見，從殘筆看疑應作"上"，指上郡。①

按：邢義田之言可備一説。

205. 73EJT6：112

☑韓安四月食☑　　　　　　　　　　　　　　　　　　73EJT6：112

按：整理者所釋"韓"字，圖版作：████，漢簡中一般把此字釋作"韓"或"幹"，疑此字均是"韓"字，只是"當時寫法上的異構異寫"。② 學界也已把此字直接釋作"韓"，如 EPT40：76B 號簡██字，文物本、中華本、集成本以及《居延新簡釋校》均作"韓"③，楊眉則改作"韓"。④ 如 EPF22：411 號簡██字，文物本、《居延新簡釋校》作"韓"⑤，

---

① 邢義田：《〈肩水金關漢簡（壹）〉初讀札記之一》，簡帛網，2012 年 5 月 8 日，http：//www.bsm.org.cn/show_article.php？id＝1686。後發表於《簡帛》第 7 輯，上海古籍出版社 2012 年版。

② 張德芳告知。

③ 甘肅省文物考古研究所等編：《居延新簡——甲渠候官與第四燧》，文物出版社 1990 年版，第 91 頁；甘肅省文物考古研究所等編：《居延新簡——甲渠候官》，中華書局 1994 年版，第 37 頁；中國簡牘集成編輯委員會：《中國簡牘集成》第 9 冊，敦煌文藝出版社 2001 年版，第 213 頁；馬怡、張榮強：《居延新簡釋校》，天津古籍出版社 2013 年版，第 133 頁。

④ 楊眉：《居延新簡集釋》第 2 冊，甘肅文化出版社 2016 年版，第 305 頁。

⑤ 甘肅省文物考古研究所等編：《居延新簡——甲渠候官與第四燧》，文物出版社 1990 年版，第 503 頁；馬怡、張榮強：《居延新簡釋校》，天津古籍出版社 2013 年版，第 793 頁。

中華本、集成本作"幹"①，張德芳改作"韓"②。再如居延漢簡 282.20
號簡■字，《居延漢簡甲乙編》、《居延漢簡釋文合校》、《中國簡牘集
成》均作"幹"③，新整理出版的《居延漢簡（叄）》改作"韓"④。

206. 73EJT6：121

☑出平彊易二角　　　　　　　　　　　　　73EJT6：121

[1] 黄艷萍、張再興："易"字當釋作"傷"。⑤

按：暫從整理者原釋。

207. 73EJT6：123

☑□三□一☑　　　　　　　　　　　　　　73EJT6：123

按：該簡簡首一字圖版作：■，整理者未釋，疑"隧"字。整理
者所釋"三"字，圖版作：■，結合辭例以及殘存墨跡看，疑是
"王"字。整理者所釋"一"字，當是上一字的尾畢，圖版作：■，漫
漶不清晰，識別困難。由此，釋文作：

☑隧王□☑　　　　　　　　　　　　　　73EJT6：123

208. 73EJT6：125

☑得不即□☑　　　　　　　　　　　　　　73EJT6：125

[1] 何茂活：簡末殘字爲"不"，下端稍殘。據釋文電子版，原釋

---

① 甘肅省文物考古研究所等編：《居延新簡——甲渠侯官》，中華書局 1994 年版，第 222
頁；中國簡牘集成編輯委員會：《中國簡牘集成》第 12 冊，敦煌文藝出版社 2001 年版，第 101
頁。

② 張德芳：《居延新簡集釋》第 7 冊，甘肅文化出版社 2016 年版，第 522 頁。

③ 中國社會科學院考古研究所：《居延漢簡甲乙編》，中華書局 1980 年版，第 202 頁；謝
桂華、李均明、朱國炤：《居延漢簡釋文合校》，文物出版社 1987 年版，第 473 頁；中國簡牘集
成編輯委員會：《中國簡牘集成》第 7 冊，敦煌文藝出版社 2001 年版，第 191 頁。

④ 簡牘整理小組編：《居延漢簡（叄）》，臺北："歷史語言研究所" 2016 年版，第 216
頁。

⑤ 黄艷萍、張再興：《肩水金關漢簡校讀叢札》，《簡帛》第 17 輯，上海古籍出版社 2018
年版。

"不"，是。①

　　按：何茂活所言可從。

209. 73EJT6：127

☑史譚　　　陽朔元年□☑

　　　　　　送囚繫得☑　　　　　　　　　　　　73EJT6：127

　　按：整理者所釋"史"字圖版殘缺，存疑不釋較爲適宜。

210. 73EJT6：131

☑汝□□汝致不肯☑　　　　　　　　　　　　73EJT6：131

［1］沈思聰："肯"圖版作，原釋文可疑。

　　按：暫從整理者原釋。此外，簡的左側上端還有一字尚可辨識，圖
版作：，當"令"字。由此，釋文作：

☑汝□□汝致不肯☑

☑令☑　　　　　　　　　　　　　　　　　　73EJT6：131

211. 73EJT6：133

☑乙子丑☑　　　　　　　　　　　　　　　73EJT6：133

［1］沈思聰：細審圖版，"子"圖版作，當釋"巳"。

　　按：暫從整理者原釋。

212. 73EJT6：142

☑邑昌里公乘□未央年卅☑　　　　　　　　73EJT6：142

［1］沈思聰："昌"圖版作，當釋"匡"。

　　按：沈思聰改釋可從。

---

　　①　何茂活：《〈肩水金關漢簡（壹）〉殘斷字釋補》，復旦大學出土文獻與古文字研究中心
網，2014 年 11 月 20 日，http：//www. gwz. fudan. edu. cn/Web/Show/2377。後發表於《中國文字
（新四十二期）》，臺北：藝文印書館 2016 年版。

213. 73EJT6：146

☑肩水候官受候<u>隧</u>長氏池安樂里公乘解定國年廿六 病　　73EJT6：146

〔1〕黄艷萍：T6：146 簡 "受候燧" 中的 "候" 或爲 "降" 之誤釋。①

按：黄艷萍所言可從，據張俊民所提供的釋文電子版，"受候" 的 "候" 字原釋作 "降"，後改成 "候"。② 此字圖版作：　，細查之下，認爲原釋 "降" 字更佳。此外，"受降隧" 在肩水金關漢簡中也較常見，而 "受候隧" 並不存在于居延漢簡、居延新簡、肩水金關漢簡中。

214. 73EJT6：150

戍卒魏郡繁陽靈里公乘任眾年卌二　　　　　　　73EJT6：150

〔1〕任達："繁" 我們釋爲 "蘩"，讀爲 "繁"。③ 黄艷萍同。④ 沈思聰同。

按：諸家改釋可從。

215. 73EJT6：157

□六十五　　　　　　　　　　　　　　　　　　73EJT6：157A

□□□東　　　　　　　　　　　　　　　　　　73EJT6：157B

〔1〕何茂活：本簡上下均殘，文字有塗改，細辨之，似爲 "□脯十六束□"。7：82 "脯二束糒五"，可參證。⑤

〔2〕王錦城：（何茂活）補釋或可從，但簡文似有塗抹痕跡，不能確知，暫從整理者釋。

按：何茂活補釋、改釋可從。

---

① 黄艷萍：《〈肩水金關漢簡〉所見 "燧" 及其命名探析》，《敦煌研究》2016 年第 1 期。

② 張俊民：《〈肩水金關漢簡（壹）〉釋文》，簡帛網，2011 年 9 月 23 日，http：//www. bsm. org. cn/show_article. php？id = 1555。

③ 任達：《〈肩水金關漢簡（壹）〉文字編》，碩士學位論文，吉林大學，2014 年，第 95 頁。

④ 黄艷萍：《〈肩水金關漢簡〉（壹—肆）異體字研究》，博士學位論文，華東師范大學，2016 年。

⑤ 何茂活：《〈肩水金關漢簡（壹）〉殘斷字釋補》，復旦大學出土文獻與古文字研究中心網，2014 年 11 月 20 日，http：//www. gwz. fudan. edu. cn/Web/Show/2377。後發表於《中國文字（新四十二期）》，臺北：藝文印書館 2016 年版。

216. 73EJT6：165

肩水金☑　　　　　　　　　　　　　　　　　　73EJT6：165

〔1〕何茂活：本簡左、下皆殘，釋“金”者當釋爲“橐”，其後當有“他”字。5：16“肩水橐他累山亭長”等簡中，“橐”字上部正作兩橫一豎之形。①

按：暫從整理者原釋。

217. 73EJT6：169

甘露二年六月己未朔壬□☑　　　　　　　　　　　73EJT6：169

〔1〕何茂活：此簡左殘。查《二十史朔閏表》，是年六月確爲己未朔，如此則該月初四、十四、廿四日分別爲壬戌、壬申和壬午日。據圖版殘字，“壬”下之字可辨爲“申”。②

〔2〕王錦城：何茂活補釋或可從，但該字右半殘斷，僅存一點墨跡，不能確知，暫從整理者釋。

按：暫從王錦城意見，從整理者原釋。

218. 73EJT6：170

□□□□□□謹具

氏池□定里使□奉　　　　　　　　　　　　　　73EJT6：170

〔1〕何茂活：本簡爲削衣，右行之字僅存左半，左行之字則僅存右半。據殘存字跡，右行可改訂爲“□□□幸□□□謹具”，左行可改訂爲“氏池安定謹使吏奉”。據釋文電子版，“里”原釋“謹”，是。③

---

① 何茂活：《〈肩水金關漢簡（壹）〉殘斷字釋補》，復旦大學出土文獻與古文字研究中心網，2014年11月20日，http：//www.gwz.fudan.edu.cn/Web/Show/2377。後發表於《中國文字（新四十二期）》，臺北：藝文印書館2016年版。

② 何茂活：《〈肩水金關漢簡（壹）〉殘斷字釋補》，復旦大學出土文獻與古文字研究中心網，2014年11月20日，http：//www.gwz.fudan.edu.cn/Web/Show/2377。後發表於《中國文字（新四十二期）》，臺北：藝文印書館2016年版。

③ 何茂活：《〈肩水金關漢簡（壹）〉殘斷字釋補》，復旦大學出土文獻與古文字研究中心網，2014年11月20日，http：//www.gwz.fudan.edu.cn/Web/Show/2377。後發表於《中國文字（新四十二期）》，臺北：藝文印書館2016年版。

［2］王錦城：何茂活補釋或可從，但該行文字右半殘斷，不能辨識，此從整理者釋。

按：何茂活意見可從。

（七）73EJT7

219. 73EJT7：1

☑□七　　下鋪六　　難後鳴六　　　　　　　　　73EJT7：1

［1］王錦城、魯普平："七"前一字爲"申"字。①

按：王錦城之言可備一説。

220. 73EJT7：3

河東安邑下葉里家慶到居延延水常爲官山薪今年二月甲申去署亡亡
時齋孰飯數斗　　　　　　　　　　　　　　　73EJT7：3
☑界亭去署亡持橐一飯二斗蘭越肩水驛北　　　73EJT25：47

［1］黄浩波：將 73EJT7：3 簡"齋"讀爲"齎"，則文從字順；與 73EJT25：47 簡所見"持"意思相近。②

按：黄浩波意見可從。

221. 73EJT7：9

魏郡武始野氏亭長廚人里大夫朱武年卌長七尺三寸　　出皆五月□☑
　　　　　　　　　　　　　　　　　　　　　73EJT7：9

［1］沈思聰："野"，細審圖版**野**，字形作"野"。

按：從整理者原釋。

222. 73EJT7：16

娶蟲洛男子蘇縱　　戶一　　　　種六石自取尸

---

① 王錦城、魯普平：《肩水金關漢簡釋文校補舉隅》，《出土文獻》第 11 輯，中西書局 2017 年版。

② 黄浩波：《肩水金關漢簡文字釋讀札記五則》，《第七屆出土文獻研究與比較文字學全國博士生論壇論文集》，2017 年 10 月。

　　　　　　口三　　　　　　　　　　　　　　　73EJT7：16

　　[1] 沈思聰："蟊"原簡作（圖），當釋"蠡"。

　　按：從整理者原釋。

223. 73EJT7：17

☑用牛一黃□犗齒七歲⊥ 疾在後 十一月乙丑入　　　　73EJT7：17

　　[1] 何茂活："⊥"圖版作（圖），疑爲"出"字，與下文之"入"字對文。7：9"出"作（圖），寫法相近。7：72"軺車一乘馬二匹"之"出"作（圖），且書寫形式及位置與本簡"出"字相似，均處右下一隅，屬標注性質。①

　　[2] 王錦城：該字似可釋作"出"，但又和"出"字不同，暫從整理者釋。

　　按：何茂活改釋可從。

224. 73EJT7：19

出錢二百卅買練一丈 A1

出錢六百買尊布一匹 A2

出錢廿四買二□□B1

出錢卅四買車鉤一具鍵卅枚卩 B2

出錢五十四繩四百五十枚卩 C1

出錢百六十九緣六尺半卩 C2　　　　　　　　　　73EJT7：19

　　[1] 李燁：A1 末尾漏釋卩。②

　　[2] 雷海龍：A2"買"當"毋"。

　　按：李燁補釋、雷海龍改釋皆可從。此外，A2 末尾也漏釋"卩"；

B1 末尾兩字整理者未釋，圖版作（圖），當爲一個字："卩"；C1"繩"下

---

　　① 何茂活：《〈肩水金關漢簡（壹）〉釋文訂補》，復旦大學出土文獻與古文字研究中心網，2014 年 11 月 28 日，http：//www. gwz. fudan. edu. cn／Web／Show／2392。

　　② 李燁：《〈肩水金關漢簡（壹）〉研究三題》，碩士學位論文，西南大學，2013 年。

一字整理者漏釋，圖版作：▆▆，當爲"八"；A1、C1、C2 整理者所釋
"練""四""緣"三字，圖版不清晰，暫存疑不釋。由此，釋文作：

　　　出錢二百卅買□一丈卩 A1

　　　出錢六百毌尊布一匹 A2

　　　出錢廿四買二卩 B1

　　　出錢卅四買車鉤一具鍵卅枚卩 B2

　　　出錢五十□繩八四百五十枚卩 C1

　　　出錢百六十九□六尺半卩 C2　　　　　　　　　　　73EJT7：19

225. 73EJT7：26

　　八月癸卯□張□□長□丞□移□

　　如律令　　　　　　　　　　　　　　　　　　　　　73EJT7：26A

　　張掖水章丞　　　　　　　　騂北亭長章發

　　四月辛酉茂陵男子張霸以來　　　君前　　　　　　　73EJT7：26B

　　[1] 何茂活："移"前之字▆，疑爲"府"。3：60 ▆字或可參證。
"府移"之語漢簡中多見，茲不贅舉。①

　　[2] 王錦城：該字似不爲"府"字，暫從整理者釋。又"□張"似
當爲"張掖"。

　　按：王錦城所言可從。此外，"掖"下兩字圖版作：▆▆、▆，疑爲
"水""章"兩字殘筆，B 面簡文"張掖水章"可提供辭例印證。B 面整
理者所釋"四"字，圖版殘缺，無法確指，亦有可能是"八"字，"八
月辛酉"亦印合 A 面"八月癸卯"，故暫存疑不釋。由此，釋文作：

　　八月癸卯張掖水章長□丞□移□

　　如律令　　　　　　　　　　　　　　　　　　　　　73EJT7：26A

　　張掖水章丞　　　　　　　　騂北亭長章發

　　□月辛酉茂陵男子張霸以來　　　君前　　　　　　　73EJT7：26B

<hr />

　　① 何茂活：《〈肩水金關漢簡（壹）〉釋文訂補》，復旦大學出土文獻與古文字研究中心網，
2014 年 11 月 28 日，http://www.gwz.fudan.edu.cn/Web/Show/2392。

226. 73EJT7：41

河渠卒河東解監里傳章年廿六 □□□　　　　　　　73EJT7：41

［1］馬智全：第一個"河"字當釋"治"，簡形模糊，但似"治"而不似"河"。①

［2］黃浩波："監"字當爲"臨"。②

按：馬智全、黃浩波改釋可從。由此，釋文作：

治渠卒河東解臨里傳章年廿六 □□□　　　　　　　73EJT7：41

227. 73EJT7：45

☑三月午辰亡　　　　　　　　　　　　　　　　　73EJT7：45

［1］曹方向：戊，圖版作 ，整理者釋爲"午"。③

按：曹方向改釋可從。

228. 73EJT7：51

登山隧長轢得利成里功之□☑　　　　　　　　　　73EJT7：51

按："之"下一字整理者未釋，此字圖版殘缺，作：，疑"明"字殘筆，居延漢簡403.11號簡有"授爲登山隧長代功之明"的辭例可爲佐證。

229. 73EJT7：60

☑畜産自死家當有□　　　　　　　　　　　　　　73EJT7：60

［1］黃艷萍：未釋字似可釋爲"晾"。此字具體意義不明。④

---

①　馬智全：《〈肩水金關漢簡（壹）〉校讀記》，《考古與文物》2012 年第 6 期。

②　黃浩波：《肩水金關漢簡地名簡考（八則）》，《簡帛研究》2017 秋冬卷，廣西師範大學出版社 2018 年版。

③　曹方向：《初讀〈肩水金關漢簡（壹）〉》，簡帛網，2011 年 9 月 16 日，http：//www.bsm. org. cn/show_article. php？id＝1549。

④　黃艷萍：《初讀〈肩水金關漢簡（壹）〉札記》，復旦大學出土文獻與古文字研究中心網，2013 年 5 月 30 日，http：//www. gwz. fudan. edu. cn/Web/Show/2058。

　　〔2〕"小疋"：故此句可讀爲：畜產自死，家當有妖。①

　　〔3〕方勇："有"下一字應是"妖"字……簡文內容應屬《日書》
的範疇。②

　　〔4〕王强：認可"小疋"說法。③

　　按：改釋"妖"字可從。

230. 73EJT7：70

神爵元年九月乙卯令史☑　　　　　　　　　　　　73EJT7：70A

九月＿＿＿佐常以來　　　　　　　　　　　　　　73EJT7：70B

　　〔1〕王錦城：B 面"己未"二字原漏釋。

　　按：王錦城之言可從。

231. 73EJT7：72

☑軺車一乘馬二匹出☑　　　　　　　　　　　　　73EJT7：72

　　〔1〕曹方向：所謂"出"字，墨跡較"馬二匹"三字濃，字體（筆
劃）也較小，應是關口官吏檢查後書寫。圖版所謂"匹出"作 ，疑
"出"字的釋讀不確。這種用小號字體書寫出入關的情況，一般都會先寫
時間，這在本次公佈的金關簡中就有很多例子。因此，簡牘上殘存的這
兩個小字，可能是"十一"或"十二"的殘筆。殘去的簡牘上可能還有
天干地支和"出"、"入"字樣。④

　　〔2〕王錦城：（曹方向）説是。簡末殘斷，整理者所釋"出"字從
字形來看，更像是"十一"或"十二"兩字。

---

　　① 小疋：《初讀〈肩水金關漢簡（壹）〉札記》，復旦大學出土文獻與古文字研究中心網，
2013 年 5 月 30 日，2013 年 5 月 31 日，1 樓，http：//www. gwz. fudan. edu. cn/Web/Show/2058。

　　② 方勇：《讀〈肩水金關漢簡（壹）〉小札（二則）》，簡帛網，2013 年 6 月 10 日，ht-
tp：//www. bsm. org. cn/show_article. php？id=1859。後以方勇、周小芸署名，名爲"《讀金關漢
簡小札（二則）》"，載於《金塔居延遺址與絲綢之路歷史文化研究》，甘肅教育出版社 2014 年
版。

　　③ 王强：《肩水金關漢簡所見數術內容拾補》，《出土文獻》第 14 輯，中西書局 2019 年
版。

　　④ 曹方向：《初讀〈肩水金關漢簡（壹）〉》，簡帛網，2011 年 9 月 16 日，http：//www.
bsm. org. cn/show_article. php？id=1549。

按：曹方向所言可從。

232. 73EJT7：75

鬭犯法今南部守候☑ 73EJT7：75

［1］沈思聰：“犯”，原簡圖版作䙔，“犯”。

按：從整理者原釋。

233. 73EJT7：81

☑最以付令夫庚移之財令足以飲此 73EJT7：81

［1］張俊民：“最”字上有一字可補一“□”，“付令”可作
“其”字。①

［2］沈思聰：“最”，原簡作“冣”，即“冣”異構。“庚”圖版作
𩇵，當釋“廋”。“令”圖版作𠆢，當釋“今”。

按：改釋皆可從。由此，釋文作：

☑□冣以其夫廋移之財今足以飲此 73EJT7：81

234. 73EJT7：92

鴻嘉二年六月丁丑☑

家屬俱客□□□☑ 73EJT7：92

［1］羅見今、關守義：原簡清晰，本爲“丁未”，釋文誤爲“丁
丑”。②

［2］肖從禮：“客”下一字當釋“田”。③

按：諸家改釋可從，此外，第二行簡末兩字疑“張”“掖”兩字。由
此，釋文作：

鴻嘉二年六月丁未☑

① 張俊民：《肩水金關漢簡（壹）釋文補例續》，簡帛網，2012 年 5 月 8 日，http：//
www.bsm.org.cn/show_article.php？id＝1687。
② 羅見今、關守義：《〈肩水金關漢簡（壹）〉紀年簡考釋》，《敦煌研究》2013 年第 5 期。
③ 肖從禮：《西北漢簡所見“偃檢”蠡測》，《甘肅省第二屆簡牘學國際學術研討會論文
集》，上海古籍出版社 2012 年版。

家屬俱客田張掖☑   73EJT7：92

235. 73EJT7：93

☑馬千屬國騎千五百留☑

☑苣＝火即舉追毌出塞□☑   73EJT7：93

［1］邢義田：此簡右側還有一行字，約五字左右，釋文失錄。①

按：邢義田意見可從。

236. 73EJT7：97

河平二年五月□☑

居延富里任昌俱爲□☑   73EJT7：97

［1］何茂活：據《二十史朔閏表》，河平二年五月朔日爲甲午日，簡中“五月”之後殘字恰爲“甲”字，存其左上角。又，左行“俱爲”之後殘字爲“騎士”。“騎”字存右半，較清晰；“士”字可見橫畫之部分。②

［2］王錦城：簡末殘斷，未釋字僅存一點墨跡，不能辨識，當從整理者釋。

按：暫從王錦城之説。

237. 73EJT7：105

☑自索北   73EJT7：105A

☑願近衣彊

☑並叩＝頭＝謹   73EJT7：105B

［1］何茂活：“彊”居一行之末，下行之首當爲“食”“幸酒食”之類。③

---

① 邢義田：《〈肩水金關漢簡（壹）〉初讀札記之一》，簡帛網，2012 年 5 月 8 日，http：//www. bsm. org. cn/show_article. php？id＝1686。後發表於《簡帛》第 7 輯，上海古籍出版社 2012 年版。

② 何茂活：《〈肩水金關漢簡（壹）〉殘斷字釋補》，復旦大學出土文獻與古文字研究中心網，2014 年 11 月 20 日，http：//www. gwz. fudan. edu. cn/Web/Show/2377。後發表於《中國文字（新四十二期）》，臺北：藝文印書館 2016 年版。

③ 何茂活：《“近衣”考論兼訂相關諸簡釋文》，《簡牘學研究》第 6 輯，甘肅人民出版社 2015 年版。

按：何茂活之言可備一説。

238. 73EJT7：111

☑宿里高君至

大車二兩

用牛四

用馬一匹　　　　　　　　　　　　　　　　　　73EJT7：111

［1］張俊民：本簡上端火殘，“宿”上可辨“中”字。“中宿里”爲一里名。①

按：張俊民所言可從，但圖版燒毀，暫不釋讀。

239. 73EJT7：115

☑閏月丙辰朔戊子☑

☑入襄豐車兩載穀石斗☑　　　　　　　　　　　73EJT7：115

［1］沈思聰：“襄”字圖版作，當釋“襄”。73EJT23：122、73EJT23：287A、73EJT24：43亦有此問題，參看此條。

按：從整理者原釋。

240. 73EJT7：120

☑□所移書召博□　　　　　　　　　　　　　　73EJT7：120

［1］何茂活：“博”後之字，當爲“詣”。釋文電子版原釋“詣”，是。金關簡中“詣”字右旁多作“旨”（“旨”的異體），如（5：7）；或作“百”（“首”的異體），如（23：672）。本簡缺釋之字大致與後者相同。②

［2］王錦城：似非“詣”字，暫從整理者釋。

按：該字暫從整理者不作釋讀。

---

① 張俊民：《肩水金關漢簡（壹）釋文補例續》，簡帛網，2012年5月8日，http：//www.bsm.org.cn/show_article.php？id＝1687。

② 何茂活：《〈肩水金關漢簡（壹）〉釋文訂補》，復旦大學出土文獻與古文字研究中心網，2014年11月28日，http：//www.gwz.fudan.edu.cn/Web/Show/2392。

241. 73EJT7∶128

橐佗□□隧

永光二年正月庚午

子男□☑

子小女□☑

子男□☑   73EJT7∶128

［1］何茂活：缺釋隧名爲"吞胡"，居延漢簡 29.2 "永光四年正月己酉橐佗吞胡隧長張彭祖符……"從時間、內容到文例均與此簡十分相似，可以參證。①

按：何茂活補釋可從。

242. 73EJT7∶135

傅卿酒一石二斗直百卅四☑

魏長實二斗……   73EJT7∶135

［1］沈思聰："實"圖版作 ，當釋"賓"。王錦城同。

按：諸家改釋可從。

243. 73EJT7∶137

謹案譚等非亡人命者☑

□□□□□□□□☑   73EJT7∶137

［1］何茂活：左行末尾四字爲"右丞謁移"。②

［2］王錦城：何茂活補釋或可從，但該行文字左半殘缺，不可辨識，暫從整理者釋。

按：暫從整理者釋。

---

① 何茂活：《〈肩水金關漢簡（壹）〉殘斷字釋補》，復旦大學出土文獻與古文字研究中心網，2014 年 11 月 20 日，http∶//www.gwz.fudan.edu.cn/Web/Show/2377。後發表於《中國文字（新四十二期）》，臺北：藝文印書館 2016 年版。

② 何茂活：《〈肩水金關漢簡（壹）〉殘斷字釋補》，復旦大學出土文獻與古文字研究中心網，2014 年 11 月 20 日，http∶//www.gwz.fudan.edu.cn/Web/Show/2377。後發表於《中國文字（新四十二期）》，臺北：藝文印書館 2016 年版。

244. 73EJT7：151

戌卒昭武宜眾里公乘孫□巳年廿六　　　　　　　　　　73EJT7：151

〔1〕沈思聰：缺釋之字圖版作 ![字]，當釋"欸"。

按：暫存疑較適宜，亦有"欽"字的可能。

245. 73EJT7：158

☑關出入傳　　　　　　　　　　　　　　　　　73EJT7：158A

☑出入傳　　　　　　　　　　　　　　　　　　73EJT7：158B

〔1〕何茂活：據圖版殘存筆畫，"關"當釋爲"所"。①

按：此字圖版殘缺難釋，釋"關"釋"所"均缺乏辭例，建議存疑。

246. 73EJT7：159

☑敢言之陽里女子王雲弟自☑

☑取傳謁移過所縣道☑

……　　　　　　　　　　　　　　　　　　　　73EJT7：159

〔1〕沈思聰："雲弟"圖版作 ![字]、![字]。張俊民舊釋文認爲"雲弟"當釋"南□"，細審圖版，當釋"南第"。

按：沈思聰改釋可從。

247. 73EJT7：164

☑案忠年卅五復繇毋官☑　　　　　　　　　　　73EJT7：164

〔1〕沈思聰："繇"圖版作 ![字]，當釋"繇"。

按：從整理者原釋。

248. 73EJT7：168

☑里杜徐來☑　　　　　　　　　　　　　　　　73EJT7：168

---

① 何茂活：《〈肩水金關漢簡（壹）〉殘斷字釋補》，復旦大學出土文獻與古文字研究中心網，2014 年 11 月 20 日，http：//www.gwz.fudan.edu.cn/Web/Show/2377。後發表於《中國文字（新四十二期）》，臺北：藝文印書館 2016 年版。

［1］沈思聰："徐"字圖版作 漢，張俊民舊釋文認爲當釋"漢"，可從。

按：沈思聰之言可從，另，"來"下一字疑"年"字。

249. 73EJT7：201

□□都尉府一詣居延　　　　　　　　　　　73EJT7：201

［1］何茂活：缺釋二字應爲"居延"，本簡末尾"居延"二字可證其形。①

［2］王錦城：補釋或可從，但該簡殘斷，右半缺失，未釋字僅存少許筆畫，不能確知，當從整理者釋。

按：何茂活所言可從。

250. 73EJT7：208

甘露元年七月戊□朔□☑　　　　　　　　　73EJT7：208

［1］何茂活：據圖版，"年"前之字不是"元"而應爲"二"。查《二十史朔閏表》，甘露元年七月朔日爲甲午日，與本簡之"戊□朔"不合，且是年各月均非"戊□朔"。甘露二年七月、八月朔日分別爲戊子日和戊午日。據此可將本簡釋文改訂爲"甘露二年七月戊子朔□"，或"甘露二年八月戊午朔□"。從殘存筆跡看，二者皆通，前者稍勝。②

按：何茂活之言可備一說。

（八）73EJT8

251. 73EJT8：7

戌卒潁川郡潁陰邑真定里公乘仁青跗明年卅四　　丿　　73EJT8：7

① 何茂活：《〈肩水金關漢簡（壹）〉殘斷字釋補》，復旦大學出土文獻與古文字研究中心網，2014 年 11 月 20 日，http：//www.gwz.fudan.edu.cn/Web/Show/2377。後發表於《中國文字（新四十二期）》，臺北：藝文印書館 2016 年版。

② 何茂活：《〈肩水金關漢簡（壹）〉殘斷字釋補》，復旦大學出土文獻與古文字研究中心網，2014 年 11 月 20 日，http：//www.gwz.fudan.edu.cn/Web/Show/2377。後發表於《中國文字（新四十二期）》，臺北：藝文印書館 2016 年版。

［1］曹方向："明"字衍，圖版上無此字。又，仁青跗，仁是姓氏，見《廣韻·真韻》。青跗是此人的名字。《史記·扁鵲倉公列傳》有人名"俞跗"，是用"跗"字作人名的例子。又《集韻》訓"跗"爲"足"，可能"青跗"取名，猶如《左傳》"黑肩"（周桓公名）、"黑肱"（魯成公名）之類。① 馬智全同②。

［3］沈思聰："青臂"、"青首"、"青跗"反映胎記情況、身體特徵。

按：整理者之所以出現衍字，推測其原因在於"青"下一字的釋讀上，該字圖版作： ，字形上與"明"字很近似，比如73EJT6：138號簡的"明"字作： ，可參。我們再核對西北漢簡中的"跗"字，該字較爲少見，如居延漢簡285.24號簡作： ，與此字也頗像，可參。故懷疑整理者釋讀此字時在"跗""明"兩字上存在猶疑而難以抉擇，而把兩字均留在了簡文上。仔細核對兩字，我們傾向作"明"字解。由此，釋文作：

戍卒潁川郡潁陰邑真定里公乘仁青明年卅四　　／　　　　　　73EJT8：7

252. 73EJT8：10

☑國邯鄲困里公士馬☑　　　　　　　　　　　　　　　73EJT8：10

［1］沈思聰：首字原簡僅存底端一畫，結合文意當釋"趙"。

按：沈思聰之言可從，另外，整理者所釋"馬"字圖版殘損嚴重，暫不釋讀較宜。

253. 73EJT8：19

☑里大女楊聖年廿　　　　　　　　　　　　　　　　73EJT8：19

［1］李燁："廿"當爲"卅"。③

［2］沈思聰："楊"圖版作 ，當釋"揚"。

按：李燁改釋可從，沈思聰改釋暫從整理者原釋。

---

① 曹方向：《初讀〈肩水金關漢簡（壹）〉》，簡帛網，2011 年 9 月 16 日，http：//www.bsm. org. cn/show_article. php？id=1549。

② 馬智全：《〈肩水金關漢簡（壹）〉校讀記》，《考古與文物》2012 年第 6 期。

③ 李燁：《〈肩水金關漢簡（壹）〉研究三題》，碩士學位論文，西南大學，2013 年。

254. 73EJT8：29

博直六十 A1

箕直廿 A2

雞直七十 A3

鹽直☑ B1

盆直廿☑ B2

凡二百☑ B3　　　　　　　　　　　　　　　　　73EJT8：29

［1］何茂活：本簡中“箕”、“盆”爲器物名，“鹽”亦與之相關，而“雞”與之不類，“博”則非爲物名。據圖版，“博”、“雞”二字分別作 、，當釋爲“博”和“雍”。“博”爲“磚”（也作“甎”）的異體；“雍”爲“罋”的省寫，22：153“醬雍一枚，直卅”，“雍”作 ，字形相似。①

按：何茂活改釋可從。

255. 73EJT8：33

戍卒穎川穎陰邑西時里鄭未央年卅四長七尺二寸 ノ　　　73EJT8：33

［1］晏昌貴：“城”字，原釋文作“时”，此從張新俊釋，見《〈肩水金關漢簡（壹）〉釋文》。②

［2］王錦城：原釋文爲“時”不誤。

按：晏昌貴所言有誤，所依簡文當張俊民提供，而非張新俊，從整理者意見。

256. 73EJT8：34

☑受降隧卒滑便三年閏月 盡四年二月積□☑　　　73EJT8：34

［1］黃艷萍：“積□”中的“□”所代表的字，似爲“八”字的變

①　何茂活：《〈肩水金關漢簡（壹）〉釋文訂補》，復旦大學出土文獻與古文字研究中心網，2014 年 11 月 28 日，http：//www.gwz.fudan.edu.cn/Web/Show/2392。

②　晏昌貴：《增補漢簡所見縣名與里名》，《歷史地理》第 26 輯，上海人民出版社 2012 年版。

異寫法。與此相符合的只有河平三年（前 26 年）。河平三年閏六月盡四年二月，正爲八月。①

[2] 王錦城：似不爲"八"字，當從整理者釋。

按：黃艷萍所言可從。

257. 73EJT8：35

安定郡施刑士鶉陰大富里陳通年卅五黑色長七尺　　　　　73EJT8：35

[1] 黃艷萍：其中" ▨▨ "整理者釋爲"鶉"不妥……故" ▨▨ "當釋爲"鵾"。但據《漢書·地理志》記載"鶉陰"是漢武帝元鼎三年設置，隸屬安定郡。東漢初年，鶉陰縣改鸇陰縣，隸屬武威郡。因此，鶉陰當爲安定郡的一个縣名。綜上，" ▨▨ "按字形爲"鵾"應該是"鶉陰"乃"鶉"字之訛。②

[2] 趙爾陽：結合史籍，此地名應隸定爲"鸇陰"。③

按：趙爾陽改釋可從。

258. 73EJT8：41

戍卒南陽郡舞陰￰里李▨　　　　　73EJT8：41

[1] 晏昌貴："奉"字從張新俊釋，見《〈肩水金關漢簡（壹）〉釋文》。④

按：晏昌貴所言有誤，所依簡文當張俊民提供，而非張新俊，從整理者意見。

259. 73EJT8：51

居攝二年三月甲申朔癸卯　居延庫守丞仁移卅井縣索　肩水金關都

① 黃艷萍：《〈肩水金關漢簡（壹）〉紀年簡校釋》，《簡牘學研究》第 5 輯，甘肅人民出版社 2014 年版。

② 黃艷萍：《初讀〈肩水金關漢簡（壹）〉札記》，復旦大學出土文獻與古文字研究中心網，2013 年 5 月 30 日，http：//www. gwz. fudan. edu. cn/Web/Show/2058。

③ 趙爾陽：《〈肩水金關漢簡〉地名小議一則》，簡帛網，2016 年 6 月 7 日，http：//www. bsm. org. cn/show_article. php？id=2570。

④ 晏昌貴：《增補漢簡所見縣名與里名》，《歷史地理》第 26 輯，上海人民出版社 2012 年版。

尉史曹解掾

葆與官大奴杜同俱移簿　　　大守府名如牒書到　　　　出入如律令

73EJT8：51A

居延庫丞印　　　　嗇夫當發

君門下　　　　　　掾戎佐鳳　　　　　　73EJT8：51B

［1］馬智全：B面"嗇夫當"應該就是"嗇夫常"。①

按：馬智全之言可從。

260. 73EJT8：53

竟寧元年二月庚子朔壬☑

得取傳謁言居延☑　　　　　　　　　　　73EJT8：53A

□得丞□☑　　　　　　　　　　　　　　73EJT8：53B

［1］張俊民：本簡爲傳文書抄件，A面爲傳文書抄文，B面爲傳文書
的印章文字。按照傳文書格式"居延"不妥，圖版可作"案王"；A面左
殘，尚有一行殘存的筆跡，應作"……"；"□得丞□"可作"鯱得丞印"。②

［2］王錦城：此兩字殘斷，從文義來看，似以整理者所釋爲是。又第一
行簡末"壬"後尚有筆畫，似爲"子"字，原整理者漏釋，此據以補釋。

按：檢索辭例，"傳謁言"後一般跟"廷移過所"、"移過所"等辭。
從殘存圖版![廷]看，可能是"廷"字。由此，釋文作：

竟寧元年二月庚子朔壬☑

得取傳謁言廷□☑　　　　　　　　　　　73EJT8：53A

鯱得丞印　　　　　　　　　　　　　　　73EJT8：53B

261. 73EJT8：59

☑□長子□□☑　　　　　　　　　　　　73EJT8：59

［1］沈思聰："長"上一字殘存左半，圖版作![王]，當釋"王"。

---

①　馬智全：《肩水金關關嗇夫紀年考》，《甘肅省第三屆簡牘學國際學術研討會論文集》，
上海辭書出版社2017年版，第260頁。

②　張俊民：《肩水金關漢簡（壹）釋文補例續》，簡帛網，2012年5月8日，http：//
www.bsm.org.cn/show_article.php? id＝1687。

按：沈思聰之言可備一說，然亦有"里"字的可能，暫從整理者原釋。

262. 73EJT8：63

☑柳華牡馬一匹齒十二歲高☑　　　　　　　　　　73EJT8：63

[1] 伊強：原釋爲"柳"的字當是"桃"字。①

按：伊強改釋可從。

263. 73EJT8：69

受延隊卒周舉　　　　　　　　　　　　　　　　73EJT8：69

受延隊卒周畢　　　　　　　　　　　　　　　　72EJC：155

按：72EJC：155 號簡整理者所釋"畢"字圖版作：▨，73EJT8：69 號簡整理者所釋"舉"字圖版作：▨，結合字形辭例，兩簡中的"受延隊卒"當爲同一人，對比與"畢"字字形較爲一致，當是"畢"字。

264. 73EJT8：72

先豆隊卒黃宗　　　　　　　　　　　　　　　　73EJT8：72

[1] 何茂活："先豆隊（隧）"應爲"先登隊（隧）"的訛寫。據釋文電子版，原釋"登"，是有道理的。居延漢簡、金關漢簡中只有"先登隧"而無"先豆隧"。金關漢簡中多將"癶"頭寫作"业"，如▨（1：133）、▨（3：53）。本簡從圖版看，確爲"豆"字，但實爲"登"之省訛，建議採取括注的形式標明正字。②

[2] 王錦城：（何茂活）其說是，"先登隧"金關漢簡常見。該簡"豆"字從字形來看，似爲"豆"字無疑。

按：從整理者原釋。

---

① 伊強：《〈肩水金關漢簡〉名物詞考釋二則》，簡帛網，2014 年 11 月 19 日，http：//www.bsm.org.cn/show_article.php？id=2103。

② 何茂活：《〈肩水金關漢簡（壹）〉釋文訂補》，復旦大學出土文獻與古文字研究中心網，2014 年 11 月 28 日，http：//www.gwz.fudan.edu.cn/Web/Show/2392。

265. 73EJT8：73

戍卒穎川穎陰邑真定里公乘司馬如年卅一長七尺二寸☑　　73EJT8：73

［1］馬智全："如"當釋"始"，"卅"當釋"卅"，簡文清晰。① 李
燁、張顯成同。②

按：馬智全、李燁改釋可從，"卅"下簡文寫作 （H），整理者作
"一"，恐非。肩水金關漢簡中"一"字作： （一，73EJT1：6）、
（一，73EJT1：7）、 （一，73EJT8：70）；H 疑是"四"字，肩水金
關漢簡中"四"字作： （四，73EJT2：43）、 （四，73EJT5：
39）。對比知，H 當是"四"字。由此，釋文作：

戍卒穎川穎陰邑真定里公乘司馬始年卅四長七尺二寸☑　　73EJT8：73

266. 73EJT8：80

出穀□斗六升　六月☑　　　　　　　　　　　　　　73EJT8：80

［1］沈思聰："穀"後缺釋字圖版作 ，當爲數字。

按：沈思聰之言可從。

267. 73EJT8：84

茂陵脩穫里宋殷年卅

大車一兩☑

牛二☑　　　　　　　　　　　　　　　　　　　　73EJT8：84

［1］晏昌貴："脩禮"從張新俊釋，見《〈肩水金關漢簡（壹）〉釋
文》。③

［2］何茂活："脩穫里"當釋爲"脩禮里"。④

按：晏昌貴所言有誤，所依簡文當張俊民提供，而非張新俊，"脩穫

---

① 馬智全：《〈肩水金關漢簡（壹）〉校讀記》，《考古與文物》2012 年第 6 期。

② 李燁、張顯成：《〈肩水金關漢簡（壹）〉校勘記》，《古籍整理研究學刊》2015 年第 4
期。

③ 晏昌貴：《增補漢簡所見縣名與里名》，《歷史地理》第 26 輯，上海人民出版社 2012 年版。

④ 何茂活：《〈肩水金關漢簡（壹）〉釋文訂補》，復旦大學出土文獻與古文字研究中心網，
2014 年 11 月 28 日，http：//www.gwz.fudan.edu.cn/Web/Show/2392。

里"當釋爲"脩禮里"意見無誤，可從。此外，簡面底部尚有墨跡，圖版作：▓▓、▓▓，整理者漏釋。結合字形辭例，疑"黑"、"色"兩字。肩水金關漢簡中有相似辭例可爲佐證，如下：

茂陵道德里公乘王相年卅五長七尺四寸　黑色　　□　　　73EJT8：4

由此，釋文作：

茂陵脩禮里宋殷年卅

大車一兩

牛二

黑色☒　　　　　　　　　　　　　　　　　　73EJT8：84

268. 73EJT8：85

☒使伏地再拜 第莊佢　　　　　　　　　　　　73EJT8：85

[1] 沈思聰："第"，原簡從"艹"，讀爲"弟"。

按：暫從整理者原釋。

269. 73EJT8：95

戍卒觻得成漢里大夫□□年卅二☒　　　　　　73EJT8：95

[1] 何茂活：缺釋二字疑爲"成頤"。參 23：488 "望城隧卒咸頤"（據圖版，當爲"成頤"）。此二者或爲同一人。[1] 另，73EJT23：488 號簡整理者釋"頤"字，伊強改釋"頄"字。[2]

按：何茂活補釋、伊強改釋皆可從。細查之下，整理者所釋"卅二"亦有其他的可能，兩字的圖版作：▓，也有可能是"廿三"，73EJT37：1152 號簡"廿三"作：▓，可爲參考。簡文中的年"廿三"，亦是起征的年齡，《漢書·高帝紀》顏師古注引《漢官儀》："民年二十三爲正"，謹慎考慮，此處暫存疑不釋較宜。由此，釋文作：

戍卒觻得成漢里大夫成頄年□□☒　　　　　73EJT8：95

———————————

① 何茂活：《〈肩水金關漢簡（壹）〉殘斷字釋補》，復旦大學出土文獻與古文字研究中心網，2014 年 11 月 20 日，http：//www.gwz.fudan.edu.cn/Web/Show/2377。後發表於《中國文字（新四十二期）》，臺北：藝文印書館 2016 年版。

② 伊強：《肩水金關漢簡綴合十五則》，《簡帛》第 12 輯，上海古籍出版社 2016 年版。

270. 73EJT8：96

酒泉郡中案毋官獄徵事當取傳☑

……毋官獄徵☑   73EJT8：96

［1］何茂活：左行缺釋之字疑爲"爵案如書"。①

［2］王錦城：補釋或可從，但此未釋字殘斷磨滅，多不可辨識，當從整理者釋。

按：圖版漫漶不清，檢索居延漢簡、居延新簡、肩水金關漢簡，雖有"年爵如書"的辭例，卻無"爵案如書"的辭例，故從原整理者做法，暫不作釋讀。

271. 73EJT8：98

□□□□趙護☑   73EJT8：98

按："趙"上二字圖版作： ▨ 、 ▨ ，整理者未釋，結合字形辭例，當"曲"、"里"二字。此外，從字間距分析"趙"字上當有五個字。

272. 73EJT8：100

□□寙□   73EJT8：100

［1］王錦城："寙"字原作"寙"，該字又見於簡73EJT24：887＋909，整理者釋作"寙"。此統一作"寙"。

按：王錦城所言可從。

273. 73EJT8：104

☑延壽里公乘馬宣年廿六長七尺二寸☑   73EJT8：104

［1］張俊民："馬宣"也不如"馮宣"合適。②

［2］王錦城：該字顯爲"馬"字無疑。

---

① 何茂活：《〈肩水金關漢簡（壹）〉殘斷字釋補》，復旦大學出土文獻與古文字研究中心網，2014年11月20日，http：//www.gwz.fudan.edu.cn/Web/Show/2377。後發表於《中國文字（新四十二期）》，臺北：藝文印書館2016年版。

② 張俊民：《金關漢簡札記》，簡帛網，2011年10月15日，http：//www.bsm.org.cn/show_article.php？id＝1565。

按：從整理者釋讀。

274. 73EJT8：105

觻得角得得得　　　（習字）　　　　　　　　　73EJT8：105A

[1] 張俊民：本簡如釋文添加的注釋爲"習字簡"，如果第一個"角"可以釋作"觻"，那麽第二個"角"也應釋作"觻"。圖版均作"角"字，按照文義是"觻得"。①

按：涉及整理時的統一性問題，從圖版現有字跡出發，均作"角"爲宜。

275. 73EJT8：106

觻得成漢里薛□□年卅四年七月中與同縣男子趙

廣同傳今廣以八月中持傳出入……

欲復故傳前入　　　　　　　　　　　　　　73EJT8：106A

李君兄=次君

田巨君

□□君都

吳子真　　　　　　　　　　　　　　　　　73EJT8：106B

[1] 沈思聰："薛□□"後二字圖版作▓、▓，當釋"薛侍親"。"□□君都"前二字圖版作▓、▓，當釋"綦毋君都"。

按：沈思聰之言可從。

276. 73EJT8：110

☑傳謹案戶籍藏□官者□□□□□☑

☑言之　　　　　　　　　　　　　　　　　73EJT8：110

[1] 邢義田：按此簡紅外線圖版較清晰。"戶籍藏□官者"，缺釋一字左側尚有筆畫可見，據簡 73EJT9：35 "戶籍藏鄉官者"可知，此缺字

---

① 張俊民：《肩水金關漢簡（壹）釋文補例續》，簡帛網，2012 年 5 月 8 日，http：//www. bsm. org. cn/show_article. php？ id = 1687。

必爲"鄉"字。①

　　[2] 王錦城：該簡右半缺失，第一行"鄉"字原未釋，據殘存筆畫和文義來看，其爲"鄉"字無疑。

　　按：邢義田之言可從。另外，"者"下第二、三、四字圖版作：、、，當爲"爵"、"公"、"士"三字殘筆。肩水金關漢簡中有相似辭例可爲佐證，如下：

　　俱謹案戶籍晏爵上造年☐　　　　　　　　　　　73EJT26：92
　　☑謹案戶籍臧鄉者並爵上造年廿四　　73EJT21：60＋73EJT24：304
　　末字圖版僅存少許墨跡，從辭例看，疑"年"字。由此，釋文作：

　　☑傳謹案戶籍臧鄉官者☐爵公士年☑
　　☑言之　　　　　　　　　　　　　　　　　　73EJT8：110

277. 73EJT8：111

　　子☐☐☐　　　　　　　　　　　　　　　　　　73EJT8：111

　　[1] 何茂活：據圖版，可改訂爲"子萬☐月食"。②

　　[2] 王錦城：（何茂活）補釋或可從，但該簡左半缺失，字多不可辨識，當從整理者釋。

　　按：暫從整理者原釋。

（九）73EJT9

278. 73EJT9：3

齊郡臨菑吉羊里簪褭王光年廿三　長七尺三寸黃色疾　　字子叔☑

　　　　　　　　　　　　　　　　　　　　　　　73EJT9：3

---

　　①　邢義田：《〈肩水金關漢簡（壹）〉初讀札記之一》，簡帛網，2012 年 5 月 8 日，http：//www.bsm. org. cn/show_article. php？id＝1686。後發表於《簡帛》第 7 輯，上海古籍出版社 2012 年版。

　　②　何茂活：《〈肩水金關漢簡（壹）〉殘斷字釋補》，復旦大學出土文獻與古文字研究中心網，2014 年 11 月 20 日，http：//www. gwz. fudan. edu. cn/Web/Show/2377。後發表於《中國文字（新四十二期）》，臺北：藝文印書館 2016 年版。

　　[1]　晏昌貴："羊"字，原釋文作"辛"，今改釋。"吉羊"即吉祥。①

　　[2]　沈思聰："簪弱"，即"簪裹"，"簪"，原簡作"簪"，从艹。

　　[3]　王錦城：原釋文即作"羊"。

　　按：從整理者原釋。

279. 73EJT9：4

☑三年二月己卯朔癸亥☑　　　　　　　　　　　73EJT9：4

　　[1]　馬智全："己"當釋"乙"，簡文略殘，但爲"乙"而不爲"己"。如果是己卯朔，則癸亥爲第四十五天，不可能出現在當月。而乙卯朔，癸亥爲第九天。查《二十史朔閏表》，西漢中後期無三年二月己卯朔者，但有甘露三年二月乙卯朔，可證"乙卯"爲是。② 沈思聰同。

　　按：馬智全意見可從。

280. 73EJT9：7

☑□千秋譚宗名縣爵里年姓官所⋯⋯

☑□行右尉事守游徼武亭長偃送致過所籴得□☑　　　73EJT9：7

　　[1]　邢義田：此簡"行"字前尚有殘筆可見，很像"延"字的最下方一筆，即居延行右尉事守游徼。游徼本爲鄉官，在鄉嗇夫之下。③

　　按：邢義田所言可備一説。

281. 73EJT9：10

☑七年閏月甲辰金關塞☑

☑第一至千左居官右移全☑　　　　　　　　　73EJT9：10

　　按：整理者所釋"塞"字，圖版作：，胡永鵬指出"塞"當爲

　　①　晏昌貴：《增補漢簡所見縣名與里名》，《歷史地理》第 26 輯，上海人民出版社 2012 年版。

　　②　馬智全：《〈肩水金關漢簡（壹）〉校讀記》，《考古與文物》2012 年第 6 期。

　　③　邢義田：《〈肩水金關漢簡（壹）〉初讀札記之一》，簡帛網，2012 年 5 月 8 日，http：//www. bsm. org. cn/show_article. php？ id＝1686。後發表於《簡帛》第 7 輯，上海古籍出版社 2012 年版。

"與"，可從。①

282. 73EJT9：14

☑字君仲　　　　　　　　　　　　　　　　　　　　　　73EJT9：14

［1］李燁：漏釋卩。② 何茂活同。③

按：所言可從，當補"卩"。

283. 73EJT9：20

齊郡臨菑滿<u>羊</u>里公乘薛弘年☑　　　　　　　　　　73EJT9：20

［1］晏昌貴："幸"字從張新俊釋，見《〈肩水金關漢簡（壹）〉釋文》。④

［2］沈思聰：釋"幸"非，整理者釋"羊"不誤。

按：暫從整理者原釋。

284. 73EJT9：24

京兆尹長安定陵里公乘況<u>陽</u>遂年卅二長七尺二寸黑色☑　73EJT9：24

［1］沈思聰：細審圖版，"況"與"遂"之間仍有墨跡，當釋"況□遂"。

按：從整理者原釋。

285. 73EJT9：26

☑要虜隧☑

☑平樂隧☑

☑萬□隧☑　　　　　　　　　　　　　　　　　　　　73EJT9：26

---

① 胡永鵬：《肩水金關漢簡校讀札記》，《漢字文化》2015 年第 3 期。

② 李燁：《〈肩水金關漢簡（壹）〉研究三題》，碩士學位論文，西南大學，2013 年。

③ 何茂活：《〈肩水金關漢簡（壹）〉殘斷字釋補》，復旦大學出土文獻與古文字研究中心網，2014 年 11 月 20 日，http：//www.gwz.fudan.edu.cn/Web/Show/2377。後發表於《中國文字（新四十二期）》，臺北：藝文印書館 2016 年版。

④ 晏昌貴：《增補漢簡所見縣名與里名》，《歷史地理》第 26 輯，上海人民出版社 2012 年版。

[1] 何茂活：缺釋之字爲"福"。①

按：筆者失檢，亦曾補釋"福"字②，然時間在何茂活一文之後，故原創發明權當歸何茂活，引用注釋亦當以何茂活之文爲先。

286. 73EJT9：34

□猛伏地再□☑　　　　　　　　　　　　　　　　　73EJT9：34A

甘露三年九月壬午朔甲午南鄉有秩黑敢言☑

過所邑縣毋苛留<u>敢</u>言之☑

九月丙申□陽丞利謹移過所縣邑勿苛☑　　　　　73EJT9：34B

[1] 李燁、張顯成：上引"毋"字的原簡圖版爲▇……從圖版來看，上引▇字明顯爲"勿"字。③

按：李燁、張顯成改釋無誤，然該行簡文仍有進一步修正的餘地，"留"下一字整理者釋作"敢"字，恐非，此字圖版作：▇，當是"止"字。"毋苛留止敢言之"是文書習語，書手在此處遺漏了"敢"字，疑整理者可能由辭例順了下去，導致遺漏。由此，釋文作：

□猛伏地再□☑73EJT9：34A

甘露三年九月壬午朔甲午南鄉有秩黑敢言☑

過所邑縣勿苛留（敢）止言之☑

九月丙申□陽丞利謹移過所縣邑勿苛☑　　　　　73EJT9：34B

287. 73EJT9：41

氐池安漢里不更祝都贏年十五長七尺寸黑色 牛車一兩　　73EJT9：41

[1] 尉侯凱：如簡 73EJT9：41 "氐池安漢里不更祝都贏，年十五，七尺寸，黑色"，"尺"下當漏寫數字。④

---

① 何茂活：《〈肩水金關漢簡（壹）〉殘斷字釋補》，復旦大學出土文獻與古文字研究中心網，2014 年 11 月 20 日，http：//www. gwz. fudan. edu. cn/Web/Show/2377。後發表於《中國文字（新四十二期）》，臺北：藝文印書館 2016 年版。

② 姚磊：《讀〈肩水金關漢簡〉札記（十四）》，簡帛網，2017 年 3 月 29 日，http：//www. bsm. org. cn/show_article. php？id＝2769。

③ 李燁、張顯成：《〈肩水金關漢簡（壹）〉校勘記》，《古籍整理研究學刊》2015 年第 4 期。

④ 尉侯凱：《漢簡零拾（六則）》，簡帛網，2016 年 8 月 25 日，http：//www. bsm. org. cn/show_article. php？id＝2617。後以"《讀〈肩水金關漢簡〉零札七則》"爲名，發表於《西華大學學報》2017 年第 1 期。

按：尉侯凱所言可從。

288. 73EJT9：45

戍卒淮陽郡西釜田里不更蔡樂年廿三☑　　　　　73EJT9：45

［1］晏昌貴："西"字後脫"華"字。①

［2］周波：所謂"釜"當爲"華"字之誤，原簡縣名本即作"西華"。②

［3］沈思聰："釜"圖版作 ，當釋"夆"。

［4］王錦城：原釋"釜"當爲"華"，則原簡不脫"華"，且里名爲
"田里"，不存"釜田里"。

按：從沈思聰之説。

289. 73EJT9：47

☑□肩水候官寫移如律　　　　　73EJT9：47A

……　　　　　73EJT9：47B

按：該簡簡首第一字圖版殘缺，作：，整理者未釋，疑"移"
字殘筆。漢簡中有辭例可爲佐證。

290. 73EJT9：49

☑□聊竟年十二　　　□□　　　　　73EJT9：49

［1］李燁：，已出。③

按：補釋可從。

291. 73EJT9：62

甘露四年四月□□朔……自言爲家私市張掖酒泉郡中與子男猛持牛

---

① 晏昌貴：《增補漢簡所見縣名與里名》，《歷史地理》第 26 輯，上海人民出版社 2012 年
版。

② 周波：《説肩水金關漢簡、張家山漢簡中的地名"贊"及其相關問題》，復旦大學出土
文獻與古文字研究中心網，2013 年 5 月 31 日，http：//www.gwz.fudan.edu.cn/Web/Show/2060。
後發表於《出土文獻研究》第 12 輯，中西書局 2013 年版。

③ 李燁：《〈肩水金關漢簡（壹）〉研究三題》，碩士學位論文，西南大學，2013 年。

車一兩

……毋官獄徵事當得取傳寫移縣道河津關毋苛留止如律令敢言之

……之移……令 ／ 掾安世佐親　　　　　　　　73EJT9：62A

居令延印　　　　　　子□印　　　　　　　　　73EJT9：62B

[1] 黄浩波："甘露四年四月□□朔"所缺二字應爲"戊寅"無疑。①

[2] 胡永鵬：甘露四年四月戊寅朔丁酉□□敢言……自言欲爲家私市張掖酒泉郡中與子男猛持牛車一兩……

毋官獄征事當得取傳寫移縣道河津關毋苛留止如律令敢言之……

令弘□□赦（？）之移過所如律令／掾安世佐親

從時間方面考慮，該簡年代亦在弘的任期之內。②

[3] 王錦城：胡永鵬補釋可從，但簡文剝蝕嚴重，多不可辨識，暫從整理者釋。又 B 面"居令延印"和"子□印"之間尚有一"印"字，整理者漏釋，此據以補釋。

按：A 面簡牘字跡殘損嚴重，暫存疑不釋。B 面王錦城所補釋"印"字之上還有一字，疑爲"子"字。由此，釋文作：

甘露四年四月□□朔……自言爲家私市張掖酒泉郡中與子男猛持牛車一兩

……毋官獄徵事當得取傳寫移縣道河津關毋苛留止如律令敢言之

……之移……令 ／ 掾安世佐親　　　　　　　　73EJT9：62A

居令延印　子印　　子□印　　　　　　　　　　73EJT9：62B

292. 73EJT9：74

河內郡溫北□里□山☑　　　　　　　　　　　　73EJT9：74

[1] 晏昌貴："久"字從張新俊釋，見《〈肩水金關漢簡（壹）〉釋文》。③

① 黄浩波：《讀〈肩水金關漢簡（壹）釋文〉札記一則》，簡帛網，2011 年 9 月 30 日，http：//www.bsm.org.cn/show_article.php？id＝1557。

② 胡永鵬：《肩水金關漢簡校讀兩則》，《出土文獻綜合研究集刊》第 4 輯，巴蜀書社 2016 年版。

③ 晏昌貴：《增補漢簡所見縣名與里名》，《歷史地理》第 26 輯，上海人民出版社 2012 年版。

［2］　王錦城：該字圖版似非"久"字，暫從整理者釋。

按：暫從整理者原釋，不作釋讀。

293. 73EJT9：86

樂昌隧長昭武安定里公乘顧賀年廿二 初元四年三月庚申除　　見史

73EJT9：86

［1］　徐佳文：原簡中的"顧"即"顏"的異體字。①

按：徐佳文所言可從。

294. 73EJT9：101

☑虜入張掖郡界倉石伏虜隧以東積薪舉蓬通北郡界以北通報□□□

73EJT9：101

［1］　何茂活："通北郡界以北"當釋爲"通北部界止北"。②

按：何茂活所言可從。

295. 73EJT9：103

外人□親郭長卿君遣外人送蒹外人失不喪橄叩頭唯長＝卿厚恩

73EJT9：103A

在長卿所□　　　　　　　　　　　　　　73EJT9：103B

［1］　黄艷萍：整理者未釋"□"即"叩"字。③

［2］　何茂活：亦認爲是"叩"字，改釋"親"字爲"頭"字，"蒹"

爲"槽"字，並補"卿"後重文號。④

按：黄艷萍、何茂活補釋均可從，然何茂活改"親"爲"頭"字，

---

①　徐佳文：《讀〈肩水金關漢簡（伍）〉札記》，簡帛網，2017 年 2 月 27 日，http：//www. bsm. org. cn/show_article. php？ id＝2740。

②　何茂活：《〈肩水金關漢簡（壹）〉釋文訂補》，復旦大學出土文獻與古文字研究中心網，2014 年 11 月 28 日，http：//www. gwz. fudan. edu. cn/Web/Show/2392。

③　黄艷萍：《初讀〈肩水金關漢簡（壹）〉札記》，復旦大學出土文獻與古文字研究中心網，2013 年 5 月 30 日，http：//www. gwz. fudan. edu. cn/Web/Show/2058。

④　何茂活：《〈肩水金關漢簡（壹）〉釋文訂補》，復旦大學出土文獻與古文字研究中心網，2014 年 11 月 28 日，http：//www. gwz. fudan. edu. cn/Web/Show/2392。

筆者持謹慎態度。此字圖版作：▨，同簡 “頭” 字作：▨，對比可知，兩字在右下角存在差異，如下：▨、▨，故暫存疑。B 面整理者所釋 “在” 字，圖版作：▨，從字形看，當是 “左” 字，73EJT9：339、73EJT10：104 號簡 “左” 字作：▨、▨可爲參考。據張俊民所公佈的釋文電子版，整理者亦原釋 “左” 字，修訂後改釋 “在”，當從原釋。由此，釋文作：

外人叩□□郭長卿君遣外人送檟外人失不喪檄叩頭唯長 = 卿 = 厚恩

73EJT9：103A

左長卿所□

73EJT9：103B

296. 73EJT9：104

五鳳四年八月己亥朔己亥守令史安世敢言之遣行左尉事亭長安世逐命張掖酒泉敦武威金城郡
中與從者陽里鄭常富俱乘占用馬軺車一乘謁移過縣道毋苛留敢言之
八月己亥居延令弘丞江移過所縣道如律令 ／ 掾忠守令史安世

73EJT9：104

［1］劉倩倩：“酒” 應釋爲 “泊”。①
按：從整理者原釋。

297. 73EJT9：105

橐佗石鄣亭長婁孝君

73EJT9：105

［1］沈思聰：“妻” 字圖版作▨，當釋 “妻”。參 73EJT9：85 “妻大孝君”。

按：沈思聰之言可從。

298. 73EJT9：111

□□月甲申居延令史□□□□□行丞事移過所縣道河津……

73EJT9：111A

---

① 劉倩倩：《〈肩水金關漢簡（壹）〉注釋及相關問題研究》，碩士學位論文，華東師范大學，2015 年。

居令延印　　　　　　　　　　　　　　　　　　　73EJT9：111B

［1］胡永鵬：“月”前缺釋的二字實爲一字，當釋“閏”……“史
□□□□□”當釋“弘庫嗇夫定”。①

［2］王錦城：胡永鵬補釋或可從，但 A 面左半缺失，字多不可辨識，
暫從整理者釋。

按：暫從整理者原釋。

299. 73EJT9：113

戍卒淮陽郡城父邑道成李王年廿四　　（竹簡）　　　73EJT9：113

［1］沈思聰：“道”圖版作，當釋“巨”。“王”圖版作，當
釋“壬”。

按：暫從整理者原釋。

300. 73EJT9：116

田卒東郡西邑利里公大夫□□年廿九　　長七尺二寸黑色～（竹簡）

　　　　　　　　　　　　　　　　　　　　　　　73EJT9：116

［1］黄浩波：“西邑”疑爲“臨邑”誤釋。②

［2］晏昌貴：“利里”上原釋文作“西邑”，黄浩波改釋爲“臨邑”，
今從之。③

［3］鄭威：簡文應改釋爲“東郡畔邑”無疑。④

按：鄭威意見可從，此外，“廿九”圖版作：知圖版殘缺不全，
實無法準確判定。暫不釋讀較宜。由此，釋文作：

田卒東郡畔邑利里公大夫□□年□□　　長七尺二寸黑色～（竹簡）

　　　　　　　　　　　　　　　　　　　　　　　73EJT9：116

---

① 胡永鵬：《肩水金關漢簡校讀札記》，《漢字文化》2015 年第 3 期。

② 黄浩波：《〈肩水金關漢簡（壹）〉所見郡國縣邑鄉里》，簡帛網，2011 年 12 月 1 日，
http：//www.bsm.org.cn/show_article.php? id＝1586。

③ 晏昌貴：《增補漢簡所見縣名與里名》，《歷史地理》第 26 輯，上海人民出版社 2012 年
版。

④ 鄭威：《簡牘文獻所見漢代的縣級政區“邑”》，《簡帛》第 11 輯，上海古籍出版社 2015
年版，第 232—233 頁。

301. 73EJT9：119

居延鳴沙里董君至小奴賀　　大☑　　　　　　　　　　　73EJT9：119

[1] 何茂活："鳴"圖版作 ，當釋爲"鳴"。據釋文電子版，原釋不誤，蓋係出版時造成的排版疏誤。①

按：何茂活所言可從。

302. 73EJT9：127

驪軒尉史當利里呂延年＝廿四　　　　　　　　　　　　73EJT9：127

[1] 邢義田：此簡紅外線圖版較清晰，釋文可從。②

按：整理者所釋"軒"當是"軒"字，任達已經指出，可參看。③

303. 73EJT9：128

京兆尹杜陵豐滿里公乘□□□年廿三長七尺三寸□☑　　73EJT9：128

[1] 晏昌貴："年"，原釋文作"滿"，今從張新俊改釋，見《〈肩水金關漢簡（壹）〉釋文》。④

[2] 王錦城：原釋不誤，當爲"滿"。

按：從整理者釋。

304. 73EJT9：149

祿福廣漢里大夫孟建循年☑　　　　　　　　　　　　　73EJT9：149

[1] 沈思聰："循"字圖版作 ，疑"德"字。73EJT1：29"德"字作 ，73EJT30：116B"德"字殘存右半，作 ，可參。

---

① 何茂活：《〈肩水金關漢簡（壹）〉釋文訂補》，復旦大學出土文獻與古文字研究中心網，2014 年 11 月 28 日，http：//www.gwz.fudan.edu.cn/Web/Show/2392。

② 邢義田：《〈肩水金關漢簡（壹）〉初讀札記之一》，簡帛網，2012 年 5 月 8 日，http：//www.bsm.org.cn/show_article.php? id＝1686。後發表於《簡帛》第 7 輯，上海古籍出版社 2012 年版。

③ 任達：《〈肩水金關漢簡（壹）〉文字編》，碩士學位論文，吉林大學，2014 年，第 70 頁。

④ 晏昌貴：《增補漢簡所見縣名與里名》，《歷史地理》第 26 輯，上海人民出版社 2012 年版。

按：沈思聰之言可備一説。

305.73EJT9：151

十一月戊申軼得丞☑

十月丁巳居延守丞□□☑　　　　　　　　　　73EJT9：151A

印曰居延右尉□□☑　　　　　　　　　　　73EJT9：151B

［1］胡永鵬："軼得丞"後尚有殘筆應補符號"□"，"守丞"後可釋作"右"。①

按：補釋可從。

306.73EJT9：160

☑一兩牛一　　八月壬寅　　劍盾一　　　　73EJT9：160

［1］何茂活："劍盾"當釋爲"劍楯"。參 10：494"劍一楯一"。楯，通"韇"，爲盛弓弩或劍的布袋。詳參《居延漢簡語詞匯釋》"韇"字條所輯諸家訓解。本簡左殘，"盾"字所佔位置約與"劍"字殘存之右半相當，可見"盾"字左旁應有"木"或"巾"旁。②

［2］王錦城：（何茂活）改釋或可從，但該簡左半缺失，不能確知，暫從整理者釋。

按：王錦城意見可從，從整理者原釋。

307.73EJT9：162

☑黑色正福占五鳳四年七月己未……

☑徵事當爲傳謁言廷移過所縣道敢告尉……

□□□□□□□□□□……　　　　　　　73EJT9：162A

……　　　　　　　　　　　　　　　　73EJT9：162B

［1］黄艷萍："己未"疑爲"己丑"之誤。

① 胡永鵬：《肩水金關漢簡校讀五則》，《近代漢字研究第三屆學術年會論文集》，湖南師範大學，2020 年 11 月。

② 何茂活：《〈肩水金關漢簡（壹）〉殘斷字釋補》，復旦大學出土文獻與古文字研究中心網，2014 年 11 月 20 日，http://www.gwz.fudan.edu.cn/Web/Show/2377。後發表於《中國文字（新四十二期）》，臺北：藝文印書館 2016 年版。

按：黃艷萍之言可從。

308. 73EJT9：167

☑令／掾☐守屬<u>安</u>樂書佐宗　　　　　　　　73EJT9：167

[1] 何茂活："安"字可疑，實爲某字之左偏旁"女"。整字應爲"姚"、"姬"等从"女"之字。①

[2] 王錦城：何説可從，該簡右半缺失，"安"字可疑，但不能確知爲何字。

按：暫存疑不釋較爲適宜。

309. 73EJT9：168

☑九月庚子出丿　　　　　　　　　　　　　73EJT9：168

[1] 何茂活：簡末之"丿"實爲鉤校符號"卩"（實即"已"的符號化寫法）。②

按：何茂活意見可從。

310. 73EJT9：182

昭武<u>宜勝</u>里公乘張☐年☐一☑　　　　　　73EJT9：182

[1] 何茂活：本簡左殘，釋文之"宜勝"實當釋爲"宜歲"。③

[2] 張俊民："勝"當爲"春"，即"宜春里"。④

[3] 王錦城：該簡左半缺失，不能確知，暫從整理者釋。

---

①　何茂活：《〈肩水金關漢簡（壹）〉殘斷字釋補》，復旦大學出土文獻與古文字研究中心網，2014 年 11 月 20 日，http：//www. gwz. fudan. edu. cn/Web/Show/2377。後發表於《中國文字（新四十二期）》，臺北：藝文印書館 2016 年版。

②　何茂活：《〈肩水金關漢簡（壹）〉殘斷字釋補》，復旦大學出土文獻與古文字研究中心網，2014 年 11 月 20 日，http：//www. gwz. fudan. edu. cn/Web/Show/2377。後發表於《中國文字（新四十二期）》，臺北：藝文印書館 2016 年版。

③　何茂活：《〈肩水金關漢簡（壹）〉殘斷字釋補》，復旦大學出土文獻與古文字研究中心網，2014 年 11 月 20 日，http：//www. gwz. fudan. edu. cn/Web/Show/2377。後發表於《中國文字（新四十二期）》，臺北：藝文印書館 2016 年版。

④　張俊民：《肩水金關漢簡（壹）釋文補例》，簡帛網，2014 年 12 月 16 日，http：//www. bsm. org. cn/show_article. php？id＝2112。

按：此字圖版作：，殘斷難釋。檢索居延漢簡、居延新簡、肩水金關漢簡，發現昭武有宜眾里（10.36、73EJT7：151、73EJT37：762）、宜春里（73EJT24：147、73EJT37：177＋687、73EJT37：178、73EJT37：761）兩個里名，其中"宜春里"更爲常見，故筆者傾向張俊民的釋讀。

311. 73EJT9：195

☑尺二寸黑色　　　　　　　　　　　　　　　　　73EJT9：195

[1] 李燁：漏釋"丿"。①

按：李燁所言可從。

312. 73EJT9：196

戍卒趙國邯鄲廣陽里公乘蓋□☑　　　　　　　　73EJT9：196

[1] 沈思聰：未釋字圖版作，當釋"僂"。

按：沈思聰之言可備一説。

313. 73EJT9：204

戍卒長陵西仁里掌誼☑　　　　　　　　　　　　73EJT9：204

[1] 黄浩波："戍卒"當爲"大常"。②

按：黄浩波改釋可從。

314. 73EJT9：206

☑□潁川郡陽翟邑汲陽里張樂年廿八　　　　　　73EJT9：206

[1] 方勇：其中的"汲"字，作形。因秦簡中常見的"披"作（睡日乙簡五八）、（睡答簡二六）等形，其所從的"皮"旁同

---

① 李燁：《〈肩水金關漢簡（壹）〉研究三題》，碩士學位論文，西南大學，2013 年。

② 黄浩波：《肩水金關漢簡地名簡考（八則）》，《簡帛研究》2017 秋冬卷，廣西師範大學出版社 2018 年版。

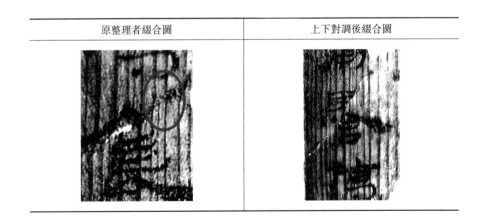　所從形同，故此應爲"波"字，"波陽"在簡文中爲里名。①

　　按：方勇所言可從。

315. 73EJT9：208

　　□□

　　舍傳舍長安乘所占用馬□兵財物□　　（削衣）　　　73EJT9：208

　　[1]　王錦城：從圖版來看，該簡由三枚削衣拼綴而成，分別爲"舍傳舍"、"長安乘所占用馬"、"兵財物"三段。但該綴合似屬誤綴。"傳舍"的"舍"字僅存上部筆畫"人"，可以看出該簡將其和"長"字拼在了一起，明顯有誤。而"馬"和"兵"之間存在很大的空缺，完全不能密合。又從文義來講，三段文義並不能連讀，該簡屬過所文書，相關簡文漢簡常見，如簡 73EJT37：1097A："乘家所占用馬當舍傳舍從者如律令"。而從該簡的形制及字體筆跡等來看，三段文字當屬同一簡，因此我們認爲前面兩段拼合的順序應該顛倒過來。而"兵財物"一語並不常見於過所文書，或亦存不屬於該簡的可能。

　　按：王錦城之言可從，我們核對了簡文的紋路，發現按照整理者原來的綴合圖，紋路無法貫通，而上下對調後紋路則可貫通。如下：

原整理者綴合圖	上下對調後綴合圖
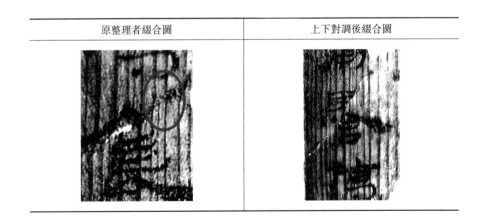	

　　①　方勇：《讀〈肩水金關漢簡（壹）〉小札（二則）》，簡帛網，2013 年 6 月 10 日，http：//www.bsm.org.cn/show_article.php? id＝1859。後以方勇、周小芸署名，名爲"《讀金關漢簡小札（二則）》"，載於《金塔居延遺址與絲綢之路歷史文化研究》，甘肅教育出版社 2014 年版。

據此，我們認可王錦城的判斷，整理者存在誤綴。但對調後碴口也無法直接拼合，屬遙綴，由此，釋文作：

……

☑長安乘所占用馬……舍傳舍☑　　（削衣）　　　　　73EJT9：208①

☑兵財物□☑　　（削衣）　　　　　　　　　　　　73EJT9：208②

316. 73EJT9：218

☑張父足下□張張☑　　　　　　　　　　　　　　　73EJT9：218A

☑丞印……　　　☑　　　　　　　　　　　　　　　73EJT9：218B

[1] 秦鳳鶴："□"原簡寫作 ，當釋"入"。《金關簡》73EJT6：132B 中"入"字原簡寫作 ，可參看。該簡文應釋讀作："張父足下入張，張"。①

[2] 王錦城：釋"入"可從。但其對簡文的釋讀恐有不妥之處，從圖版來看，A 面三個"張"字書寫粗拙，和同簡其他文字明顯不同，當爲習字之作。因此未釋字補釋作"入"，於簡文文義不是十分通順，故暫從整理者作未釋字處理。

按：王錦城之言可從，暫從整理者不釋讀。

317. 73EJT9：229

妻大女觻得長秋里王第卿年廿八☑　　　　　　　　73EJT9：229

[1] 沈思聰："第卿"，讀爲"弟卿"。

按：沈思聰之言可備一説。

318. 73EJT9：237

☑卅日積百五十八人＝六升　　楗爲郡 　　73EJT9：237

[1] 沈思聰："楗"字圖版作 ，當釋"楗"。

按：沈思聰之言可從。

---

① 秦鳳鶴：《〈肩水金關漢簡（壹）（貳）〉釋文校訂》，《中國文字學會第九屆學術年會論文集》，2017 年 8 月；秦鳳鶴：《〈肩水金關漢簡〉（壹）（貳）釋文校訂》，《漢字漢語研究》2018 年第 2 期。

319. 73EJT9：243

☑者觻得成漢里□☑　　　　　　　　　　　　　73EJT9：243

[1] 何茂活：據殘存筆跡及相關文例，本簡釋文可改訂爲"從者觻得成漢里簪"，"簪"後所殘者應爲"褭"或"裊"。"簪褭（裊）"爲漢代爵位之第三級。①

[2] 王錦城：補釋或可從，但該簡兩端殘斷，僅存一點墨跡，不能辨識，當從整理者釋。

按：王錦城所言可從，暫從整理者原釋，簡首一字疑"從"，存疑。

320. 73EJT9：244

☑郡<u>滎</u>陽宜秋里公乘☑　　　　　　　　　　　73EJT9：244

[1] 何茂活："滎"圖版實作 ，應釋作"焭"。焭，通"滎"。金關簡中多見之。如 10：176、10：213、10：427 等簡均作"焭"，而釋文徑作"滎"，不妥。《肩水金關漢簡（貳）》中"焭陽"凡 10 見，無一處釋"滎陽"，處理方式可取。②

按：何茂活所言可從。

321. 73EJT9：251

□□□□牛利親謹謁移武威郡期十月歸<u>所</u>受封言之　　73EJT9：251

[1] 沈思聰：原簡殘存左半，"所"字圖版作 ，當釋"取"。

按：沈思聰之言可從。

322. 73EJT9：253

淮陽郡古始大安☑　　　　　　　　　　　　　　73EJT9：253

[1] 沈思聰："古始"，即"固始"。

按：沈思聰之言可從。

---

① 何茂活：《〈肩水金關漢簡（壹）〉殘斷字釋補》，復旦大學出土文獻與古文字研究中心網，2014 年 11 月 20 日，http：//www. gwz. fudan. edu. cn/Web/Show/2377。後發表於《中國文字（新四十二期）》，臺北：藝文印書館 2016 年版。

② 何茂活：《〈肩水金關漢簡（壹）〉釋文訂補》，復旦大學出土文獻與古文字研究中心網，2014 年 11 月 28 日，http：//www. gwz. fudan. edu. cn/Web/Show/2392。

323. 73EJT9：254

☑牛車一兩　　弓二月☐☑　　　　　　　　　　　　　　73EJT9：254

［1］何茂活："二月"實爲"箭"字之殘。箭，同"箭"。23：530
"弓一櫝丸一箭五"，"箭"圖版中實作"箭"。漢簡中"竹"頭作"艹"
或"丷"者不胜枚举，如"籍、蘭、等、簿、笞"等均如此。①

按：何茂活所言可從。

324. 73EJT9：259

☑陳充

☑乙卯顧鼻

☐☐　·中部卒　☐☐　　　　　　　　　　　　　　　73EJT9：259A

☑長安卒☐☐

……　　　　　　　　　　　　　　　　　　　　　　　73EJT9：259B

按：73EJF3：28 簡整理者所釋"顧"字，圖版作：**顧**，雷海龍、
徐佳文均認爲應釋爲"顏"②，徐佳文還指出 73EJT9：86、73EJT10：300
爲近似字形，亦爲"顏"。兩位釋讀可從，經查，73EJT9：259 號簡亦有
相似字形，圖版作：**所**，也當釋"顏"字，此處用作姓氏。

325. 73EJT9：261

……軺車一乘馬☐匹☐☐☐☐☐☐　　　　　　　　　　　

五月壬子出　　　　　　　　　　　　　　　　　　　　73EJT9：261

［1］何茂活：右行連續六字缺釋，前四字當爲"弓一矢二"，後二字

---

① 何茂活：《〈肩水金關漢簡（壹）〉殘斷字釋補》，復旦大學出土文獻與古文字研究中心
網，2014 年 11 月 20 日，http：//www. gwz. fudan. edu. cn/Web/Show/2377。後發表於《中國文字
（新四十二期）》，臺北：藝文印書館 2016 年版。

② 雷海龍（落葉掃秋風）：《〈肩水金關漢簡（伍）〉釋文商補》，簡帛網簡帛論壇，2016
年 8 月 25 日，0 樓，http：//www. bsm. org. cn/bbs/read. php？ tid = 3389&keyword = % BC% E7%
CB% AE% BD% F0；徐佳文：《讀〈肩水金關漢簡（伍）〉札記》，簡帛網，2017 年 2 月 27 日，
http：//www. bsm. org. cn/show_article. php？ id = 2740。

仍難辨識。①

[2] 王錦城：補釋或可從，但該簡右半缺失，字多不能辨識，當從整理者釋。

按：何茂活所言可從，疑爲"弓一矢十二枚"。

326. 73EJT9：266

元康三年九月辛卯朔☒

大奴□□□□ 輅車☒

九月□□□□□□□☒　　　　　　　　　　73EJT9：266A

印日居延後農長印☒

□月辛亥犁工<u>關卒</u>彊以來☒　　　　　　　73EJT9：266B

[1] 馬智全："關卒"二字衍。簡文略模糊，但字形可辨，無"關卒"二字。② 李燁同③。黄艷萍同④。

按：馬智全意見可從。

327. 73EJT9：267

……

……　　　　　　日下餔時一通　　　　　　　　日食時表一通☒

☒□二通　　　日夕時表一通　　六月己亥十通　　日未中表一通☒

日中<u>表二通</u>☒　　　　　　　　　　　　　　73EJT9：267B

[1] 邢義田：73EJT9：267B 最下一欄最後一行"日中表二通"應作"日中表一通"。紅外線圖版"一通"二字十分清晰。⑤ 黄艷萍同⑥。

---

　　① 何茂活：《〈肩水金關漢簡（壹）〉殘斷字釋補》，復旦大學出土文獻與古文字研究中心網，2014 年 11 月 20 日，http：//www.gwz.fudan.edu.cn/Web/Show/2377。後發表於《中國文字（新四十二期）》，臺北：藝文印書館 2016 年版。
　　② 馬智全：《〈肩水金關漢簡（壹）〉校讀記》，《考古與文物》2012 年第 6 期。
　　③ 李燁：《〈肩水金關漢簡（壹）〉研究三題》，碩士學位論文，西南大學，2013 年。
　　④ 黄艷萍：《〈肩水金關漢簡〉（壹—肆）異體字研究》，博士學位論文，華東師範大學，2016 年。
　　⑤ 邢義田：《〈肩水金關漢簡（壹）〉初讀札記之一》，簡帛網，2012 年 5 月 8 日，http：//www.bsm.org.cn/show_article.php？id＝1686。後發表於《簡帛》第 7 輯，上海古籍出版社 2012 年版。
　　⑥ 黄艷萍：《〈肩水金關漢簡〉（壹—肆）異體字研究》，博士學位論文，華東師範大學，2016 年。

按：邢義田所言可從。

328. 73EJT9：275

☑橐他聖宜亭長張譚符　　　　　妻大女觻得安□☑

☑□光二年……　　　　　　　　弟大女……　　　　73EJT9：275

[1] 何茂活："宜"前之字實爲"恒"。又，"弟"據圖版似爲
"婦"，存疑。①

按：何茂活所言可從。

329. 73EJT9：281

居延亭長金成里杜……　　　　　　　　　　　　　73EJT9：281

按："杜"下一字圖版作：▉，整理者未釋，疑是"奉"字殘筆。
肩水金關漢簡中"奉"字草書寫作：▉（73EJT4：108）、▉（73EJD：
358）可爲參考。

330. 73EJT9：288

……水候□兼行丞□　　　　　　　　　　　　　　73EJT9：288

[1] 何茂活：缺釋二字分別爲官、事。前者稍顯模糊，後者僅存右
上角，但可辨識。②

按：何茂活所補"事"字，可從，所釋"官"字圖版作：▉，知殘
缺較多，字形與"官"字存在一定差異，且此字亦有是"肩水候"名字
的可能，肩水金關漢簡中有相似辭例可爲佐證，如下：

……庫令建兼行丞事……　　　　　　　　　　　73EJT4：102

……獄丞護兼行丞事……　　　　　　　　　　　73EJT37：575

---

①　何茂活：《〈肩水金關漢簡（壹）〉釋文訂補》，復旦大學出土文獻與古文字研究中心網，
2014 年 11 月 28 日，http：//www.gwz.fudan.edu.cn/Web/Show/2392。

②　何茂活：《〈肩水金關漢簡（壹）〉殘斷字釋補》，復旦大學出土文獻與古文字研究中心
網，2014 年 11 月 20 日，http：//www.gwz.fudan.edu.cn/Web/Show/2377。後發表於《中國文字
（新四十二期）》，臺北：藝文印書館 2016 年版。

......張掖大守延年肩水倉長湯兼行丞事......   73EJH2：12

據張俊民所公佈的釋文電子版，整理者原釋"眾"，亦是這種思路，故從整理者做法，暫存疑。[1] 此外，張文建曾綴合 73EJT9：287 與73EJT9：288 號簡，釋文作：

......水候□兼行丞事......縣里年姓   73EJT9：288＋287[2]

然而，筆者檢索肩水金關漢簡、居延漢簡、居延新簡未找到辭例支持，常見辭例如下：

......吏自言遣所葆爲家私使居延名縣里年姓如牒書出入如律令

73EJT37：640＋707

......宋敞自言與葆之觻得名縣里年姓如牒書到出入如律令

73EJT37：1061

事謂關嗇夫吏吏所葆縣里年姓如牒書到出入盡十二月 73EJT37：1519

也即"縣里年姓"前並不跟"兼行丞事"，兩者不存在語義上的銜接。細審之下發現兩簡的紋路、削衣存在較大差異，筆者截取相關圖片如下：

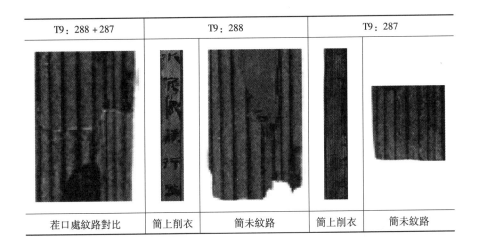

T9：288＋287	T9：288		T9：287	
茬口處紋路對比	簡上削衣	簡末紋路	簡上削衣	簡末紋路

對比可知，73EJT9：287、73EJT9：288 兩簡均是 8 道紋路，茬口處

---

① 何茂活告知"從殘存筆跡看，好像還是應當看作"官"字，當然須排除殘斷茬口陰影的干擾。"

② 張文建：《〈肩水金關漢簡（壹）〉再綴三則》，簡帛網，2017 年 1 月 22 日，http：//www. bsm. org. cn/show_article. php？id＝2707。

紋路貫通，兩簡綴合自無問題，然兩簡上的削衣明顯不與紋路相合，73EJT9：288 簡上削衣並無紋路，73EJT9：287 簡上削衣是密集紋路，且超過了 8 道紋路。由此可知整理者綴合在 73EJT9：287、73EJT9：288 兩簡上的削衣有誤。73EJT9：287、73EJT9：288 兩簡綴合後釋文當爲空，綴合在兩簡上的削衣也當重新編號。按照整理者對誤綴簡的處理，暫把 73EJT9：287 簡上削衣稱作 73EJT9：287①，73EJT9：288 簡上削衣稱作 73EJT9：288②。由此，釋文作：

……縣里年姓……	73EJT9：287①
……水候□兼行丞事……	73EJT9：288②
……	73EJT9：288 + 287①

331. 73EJT9：289

☑□長六尺五寸黑色　　　　　　　　　　　　　73EJT9：289

按：“長”上一字圖版作：▨，整理者未釋，結合字形辭例，當“五”字的草寫，此處指示某人的年齡，結合身高“六尺五寸”分析，有可能是“十五”。肩水金關漢簡中亦有辭例可爲佐證。

332. 73EJT9：296

四斗佐主入

……　　　　　　　　　　　　　　　　　　73EJT9：296A

□□□□□□□□

胡子文二斗入大石　　　　　　　　　　　　73EJT9：296B

［1］何茂活：A 面“佐”字可疑。據圖版，當釋爲“四斗斗一二出入”或“四斗斗一主人”，但句意均不通，存疑。② B 面右行之字尚有可識者，現改訂爲“□□□二斗□□二斗”。首二字似爲“徐昌”，但不能

---

① 王錦城認爲“兩簡均爲整理者將削衣附着在另外的簡上，可能所用爲空白無字簡，削衣附於其上或是爲了整理出版的需要”。

② 何茂活：《〈肩水金關漢簡（壹）〉釋文訂補》，復旦大學出土文獻與古文字研究中心網，2014 年 11 月 28 日，http：//www.gwz.fudan.edu.cn/Web/Show/2392。

確定。①

按：何茂活 B 面補釋可從，A 面何茂活改"佐"爲"斗一"，亦可從。"斗一"後當釋"主人"，肩水金關漢簡中有辭例可爲佐證，如下：

……加平石一斗主人張小功任　　　　　　　　73EJT21：156

由此，釋文作：

四斗斗一主人

……　　　　　　　　　　　　　　　　　73EJT9：296A

□□□二斗□□二斗

胡子文二斗入大石　　　　　　　　　　　73EJT9：296B

333. 73EJT9：303

☑麓年五十三☑　　　　　　　　　　　　　73EJT9：303

[1] 何茂活："麓"圖版作 ，當釋爲"林剛"二字。本簡字形與帛書老子中的寫法基本相同。11：23"剛"字作 ，亦與此略同。②

[2] 王錦城：該字似非兩字，其上部從"林"無疑，但下部顯非"剛"字，似亦非"鹿"，當存疑待考。

按：暫從整理者原釋。

334. 73EJT9：304

☑長楊猛妻莕君　　　　　　　　　　　　　73EJT9：304

[1] 張俊民："莕"字應爲"春"。③

按：張俊民之言可從。

---

① 何茂活：《〈肩水金關漢簡（壹）〉殘斷字釋補》，復旦大學出土文獻與古文字研究中心網，2014 年 11 月 20 日，http：//www. gwz. fudan. edu. cn/Web/Show/2377。後發表於《中國文字（新四十二期）》，臺北：藝文印書館 2016 年版。

② 何茂活：《〈肩水金關漢簡（壹）〉釋文訂補》，復旦大學出土文獻與古文字研究中心網，2014 年 11 月 28 日，http：//www. gwz. fudan. edu. cn/Web/Show/2392。

③ 張俊民：《肩水金關漢簡（壹）釋文補例》，簡帛網，2014 年 12 月 16 日，http：//www. bsm. org. cn/show_article. php？ id = 2112。

335. 73EJT9：317

□□元年十月☑   73EJT9：317A

☑□地再拜☑   73EJT9：317B

［1］胡永鵬："元"前一字圖版作▆▆，當釋"光"……西漢武帝晚
期至東漢初期，年號含"光"字者僅有元帝永光。故該簡所記年號爲
永光。①

［2］王錦城：補釋或可從，但圖版磨滅不可辨識，暫從整理者作未
釋字處理。

按：王錦城之言可從，暫從整理者不作釋讀。

336. 73EJT9：321

☑六月□□入☑   73EJT9：321

［1］何茂活："六月□□入"之後亦有"下"，當補。②

按：何茂活所言可從。

337. 73EJT9：324

定國掾以行□□事敢言之   73EJT9：324

［1］何茂活："掾"字衍釋。本簡釋文可改訂爲："定國以□□行事
敢言之"。③

按：何茂活所言可從，此簡左側殘斷，釋讀困難。何茂活指出"掾"
字衍釋，可從。經檢索居延漢簡、居延新簡、肩水金關漢簡，"以□□行
事敢言之"一般爲"以私印行事敢言之"，也即從辭例看，未釋兩字最有
可能是"私印"，然查兩字圖版作：▆、▆，知其右側殘斷，從僅存字

---

① 胡永鵬：《肩水金關漢簡校讀札記》，《漢字文化》2015 年第 3 期。

② 何茂活：《〈肩水金關漢簡（壹）〉殘斷字釋補》，復旦大學出土文獻與古文字研究中心
網，2014 年 11 月 20 日，http：//www. gwz. fudan. edu. cn/Web/Show/2377。後發表於《中國文字
（新四十二期）》，臺北：藝文印書館 2016 年版。

③ 何茂活：《〈肩水金關漢簡（壹）〉殘斷字釋補》，復旦大學出土文獻與古文字研究中心
網，2014 年 11 月 20 日，http：//www. gwz. fudan. edu. cn/Web/Show/2377。後發表於《中國文字
（新四十二期）》，臺北：藝文印書館 2016 年版。

形來分析，又當非"私印"兩字，難以釋讀，暫存疑。

338. 73EJT9：338

☑候 以六月戊戌　弓卩　　　　　　　　　　73EJT9：338

［1］曹方向：已入，圖版作■，整理者誤釋爲"弓"。這樣寫法的
"已入"，例見 T10：284，彼處釋讀正確，此處蓋偶然失檢。①

按：曹方向所言可從。

339. 73EJT9：340

☑□車一兩☑　　　　　　　　　　　　　　73EJT9：340

［1］李燁：漏釋"丿"。②

按：補釋可從。

340. 73EJT9：341

甘露四年正月☑

□□□案毋官☑　　　　　　　　　　　　73EJT9：341A

雒陽守丞□□　　　　　　　　　　　　　73EJT9：341B

［1］沈思聰：細審圖版，"□□"當刪去。

按：沈思聰之言可從。另外，A 面"案"上一字圖版作：■，整理
者未釋，當"占"字。肩水金關漢簡中有辭例可爲佐證，如下：

☑上令占案毋官☑　　　　　　　　　　　73EJT10：310

☑□占案毋官徵事當☑　　　　　　　　　73EJT37：884

由此，釋文作：

甘露四年正月☑

□□占案毋官☑　　　　　　　　　　　　73EJT9：341A

雒陽守丞　　　　　　　　　　　　　　　73EJT9：341B

① 曹方向：《初讀〈肩水金關漢簡（壹）〉》，簡帛網，2011 年 9 月 16 日，http：//www.
bsm. org. cn/show_article. php？ id＝1549。
② 李燁：《〈肩水金關漢簡（壹）〉研究三題》，碩士學位論文，西南大學，2013 年。

341. 73EJT9：347

☑同　　　□六月己未□入

車一兩馬一匹　　已出　　　　　　　　　　　　　　73EJT9：347

［1］李燁：漏釋“已出”、漏釋“丿”二字。①

按：李燁補釋可從，此外，“入”上一字圖版作：▨，當爲“北”字。由此，釋文作：

☑同　　　□六月己未北入

車一兩馬一匹　　　　　　　　　　　　　　　　　73EJT9：347

342. 73EJT9：348

☑自言爲☑

☑乙亥徐□☑　　　　　　　　　　　　　　　　　73EJT9：348

［1］沈思聰：未釋字圖版作▨，“徐□”當釋“徐爲”。

按：沈思聰之言可備一説。

343. 73EJT9：373

……　　　　　　　　　　　　　　　　　　　　　73EJT9：373

［1］何茂活：細辨圖版，下半部分有“長□尺二寸”等字。②

［2］王錦城：改簡左部大半殘缺，字多不能辨識，當從整理者釋。

按：何茂活補釋筆者持謹慎態度，該簡殘缺較甚，暫從整理者做法，不作釋讀。

344. 73EJT9：380

□食□□　　　　　　　　　　　　　　　　　　　73EJT9：380A

□□半　　　　　　　　　　　　　　　　　　　　73EJT9：380B

---

①　李燁：《〈肩水金關漢簡（壹）〉研究三題》，碩士學位論文，西南大學，2013 年。

②　何茂活：《〈肩水金關漢簡（壹）〉殘斷字釋補》，復旦大學出土文獻與古文字研究中心網，2014 年 11 月 20 日，http：//www.gwz.fudan.edu.cn/Web/Show/2377。後發表於《中國文字（新四十二期）》，臺北：藝文印書館 2016 年版。

[1] 何茂活："食"前之字爲"酒"，僅存右半之"酉"。①

[2] 王錦城：（何茂活）補釋或可從，但該簡左半缺失，不能確知，當從整理者釋。

按：暫從整理者原釋。

345. 73EJT9：389

☑亥丞嚴□□☑（削衣）   73EJT9：389

[1] 李洪財：此簡末尾未釋兩字乃是"自取"二字的草書。較易辨認。②

[2] 王錦城：該字當非兩字，整理者釋讀似不誤。

按：從文意看，此字應該是人名，而非"自取"，此處暫存疑不釋。

（十）73EJT10

346. 73EJT10：3

☑壬□□□□富□敢言之謹移穀……   73EJT10：3

[1] 李均明：壬通道廄佐敢言之謹移穀出入簿③。

按：李均明之言可從，筆者失檢，亦曾補釋該簡④，不敢掠美，故自當廢棄所作舊文，引用注釋當以李文爲准。

347. 73EJT10：12

……   73EJT10：12A

三月庚申馬少□□□□☑   73EJT10：12B

① 何茂活：《〈肩水金關漢簡（壹）〉殘斷字釋補》，復旦大學出土文獻與古文字研究中心網，2014 年 11 月 20 日，http：//www.gwz.fudan.edu.cn/Web/Show/2377。後發表於《中國文字（新四十二期）》，臺北：藝文印書館 2016 年版。

② 李洪財：《〈肩水金關漢簡〉（壹）校讀札記》，復旦大學出土文獻與古文字研究中心網，2012 年 9 月 17 日，http：//www.gwz.fudan.edu.cn/Web/Show/1929。

③ 李均明：《通道廄考——與敦煌懸泉廄的比較研究》，《出土文獻》第 2 輯，中西書局 2011 年版。

④ 姚磊：《讀〈肩水金關漢簡〉札記（二十六）》，簡帛網，2017 年 10 月 1 日，http：//www.bsm.org.cn/show_article.php? id=2901。

[1] 張俊民：並不是"馮"或"馬"字，而應該是"騂"字，"馬少卿□□□□"應該是記錄郵書傳遞經過的"騂北卒□以來"。① 本簡爲文書傳遞記錄，"馬少卿□□□□"當爲"騂北卒□以來"。②

[2] 何茂活：據圖版，當釋爲"三月庚申騂北卒□以來"。③

按：諸家之言可從，由此，釋文作：

……   73EJT10：12A

三月庚申騂北卒□以來   73EJT10：12B

348. 73EJT10：15

☑遣丞從史造昌歸隴西取衣用與從☑

☑河津關毋苛留止如律令敢言之……   73EJT10：15

[1] 沈思聰："造"圖版作 ![字] ，當釋"遂"。

按：從整理者原釋。

349. 73EJT10：17

□寄封遣致言教   73EJT10：17

[1] 張俊民："□寄"二字應作"章錢"。④

按：張俊民所言可備一説。

350. 73EJT10：20

……千秋自言□田武戚   73EJT10：20

---

① 張俊民：《金關漢簡札記》，簡帛網，2011 年 10 月 15 日，http：//www.bsm.org.cn/show_article.php？id＝1565。

② 張俊民：《肩水金關漢簡（壹）釋文補例》，簡帛網，2014 年 12 月 16 日，http：//www.bsm.org.cn/show_article.php？id＝2112。

③ 何茂活：《〈肩水金關漢簡（壹）〉殘斷字釋補》，復旦大學出土文獻與古文字研究中心網，2014 年 11 月 20 日，http：//www.gwz.fudan.edu.cn/Web/Show/2377。後發表於《中國文字（新四十二期）》，臺北：藝文印書館 2016 年版。

④ 張俊民：《肩水金關漢簡（壹）釋文補例》，簡帛網，2014 年 12 月 16 日，http：//www.bsm.org.cn/show_article.php？id＝2112。

[1] 張俊民：釋文可補爲 "……敢言之□□里王千秋自言客田武威"①。

[2] 王錦城：釋或可從，但該簡僅存右半，字多不能確知，暫從整理者釋。

按：張俊民之言可從。

351. 73EJT10：28

倉大□大□□毋入受受延　　　　　　　　　73EJT10：28

[1] 李燁：原簡中並無 "延"。②

按：李燁所言可從。

352. 73EJT10：31

☑□甲鞮瞀四　　　　　　　　　　　　　　73EJT10：31

[1] 張俊民：此簡爲器物名，可補釋 "革" 字。居延簡中有 "革甲"、"鐵甲" 鞮瞀，本簡應是 "革" 字。③

按：圖版殘缺嚴重，暫從整理者原釋。

353. 73EJT10：40

☑言爲家私市<u>張</u>郡中毋官獄徵事☑　　　　　73EJT10：40A

章曰河南右尉　　　　　　　　　　　　　　73EJT10：40B

[1] 沈思聰：原簡 "張" 下漏寫 "掖" 字。

按：沈思聰之言可從。

354. 73EJT10：41

淮陽國始昭陽里郭賢　　　　　　　　　　　73EJT10：41

[1] 馬智全："國" 當釋 "固"，簡文基本清晰，"固" 字可識，不

① 張俊民：《肩水金關漢簡（壹）釋文補例》，簡帛網，2014 年 12 月 16 日，http：// www. bsm. org. cn/show_article. php？ id＝2112。

② 李燁：《〈肩水金關漢簡（壹）〉研究三題》，碩士學位論文，西南大學，2013 年。

③ 張俊民：《肩水金關漢簡（壹）釋文補例》，簡帛網，2014 年 12 月 16 日，http：// www. bsm. org. cn/show_article. php？ id＝2112。

爲"國"……固始爲淮陽國屬縣。① 李燁②、黃艷萍③、沈思聰同。

按：馬智全改釋可從。

355. 73EJT10：47

☑今相見幸不一、幸☑　　　　　　　　　　　　73EJT10：47A

☑息息賜☑　　　　　　　　　　　　　　　　　73EJT10：47B

［1］王錦城："不一⌐二"漢簡常見，此據文義改釋。第二個"幸"字似爲"二"字上加了豎筆，下部殘缺，因此或非"幸"字，存疑待考。

按：王錦城之言可從。

356. 73EJT10：51

☑篋☑　　　　　　　　　　　　　　　　　　　73EJT10：51

［1］沈思聰："篋"當釋"匡"。

按：沈思聰之言可備一説。

357. 73EJT10：58

☑□□□☑

☑采之□□□☑

☑各丈取☑　　　　　　　　　　　　　　　　73EJT10：58

［1］何茂活：首行缺釋之字爲"幸甚敢。"④

［2］王錦城、魯普平：中間一行未釋兩字分別作 、，可釋爲"都倉"。⑤

---

① 馬智全：《〈肩水金關漢簡（壹）〉校讀記》，《考古與文物》2012 年第 6 期。

② 李燁：《〈肩水金關漢簡（壹）〉研究三題》，碩士學位論文，西南大學，2013 年。

③ 黃艷萍：《〈肩水金關漢簡〉（壹—肆）異體字研究》，博士學位論文，華東師範大學，2016 年。

④ 何茂活：《〈肩水金關漢簡（壹）〉殘斷字釋補》，復旦大學出土文獻與古文字研究中心網，2014 年 11 月 20 日，http://www.gwz.fudan.edu.cn/Web/Show/2377。後發表於《中國文字（新四十二期）》，臺北：藝文印書館 2016 年版。

⑤ 王錦城、魯普平：《肩水金關漢簡釋文校補舉隅》，《出土文獻》第 11 輯，中西書局 2017 年版。

按：簡牘殘損，諸家之言可備一説。

358. 73EJT10：64

☑□吏□□移簿大守府九月　壬子入關　十一月庚辰出關

73EJT10：64

［1］李燁、張顯成：簡73EJT10：64中原釋文“九月壬子入關”一句中的“九”字當釋爲“十”字爲確。①

按：李燁意見可從。

359. 73EJT10：69

出粟小石二石　爲御史張卿置豚二雞一隻南北食　　　73EJT10：69

［1］沈思聰：“置”圖版作🔲，結合文例，疑當釋“買”。王錦城同。

按：從整理者原釋。

360. 73EJT10：75

出粟小石六石六斗　　以食御史張酒泉卒史二人　　73EJT10：75

［1］李均明：原簡“御史張”下或脱“卿”字。② 沈思聰同。

按：諸家之言可從。

361. 73EJT10：77

出粟八斗　以護所卒史丁卿御一人　　　　73EJT10：77

［1］魯家亮：我們懷疑“護所”可能是“護府”的別稱，其具體含義還有待推敲。③

［2］王錦城：“所”當是“府”字的誤寫。

① 李燁、張顯成：《〈肩水金關漢簡（壹）〉校勘記》，《古籍整理研究學刊》2015年第4期。

② 李均明：《通道廄考——與敦煌懸泉廄的比較研究》，《出土文獻》第2輯，中西書局2011年版。

③ 魯家亮：《肩水金關漢簡釋文校讀六則》，《古文字研究》第29輯，中華書局2012年版，第777—781頁。

按：從整理者原釋。

362. 73EJT10：78

出糜小石<u>五</u>六斗　　史田□□張掖傳馬二匹往來五日食積十五匹＝食
四斗　　　　　　　　　　　　　　　　　　　　　　　　　73EJT10：78

［1］李均明：原簡"五"下脱"石"字。①

［2］馬智全："□□"當釋"卿乘"，簡文模糊，略存殘跡，可釋。
該書73EJT10：83"出粟小石六石以食廷史田卿乘張掖傳馬三匹往來五日
食積十五匹＝食四斗"，內容基本相同，可證釋"卿乘"爲是。②

［3］何茂活："傳"實作▉，左旁不甚清晰，當釋爲"轉"。轉，
通"傳"；轉馬，即"傳馬"。金關簡中多有將"傳車"寫作"轉車"
者。如5：3"●元康三年六月己卯轉車入關名籍"、10：406"嗇
夫爲出關胁卒轉車兩人數得米□"、21：145"入居延轉車一兩大石二十五石"
等。"傳、轉"二字同源，《釋名·釋宮室》："傳，轉也，人所止息，而
去後人復來，轉轉相傳，無常主也。"因此驛傳、傳舍、傳車、傳馬之
"傳"實亦"轉"意。③

［4］張俊民：可補釋"卿乘"二字。簡20"糜"應爲"糜"，其下
"禾"部清晰。以本簡他簡中出現的糧食"糜"，或亦當爲"糜"。簡上
的數字明顯不正確。如"二匹"則應積十匹，匹食四斗，總數應爲四石；
若十五匹，則合六石，"二匹"當爲"三匹"。而"五六斗"則屬於明顯
錯誤。④

按：諸家所釋可從，由此，釋文作：

出糜小石五六斗　　史田卿乘張掖傳馬二匹往來五日食積十五匹＝食
四斗　　　　　　　　　　　　　　　　　　　　　　　　　73EJT10：78

---

① 李均明：《通道廄考——與敦煌懸泉廄的比較研究》，《出土文獻》第2輯，中西書局
2011年版。

② 馬智全：《〈肩水金關漢簡（壹）〉校讀記》，《考古與文物》2012年第6期。

③ 何茂活：《〈肩水金關漢簡（壹）〉釋文訂補》，復旦大學出土文獻與古文字研究中心網，
2014年11月28日，http：//www.gwz.fudan.edu.cn/Web/Show/2392。

④ 張俊民：《肩水金關漢簡（壹）釋文補例》，簡帛網，2014年12月16日，http：//
www.bsm.org.cn/show_article.php？id＝2112。

363. 73EJT10:79

出粟小石十三石二斗以食居延卒史單卿士吏得騎馬廿二匹＝三日食

＝一斗　　　　　　　　　　　　　　　　　　　　　　73EJT10:79

[1] 李均明："一斗"作"二斗"。①

[2] 魯家亮：我們懷疑記錄的 1 斗標準有誤，如果按照每日 2 斗的
標準來算，則數值完全正確。②

按：諸家所言可從。

364. 73EJT10:81

出粟小斗二斗　　以食護府卒史徐卿御一人案事居延南北五日食日食

二斗　　　　　　　　　　　　　　　　　　　　　　73EJT10:81

[1] 魯家亮：懷疑此處應是"小斗十斗"的誤記。③

按：魯家亮所言可從。

365. 73EJT10:85

·凡出穀小石六石斗一升　　其卅石八斗五升粟　　·廿九石七斗六升

麥　　　　　　　　　　　　　　　　　　　　　　　73EJT10:85

[1] 劉倩倩：原釋文爲六石斗一升，疑脫漏一"十"字。④

[2] 王錦城：原簡脱"十"和"六"字。

按：73EJT10:85 號簡總數量存在問題。該簡的"卅石八斗五升粟"
與"廿九石七斗六升麥"合計是"六十石六斗一升"而非"六石斗一
升"。即 73EJT10:85 號簡簡文當是"·凡出穀小石六十石六斗一升"，
疑書手寫作時存在錯誤。

---

① 李均明：《通道廄考——與敦煌懸泉廄的比較研究》，《出土文獻》第 2 輯，中西書局
2011 年版。

② 魯家亮：《肩水金關漢簡釋文校讀六則》，《古文字研究》第 29 輯，中華書局 2012 年
版，第 777—781 頁。

③ 魯家亮：《肩水金關漢簡釋文校讀六則》，《古文字研究》第 29 輯，中華書局 2012 年
版。

④ 劉倩倩：《〈肩水金關漢簡（壹）〉注釋及相關問題研究》，碩士學位論文，華東師範大
學，2015 年。

366. 73EJT10：86

出粟小石六石　　以<u>亭</u>吏一人一月食　　　　　　　73EJT10：86

［1］魯家亮：其中的"食"原釋文作"亭"……此字殘留筆畫和輪廓與"食"似更爲接近，且"以食吏"一詞多見。①

［2］王錦城：（魯家亮）説是，當爲原簡誤書。

按：魯家亮所言可從。

367. 73EJT10：89

今餘穀五百卅九石<u>四斗</u>

其二百八石八斗五升粟

三百卅石一斗九升糜　　　　　　　　　　　73EJT10：89

［1］魯家亮："今余穀五百卅九石四升"中的"升"原釋文作"斗"，與字形不符。② 魏振龍同。③

按：諸家所言可從。

368. 73EJT10：91

出粟小石六石　　以食御□等二人＝一月食　　　73EJT10：91

［1］張俊民：可補釋簡"同"字。④

［2］王錦城：（張俊民）補釋或可從，但該簡殘泐，不能確知，當從整理者釋。

按：張俊民所言可從。

---

① 魯家亮：《肩水金關漢簡釋文校讀六則》，《古文字研究》第 29 輯，中華書局 2012 年版。

② 魯家亮：《肩水金關漢簡釋文校讀六則》，《古文字研究》第 29 輯，中華書局 2012 年版。

③ 魏振龍：《讀〈肩水金關漢簡（壹）〉札記二則》，復旦大學出土文獻與古文字研究中心網，2016 年 1 月 15 日，http：//www.gwz.fudan.edu.cn/Web/Show/2726。

④ 張俊民：《肩水金關漢簡（壹）釋文補例》，簡帛網，2014 年 12 月 16 日，http：//www.bsm.org.cn/show_article.php？id＝2112。

369. 73EJT10：94

☑穀七百八石二斗九升

其三百卅八石五升粟

三百七十石二斗四升麥　　　　　　　　　　　　　　73EJT10：94

［1］魯家亮：73EJT10：94 所缺兩字當爲 "今餘"，它應該是二月余穀的記錄。①

按：補釋可從，由此，釋文作：

（今餘）穀七百八石二斗九升

其三百卅八石五升粟

三百七十石二斗四升麥　　　　　　　　　　　　　　73EJT10：94

370. 73EJT10：99

肩水穀已頤廩食過客傳馬御及當食者凡☑　　　　73EJT10：99

［1］張俊民："頤" 字應爲 "頗"。②

［2］王錦城：似不爲 "頗"。

按：張俊民所言可從。

371. 73EJT10：101

今餘穀百七十八石二斗四升 其百六十八石二斗四升麥 九石粟

　　　　　　　　　　　　　　　　　　　　　　73EJT10：101

［1］馬智全："七十八" 當釋 "七十七"，簡文清晰可辨。此爲余穀簿，百六十八石二斗四升合以九石，正爲百七十七石二斗四升。③ 李燁④、黄艷萍同⑤。

① 魯家亮：《肩水金關漢簡釋文校讀六則》，《古文字研究》第 29 輯，中華書局 2012 年版。

② 張俊民：《肩水金關漢簡（壹）釋文補例》，簡帛網，2014 年 12 月 16 日，http：//www. bsm. org. cn/show_article. php？id＝2112。

③ 馬智全：《〈肩水金關漢簡（壹）〉校讀記》，《考古與文物》2012 年第 6 期。

④ 李燁：《〈肩水金關漢簡（壹）〉研究三題》，碩士學位論文，西南大學，2013 年。

⑤ 黄艷萍：《〈肩水金關漢簡〉（壹—肆）異體字研究》，博士學位論文，華東師範大學，2016 年。

按：諸家所釋可從，由此，釋文作：

今餘穀百七十七石二斗四升 其百六十八石二斗四升麥 九石粟

73EJT10：101

372. 73EJT10：103

戍卒南陽郡博<u>士</u>度里公乘張舜年冊　　　長七尺二寸　　　╯

73EJT10：103

[1] 黄浩波：整理者先釋爲"亡"，後改釋爲"士"。《釋文》所見尚有"南陽郡博望邑"，《地理志》南陽郡下有博望侯國。望，從亡得聲；音近可通。博亡即博望。若釋爲士，南陽無地名曰博或博士，簡文難通。①

[2] 晏昌貴：原釋文作"戍卒南陽郡博士度里"，或缺"望"字，"士度里"爲里名。張新俊改釋爲"亡"，見《〈肩水金關漢簡（壹）〉釋文》。此説如可靠，則"博亡"當讀爲博望，里名爲"度里"。②

[3] 楊延霞：疑此處"士"當識爲"亡"，即"博亡"爲"博望"。③

[4] 張俊民："博士度里"爲當時的縣里名。查《漢書·地理志》南陽郡有博望縣，簡作"博士度里"疑脱"望"字，"士"釋讀爲"大"作"大度里"較妥。④

[5] 王錦城：張俊民説可從，原釋"士"當爲"大"無疑，"博"後原簡漏寫"望"字，里名爲"大度里"，屬博望縣。

按：張俊民所言可從，由此，釋文作：

戍卒南陽郡博大度里公乘張舜年冊　　　長七尺二寸　　　╯

73EJT10：103

---

① 黄浩波：《〈肩水金關漢簡（壹）〉所見郡國縣邑鄉里》，簡帛網，2011 年 12 月 1 日，http：//www. bsm. org. cn/show_article. php？id＝1586。

② 晏昌貴：《增補漢簡所見縣名與里名》，《歷史地理》第 26 輯，上海人民出版社 2012 年版。

③ 楊延霞：《肩水金關漢簡所見戍卒名籍考》，《黑龍江史志》2013 年第 17 期。

④ 張俊民：《肩水金關漢簡（壹）釋文補例》，簡帛網，2014 年 12 月 16 日，http：//www. bsm. org. cn/show_article. php？id＝2112。

373. 73EJT10：108

戍卒魏郡厝平陽里公士華捐年廿五　　　　　　　　73EJT10：108

［1］李燁：漏釋“丿”①。

按：李燁補釋可從，此外，整理者所釋“戍”字恐非，此字圖版作：
■，疑“田”字殘筆。由此，釋文作：

田卒魏郡厝平陽里公士華捐年廿五丿　　　　　　73EJT10：108

374. 73EJT10：113

受九月餘穀百七十三石二斗四升

其百六十四石二斗四升粟

九石麥　　　　　　　　　　　　　　　　　　　　73EJT10：113

［1］魯家亮：“麥”原釋文中釋作“粟”，而“粟”原釋文則作
“麥”，張俊民提供的釋文中有較早釋文保存下來，其中關於這兩字的釋
讀與我們現在看到的釋文本不同，我們認爲可能較早釋文的釋讀是正
確的。②

按：魯家亮所言可從，由此，釋文作：

受九月余穀百七十三石二斗四升　其百六十四石二斗四升麥　九石
粟　　　　　　　　　　　　　　　　　　　　　　73EJT10：113

375. 73EJT10：118

葆淮陽國陽夏北陽里公乘張不武年廿三長七尺二寸黑色☒

　　　　　　　　　　　　　　　　　　　　　　　73EJT10：118A

丿 已入　　　　　　　　　　　　　　　　　　　73EJT10：118B

［1］李洪財：“武”作“識”③。

---

① 李燁：《〈肩水金關漢簡（壹）〉研究三題》，碩士學位論文，西南大學，2013 年，第 23
頁。

② 魯家亮：《肩水金關漢簡釋文校讀六則》，《古文字研究》第 29 輯，中華書局 2012 年
版。

③ 李洪財：《漢簡草字整理與研究》，博士學位論文，吉林大學，2014 年，第 94 頁。

［2］何茂活："武"字圖版作■，當釋爲"識"。23：605"要虜隧卒陳不識正月食"可證。"不識"並非人的真實名字，而是只知其姓而未詳其名者之稱。漢簡中或稱戍卒籍貫爲某縣邑不審里，"不審"與"不識"均爲"不詳"之意。①

按：諸家所言可從，由此，釋文作：

葆淮陽國陽夏北陽里公乘張不識年廿三長七尺二寸黑色☑

　　　　　　　　　　　　　　　　　　　　　　　　　　73EJT10：118A

丿已入　　　　　　　　　　　　　　　　　　　　　　73EJT10：118B

376. 73EJT10：120

甘露四年正月庚辰朔乙酉南鄉嗇夫胡敢告尉史臨利里大夫陳同自言爲家私市張掖居延界中謹案同冊

官獄徵事當得傳可期言廷敢言之正月乙酉尉史贛敢言之謹案同年爵如書冊官獄徵

事當得傳移過所縣侯國毋苛留敢言之正月乙酉西鄂守丞樂成侯國尉如昌移過所如律令　／掾干將令史章　　　　　73EJT10：120A

西鄂守丞印　　　　　　　　　　　　　　　　　　　　73EJT10：120B

［1］何茂活："樂成"之"成"，圖版作■，當釋"歲"。②

［2］沈思聰：細審圖版，整理者釋"樂成"似不誤。

［3］王錦城：和"歲"字有明顯區別，當釋"成"不誤，"樂成侯國"史籍習見，亦可爲證。

按：從整理者原釋。

377. 73EJT10：121

甘露四年二月己酉朔丙辰南鄉嗇夫有秩過佐賴敢告尉史宛當利里公乘陳賀年卌二自言爲家私市張掖居延案冊官獄徵事當爲傳移過所關邑冊

---

① 何茂活：《〈肩水金關漢簡（壹）〉釋文訂補》，復旦大學出土文獻與古文字研究中心網，2014 年 11 月 28 日，http：//www. gwz. fudan. edu. cn/Web/Show/2392。

② 何茂活：《〈肩水金關漢簡（壹）〉釋文訂補》，復旦大學出土文獻與古文字研究中心網，2014 年 11 月 28 日，http：//www. gwz. fudan. edu. cn/Web/Show/2392。

苛留尉史幸謹案毋徵事謹案年爵　　　　　　　73EJT10：121A

　章曰宛丞印　　　　　　　　　　　　　　　73EJT10：121B

　　［1］何茂活："賴敢告"之"賴"，圖版作![字]，當釋爲"贛"。10：120A
"尉史贛"之"贛"作![字]，寫法基本相同，右旁省訛近似"負"字。①

　　按：何茂活改釋可從。

378. 73EJT10：122

田卒魏郡廩丘曲里大夫充年卅姓宋氏　　職　　卩　　73EJT10：122

　　［1］馬孟龍：今查木簡圖版，被整理者釋作"廩"的字從廣，從羊，
應隸定爲"𤷾"。"𤷾"乃"庎（斥）"字的異寫，𤷾丘即斥丘。②

　　［2］何茂活："廩"，圖版實作![字]，當釋爲"庈"。庈，同"庎"，
今作"斥"。金關漢簡中多作"庈"形。③

　　［3］張俊民：魏郡"廩丘"應是縣名，但是《漢書·地理志》魏郡
無此縣。而此字的寫法類似"斥"字。"斥丘"魏郡屬縣之一。④

　　按：諸家所言可從，由此，釋文作：

田卒魏郡庈丘曲里大夫充年卅姓宋氏　　職　　卩　　73EJT10：122

379. 73EJT10：124

觻得市南第一里敬老里過迎戶簿門長候子山足□☑　73EJT10：124A

上第一里□□尤尤尤尤☑　　　　　　　　　　73EJT10：124B

　　［1］沈思聰："候"字圖版作![字]，當釋"候"。

　　按：沈思聰之言可從。

---

　　①　何茂活：《〈肩水金關漢簡（壹）〉釋文訂補》，復旦大學出土文獻與古文字研究中心網，
2014 年 11 月 28 日，http：//www. gwz. fudan. edu. cn/Web/Show/2392。

　　②　馬孟龍：《談肩水金關漢簡中的幾個地名》，《中國歷史地理論叢》2012 年第 3 期。

　　③　何茂活：《〈肩水金關漢簡（壹）〉釋文訂補》，復旦大學出土文獻與古文字研究中心網，
2014 年 11 月 28 日，http：//www. gwz. fudan. edu. cn/Web/Show/2392。

　　④　張俊民：《肩水金關漢簡（壹）釋文補例》，簡帛網，2014 年 12 月 16 日，http：//
www. bsm. org. cn/show_article. php？ id＝2112。

380. 73EJT10：128、73EJT10：129、73EJT10：130

東郡清高明里李憲　　　　　□□　（竹簡）　　　　　73EJT10：128

河南郡雒陽歸德里公乘□漢年六十四歲長七尺二寸　　　二月庚子入

□□弩一車一兩牛二劍一　（竹簡）　　　　　　73EJT10：129

從者居延肩水里大夫蓋常年十三長六尺三寸黑色　皆以四月壬戌出

73EJT10：130

［1］沈思聰：73EJT10：128 號簡 "憲" 字，圖版作 ，當釋 "寬"。

［2］何茂活：（73EJT10：129 號簡）簡末有鉤校符號 "卩"，以淡墨書寫，漏釋。①

［3］張俊民：此三簡均爲竹簡，下端均有畫押符號，未釋讀當補。②

［4］李燁：漏釋乀。③

按：諸家所補釋勾校符號可從，沈思聰改釋 "憲" 字可從。由此，釋文作：

東郡清高明里李寬　　　　□□　丿（竹簡）　　　73EJT10：128

河南郡雒陽歸德里公乘□漢年六十四歲長七尺二寸　　二月庚子入

□□弩一車一兩牛二劍一　　卩　（竹簡）　　　73EJT10：129

從者居延肩水里大夫蓋常年十三長六尺三寸黑色　皆以四月壬戌出

丿　　　　　　　　　　　　　　　　　　　　73EJT10：130

381. 73EJT10：137

通道廄計餘元鳳六年四月穀出入簿☑　　　　73EJT10：137

［1］李均明：通道廄斗□元鳳六年四月穀出入簿。④

---

①　何茂活：《〈肩水金關漢簡（壹）〉殘斷字釋補》，復旦大學出土文獻與古文字研究中心網，2014 年 11 月 20 日，http：//www. gwz. fudan. edu. cn/Web/Show/2377。後發表於《中國文字（新四十二期）》，臺北：藝文印書館 2016 年版。

②　張俊民：《肩水金關漢簡（壹）釋文補例》，簡帛網，2014 年 12 月 16 日，http：//www. bsm. org. cn/show_article. php？id＝2112。

③　李燁：《〈肩水金關漢簡（壹）〉研究三題》，碩士學位論文，西南大學，2013 年。

④　李均明：《通道廄考——與敦煌懸泉廄的比較研究》，《出土文獻》第 2 輯，中西書局 2011 年版。

按：李均明所言可備一説。

382. 73EJT10：147

☑以食護府卒史徐卿所乘張掖傳馬二匹南北五日食日食四斗

73EJT10：147

［1］何茂活：據圖版，“四”實爲▨，當釋爲“三”。①

［2］李均明：“府乘”當爲“所乘”之誤。②

［3］王錦城、魯普平：所字亦當改釋爲府③。

按：諸家所言可從，由此，釋文作：

☑以食護府卒史徐卿府乘張掖傳馬二匹南北五日食日食三斗

73EJT10：147

383. 73EJT10：152

京兆尹長安青柳里男子欣☑　　　　　　　73EJT10：152

［1］李洪財：“欣”字當“關”。④

［2］伊强：原釋爲“柳”的字當是“桃”字。⑤

［3］王錦城：該字似非“桃”字。

按：整理者釋讀可從，此字乃“柳”字，另，李洪財改釋可從，此字圖版作：▨，乃是“關”字的草書，居延新簡 FPF22：490、肩水金關漢簡 73EJT15：8 有“關”字圖版作：▨，▨，可爲參考。

384. 73EJT10：165

出粟小石六石　以食舛□等二人一月食☑　　　73EJT10：165

---

① 何茂活：《〈肩水金關漢簡（壹）〉釋文訂補》，復旦大學出土文獻與古文字研究中心網，2014 年 11 月 28 日，http：//www.gwz.fudan.edu.cn/Web/Show/2392。

② 李均明：《通道廄考——與敦煌懸泉廄的比較研究》，《出土文獻》第 2 輯，中西書局 2011 年版。

③ 王錦城、魯普平：《肩水金關漢簡釋文校補舉隅》，《出土文獻》第 11 輯，中西書局 2017 年版。

④ 李洪財：《漢簡草字整理與研究》，博士學位論文，吉林大學，2014 年，第 503 頁。

⑤ 伊强：《〈肩水金關漢簡〉名物詞考釋二則》，簡帛網，2014 年 11 月 19 日，http：//www.bsm.org.cn/show_article.php？id＝2103。

　　[1] 黃艷萍："其中"□"代表的字形爲" "，此字可釋爲"買"，作人名。①

　　[2] 何茂活："舛"，應釋爲"卿"。參 10：87 "張卿"、10：160 "丁卿"等。②

　　[3] 胡永鵬："舛"當釋"卿"……本簡中的"卿"爲"御"之誤書……本簡中的"御"很可能是書手漏寫了中間的一部分，而成爲"卿"字。③

　　[4] 沈思聰："舛""□"二字圖版較爲模糊，作 、。各方討論較多，詳見本人的《肩水金關漢簡札記（貳）》（待刊），疑釋"御"、"同"。

　　[5] 王錦城：（胡永鵬）説"卿"爲"御"之誤書或是，但"人"字下恐非漏書重文符號。又未釋字黃艷萍釋"買"。該字當非"買"字，暫從整理者釋。

　　按：兩字當釋爲"御"、"買"。由此，釋文作：
　　出粟小石六石 以食御買等二人一月食☒　　　　　73EJT10：165

385. 73EJT10：173

傳馬一匹驄牡齒十二歲五尺八寸　　　　　　　　73EJT10：173

　　[1] 黃艷萍：整理釋文脫"高"字，應爲"高五尺八寸"。在其他簡文中可證。④

　　按：黃艷萍補釋可從。由此，釋文作：
　　傳馬一匹驄牡齒十二歲高五尺八寸　　　　　　73EJT10：173

386. 73EJT10：176

河南郡滎陽槐里公乘虞千秋年卌八長七尺二三寸黑☒　　73EJT10：176

---

　　① 黃艷萍：《初讀〈肩水金關漢簡（壹）〉札記》，復旦大學出土文獻與古文字研究中心網，2013 年 5 月 30 日，http：//www. gwz. fudan. edu. cn/Web/Show/2058。
　　② 何茂活：《〈肩水金關漢簡（壹）〉釋文訂補》，復旦大學出土文獻與古文字研究中心網，2014 年 11 月 28 日，http：//www. gwz. fudan. edu. cn/Web/Show/2392。
　　③ 胡永鵬：《肩水金關漢簡校讀札記》，《漢字文化》2015 年第 3 期。
　　④ 黃艷萍：《初讀〈肩水金關漢簡（壹）〉札記》，復旦大學出土文獻與古文字研究中心網，2013 年 5 月 30 日，http：//www. gwz. fudan. edu. cn/Web/Show/2058。

[1] 何茂活："熒"，應釋作"熒"。熒，通"榮"。金關簡中多見之。①

按：何茂活所言可從，由此，釋文作：

河南郡熒陽槐里公乘虞千秋年卅八長七尺二三寸黑☑　　73EJT10：176

387. 73EJT10：190

淮陽西猛里公乘 尹自爲年廿二歲 ノ 史刑年廿八歲 ノ　　長七尺二寸黑
☑　　　　　　　　　　　　　　　　　　　　　　　　73EJT10：190

[1] 何茂活："猛"實作█，其左從"禾"，斷非"猛"字。因其右旁筆畫不甚清晰，暫不可識。②

按：何茂活所疑有理，疑此字當釋"程"字，73EJT4：76 號簡"程"字圖版作：█，字形相似，可爲參考。由此，釋文作：

淮陽西程里公乘 尹自爲年廿二歲 ノ 史刑年廿八歲 ノ 長七尺二寸黑☑
　　　　　　　　　　　　　　　　　　　　　　　　73EJT10：190

388. 73EJT10：192

方相車一驪牡☑　　　　　　　　　　　　　　　73EJT10：192

[1] 何茂活：據圖版，"牡"實爲█，當釋爲"牝"。9：46 "牝馬"之█可爲其證。③

按：何茂活改釋可從。

389. 73EJT10：200

元鳳五年十二月乙巳朔癸亥通道廄佐敢言之謹移穀出入簿

一編敢言之　　　　　　　　　　　　　　　　73EJT10：200

① 何茂活：《〈肩水金關漢簡（壹）〉釋文訂補》，復旦大學出土文獻與古文字研究中心網，2014 年 11 月 28 日，http：//www.gwz.fudan.edu.cn/Web/Show/2392。

② 何茂活：《〈肩水金關漢簡（壹）〉釋文訂補》，復旦大學出土文獻與古文字研究中心網，2014 年 11 月 28 日，http：//www.gwz.fudan.edu.cn/Web/Show/2392。

③ 何茂活：《〈肩水金關漢簡（壹）〉釋文訂補》，復旦大學出土文獻與古文字研究中心網，2014 年 11 月 28 日，http：//www.gwz.fudan.edu.cn/Web/Show/2392。

［1］曹方向："癸卯"，第二字圖版作█，整理者誤釋爲"亥"。①
按：曹方向改釋可從。

390. 73EJT10：203

元鳳五年十二月乙巳朔癸卯□□□□□乘敢言☒

謹移穀出入簿一編敢言之　　　　　　　　　　　　73EJT10：203A

賦……　　　　　　　　　　　　　　　　　　　　73EJT10：203B

［1］曹方向：癸卯二字下，整理者補五個缺字符號，不確。從前揭
T10：200 的內容來看，兩牘都是漢昭帝元鳳五年（前 76 年）十二月乙巳
朔癸卯"謹移穀出入簿一編"，故本牘殘泐之字，可與之對比。圖版
"卯"字以下，整理者補五個缺字符號，其實只有四個字。"卯"下的筆
畫並不是單獨的文字，而是第二行"敢"字的末筆（圖版作█），這一
筆從左一直拖拽到木牘右側才收筆，這樣的寫法在西北漢簡中並不罕見。
例如本枚木牘上的"穀"字右側最後一筆，就同樣拖長到了第一行"年"
字下方。"卯"下只有四個字。第一、二兩字當即"通道"，這只要和
T10：200 對照即可知。"道"下之字可能是"廄"字，不能確定。至於
所謂的"乘"字，圖版作█，應該是一個左右結構、左邊從"言"的
字，或是"護"字。"之"字可據 T10：200 文例補足。②

［2］何茂活：缺釋五字實爲四字"通道廄佐"，原釋"乘"者實作
█，應釋爲"讓"。參 10：200"元鳳五年十二月乙巳朔癸亥通道廄佐
敢言之謹移穀出入簿一編敢言之"及 10：215"府佐予廄佐讓"。另，本
簡之"癸卯"當爲"癸亥"或"癸酉"之誤書。元鳳五年十二月朔日干
支爲乙巳，十九日爲癸亥，廿九日爲癸酉，是月不可能有癸卯日（癸卯
爲乙巳後第五十九日）。10：200 簡所釋"癸亥"，實亦作█（癸
卯）。整理者大概已發現"癸卯"與月朔干支不合，所以將其徑釋爲"癸

①　曹方向：《初讀〈肩水金關漢簡（壹）〉》，簡帛網，2011 年 9 月 16 日，http：//www.
bsm. org. cn/show_article. php？id = 1549。

②　曹方向：《初讀〈肩水金關漢簡（壹）〉》，簡帛網，2011 年 9 月 16 日，http：//www.
bsm. org. cn/show_article. php？id = 1549。

亥"。如此處理其實頗不可取。且10：200 與 10：203A 性質相同（"卯"均係誤書）而釋讀方式有異，更顯不妥。建議仍按圖版釋爲"癸卯"①。黄艷萍同②。

按：諸家意見可從。由此，釋文作：

元鳳五年十二月乙巳朔癸卯通道廄佐讓敢言☑

謹移穀出入簿一編敢言之　　　　　　　　　　73EJT10：203A

賦……　　　　　　　　　　　　　　　　　　73EJT10：203B

391. 73EJT10：204

竟寧元年十一月丙寅朔癸酉肩水金關☑

候行塞書到賞兼行候事……　　　　　　　　73EJT10：204

［1］郭偉濤：末兩字原釋爲"金關"，細察圖版，"金"當爲"候"，"關"字非是，具體何字待考，逕改。③

按：郭偉濤改釋可從。

392. 73EJT10：206

☑朔庚子令史勳敢言之爰書士吏商候長光隧長昌等☑

☑□即射候賞前令史□辱發矢數于牒它如爰書敢☑　73EJT10：206

［1］李燁、張顯成：誤"署"爲"辱"……簡 73EJT10：206 中原釋文"辱發矢數於牒"一句中的"辱"字應釋爲"署"字爲確。④

按：改釋可從。

393. 73EJT10：208

☑室人馬毋恙也願毋憂八月四日肩水卒史徐贛歸

① 何茂活：《〈肩水金關漢簡（壹）〉釋文訂補》，復旦大學出土文獻與古文字研究中心網，2014 年 11 月 28 日，http：//www. gwz. fudan. edu. cn/Web/Show/2392。

② 黄艷萍：《〈肩水金關漢簡〉（壹—肆）異體字研究》，博士學位論文，華東師範大學，2016 年。

③ 郭偉濤：《漢代張掖郡肩水塞研究》，博士學位論文，清華大學，2017 年，第 302 頁。

④ 李燁、張顯成：《〈肩水金關漢簡（壹）〉校勘記》，《古籍整理研究學刊》2015 年第 4 期。

☑爲事驚家室往來道中耳侍從者即不可得也宵願

☑欲以人事式來過即可得也不以九月中還即不得　　　　73EJT10：208

［1］何茂活：末行釋文之"過"、"還"，實皆爲"歸"，與首行末字"歸"寫法完全相同。另，首行"室"前之字殘存下緣，細辨之，可釋爲"家"字，下行"家室"亦可爲證。第二行"爲"圖版作 ，似應釋爲"得"。"得"字本簡中另有三例，分別作 、、（後二例左殘），字形相近。第二行第二字"事"，圖版作 ，應釋爲"單"。單，或爲"憚"之借字。單驚家室，即驚擾家室之意。①

按：何茂活改釋、補釋可從，釋文作：

☑家室人馬毋恙也願毋憂八月四日肩水卒史徐贛歸

☑得單驚家室往來道中耳侍從者即不可得也宵願

☑欲以人事式來歸即可得也不以九月中歸即不得　　　　73EJT10：208

394. 73EJT10：210

□□四年九月己巳朔己巳佐壽敢言之遣守尉史彊上計大守府案所占用馬一匹

□謁移過所河津關毋苛留止如律令敢言之

□□巳居延令守丞江移過所如律令／掾安世佐壽□　　73EJT10：210A

□□□令禹印

□月甲午令史彊以來　　　　　　　　　　　　　73EJT10：210B

［1］張俊民：本簡上端文字殘泐嚴重，不過文書性質尚明。A面爲傳文書迻錄文字，按照文書內容可知，四年前可補"五鳳"二字，"謁"前可作"謹"，"巳"前可作"九月己"。B面爲印章文字及具體經過時間、人員名字。其中"□□□令禹印"，似可作"居令延印"；"□月甲午令"，應作"九月庚午尉"。②

［2］羅見今、關守義：確認73EJT10：210A號簡屬五鳳四年，與

① 何茂活：《〈肩水金關漢簡（壹）〉釋文訂補》，復旦大學出土文獻與古文字研究中心網，2014年11月28日，http：//www.gwz.fudan.edu.cn/Web/Show/2392。

② 張俊民：《肩水金關漢簡（壹）釋文補例續》，簡帛網，2012年5月8日，http：//www.bsm.org.cn/show_article.php？id＝1687。

T10 探方時限不悖。簡首剝落兩字應是"五鳳"。①

　[3] 黄艷萍：此簡年代定爲五鳳四年（前 54 年），甚確。②

　[4] 劉倩倩：補釋時間年號，二字當爲五鳳。③

　[5] 胡永鵬：釋文中第一個"己"當釋"乙"……釋文中所謂的"守"疑當釋"弘"，爲居延令之名……檢《二十史朔閏表》，西漢武帝晚期至東漢光武帝初期，與本簡所載年數及月朔相合者僅有甘露……釋文中"壽"字之後缺釋的字疑爲衍文。簡背釋文中所謂的"甲"字圖版作■，應釋作"庚"。④

　[6] 王錦城：改釋似不確，當從整理者釋。

　按：張俊民釋讀可從，胡永鵬改釋"弘"亦可從。由此，釋文作：

五鳳四年九月己巳朔己巳佐壽敢言之遣守尉史彊上計大守府案所占
用馬一匹

謹謁移過所河津關毋苛留止如律令敢言之

九月己巳居延令弘丞江移過所如律令／掾安世佐壽□　73EJT10：210A
居令延印

九月庚午尉史彊以來　　　　　　　　　　　　73EJT10：210B

395. 73EJT10：212

☑有秩姬□敢言之受臺里公乘尹允年廿二歲自言爲

☑事當爲傳移所過縣邑毋何留敢言之二月庚子

☑毋苛留如律令……　　　　　　　　　　　　73EJT10：212

　[1] 張俊民："受"似可作"敬"，"臺"應作"老"，"苛"應作"何"。⑤

　① 羅見今、關守義：《〈肩水金關漢簡（壹）〉紀年簡考釋》，《敦煌研究》2013 年第 5 期。
　② 黄艷萍：《〈肩水金關漢簡（壹）〉紀年簡校考》，《敦煌研究》2014 年第 2 期。
　③ 劉倩倩：《〈肩水金關漢簡（壹）〉注釋及相關問題研究》，碩士學位論文，華東師範大學，2015 年。
　④ 胡永鵬：《肩水金關漢簡校讀兩則》，《出土文獻綜合研究集刊》第 4 輯，巴蜀書社 2016 年版。
　⑤ 張俊民：《肩水金關漢簡（壹）釋文補例續》，簡帛網，2012 年 5 月 8 日，http：//www.bsm.org.cn/show_article.php？id＝1687。

[2] 沈思聰：細審圖版，"受羴里"的"受"圖版作**尚**，疑非"受"字，當釋"□"。

[3] 王錦城：似不爲"受"，但亦不是"敬"，或當存疑待考。"羴"作形，改釋"老"不確，當從整理者釋。

按：張俊民改釋可從。由此，釋文作：

☑有秩姬□敢言之敬老里公乘尹允年廿二歲自言爲

☑事當爲傳移所過縣邑毋何留敢言之二月庚子

☑毋何留如律令……　　　　　　　　　　　　73EJT10：212

396. 73EJT10：213

六月乙未廚嗇夫武行右尉事□☑

六月乙未滎陽丞崇移過所如律令□☑　　　　　73EJT10：213A

章曰滎陽丞印　　　　　　　　　　　　　　　73EJT10：213B

[1] 何茂活："滎"當爲"熒"。① 黄艷萍同②。

按：改釋可從。

397. 73EJT10：214

☑籍奉親野自言爲家賣車居延案

☑告吏

☑寫移敢言之　　　　　　　皆以十二月甲子出

☑律令 / 掾武令史郎　　　　　　　　　　　　73EJT10：214

[1] 張俊民：本簡爲傳文書抄錄文字，且有經過的具體時間。"籍"應作"乘蘇"。③

[2] 李燁：寫移敢言之 漏釋/。④

---

① 何茂活：《〈肩水金關漢簡（壹）〉釋文訂補》，復旦大學出土文獻與古文字研究中心網，2014 年 11 月 28 日，http：//www.gwz.fudan.edu.cn/Web/Show/2392。

② 黄艷萍：《〈肩水金關漢簡〉（壹—肆）異體字研究》，博士學位論文，華東師范大學，2016 年。

③ 張俊民：《肩水金關漢簡（壹）釋文補例續》，簡帛網，2012 年 5 月 8 日，http：//www.bsm.org.cn/show_article.php？id＝1687。

④ 李燁：《〈肩水金關漢簡（壹）〉研究三題》，碩士學位論文，西南大學，2013 年。

[3] 王錦城：從字形來看，當非"籍"，但亦似非"蘇"，或當存疑待釋。

按：張俊民改釋、李燁補釋可從。由此，釋文作：

☑乘蘇奉親野自言爲家賣車居延案

☑告吏

☑寫移敢言之／　　　　　皆以十二月甲子出

☑律令／掾武令史郎　　　　　　　　73EJT10：214

398. 73EJT10：215

九月辛卯府告肩☑

傳<u>診</u>張掖卒史王卿有傳☑　　　　　73EJT10：215A

府佐予廄佐讓☑　　　　　　　　73EJT10：215B

[1] 馬智全："診"當釋"謁"，簡文清晰，"謁"爲草書寫法，不當爲"診"。簡文爲傳書，"當得取傳謁"是傳書中慣用語。①

按：任達認同馬智全釋"謁"②，李洪財則認同整理者釋"診"③。此字圖版作：，從字形看，近於"診"，73EJT34：3、73EJT37：252 號簡"診"字作：，，可參看。此外，檢索居延漢簡、居延新簡、肩水金關漢簡，"當得取傳謁"後接"移"或者"言廷"，而無"張掖"，故馬智全認爲"簡文爲傳書"尚缺乏辭例。由此，此字當從整理者原釋，作"診"。

399. 73EJT10：218

願令史案致籍出毋留如☑　　　　　73EJT10：218A

正月辛未□□卒□以來☑　　　　　73EJT10：218B

[1] 沈思聰：B 面文字原簡殘存右半。"卒"後一字，原簡殘存右半"呆"，當釋"保"。

---

① 馬智全：《〈肩水金關漢簡（壹）〉校讀記》，《考古與文物》2012 年第 6 期。

② 任達：《〈肩水金關漢簡（壹）〉文字編》，碩士學位論文，吉林大學，2014 年，第 184 頁。

③ 李洪財：《漢簡草字整理與研究》，博士學位論文，吉林大學，2014 年，第 96 頁。

按：沈思聰之言可備一説。

400. 73EJT10：221

☑幸＝甚＝爲光叩頭多謝子惠閒者獨志

☑叩＝頭＝因言舍中有尖欲得其日

☑夜內戶開復關頃留意謹　　　　　　　　　　　　73EJT10：221A

☑多請子惠□　　　　　　　　　　　　　　　　73EJT10：221B

［1］張俊民："頃"應作"願"。① 馬智全②、任達同③。

［2］李洪財：釋"頃"④。

按：此字圖版作：▆，肩水金關漢簡同字形字又見於 73EJT33：28、

73EJT4H：43、73EJF3：333 等簡，圖版作：▆、▆、▆，整理者釋

作"願"、"願"、"頃"，可見對於同一字形整理者也未作出相同隸定。

需要説明的是，不惟肩水金關漢簡，居延漢簡亦有相同字形，見於

35.20、265.45 等簡，圖版作：▆、▆，兩簡釋讀亦存在很大爭議。⑤

對比"頃"、"願"兩字，"願"字在草書情況下與"頃"字字形較爲接

近，僅從字形判斷，知"願"字更靈活多變。若僅從字形出發，識別兩

字確實存在困難。檢索居延漢簡、肩水金關漢簡，發現有"願"＋"留

意"的辭例，如下：

---

① 張俊民：《肩水金關漢簡（壹）釋文補例續》，簡帛網，2012 年 5 月 8 日，http：//www. bsm. org. cn/show_article. php？ id =1687。

② 馬智全：《〈肩水金關漢簡（壹）〉校讀記》，《考古與文物》2012 年第 6 期。

③ 任達：《〈肩水金關漢簡（壹）〉文字編》，碩士學位論文，吉林大學，2014 年，第 186 頁。

④ 李洪財：《漢簡草字整理與研究》，博士學位論文，吉林大學，2014 年，第 372 頁。

⑤ 35.20 號簡一説作"頃"（謝桂華、李均明、朱國炤：《居延漢簡釋文合校》，文物出版社 1987 年版，第 56 頁；中國簡牘集成編輯委員會：《中國簡牘集成》第 5 冊，敦煌文藝出版社 2001 年版，第 94 頁；簡牘整理小組編：《居延漢簡（壹）》，臺北："歷史語言研究所"2014 年版，第 112 頁），一説釋作"既"（中國社會科學院考古研究所：《居延漢簡甲乙編》，中華書局 1980 年版，第 23 頁）；265.45 號簡一説釋作"願"（謝桂華、李均明、朱國炤：《居延漢簡釋文合校》，文物出版社 1987 年版，第 444 頁；中國簡牘集成編輯委員會：《中國簡牘集成》第 7 冊，敦煌文藝出版社 2001 年版，第 146 頁），一説釋作"頃"（中國社會科學院考古研究所：《居延漢簡甲乙編》，中華書局 1980 年版，第 196 頁；簡牘整理小組編：《居延漢簡（叁）》，臺北："歷史語言研究所"2016 年版，第 165 頁）。

願掾留意幸 = 長　　　　　　　　　　　　　　　　　　213.32①

……願留意依儀拒財不可已事毋急此者王子長言孫長史……

　　　　　　　　　　　　　　　　　　　　　73EJH2：48B

　　所列辭例中"願"字圖版分別作：█（213.32）、█（73EJH2：48B），可以確認爲"願"字無疑。傳世文獻亦有"願留意"的記載，《漢書·王吉傳》："臣願大王事之敬之，政事一聽之，大王垂拱南面而已。願留意，常以爲念。"② 《後漢書·朱浮傳》："定海内者無私讎，勿以前事自誤，願留意顧老母幼弟。"③ 此外，改釋爲"願"字後，35.20號簡作"願伏"，亦能得到辭例驗證，如下：

……甚厚願伏待關叩頭比相見願以城事幸忽之叩頭再拜……

　　　　　　　　　　　　　　　　　　　　　73EJF3：182A

……甚善願伏前會身小不快更河梁難以故不至門下……

　　　　　　　　　　　　　　　　　　　　　73EJT30：28A

　　由此，傾向張俊民、馬智全的改釋，也即 73EJT33：28、73EJT4H：43、73EJF3：333、35.20、265.45 等簡中的此字均作"願"。居延漢簡113.12B 亦有相似字形，圖版作：█，諸家均釋作"頃"④，亦有可能是"願"字。⑤

401. 73EJT10：223

☑親里尹真如年卅☑　　　　　　　　　　　　　　73EJT10：223

[1] 沈思聰："真"字，圖版作█，當釋"莫"。

按：從整理者原釋。

---

① 簡牘整理小組編：《居延漢簡（叁）》，臺北："歷史語言研究所"2016 年版，第 8 頁。

② （東漢）班固：《漢書》，中華書局 1962 年版，第 3061、3062 頁。

③ （南朝宋）範曄：《後漢書》，中華書局 1965 年版，第 1140 頁。

④ 中國社會科學院考古研究所：《居延漢簡甲乙編》，中華書局 1980 年版，第 77 頁；謝桂華、李均明、朱國炤：《居延漢簡釋文合校》，文物出版社 1987 年版，第 184 頁；中國簡牘集成編輯委員會：《中國簡牘集成》第 2 冊，敦煌文藝出版社 2001 年版，第 8 頁；簡牘整理小組編：《居延漢簡（貳）》，臺北："歷史語言研究所"2015 年版，第 23 頁。

⑤ 顏世鉉認爲113.12B 號簡釋"頃"較好，高震寰認爲"113.12B 因文脈不明確，故我雖然覺得'願'的可能性大些，但也不能排除維持'頃'的可能"。

402. 73EJT10：224

☑□巳朔丙戌居延　　丞左☑　　　　　　　　　73EJT10：224

［1］何茂活：簡首殘字爲"辛"。辛巳朔之月，丙戌日爲初六日。月內有丙戌日而朔日爲巳日者，除辛巳朔外，還有可能爲己巳朔或丁巳朔，而本簡之首殘字字形與"辛"相合。①

［2］王錦城：該字僅存一點墨跡，不能確知，當從整理者釋。

按：王錦城之言可從，暫從整理者原釋。

403. 73EJT10：225

☑簿　朱霸百　　　柏賢六百　　　　　　　　　73EJT10：225

［1］張俊民："簿"字不準，當存疑。②

按：暫從整理者原釋。

404. 73EJT10：226

䐓得傳舍當驗☑　　　　　　　　　　　　　　73EJT10：226A

居令延印

十二月乙丑騂北卒奉世☑　　　　　　　　　　73EJT10：226B

［1］張俊民："丑"應作"亥"，"世"後可補"以"字。③

按：張俊民改釋、補釋可從。

405. 73EJT10：229

☑□中欲取傳謹案明年冊三冊官獄微事當得取傳父老遠□

長安獄丞禹兼行右丞事移過所縣邑如律令　　　73EJT10：229A

---

① 何茂活：《〈肩水金關漢簡（壹）〉殘斷字釋補》，復旦大學出土文獻與古文字研究中心網，2014 年 11 月 20 日，http：//www.gwz.fudan.edu.cn/Web/Show/2377。後發表於《中國文字（新四十二期）》，臺北：藝文印書館 2016 年版。

② 張俊民：《肩水金關漢簡（壹）釋文補例續》，簡帛網，2012 年 5 月 8 日，http：//www.bsm.org.cn/show_article.php？id＝1687。

③ 張俊民：《肩水金關漢簡（壹）釋文補例續》，簡帛網，2012 年 5 月 8 日，http：//www.bsm.org.cn/show_article.php？id＝1687。

☑長安獄右丞印　　　　　　　　　　　　　73EJT10：229B

[1] 劉欣寧："父老"後方文字不明，參看他例原應有"證"等字。①

按：劉欣寧所言可從。另，簡首一字疑爲"郡"字殘筆。

406. 73EJT10：232

☑甘露二年十月丁巳朔壬午☑

☑徵事當爲傳移☑

☑廿日謁移過所縣邑侯國以律☑

☑縣邑侯國☑　　　　　　　　　　　　　　73EJT10：232A

[1] 郭偉濤："廿"前一字原未釋，據圖版，"百"字。②

按：郭偉濤所言可備一説。

407. 73EJT10：236

五月丙辰溫丞謹移過所縣邑侯國如律令掾縣令史☐☑ 73EJT10：236A

☐☐☐　　　　　　　　　　　　　　　　　73EJT10：236B

按：整理者所釋"謹"字恐非，此字圖版作：，疑"譚"字，73EJT9：7 號簡"譚"字作：，可爲參考；整理者所釋"縣"字亦恐非，此字圖版作：，疑"輔"字殘筆，73EJT3：104 號簡"輔"字作：，可爲參考。肩水金關漢簡中亦有辭例可爲佐證，如下：

三月辛巳溫丞湯謁移過所縣邑侯國如律令掾輔令史☑　73EJH2：5A

河內溫丞印　　　　　　　　　　　　　　　73EJH2：5B

懷疑73EJT10：236 號簡 B 面可能也是"溫丞印"，謹慎起見，暫不釋讀。由此，釋文作：

五月丙辰溫丞譚移過所縣邑侯國如律令掾輔令史☐☑ 73EJT10：236A

☐☐☐　　　　　　　　　　　　　　　　　73EJT10：236B

---

① 劉欣寧：《漢代"傳"中的父老與里正》，《早期中國史研究》2016 年第 8 卷第 2 期。
② 郭偉濤：《漢代張掖郡肩水塞研究》，博士學位論文，清華大學，2017 年，第 232 頁。

408. 73EJT10：242

觻得宜禾里簮裏☑　　　　　　　　　　　　　　73EJT10：242

［1］沈思聰：“簮”，圖版作，當釋“晉”，讀“簮”。

按：沈思聰之言可從。

409. 73EJT10：245

□□丞葆同里大夫王咸年廿七歲黑色☑　　　　　73EJT10：245

［1］張俊民：“□□”應作“假千人”。①

［2］何茂活：簡首缺釋之字爲，當釋爲“循孟”。②

［3］王錦城：似既非“假”，亦非“循”，當從整理者存疑待考。

按：沈剛在《西北漢簡中的“葆”》一文中指出和“葆”相涉的簡文正文主要有兩種格式：一是：籍貫＋爵位＋人名＋年齡　葆籍貫＋爵位＋人名＋年齡＋體貌特徵；二是：葆籍貫＋爵位＋人名＋年齡＋體貌特徵。③除去沈剛所列兩種格式外，還可補充兩種格式如下：一是：職官＋人名＋葆＋籍貫＋爵位＋人名＋年齡＋出入關時間；二是：人名＋葆＋籍貫＋爵位＋人名＋年齡＋體貌特徵＋出入關時間。結合73EJT10：245號簡的字間距以及涉“葆”文書的格式，“丞”字上當是職官。由此，筆者傾向張俊民的釋讀。“假千人丞”職官名，見於居延漢簡，如下：

☑給假千人丞蘇奉親行塞南馬三匹＝二束　　　　73.17④

此外，整理者所釋“廿”字，圖版作：，當是“十”字。由此，釋文作：

假千人丞葆同里大夫王咸年十七歲黑色☑　　　　73EJT10：245

---

① 張俊民：《肩水金關漢簡（壹）釋文補例續》，簡帛網，2012 年 5 月 8 日，http：//www.bsm.org.cn/show_article.php？id=1687。

② 何茂活：《〈肩水金關漢簡（壹）〉釋文訂補》，復旦大學出土文獻與古文字研究中心網，2014 年 11 月 28 日，http：//www.gwz.fudan.edu.cn/Web/Show/2392。

③ 沈剛：《西北漢簡中的“葆”》，《簡帛研究》2011，廣西師範大學出版社 2013 年版。

④ 簡牘整理小組編：《居延漢簡（壹）》，臺北：“歷史語言研究所”2014 年版，第 224 頁。

簡文存在省略，此處省去了"假千人丞"的姓名。

410. 73EJT10：246

譚叩頭言……謹進……趙　　　　　　　　　　73EJT10：246A

白奉業卿　　　　賜明教……弟李譚　　　　73EJT10：246B

[1] 何茂活：原釋"奉"字，實作 ，整理者大概是誤把末筆之捺當成了右行某字的筆劃，因此釋作"奉"。其實此字當釋爲"奏"。①

按：何茂活改釋可從，另外，A 面"言"下一字圖版作 ，當爲"謹"，同簡"謹"字圖版作：，可參。簡末"趙"字由於圖版殘缺，暫存疑不釋。B 面"教"下尚有諸字，圖版作：、、、，當均爲"之"字。由此，釋文作：

譚叩頭言謹……謹進……　　　　　　　　73EJT10：246A

白奏業卿　賜明教　之之之之　弟李譚　　73EJT10：246B

411. 73EJT10：250

十一月辛卯卒力卿一斗未☒

……　　　　　　　　　　　　　　　　　　73EJT10：250A

□□□□卒許子文二斗　　　　　　　　　　73EJT10：250B

[1] 何茂活："力"圖版作 ，實爲"少"。"少卿"之名金關簡中多有所見，10：291"少孫"之"少"作 ，寫法與此基本相同。②

按：何茂活所言可從。

412. 73EJT10：251

☒□長趙彭祖九月奉六百 A1

---

① 何茂活：《〈肩水金關漢簡（伍）〉綴合補議一則》，簡帛網，2017 年 2 月 20 日，ht-tp：//www. bsm. org. cn/show_article. php？id = 2735。

② 何茂活：《〈肩水金關漢簡（壹）〉釋文訂補》，復旦大學出土文獻與古文字研究中心網，2014 年 11 月 28 日，http：//www. gwz. fudan. edu. cn/Web/Show/2392。

　　出十六□B1

　　出八治罷卒簿 B2

　　出廿七食計 B3

　　出九☑ C1

　　出☑ C2

　　出☑ C3　　　　　　　　　　　　　　　　　　　　73EJT10：251

　　按："長"上一字，馬智全、張俊民、黃艷萍均有補釋"隧"字，可從。① B1"十六"下一字圖版作：，當是"就"字。肩水金關漢簡中有相似辭例可爲佐證，漢簡中也有"賦就人錢名"，李天虹認爲："'就人'即受雇於人的车夫。"② 簡文中的"出……就"當是給車夫的錢。

413. 73EJT10：255

　　☑□長七尺二寸黑色·正彊☑　　　　　　　　　73EJT10：255

　　[1] 何茂活：據有關文例，"長七尺二寸"前一般爲"年××"或"年××歲"。本簡"長"前之殘字正是"歲"字，僅存其左下角。③

　　[2] 王錦城：（何茂活）補釋或可從，但該字殘缺，僅存一點墨跡，不能確知，當從整理者釋。

　　按：何茂活補釋可從，另，簡的左側尚有墨跡，當有兩行。

414. 73EJT10：258

　　☑橐他候昌利☑　　　　　　　　　　　　　　　73EJT10：258

　　按：整理者所釋"利"字圖版作：，疑爲"移"字。肩水金關漢簡中有相似辭例可爲佐證。

---

　　① 張俊民：《肩水金關漢簡（壹）釋文補例續》，簡帛網，2012 年 5 月 8 日，http：//www.bsm.org.cn/show_article.php？id＝1687；馬智全：《〈肩水金關漢簡（壹）〉校讀記》，《考古與文物》2012 年第 6 期；黃艷萍：《初讀〈肩水金關漢簡（壹）〉札記》，復旦大學出土文獻與古文字研究中心網，2013 年 5 月 30 日，http：//www.gwz.fudan.edu.cn/Web/Show/2058。

　　② 李天虹：《居延漢簡簿籍分類研究》，科學出版社 2003 年版，第 41、42 頁。

　　③ 何茂活：《〈肩水金關漢簡（壹）〉釋文訂補》，復旦大學出土文獻與古文字研究中心網，2014 年 11 月 28 日，http：//www.gwz.fudan.edu.cn/Web/Show/2392。

415. 73EJT10：261

☑□黑色七尺二寸 乘方相車驪駮牡馬一匹齒十八歲弓一十二

73EJT10：261

[1] 馬智全："黑色七尺二寸"當釋"黑色長七尺二寸"，釋文誤脫"長"字。①

按：馬智全補釋可從，簡末"一十二"下仍有墨跡，圖版作： ，當是勾校符號"丿"。此外，"弓"下可能拉掉了"矢"字，"弓一矢十二"較爲常見。由此，釋文作：

☑□黑色長七尺二寸 乘方相車驪駮牡馬一匹齒十八歲弓一十二丿

73EJT10：261

416. 73EJT10：267

南陽郡宛縣柏楊里段帶   73EJT10：267A

章曰宛丞印   73EJT10：267B

[1] 黃艷萍：其中"柏楊"的"楊"圖版爲" "應爲"陽"，即"柏楊"應爲"柏陽"，爲南陽郡宛縣下面的一個里名。②

按：黃艷萍改釋可從。

417. 73EJT10：268

☑□弓一矢十二劍一   十二月辛酉入   字文   73EJT10：268

[1] 何茂活：簡首殘斷字當釋爲"持"。5：64"隧長轉關中夫持馬四匹畜牛八用牛一輜車一乘牛車一兩歸養"，"持"的用法與此相同。③

[2] 王錦城：（何茂活）補釋或可從，但該字殘缺，僅存一點墨跡，不能確知，當從整理者釋。

---

① 馬智全：《〈肩水金關漢簡（壹）〉校讀記》，《考古與文物》2012 年第 6 期。

② 黃艷萍：《初讀〈肩水金關漢簡（壹）〉札記》，復旦大學出土文獻與古文字研究中心網，2013 年 5 月 30 日，http：//www. gwz. fudan. edu. cn/Web/Show/2058。

③ 何茂活：《〈肩水金關漢簡（壹）〉殘斷字釋補》，復旦大學出土文獻與古文字研究中心網，2014 年 11 月 20 日，http：//www. gwz. fudan. edu. cn/Web/Show/2377。後發表於《中國文字（新四十二期）》，臺北：藝文印書館 2016 年版。

按：王錦城所言可從，暫從整理者原釋。

418. 73EJT10：273

廿四日 癸卯 丁未 丁巳 丙寅 丙辰 己酉☑　　　　73EJT10：273

[1] 張俊民：本簡釋文當爲：廿四日　戊午　丁亥　丁巳　丙戌　丙辰　乙酉。①

按：張俊民意見可從。

419. 73EJT10：274

五日　己酉己丑 建二百　戊申　戊寅　己酉☑　　　　73EJT10：274

[1] 張俊民：圖版中"己丑"不是十分清楚。按照干支推演，正月五日"己酉"，下月同日不當是"己丑"。若是"己□"，應爲"己卯"。第二個"己酉"釋文可從，不過從"戊寅"到"己酉"已經不是30天或29天，已經是31天。30天應該是"戊申"，"己酉"是明顯錯誤的。五個月對應的朔日爲"乙巳"、"乙亥"、"甲辰"、"甲戌"和"甲辰"，正好與永光五年的前五月相合，即本簡可以看作是永光五年的曆譜散簡之一。②

按：張俊民意見可從。

420. 73EJT10：275

☑壬子 壬午 癸丑 癸巳 癸亥 壬辰 壬戌☑　　　　73EJT10：275

[1] 張俊民：本簡屬於曆譜殘簡，上下殘，所存干支不知是哪七個月的第幾天。不過，從存在的干支來看，第四個很有問題。"癸丑"到"癸巳"是40天，似應爲"癸未"。而"癸未"到"癸亥"一樣也是40天。可是從"壬辰"上溯到"癸亥"是29天。這樣的話，本簡釋文中間的三個干支時間連通後面的幾個均出現了錯誤。從圖版來看，問題的產

① 張俊民：《肩水金關漢簡（壹）釋文補例》，簡帛網，2014年12月16日，http://www.bsm.org.cn/show_article.php? id=2112。

② 張俊民：《肩水金關漢簡（壹）釋文補例續》，簡帛網，2012年5月8日，http://www.bsm.org.cn/show_article.php? id=1687。

生應該是書寫錯誤造成的。①

　　按：張俊民所言可從。

421. 73EJT10：294

戍卒淮陽郡西華南<u>川</u>里不更周充年廿三　　　　73EJT10：294

［1］沈思聰："川"字當釋"小"。

　　按：從整理者原釋。

422. 73EJT10：298

戍卒南陽郡冠軍邑長里謝嬰年卅八　　（竹簡）　73EJT10：298

［1］李燁：漏釋卩。②

　　按：李燁所言可從。

423. 73EJT10：300

會稽郡鄞高成里顧□　　　　　　　　　　　　73EJT10：300

［1］徐佳文："顧"應釋爲"顔"，即"顔"的異體字。③

　　按：徐佳文意見可從。

424. 73EJT10：301

會稽郡鄞□里詣<u>幸</u>　　　　　　　　　　　　73EJT10：301

［1］沈思聰："幸"字圖版作![幸]，原釋文可疑。

　　按：從整理者原釋。

425. 73EJT10：303

☑□如律令／掾熹令史得福　　　　　　　　　73EJT10：303

---

① 張俊民：《肩水金關漢簡（壹）釋文補例續》，簡帛網，2012 年 5 月 8 日，http：//www. bsm. org. cn/show_article. php？id=1687。
② 李燁：《〈肩水金關漢簡（壹）〉研究三題》，碩士學位論文，西南大學，2013 年。
③ 徐佳文：《讀〈肩水金關漢簡（伍）〉札記》，簡帛網，2017 年 2 月 27 日，http：//www. bsm. org. cn/show_article. php？id=2740。

［1］張俊民："□"可補"留"字。①

［2］王錦城：補釋或可從，但該字僅存少許筆畫，不能確知，當從整理者釋。

按：張俊民之言可從。

426. 73EJT10：310

☑丁卯北鄉有秩☑

☑上令占案毋官☑　　　　　　　　　　　　　　　　73EJT10：310

［1］劉欣寧：原釋"上"當釋"正"。②

［2］王錦城：無疑爲"正"字殘筆。又其後的"令"爲里正的名字，左部殘缺，或非"令"。

按：劉欣寧改釋可從，王錦城改釋暫存疑，從整理者原釋。由此，釋文作：

☑丁卯北鄉有秩☑

☑正令占案毋官☑　　　　　　　　　　　　　　　　73EJT10：310

427. 73EJT10：313

甘露二年十二丙辰朔庚申西鄉嗇夫安世敢言之富里薛兵自言欲爲家私市張掖酒泉武威金城三輔大常郡中

謹案薜兵毋官獄徵事當得以令取傳謁移過所津關毋苛留止如律令敢言之

十二月庚申居延守令千人屬移過所如律令　／掾忠佐充國

　　　　　　　　　　　　　　　　　　　　　　73EJT10：313A

居延千人

十二月丙寅□□薜兵以來　　　　　　　　　　73EJT10：313B

［1］孔祥軍："薛兵"釋文原作"薜兵"，今改之。③

---

①　張俊民：《肩水金關漢簡（壹）釋文補例續》，簡帛網，2012 年 5 月 8 日，http：//www. bsm. org. cn/show_article. php？id＝1687。

②　劉欣寧：《漢代"傳"中的父老與里正》，《早期中國史研究》2016 年第 8 卷第 2 期。

③　孔祥軍：《肩水金關漢簡所見"太常郡"初探》，《中國歷史地理論叢》2012 年第 3 輯。

　　[2]尉侯凱："十二"下當漏寫"月"字，"薛"下當漏寫"辟"字。①

　　[3]王錦城：尉說是，從下面兩稱"辟兵"來看，"薛兵"之間無疑脫漏"辟"字。孔說據第一行"薛兵"，認爲第三行"辟兵"的"辟"爲"薛"字，則明顯有誤。

　　[4]趙爾陽：整理者兩釋讀有誤爲"辟兵"，徑改。②

　　按：尉侯凱、王錦城之言可從，當爲"薛辟兵"。

428.73EJT10：314

田子文卅三—	翟偉君卅三—	徐君卿廿五—
宋子山廿五—　少八	孫長卿卅三—	
郭子高卅三—	秦子都卅三	
□□□廿三—	薛君卿廿五—	凡三百一十四

中子	吳君房	·大凡四百廿六
君實	趙君房	
孫子都	逢丘翁君	
曹子惠		
韓子山	八人＝十四凡百一十二人百四又十少一	

73EJT10：314

　　[1]何茂活：原釋"八人＝十四凡百一十二人百四又十少一"，後一"人"字和後一"十"字分別爲"入"和"七"的誤釋。全句應釋讀爲"八人，人十四，凡百一十二；入百四，又七，少一"，意爲"中子"等八人，每人應交十四，合計一百一十二；實收一百零四，加七，計一百一十一，較應收數少一。又，前三欄小計數"三百一十四"系田子文、宋子山等九人所入錢數之和，但總分數字不合。"□□□廿三"，"廿"當

　　① 尉侯凱：《漢簡零拾（六則）》，簡帛網，2016年8月25日，http：//www.bsm.org.cn/show_article.php？id＝2617。後以"《讀〈肩水金關漢簡〉零札七則》"爲名，發表於《西華大學學報》2017年第1期。
　　② 趙爾陽：《肩水金關漢簡地理及相關問題研究》，博士學位論文，武漢大學，2020年。（若無特殊說明，引用均爲其博士論文）

爲“卅”，左殘；“薛君卿廿五”，“廿”亦當爲“卅”。但即使如此，各數之和仍少於小計數字。未知何故，暫存其疑。①

[2] 丁義娟：該簡上兩欄左側殘缺，何茂活認爲殘缺的“‘□□□廿三’，‘廿’當爲‘卅’，‘薛君卿廿五’，‘廿’亦當爲‘卅’。”此兩個原釋爲“廿”的殘缺字，直觀之，到底是“廿”還是“卅”，實難分辨。觀察上三欄的內容，文字完整的有七個人，對應的數值只有兩類，或者“廿五”，或者“卅三”，因此推測左側文字殘缺的兩人（□□□和薛君卿），對應的數值，不是“廿五”就是“卅三”，第一欄左側中“三”可以確定，推測其上面的字爲“卅”，第二欄左側中“五”可以確定，推測其上面的字爲“廿”。因此，何茂活認爲“□□□廿三”之“廿”當爲“卅”，可從，而“薛君卿廿五”之原釋“廿”則無需更改。推測簡中第一欄左側缺損一行，所記一人應入額爲“卅三”，橫線以上小計應爲 10 人的應入數額，爲 $33*8+25*2=314$，數值正好相合。②

[3] 王錦城：“賓”原作“實”，該字據字形和文義來看，其當爲“賓”字。

按：何茂活、王錦城改釋可從，丁義娟所言也非常有參考價值。

429. 73EJT10：316

出粟小石三石　　以食史一人☑　　　　　　　　　　73EJT10：316

[1] 魯家亮：該簡下部殘缺，原釋文作“以食史一人”，據圖版“人”下還有筆畫，據相關文例來看殘存筆畫是“一”的可能性較大，故據補。③

按：魯家亮所言可從，一般是“一月食”。

---

① 何茂活：《〈肩水金關漢簡（壹）〉釋文訂補》，復旦大學出土文獻與古文字研究中心網，2014 年 11 月 28 日，http：//www. gwz. fudan. edu. cn/Web/Show/2392。

② 丁義娟：《〈肩水金關漢簡（壹）〉73EJT10：314 簡簡文試解》，簡帛網，2017 年 8 月 31 日，http：//www. bsm. org. cn/show_article. php？id=2874。

③ 魯家亮：《肩水金關漢簡釋文校讀六則》，《古文字研究》第 29 輯，中華書局 2012 年版。

430. 73EJT10：322

☑以食從史☑　　　　　　　　　　　　　　　　　73EJT10：322

［1］何茂活：本簡文字雖有剝蝕，但字形基本清楚。原釋"從"者實作▨，應釋爲"御"。① 胡永鵬②、黄艷萍同③。

按：諸家改釋可從。

431. 73EJT10：327

☑毋黍米願已賈請二斗黍米謹使＝持錢受☑　　　73EJT10：327A

☑受教遣使錢伏前宜當自伏門下恐☑　　　　　73EJT10：327B

［1］曹方向："錢"字下整理者缺釋一字，圖版作▨，當是"持"字。該牘正面有"持"字作▨，可證。④ 馬智全⑤、張俊民⑥、黄艷萍同。⑦

按：諸家補釋可從。

432. 73EJT10：333

東鄉田卒清大里公乘☑　　　　　　　　　　　73EJT10：333

［1］黄浩波："鄉"當爲"郡"。⑧

按：黄浩波改釋可從。

---

①　何茂活：《〈肩水金關漢簡（壹）〉釋文訂補》，復旦大學出土文獻與古文字研究中心網，2014 年 11 月 28 日，http：//www. gwz. fudan. edu. cn/Web/Show/2392。

②　胡永鵬：《肩水金關漢簡校讀札記》，《漢字文化》2015 年第 3 期。

③　黄艷萍：《〈肩水金關漢簡〉（壹—肆）異體字研究》，博士學位論文，華東師範大學，2016 年。

④　曹方向：《初讀〈肩水金關漢簡（壹）〉》，簡帛網，2011 年 9 月 16 日，http：//www. bsm. org. cn/show_article. php？id＝1549。

⑤　馬智全：《〈肩水金關漢簡（壹）〉校讀記》，《考古與文物》2012 年第 6 期。

⑥　張俊民：《肩水金關漢簡（壹）釋文補例》，簡帛網，2014 年 12 月 16 日，http：//www. bsm. org. cn/show_article. php？id＝2112。

⑦　黄艷萍：《〈肩水金關漢簡〉（壹—肆）異體字研究》，博士學位論文，華東師範大學，2016 年。

⑧　黄浩波：《肩水金關漢簡地名簡考（八則）》，《簡帛研究》2017 秋冬卷，廣西師範大學出版社 2018 年版。

433. 73EJT10：335

甘露元年正月丁卯朔己巳<u>南鄉</u>有秩良敢言之三泉里公乘☑

73EJT10：335

［1］趙爾陽：此簡中的"都鄉"整理者原釋作南。細察圖版疑整理者釋作"南"誤，應爲都，故徑改。

按：當從整理者原釋。

434. 73EJT10：336

☑宗年卅自言爲家私<u>使</u>居延<u>縣</u>　　　73EJT10：336

［1］曹方向：戌，圖版作▨，整理者誤釋爲"使"。①

［2］王錦城："願"字原作"縣"，當爲"願"字。

按："私"下一字圖版作：▨，疑是"市"字，"爲家私市"漢簡中習見。"居延縣界中"也較爲常見，故王錦城之言恐非，當從整理者原釋。由此，釋文作：

☑宗年卅自言爲家私市居延縣　　　73EJT10：336

435. 73EJT10：343

☑倉假佐趙訢調與丞郭成俱爲郡□□☑　　　73EJT10：343A

☑□□足下善恙良勞官事□☑　　　73EJT10：343B

按：A面"郡"下一字圖版作：▨，整理者未釋，疑爲"迎"或"送"字殘筆。肩水金關漢簡中亦有辭例可爲佐證：

……遣竹亭長楊渠爲郡迎三年罷戍田卒張掖　73EJT11：31A＋10＋3②

居聑三年二月戊寅朔癸卯杜衍守丞莊移過所遣亭長垣黨爲郡送絳張掖居延都尉府當舍傳舍從者如律令/掾並守令史奮

73EJF3：114＋202＋168

---

① 曹方向：《初讀〈肩水金關漢簡（壹）〉》，簡帛網，2011 年 9 月 16 日，http：//www.bsm.org.cn/show_article.php？id＝1549。

② 伊強：《〈肩水金關漢簡（貳）〉綴合五則》，《出土文獻研究》（十五），中西書局 2016 年版。

爲郡送絳張掖居延都尉府當舍傳舍從者如律令/掾鳳令史博

73EJF3：470＋564＋190＋243

由此，當爲"迎"或"送"字。

436. 73EJT10：350

☑□亥朔丙戌肩水塞尉通敢言☑　　　　　　　　　　73EJT10：350

[1] 何茂活：有丙戌日而朔日爲亥日之月，朔日可能爲乙亥和癸亥。據圖版殘存筆跡，當爲"乙亥"。①

[2] 王錦城：補釋或可從，但該字殘斷，僅存下部一點筆畫，不能確知，當從整理者釋。

按：暫從整理者不作釋讀。

437. 73EJT10：355

甘露二年□月甲辰朔戊午尉史慶敢言　　　　　　　73EJT10：355A

正月丁卯殄北候從史疆以來　　　　　　　　　　　73EJT10：355B

[1] 何茂活：據圖版，A 面缺釋之字當爲"正"。查《二十史朔閏表》，是年正月確爲甲辰朔，戊午日爲望日。再者，B 面"正月丁卯"亦可爲證，丁卯日爲該月廿四日。②

[2] 羅見今、關守義：原簡所書"二年"當爲"四年"（前 50 年）之誤。圖版上"□月"所空缺的應是兩字，當爲"十一月"。③

[3] 黄艷萍：原簡殘損較多，尚不能判定，甘露二年十二個月中沒有甲辰朔的干支。④

[4] 王錦城：該簡左半缺失，字多不能辨識。簡文所記月朔及各家

---

① 何茂活：《〈肩水金關漢簡（壹）〉殘斷字釋補》，復旦大學出土文獻與古文字研究中心網，2014 年 11 月 20 日，http：//www. gwz. fudan. cn/Web/Show/2377。後發表於《中國文字（新四十二期）》，臺北：藝文印書館 2016 年版。

② 何茂活：《〈肩水金關漢簡（壹）〉殘斷字釋補》，復旦大學出土文獻與古文字研究中心網，2014 年 11 月 20 日，http：//www. gwz. fudan. cn/Web/Show/2377。後發表於《中國文字（新四十二期）》，臺北：藝文印書館 2016 年版。

③ 羅見今、關守義：《〈肩水金關漢簡（壹）〉紀年簡考釋》，《敦煌研究》2013 年第 5 期。

④ 黄艷萍：《〈肩水金關漢簡（壹）〉紀年簡校釋》，《簡牘學研究》第 5 輯，甘肅人民出版社 2014 年版。

所釋均不合曆譜，整理者釋讀或有誤，亦可能存在原簡書寫錯誤的情況。當存疑待考。

　　按：何茂活補釋可從，但曆法確存在不合，懷疑爲原簡書寫錯誤。

438. 73EJT10：356

☑一石四斗粟☑

☑一石四升麥☑　　　　　　　　　　　　　　　　　　　73EJT10：356

　　[1] 魏振龍：應將第二句釋文"一石四升麥"之"石"字釋爲"斗"字，原簡圖版中很清晰的可以看出此處應爲（斗）而非"石"。①

　　按：魏振龍所言可從。

439. 73EJT10：357

□□以□□□尉□☑

胡落定頸順塞上□☑　　　　　　　　　　　　　　　　　73EJT10：357

　　[1] 何茂活：據圖版，右行文字可改訂爲"□□以□佐□尉丞"。尉丞爲都尉之屬官，參1：12"故居延尉丞王卿妻宣＝君＝子小女君至吏十四人私從者"。②

　　[2] 王錦城：該行文字右半殘缺，多不可辨識，暫從整理者釋。

　　按：暫從整理者釋。

440. 73EJT10：362

木面衣│二‧│二‧│二☑　　　　　　　　　　　　　　73EJT10：362

　　[1] 李燁、張顯成：原簡尾部第三個"二"字後尚有一清晰的文字，圖版作，明顯爲"二"字……原整理者漏釋，當補。③

---

　　① 魏振龍：《讀〈肩水金關漢簡（壹）〉札記二則》，復旦大學出土文獻與古文字研究中心網，2016 年 1 月 15 日，http：//www.gwz.fudan.edu.cn/Web/Show/2726。

　　② 何茂活：《〈肩水金關漢簡（壹）〉殘斷字釋補》，復旦大學出土文獻與古文字研究中心網，2014 年 11 月 20 日，http：//www.gwz.fudan.edu.cn/Web/Show/2377。後發表於《中國文字（新四十二期）》，臺北：藝文印書館 2016 年版。

　　③ 李燁、張顯成：《〈肩水金關漢簡（壹）〉校勘記》，《古籍整理研究學刊》2015 年第 4 期。

按：補釋可從，由此釋文作：

木面衣｜二·｜二·｜二｜二☒　　　　　　　73EJT10：362

441. 73EJT10：367

秩名九服依倚稟點吏民閒竄藏匿吏☒　　　73EJT10：367A

甲子己亥□☒　　　　　　　　　　　　　73EJT10：367B

［1］沈思聰："竄藏"當釋"竄臧"。

按：從整理者原釋。

442. 73EJT10：368

☒七日　　八日　　　九日　　　十日

☒五日　　□　　　　十四日　十五日　　　73EJT10：368

［1］魯家亮：該簡兩行書寫，其中第二行"十四日"之前的釋文存在疑問，原釋文此處作："五日　□　十四日　十五日"。對照彩色圖版和紅外圖版來看，第二行釋文當改作："三日　十　四日　十五日"。紅外圖版"十四日"中"十"和"四"上所見墨色較淺的筆畫當與本身的字跡無關，至於是什麼原因遺留下來的，還可討論。①

按：魯家亮所言可從，由此，釋文作：

☒七日　　八日　　　九日　　　十日

☒三日　　十　　　　四日　　十五日　　　73EJT10：368

443. 73EJT10：373

張氏迺建昭元年三月六□□☒　　　　　　73EJT10：373

［1］何茂活：本簡文字較模糊，"六"後之字爲"日"，筆畫較明顯。其後似爲"坐"字，存疑。②

［2］王錦城：補釋或可從，但該字磨滅不可辨識，當從整理者釋。

---

①　魯家亮：《肩水金關漢簡釋文校讀六則》，《古文字研究》第 29 輯，中華書局 2012 年版。

②　何茂活：《〈肩水金關漢簡（壹）〉釋文訂補》，復旦大學出土文獻與古文字研究中心網，2014 年 11 月 28 日，http://www.gwz.fudan.edu.cn/Web/Show/2392。

按：何茂活補釋可從。

444. 73EJT10：377

甘露四年六月丁☑

……　　　　　　　　　　　　　　　　　　　　73EJT10：377A

……

六月壬寅卒吏☑　　　　　　　　　　　　　　73EJT10：377B

［1］李燁、張顯成："吏"字當爲"史"字。①

按：從整理者原釋。

445. 73EJT10：391

☑雒陽守☑　　　　　　　　　　　　　　　　73EJT10：391

按："雒"上一字圖版作：■■，整理者未釋，結合字形辭例，疑
"卯"字。檢索肩水金關漢簡中有關"雒陽守"的辭例，可知構成模式
爲：日期＋雒陽守丞＋人名，由此比照字形，干支中"卯"字形體較爲
接近。

446. 73EJT10：401

戍卒氏池廣漢里公大夫徐齊年廿七　　（削衣）　　73EJT10：401

［1］曹方向：脊，圖版作■，整理者誤釋爲"齊"。②

按：曹方向所言可從。

447. 73EJT10：407

☑用君錢廿五豉脯☑（削衣）　　　　　　　　73EJT10：407

［1］李洪財：五豉，應該是"王"字、"豉"字。"王豉"在此句中

---

① 李燁、張顯成：《〈肩水金關漢簡（壹）〉校勘記》，《古籍整理研究學刊》2015 年第 4
期。

② 曹方向：《初讀〈肩水金關漢簡（壹）〉》，簡帛網，2011 年 9 月 16 日，http：//www.
bsm. org. cn/show_article. php？ id＝1549。

應是人名。此簡爲削衣，"脯"後面可能還有表示數量的字句。①

[2] 任達：整理者釋爲"敳"，細檢字形，實爲"鼓"。②

[3] 王錦城：從字形來看，釋"王鼓"可從，但文義不明。

按：李洪財所言可從。

448. 73EJT10：406

□□□□凡九人直五千八十

嗇夫爲出關肦卒轉車兩人數得米□☑

爲定罷卒數案右前左前所移定□☑　　（削衣）　　　　73EJT10：406

[1] 王錦城："船"字原作"肦"，爲漢簡中"船"字通常寫法。

按：王錦城之言可從。

449. 73EJT10：414

□五

・大凡六千七百卌今七千　　入　　　　　　　　　　73EJT10：414

[1] 何茂活：簡右上角尚有"八十一"三字，漏釋。"今"實爲"合"。③

[2] 王錦城：該字似不爲"合"字，整理者釋讀不誤。

按：何茂活所釋"八十一"三字，可能性較多，暫從整理者意見存疑不釋。此外，正如王錦城所言整理者所釋"今"字不誤。

450. 73EJT10：416

☑乙未右前部千人嬰齊作六十人

其一人決

一人弓☑

---

① 李洪財：《〈肩水金關漢簡〉（壹）校讀札記》，復旦大學出土文獻與古文字研究中心網，2012 年 9 月 17 日，http：//www.gwz.fudan.edu.cn/Web/Show/1929。

② 任達：《〈肩水金關漢簡（壹）〉文字編》，碩士學位論文，吉林大學，2014 年，第 203 頁。

③ 何茂活：《〈肩水金關漢簡（壹）〉釋文訂補》，復旦大學出土文獻與古文字研究中心網，2014 年 11 月 28 日，http：//www.gwz.fudan.edu.cn/Web/Show/2392。

一人土☒（削衣）　　　　　　　　　　　　　　73EJT10：416

　　［1］郭偉濤：千人乃都尉屬官，不當置於部，據圖版似爲"候長"。
又"六"下無空白，不當有字，徑刪。①

　　［2］王錦城：該簡左半缺失，"千人"或可作"士吏"，但"六十
人"似不誤，當從整理者釋。

　　按：整理者所釋是"六十人"可從。此類文書其性質爲"日作簿"，
是"有關人員某日之勤務記錄統計"。② 郭偉濤的懷疑頗有道理，此兩字
圖版作：■、■，左側殘斷，然與"候長"以及"士吏"兩字字形仍
均存差異，暫存疑。嬰齊，人名，至於其意，楊月英認爲："嬰齊，指長
相漂亮、潔淨整齊的嬰孩。"③ 可參。漢簡中亦多有出現，然簡文中的
"嬰齊"所涉職務較多，邢義田亦曾論述過漢簡中的"嬰齊"，可參看。④
劉增貴認爲："漢簡人物的考訂，有先天的困難，主要是人物資料有限，
同名者又常無法確認爲一人。"⑤ 確如劉增貴所言，諸簡中的"嬰齊"是
否爲同一人，尚存在很大困難。

451. 73EJT10：417

　　☒□巳居延令弘丞☒　　　　　　　　　　　73EJT10：417

　　［1］何茂活："巳"前有"朔丁"二字。⑥

　　按：何茂活所補釋"丁"字可從，然所推補"朔"字，恐非，此字
圖版作：■，疑爲"月"字殘筆⑦，肩水金關漢簡中有相似辭例可爲佐
證，如下：

---

　　① 郭偉濤：《漢代張掖郡肩水塞研究》，博士學位論文，清華大學，2017 年，第 30 頁。

　　② 李均明：《秦漢簡牘文書分類輯解》，文物出版社 2009 年版，第 335 頁。

　　③ 楊月英註：《急就篇》，中華書局 2014 年版，第 15 頁。

　　④ 邢義田：《地不愛寶：漢代的簡牘》，中華書局 2011 年版，第 97 頁。

　　⑤ 劉增貴：《〈居延漢簡補編〉的一些問題》，《居延漢簡補編》，"歷史語言研究所專刊之
九十九"，1997 年，第 51 頁。

　　⑥ 何茂活：《〈肩水金關漢簡（壹）〉殘斷字釋補》，復旦大學出土文獻與古文字研究中心
網，2014 年 11 月 20 日，http：//www.gwz.fudan.edu.cn/Web/Show/2377。後發表於《中國文字
（新四十二期）》，臺北：藝文印書館 2016 年版。

　　⑦ 何茂活告知"從彩色圖版看，不是月字，殘存三小橫，正與朔字寫法相合，參 10：
315A，朔字左側寫作四橫一豎。"

八月己亥居延令弘丞江移過所縣道如律令／掾忠守令史安世

　　　　　　　　　　　　　　　　　　　　　　73EJT9：104

十一月丁巳居延令弘……　　　　　　　　　　73EJT9：152

　　即包含"居延令弘丞"語句的文書中，其格式爲：某月＋居延令弘丞（名）＋移過所如律令。73EJT10：417 號簡與 73EJT9：152 號簡簡文較爲接近，是否相關有待進一步考證。

452. 73EJT10：427

河南滎陽成陰里公乘孫德年卅三　　馬一匹車☑　　73EJT10：427

　　［1］李燁："卅"當爲"冊"。①

　　［2］何茂活："滎"，應釋作"熒"。熒，通"滎"。②

　　按：李燁、何茂活所言可從，此外，整理者所釋"馬一匹車"恐非，四字圖版作：█、████、█、█，當爲"長""七""尺""二"四字，肩水金關漢簡中有相似辭例可爲佐證，如下：

河南郡滎陽穀京里公乘董置年卅長七尺二寸黑色☑　　73EJT10：148

河南郡滎陽槐里公乘虞千秋年卌八長七尺三寸黑☑　　73EJT10：176

　　由此，釋文作：

河南滎陽成陰里公乘孫德年卌三　　長七尺二☑　　73EJT10：427

453. 73EJT10：446

☑丁亥　戊子☑　　　　　　　　　　　　　　73EJT10：446

　　［1］張俊民：本簡無疑是曆譜簡，按照曆譜簡的格式，"戊子"上的日期應該是上溯 30 日或 29 日的干支，"戊子"上的這一干支應該是"己未"日，即不應該是"丁亥日"。簡牘上如果"丁"字可從，則"亥"字應該是"未"字。"丁"爲誤字。③

---

　　① 李燁：《〈肩水金關漢簡（壹）〉研究三題》，碩士學位論文，西南大學，2013 年，第 20 頁。

　　② 何茂活：《〈肩水金關漢簡（壹）〉釋文訂補》，復旦大學出土文獻與古文字研究中心網，2014 年 11 月 28 日，http：//www.gwz.fudan.edu.cn/Web/Show/2392。

　　③ 張俊民：《肩水金關漢簡（壹）釋文補例》，簡帛網，2014 年 12 月 16 日，http：//www.bsm.org.cn/show_article.php？id＝2112。

按：張俊民所言可從，爲“丁未”。

454. 73EJT10：493

☑三年五月癸☑　　　　　　　　　　　　　　　73EJT10：493A

☑年七月戊申☑　　　　　　　　　　　　　　　73EJT10：493B

[1] 黄艷萍：簡“三年五月癸”中“三”字前殘損的字，根據圖版筆迹似爲“露”字。若爲甘露三年，則“五月癸☐”或爲“癸未朔”。七月朔爲壬午，戊申爲二十七日，正合。故此簡紀年暫可定爲甘露三年。[1]

[2] 王錦城：黄艷萍説或是，該簡右半缺失，字跡磨滅，不能確知，暫從整理者釋。

按：王錦城之言可從，暫不釋讀較宜。

455. 73EJT10：497

田卒……　　（竹簡）　　　　　　　　　　　　73EJT10：497

[1] 張俊民：“卒”後可補“魏郡”。[2]

[2] 王錦城：補釋或可從，但簡文漫漶不清，不能辨識，暫從整理者釋。

按：張俊民補釋可從。

456. 73EJT10：517

……　　　　　　　　　　　　　　　　　　　　73EJT10：517A

☑具☐☑　　　　　　　　　　　　　　　　　　73EJT10：517B

[1] 何茂活：本簡圖版排印有誤，A、B 面應互換位置，且均應垂直旋轉 180 度。互換并旋轉后，A 面釋文可改訂爲“……津關……”，B 面釋文不變。[3]

---

① 黄艷萍：《〈肩水金關漢簡（壹）〉紀年簡校釋》，《簡牘學研究》第 5 輯，甘肅人民出版社 2014 年版。

② 張俊民：《肩水金關漢簡（壹）釋文補例續》，簡帛網，2012 年 5 月 8 日，http：//www. bsm. org. cn/show_article. php？id＝1687。

③ 何茂活：《〈肩水金關漢簡（壹）〉釋文訂補》，復旦大學出土文獻與古文字研究中心網，2014 年 11 月 28 日，http：//www. gwz. fudan. edu. cn/Web/Show/2392。

[2] 王錦城：説是。該簡圖版倒置，當據以改正。

按：何茂活之言可從。

457. 73EJT10：535

☒一匹<u>車</u>□□……車二☒　　　　　　　　　　　73EJT10：535

[1] 李燁：一匹後有車字，經查圖版無該字，原釋文衍。[1]

按：李燁意見可從。

458. 73EJT10：543

☒之病□☒　　　　　　　　　　　　　　　　　73EJT10：543

按："病"下一字整理者未釋，圖版作：，疑爲"亡"字，漢簡中"亡"字作：（73EJT28：63）、（73EJF3：145）、（73EJF3：165），可參。由此，釋文作：

☒之病亡☒　　　　　　　　　　　　　　　　　73EJT10：543

---

[1] 李燁：《〈肩水金關漢簡（壹）〉研究三題》，碩士學位論文，西南大學，2013 年。

二 《肩水金關漢簡（貳）》

（十一）73EJT11

459. 73EJT11：4

從者居延廣地里上造張青齒年十五歲黑色　　　　　　　　73EJT11：4

[1] 沈思聰："齒"字圖版作 ，"青齒"當釋"青首"。

按：沈思聰之言可從。

460. 73EJT11：5

不蚤不莫得主君聞微肥□□乳黍飯清酒至主君所主君□方□□□▨

73EJT11：5

[1] 王子今："肥□"有可能是"肥豚"。①

[2] 肖從禮：簡中"聞微""肥□"據簡影或可釋作"聞假"和"肥豚"。②

[3] 劉嬌：對金關簡文作了一些改釋並試加句讀：不蚤（早）不莫（暮），得主君閑假（？—暇）。肥豚□乳、黍飯清酒，至主君所。主君□方□□□。③

[4] 沈思聰："方"前一字圖版作 ，當釋"上"。

按：諸家改釋可從，由此，釋文作：

①　王子今：《説肩水金關"清酒"簡文》，《出土文獻》第 4 輯，中西書局 2013 年版。

②　肖從禮：《秦漢簡牘所見"清酒"的祭祀功能考》，《簡牘學研究》第 6 輯，甘肅人民出版社 2016 年版。

③　劉嬌：《讀肩水金關漢簡"馬禖祝辭"小札》，《文匯報》2016 年 8 月 19 日第 W11 版。

不蚤不莫得主君閒假肥豚□乳黍飯清酒至主君所主君上方□□□☑

73EJT11：5

461. 73EJT11：15

肩水候□□施刑屬刪丹貧急毋它財物以償責府

□令史不禁公令丁君房任賞從萬等賞賣狐　　　　73EJT11：15

［1］王錦城：第二行"賣"從字形來看，似當爲"賞"字，存疑待考。

按：整理者所釋"賣"無誤，此外，整理者所釋"狐"字，恐非，此字圖版作：，疑爲"犯"字，列舉肩水金關漢簡中"犯"字對比如下：（73EJT37：529）、（73EJT37：1164）、（73EJC：448），可參。

462. 73EJT11：19

□□□高若干丈尺堞高若干丈尺厚若干尺并高若干丈尺 73EJT11：19

［1］王錦城："并"字似非"并"，或當存疑待釋。

按：暫從整理者原釋。

463. 73EJT11：23

☑肖強毋予皮毛疾以幣□剛毋予脅疾以成☑　　　　73EJT11：23

［1］王子今：推想簡文內容或應爲"……毋予□疾，以□脊強；毋予皮毛疾，以□身剛；毋予脅疾，以成□□；……。"

［2］劉嬌：對金關簡文作了一些改釋並試加句讀：［毋予疾，以］脊強；毋予皮毛疾，以幣身剛；毋予脅疾，以成［身張］。①

按：改釋可從，由此，釋文作：

☑脊強毋予皮毛疾以幣身剛毋予脅疾以成☑　　　　73EJT11：23

464. 73EJT11：24

☑妻大女觻得安定里李□年十九歲

---

① 劉嬌：《讀肩水金關漢簡"馬祺祝辭"小札》，《文匯報》2016年8月19日第W11版。

☑子小男☐年三歲

……出　　　　　　　　　　　　　　　　　　　73EJT11：24

按：整理者所釋"……出"，恐非，從殘存字跡看，當"皆黑色"三字。漢簡中有簡文可爲佐證。

465. 73EJT11：25

☑☐敢言之中里大夫<u>數</u>

☑☐☐☐<u>從事</u>當爲傳謁移廷　　　　　　　73EJT11：25A

☑如律令　／掾術守令史音　　　　　　　73EJT11：25B

〔1〕張俊民："數"當爲"魏"，"☐☐☐從事"實爲"毋官獄徵事"。①

按：張俊民改釋、補釋可從。

466. 73EJT11：30

<u>張</u>延水丞印

金關

十二月辛巳以來　　　　　　　　　　　　　73EJT11：30

〔1〕周艷濤、李黎：此處"張"字當作"居"。②

〔2〕王錦城：該字似非"居"字，整理者釋讀當不誤。

按：從整理者原釋。

（十二）73EJT14

467. 73EJT14：4

☐☐☐☐☐☐☐十月四日出·子男趙<u>熹</u>　　　　　73EJT14：4

〔1〕沈思聰：細審圖版，"熹"字圖版作 ，當釋"憙"。王錦城同。

---

① 文中關於張俊民的意見，如無注明，均爲平時微信、QQ 等溝通時告知。

② 周艷濤、李黎：《讀〈肩水金關漢簡（貳）〉札記二十則》，《昆明學院學報》2014 年第 1 期。

按：沈思聰、王錦城之言可從。

468. 73EJT14：5

河東皮氏富里公乘孫蓋年廿八　　長七尺二寸☑　　　　73EJT14：5

[1] 何茂活："富"字當作"甯"。①

[2] 王錦城：（何茂活）其説或是。該字從字形來看，當非"富"，但和"甯"字亦有區別，或當存疑。

按：何茂活改釋可從。

469. 73EJT14：6

戍卒河東皮氏平居里公乘陽□安年卅二☑　　　　73EJT14：6

[1] 周艷濤："□"字爲"陽"的可能性極大。②

[2] 沈思聰：未釋字圖版作 ，當釋"成"。

按：從整理者意見存疑。

470. 73EJT14：8

田卒河南郡京從里公乘□青年卅三（竹簡）　　　　73EJT14：8

[1] 周艷濤：此簡中"公乘"後一字整理者未釋出，應作"陽"。③

[2] 王錦城：該字圖版左半缺失，從其殘存右半字形來看，當非"昜"字，因此該字釋"陽"恐非是。

按：暫從整理者原釋。

471. 73EJT14：11

☐☐☐☐☐☐☐☐

尉史光八月丁酉廚嗇夫☑　　　　73EJT14：11A

滎陽令印　　　　73EJT14：11B

---

① 何茂活：《〈肩水金關漢簡（貳）〉釋文訂補》，《敦煌研究》2018 年第 4 期。
② 周艷濤：《〈肩水金關漢簡（貳）〉釋文補正四則》，《敦煌研究》2015 年第 2 期。
③ 周艷濤：《〈肩水金關漢簡（貳）〉釋文補正四則》，《敦煌研究》2015 年第 2 期。

［1］何茂活："榮"當爲"熒"。① 黃艷萍同②。

按：改釋可從。另，A面簡末兩字疑爲"毋""官"。

472. 73EJT14：21

地節二年五月壬戌朔乙☒

□□軺車一乘□□□☒　　　　　　　　　　73EJT14：21

［1］張俊民：第二行釋文爲"二匹軺車一乘與□共"。

按：張俊民補釋可從。

473. 73EJT14：22

延壽里田□　　　　榆樹四杏樹一栗樹一

□四　　　　　　　　　　　　　　　　　73EJT14：22

［1］王錦城：第三行"□"字原未釋，該字當爲"口"字。

按：王錦城所言可從。

474. 73EJT14：24

□□□　　　　五八四十

五十四　　　　四八卅二　　　　四六廿四

九卅五　　　　三八廿四　　　　三六十八

卅六　　　　　二八十六　　　　二六十二　　　　73EJT14：24A

［1］張俊民：簡文"五八四十"中的"四十"，當是"卌"，誤作四十。

［2］周艷濤：原釋文"五八四十"前未釋出的三個字，據規律可推算出爲"六十三"。但六和八兩列之間爲何丟失了七尚不知原因。③

----

① 何茂活：《〈肩水金關漢簡（壹）〉釋文訂補》，復旦大學出土文獻與古文字研究中心網，2014 年 11 月 28 日，http：//www.gwz.fudan.edu.cn/Web/Show/2392。

② 黃艷萍：《〈肩水金關漢簡〉（壹—肆）異體字研究》，博士學位論文，華東師范大學，2016 年。

③ 周艷濤：《〈肩水金關漢簡（貳）〉初讀札記二十條》，簡帛研究網，2013 年 6 月 15 日。

[3] 司曉蓮、曲元凱：這枚簡前三個字缺釋，應該爲"六十三"。①

[4] 沈思聰：細審圖版，"五八四十"當釋"五八冊"，"□□□"原簡殘存左半部分筆畫，當釋"六十三"，四六廿四之"四"，原簡全殘，原釋文作"四"。

按：諸家改釋可從，由此，釋文作：

六十三	五八冊	
五十四	四八卅二	四六廿四
九冊五	三八廿四	三六十八
卅六	二八十六	二六十二	73EJT14：24A

475. 73EJT14：25

□□隧長王戎

候史李賞

送囚　卒□☑ 73EJT14：25

[1] 何茂活：本簡上端開裂呈 V 字形，"隧"前二字……當釋爲"平樂"。②

[2] 王錦城：補釋可從，但該字圖版磨滅不可辨識，當從整理者釋。

按：何茂活所言可從。

476. 73EJT14：28

大奴趙貴☑ 73EJT14：28

[1] 沈思聰："賢"字圖版作，當釋"貴"。

按：沈思聰依據釋文有誤，整理者原釋便爲"貴"。

477. 73EJT14：32

☑書卒自言責☑

---

① 司曉蓮、曲元凱：《讀〈肩水金關漢簡(貳)〉札記》，《集美大學學報》2016 年第 4 期。

② 何茂活：《〈肩水金關漢簡(貳)〉殘斷字釋補》，《出土文獻綜合研究集刊》第 2 輯，巴蜀書社 2015 年版。

☑□如爰書□☑　　　　　　　　　　　　　　　　73EJT14：32

［1］張俊民：簡文第二行可補爲“它如爰書敢”。

按：張俊民補釋可從。

478. 73EJT14：38

☑放賜蓋衆☑　　　　　　　　　　　　　　　　73EJT14：38

［1］沈思聰：“放”字圖版作𠂢，當釋“方”。

按：圖版右側殘缺，當從沈思聰之言釋“方”字。

479. 73EJT14：39

屋闌騎士長☑　　　　　　　　　　　　　　　　73EJT14：39

［1］沈思聰：“屋闌”，即“屋蘭”。

按：沈思聰之言可從。

480. 73EJT14：41

☑□當亡子平須史也（削衣）　　　　　　　　　73EJT14：41

［1］何茂活：“當”字應作“嘗”。①

按：何茂活改釋可從。

（十三）73EJT15

481. 73EJT15：4

祿福大穰里公乘徐襄年冊二　　　　　　　　　73EJT15：4

［1］王錦城：“襄”字原作“衺”，該字金關簡大多釋“襄”，據改。

按：暫從整理者原釋。

482. 73EJT15：6

☑□葆會水延年里大□☑　　　　　　　　　　　73EJT15：6

① 何茂活：《〈肩水金關漢簡（貳）〉釋文訂補》，《敦煌研究》2018 年第 4 期。

[1] 周艷濤、李黎：簡末之"□"當釋爲"夫"。①

按：周艷濤、李黎補釋可從，此外，簡首之"□"圖版作：，疑是"豐"字殘筆，肩水金關漢簡中有相似辭例可爲佐證，如下：

☒豐葆 子男☒　　　　　　　　　　　　　　　　　　73EJT37：297

由此，釋文作：

☒豐 葆會水延年里大夫☒　　　　　　　　　　　　　　73EJT15：6

483. 73EJT15：8

迫關外毋禮物願少平因忍☒　　　　　　　　　　　　　73EJT15：8A

……

願少平□□故叩頭願少平☒　　　　　　　　　　　　　73EJT15：8B

[1] 周艷濤、李黎："關"字應釋作"塞"字。此處簡文内容爲一封私人書信或便條，意爲迫於邊塞之外沒有什麽禮物，希望少平因此原諒……此處原釋文釋作"關"的字，宀上方有很明顯的一點，所以該字上半部分當是宀而非冖。"②

按：當以整理者釋"關"爲準，此字圖版作：，居延新簡 FPF22：490 號簡有"關"字圖版作：，可爲參考。至於周艷濤、李黎一文中提及的"宀"上方有很明顯的一點，筆者曾請教李洪財，他認爲："那個點不是上面的一點，而是簡化字門字的點。"由此，此字當從整理者原釋，作"關"。此外，73EJT15：8 號簡背面第二行整理者未釋兩字，圖版作：、，恐是"因忍"兩字的殘筆，該簡正面"因忍"兩字作：、，可參看。由此，釋文作：

迫關外毋禮物願少平因忍☒　　　　　　　　　　　　　73EJT15：8A

……

願少平因忍故叩頭願少平☒　　　　　　　　　　　　　73EJT15：8B

---

① 周艷濤、李黎：《讀〈肩水金關漢簡（貳）〉札記二十則》，《昆明學院學報》2014 年第 1 期。

② 周艷濤、李黎：《讀〈肩水金關漢簡（貳）〉札記二十則》，《昆明學院學報》2014 年第 1 期。

簡文的書寫者因爲禮物的事情，一再祈求少平原諒，竟出現了三個
"願"字，愧疚之情，躍然紙上。

484. 73EJT15：17

……

出麥一□……　出麥七斗□　國子侯麥計　　　　　　　73EJT15：17

［1］周艷濤、李黎："一"字後"□"應釋"石"。① 此外，在
"國"字上有一橫線，整理者未釋，當補。

按：周艷濤、李黎所言可從。

485. 73EJT15：18

☑關嗇夫□☑　　　　　　　　　　　　　　　　73EJT15：18

［1］曹方向：關嗇夫之名，原書未釋，當是"賞"字之殘。②

按：曹方向所言可備一說。

486. 73EJT15：29

名縣爵里年姓如牒　　　　　　　　　　　　　73EJT15：29A

橐他侯印　　　　　　　　　　　　　　　　　73EJT15：29B

按：簡A面"牒"下整理者未釋，從墨跡分析，仍有字，此處圖版
作： 。結合辭例以及從殘存字跡，疑是"書"字。肩水金關漢簡中亦
有辭例可爲佐證。

（十四）73EJT21

487. 73EJT21：1

皇帝璽書一封賜使伏虜居延騎千人光

---

① 周艷濤、李黎：《讀〈肩水金關漢簡（貳）〉札記二十則》，《昆明學院學報》2014年第
1期。

② 曹方向（魚游春水）：《肩水金關漢簡（貳）偶讀》，簡帛網簡帛論壇，2013年5月21
日，0樓，http：//www. bsm. org. cn/bbs/read. php？ tid＝3095&keyword＝% BC% E7% CB% AE%
BD% F0。

制曰騎置馳行傳詣張掖居延使伏虜騎千人光所在毋留＝二千石坐之

·從安定道　元康元年四月丙午日入時界亭驛小史安以來望□行

73EJT21：1

[1] 何茂活："望"下一字應作"之"。① 沈思聰同。

[2] 王錦城：其説可從，但該字左邊缺佚，不能確知，暫從整理者釋。

按：何茂活、沈思聰之言可從。

488. 73EJT21：7、73EJT21：10

鹽豉各一斗　　　　　　直卅　　　　　　　　　73EJT21：7

·肩水見吏廿七人　　　率人五十五　　　　　　73EJT21：10

[1] 沈思聰："鹽豉"的"豉"，原簡圖版作"鼓"，"率人五十五"的"率"，原簡圖版作"衛"。

按：沈思聰之言可備一説。

489. 73EJT21：11 –14

止虜隧卒王不信革甲鞮瞀各一

止虜隧卒孫赤革甲鞮瞀各一

止虜隧卒石定革甲鞮瞀各一

禁姦隧卒李綰革甲鞮瞀各一　　　　　73EJT21：11 – 12 – 13 – 14

[1] 沈思聰：前三簡中的"各"字圖版均作"冬"，如 。"石定"的"定"字，圖版作 ，當釋"宙"。

按：沈思聰之言可從。

490. 73EJT21：20

□□□子□

□　　　　　范順字　　　　　　　　　73EJT21：20

[1] 何茂活："子"下一字應作"春"。②

---

① 何茂活：《〈肩水金關漢簡（貳）〉釋文訂補》，《敦煌研究》2018 年第 4 期。

② 何茂活：《〈肩水金關漢簡（貳）〉釋文訂補》，《敦煌研究》2018 年第 4 期。

按：暫從整理者原釋。

491. 73EJT21：21

河南匽師西信里蘇解怒

車一兩爲軂得騎士利成里留安國<u>鄴</u>載肩水倉麥小石卅五石輸居延

弓一矢□二劍一　　　　　　　　　　　　　　　　73EJT21：21

［1］林獻忠："鄴"紅外圖版爲 ，我們以爲當釋爲"鄴"。①

［2］王錦城：該字其左半顯非"枼"，釋"鄴"恐非，整理者釋讀當不誤。

按：王錦城所言可從，此外，"矢"下一字圖版不清晰，整理者未釋，從辭例看，當爲"十"字，"弓一矢十二"漢簡常見。

492. 73EJT21：24

鼻寒跕足數臥起據犀之炊鼻以四毒各一<u>桯</u>・胅鼻溫腹不滿□□跕足數臥起自□抻陛犀之灌淳酒二□薑－桂－<u>烏</u>

△　△　△

□半升烏喙□毒各一刀刲并和以灌之……　　　　73EJT21：24

［1］張雷："據"字字形可疑，暫從其說；"犀"或爲"尾"字；"桯"字爲"桮"；"抻""陛""烏"字字形可疑，暫從其說。②

［2］王錦城：第一行"不滿"下未釋第二字其左邊似爲簡文中的"△"形，"△跕"作形，可以參看。其右邊則或是"犀"字，該簡"犀"作形，亦可參。

按：該簡字形不清晰，暫存疑不釋，從整理者原釋。

493. 73EJT21：31

□□□獄微事當得取傳謁移過所縣道☑

---

①　林獻忠：《讀〈肩水金關漢簡（貳）〉札記》，復旦大學出土文獻與古文字研究中心網，2014年12月20日，http：//www.gwz.fudan.edu.cn/Web/Show/2405。後以"《〈肩水金關漢簡（貳）〉考釋六則》"爲名，發表於《敦煌研究》2016年第5期。

②　張雷：《秦漢簡牘醫方集注》，中華書局2018年版，第409頁。

苟留止以律令從事敢言之　　　　　　　　　　73EJT21：31

　［1］周艷濤、李黎：此處開頭原釋文未釋三字"□□□"應釋作
"□毋官"。據簡文可知此簡所記内容爲出入關所用"傳"的一部分。
"毋官獄征事"爲當時用於關傳等文書上的官方用語，意爲"沒有犯罪或
徭役"，漢簡多見。①

　按：補釋應可從，但圖版斷裂，暫不釋讀。

494. 73EJT21：40

平樂隧長莊延年　　　鐵甲鞮瞀各二□□□幣
　　　　　　　　　革甲鞮瞀各四完　　　　　73EJT21：40

　［1］沈思聰："鐵"字圖版作，字形模糊，可存疑。

　按：暫從整理者原釋。

495. 73EJT21：53

……延年里大夫莊賢年五十長七尺二寸黑□ 軺車一乘馬一匹
　　　　　　　　　　　　　　　　　　　　73EJT21：53

　［1］沈思聰：缺釋字當釋"色"。王錦城同。

　按：補釋可從。

496. 73EJT21：56

定昌衣用迊九月中渡肩水河車反亡所取礫得丞傳今以令爲傳謁移過
所縣道關毋苟
　留敢言之／十一月乙丑朔癸未居延守丞右尉……　　73EJT21：56

　［1］胡永鵬："右尉"之後缺釋的二字……當釋"可置"。②

　［2］王錦城：補釋或可從，但該行文字右半缺失，多不能辨識，當
從整理者釋。

　按：胡永鵬補釋可從。

---

① 周艷濤、李黎：《讀〈肩水金關漢簡（貳）〉札記二十則》，《昆明學院學報》2014 年第
1 期。

② 胡永鵬：《肩水金關漢簡校讀札記》，《漢字文化》2015 年第 3 期。

497. 73EJT21：59

獄至大守府絕匡房誼辭起居萬年不識皆故劾房誼失寇乏□敢言之謹
先以不當得告誣人律辯告乃更

　　今將告者詣獄孟女巳願以律移旁近二千石官治以律令從事敢言之

73EJT21：59

［1］秦鳳鶴："誣"原簡寫作▨，當釋"謳"。①

按：秦鳳鶴補釋可從。

498. 73EJT21：66

▨寸　　·承弦四其一黑弦狠靡解　　　卒張安定弩幩一草

▨枲長弦一古絕　　　　　　　　　　表幣

▨緹鉗胡一緹長三丈五尺　　　　　　卒陳遂弩幩一草

▨九尺九寸　　　　　　　　　　　　表幣

▨兵　　　　　　　　　　　　　　　　　　　73EJT21：66

［1］沈思聰："弦"字原簡圖版作▨，釋"孫"字較妥當。

按：從整理者原釋。

499. 73EJT21：73

息謹伏□□□□

□予□卿麥三石者臧夫人盡以爲鋪不可得▨　　　73EJT21：73A

便予錢息幸甚息伏地言關大麥石七十不□▨　　　73EJT21：73B

［1］沈思聰："伏"字後可補釋"地"字，原簡殘存右上角筆畫。

　　按：沈思聰之言可從，此外，A 面第二行簡首一字整理者未釋，圖
版作▨，疑"掾"字殘筆，同行"予"下第兩字，整理者釋爲
"卿"，暫存疑。由此，釋文作：

　　息謹伏地□□□

---

① 秦鳳鶴：《〈肩水金關漢簡（壹）（貳）〉釋文校訂》，《中國文字學會第九屆學術年會論
文集》，貴陽，2017 年 8 月；秦鳳鶴：《〈肩水金關漢簡〉（壹）（貳）釋文校訂》，《漢字漢語研
究》2018 年第 2 期。

捒予□□麥三石者臧夫人盡以爲餔不可得☑ 73EJT21：73A
便予錢息幸甚息伏地言關大麥石七十不□☑ 73EJT21：73B

500. 73EJT21：76
☑其三石六斗九升二分□☑
☑卅二石八斗二升粟☑ 73EJT21：76
［1］沈思聰：未釋字圖版作，當釋“穬”。
按：沈思聰之言可備一説。

501. 73EJT21：96
河平元年十月丁酉斗食輸給執適隧長業章九月奉 73EJT21：96
［1］何茂活：“章”字應作“南”。①
［2］伊強：原釋爲“業”字當是“華”字。②
［3］王錦城：爲漢簡中“章”字常見寫法，釋“南”恐非。
按：王錦城所言恐非，伊強所言可從。由此，釋文作：
河平元年十月丁酉斗食輸給執適隧長華章九月奉 73EJT21：96

502. 73EJT21：98
陽朔元年三月戊申朔己卯肩水候丹移昭武書☑ 73EJT21：98
［1］胡永鵬：簡文“己”可能爲“乙”之書誤。乙卯爲該月八日。③
按：改釋可從。

503. 73EJT21：99
戍卒鉅鹿郡南孌西始里孫義年卅四 長七尺三寸黑色大刀一 有方一 ～
73EJT21：99

① 何茂活：《〈肩水金關漢簡（貳）〉釋文訂補》，《敦煌研究》2018 年第 4 期。
② 伊強：《〈肩水金關漢簡〉名物詞考釋二則》，簡帛網，2014 年 11 月 19 日，http：//www.bsm.org.cn/show_article.php？id=2103。
③ 胡永鵬：《〈肩水金關漢簡（貳）〉中與曆表不合諸簡考證》，《簡帛》第 9 輯，上海古籍出版社 2014 年版。

[1] 周艷濤：相較而言，將原釋文的"冊"釋爲"卅"字較爲合理。①

[2] 王錦城：該字顯爲"冊"字，不當爲"卅"。

按：當從整理者原釋。

504. 73EJT21：105

□□□□成里上造薛廣年廿四　庸同縣武成里陳外年卅八ノ

73EJT21：105

[1] 沈思聰：釋文中兩"年"字，細審圖版，當釋"歲"。

按：沈思聰之言恐非，暫從整理者原釋。此外，簡文中的"成"上第二字圖版作：，疑"邑"字。由此，釋文作：

□□邑□成里上造薛廣年廿四　庸同縣武成里陳外年卅八ノ

73EJT21：105

505. 73EJT21：109

☑朔四年十一月丁巳朔庚辰肩水候宗移橐佗就人載穀名□☑

73EJT21：109A

守令史音☑　　　　73EJT21：109B

[1] 周艷濤、李黎："朔"字前的未釋字"□"當釋"陽"。肩水金關漢簡中可以斷定爲武帝時的簡極少，大多數簡的書寫時間都是集中在西漢宣帝及其以後的西漢中晚期，故此處當爲"陽朔"……"名□"當釋作"名籍"。②

[2] 王錦城：從文義來看，補釋可從，但兩字均殘缺，當從整理者釋。

按：周艷濤之言可從。

---

① 周艷濤：《〈肩水金關漢簡（貳）〉初讀札記二十條》，簡帛研究網，2013 年 6 月 15 日。

② 周艷濤、李黎：《讀〈肩水金關漢簡（貳）〉札記二十則》，《昆明學院學報》2014 年第 1 期。

506. 73EJT21：111

□□候長居延西道里叔□年卅□　　始元二年五月辛未除見

73EJT21：111

［1］黄艷萍：該月無“辛未”日，疑爲“亥”字，“辛未”爲“辛亥”誤釋。①

［2］胡永鵬：釋文所謂“二”、“未”等字，原簡剥蝕較爲嚴重，如釋文無誤，則爲當事者誤記或記録者書誤。②

［3］王錦城：“辛”後一字圖版漫漶不清，整理者釋讀當有誤。

按：圖版不清晰，正如胡永鵬所言，“二”、“未”兩字也非常難以辨別，暫存疑不釋較爲適宜。

507. 73EJT21：113

建昭三年三月丁巳朔乙亥⋯⋯迎受騎馬張掖郡中乘所占用馬一匹軺車一乘

⋯⋯都里不更⋯⋯金關毋苛留止如律令敢言之　　73EJT21：113A

三月庚辰鄭誼以來　　73EJT21：113B

［1］胡永鵬：據該簡紅外線圖版，簡文可釋作：“建昭三年三月丁巳朔乙亥令史□敢言之□令史□迎受騎馬張掖郡中乘所占用馬一匹軺車一乘。”“⋯⋯都里不更王⋯⋯金關毋苛留止如律令敢言之。”該簡簡文多處模糊，“令史”、“敢言之”等字輪廓可辨。“王”字則字跡清晰。③

按：胡永鵬改釋、補釋可從。

508. 73EJT21：114

移書到明白扁書鄉官亭里市里謁善令吏民盡知之督遣部吏⋯⋯捕部

---

① 黄艷萍：《〈肩水金關漢簡（貳）〉紀年簡校考》，《簡帛研究》（2013），廣西師大學出版社2014年版。

② 胡永鵬：《〈肩水金關漢簡（貳）〉中與曆表不合諸簡考證》，《簡帛》第9輯，上海古籍出版社2014年版。

③ 胡永鵬：《讀〈肩水金關漢簡（貳）〉札記》，簡帛網，2013年9月17日，http：//www.bsm.org.cn/show_article.php？id＝1905。後發表於《中國文字（新四十期）》，臺北：藝文印書館2014年版。

界中□得轂歸二千石以下反□□□重事＝當奏聞毋忽如律令

茂陵第八鄣候破胡等購錢□□　　　　　　　　　　　　73EJT21：114

［1］樂遊："謁善"之"善"所釋不確，該字應釋爲"舍"。①

［2］張俊民：第一行"督"爲"郡"，"部"爲"都"；第三行尾字爲"書"。

按：樂遊、張俊民改釋可從；結合殘存字形與文例，第一行"都吏"下可補釋"循行"兩字；第二行"界中"下一字圖版殘損，居延新簡EPT51：95 號簡有"部界中不得"、肩水金關漢簡 73EJT1：2、73EJT33：89 號簡有"部界中不覺得"、"部界中不得慎毋忽"的辭例，疑此處也爲"不"字；"重"上第二字從殘存圖版看，疑爲"者"。由此，釋文作：

移書到明白扁書鄉官亭里市里謁舍令吏民盡知之郡遣都吏循行……捕部

界中不得轂歸二千石以下反□者□重事＝當奏聞毋忽如律令

茂陵第八鄣候破胡等購錢□書　　　　　　　　　　　73EJT21：114

509. 73EJT21：125

☑八月言之縣＝當給麥毋使犁長卿毋麥大事＝☑　　73EJT21：125A

☑肩水有女子今□粟備□願有記☑　　　　　　　73EJT21：125B

按：整理者所釋的"麥"字，恐非，該字圖版作：![麦][妻]，當是"妻"字，73EJT9：85 號簡"妻"字作：![妻]，可參。

510. 73EJT21：126

杼秋北陽里閭生……　　　　　　　　　　　　　73EJT21：126

［1］沈思聰："杼"當作"邟"。

按：暫從整理者原釋。

511. 73EJT21：129

出糜廿六石大石　　爲小石卌三石出糜小石十石　　·凡出穀小石

---

① 樂游（劉釗）：《河西漢簡研讀札記五則》，《出土文獻綜合研究集刊》第 3 輯，巴蜀書社 2016 年版，第 150 頁。

百一十八六斗

出麥小石廿六石　　　・三斗六升六月食盡正月爲穀小石廿三石七斗

元鳳五年十二月中付城尉李

出麥小石十五石　　　　　　　　　　　　　　73EJT21：129

[1] 胡永鵬：第一個"斗"當釋"升"。該字字形清晰，可與同簡"升"字相比較。又據該簡所載穀物支出情況，合計正爲一百一十八小石六升。①

按：胡永鵬所言可從。

512. 73EJT21：130

□鄉錢十萬三千三百五十四　　　　　　　　　　孫子盂☑

□鄉錢十九萬八千八百九錢游幸調□出慶次公第八車漕轉出□☑

・凡錢九十七萬一千八百七錢　　　　　　　73EJT21：130B

[1] 王錦城：B 面第三行"里"字原作"出"，該字其上部尚存有"田"字墨色，當爲"里"字。

按：王錦城所言可從，此外，B 面"調"下疑有兩個字，當兩個□□。

513. 73EJT21：131

護與使者當宿稽落難豚且毋殺使善糒米・到使急送此□☑

□騷除□□傳舍關門急護素婢……　　　　　73EJT21：131A

願長孫稚卿視可辨者各自辨也・豈使卒☑

難子六蝱一器使人持米難豚之稽落告守候長益捕魚七八十☑

　　　　　　　　　　　　　　　　　　　　73EJT21：131B

[1] 周艷濤、李黎："傳舍"前的二字"□□"整理者未釋，應釋作"郵亭"。②

[2] 何茂活：本簡釋文中的"蝱"字，圖版中的寫法見右圖。據圖

---

① 胡永鵬：《讀〈肩水金關漢簡（貳）〉札記》，簡帛網，2013 年 9 月 17 日，http：//www. bsm. org. cn/show_article. php？ id =1905。後發表於《中國文字（新四十期）》，臺北：藝文印書館 2014 年版。

② 周艷濤、李黎：《讀〈肩水金關漢簡（貳）〉札記二十則》，《昆明學院學報》2014 年第1 期。

可知，其右並非"盍"字，而是"遂"的草寫。金關簡中"隧"的寫法可以爲證：（73EJT7：5）、（73EJT7：51）。據此可將此字釋爲"鐆"。"鐆"當爲"鷙"的異体。本簡中之"雞子六，鐆一器"即指雞蛋六枚，醃菜一罐（或一罈）。通過以上討論，可將本簡左行文字斷句爲："雞子六，鐆一器，使人持米、雞、豚之稽落，告守候長益，捕魚七八十☑"。"守候長益"即名爲"益"的代理候長。①

[3] 沈思聰："素婢"後殘存右半筆畫，當釋"叩＝頭＝"。

[4] 李洪財：腞：原簡作，右從象。腞同豚。豚，《説文》："从象省"。鷙：原作鼤，原簡圖作。按此字右部當是"遂"。此類"遂"草書寫法在西北漢簡中多見，不舉例。故此字當爲《説文》"鷙"字。《説文》："鷙，齏也。从韭隊聲。"《周禮·天官·醢人》："以五齊、七醢、七菹、三臡實之。"鄭玄注："齊，當讀爲齏……凡醯醬所和，細切爲齏。"孫詒讓正義："齏爲切和細碎之名，故菜、肉之細切者通謂之齏。"故鷙即爲切成碎末的菜或肉。此簡"雞子六鷙一器"，意思是六枚雞蛋和一些切成碎末的菜或肉一個容器。②

按：周艷濤、李黎所釋兩字圖版作：、，漫漶不清晰，很難識別。此外，我們檢索居延漢簡、居延新簡、肩水金關漢簡亦無發現有"郵亭傳舍"的辭例佐證，故暫從整理者不作釋讀。何茂活、沈思聰、李洪財所言可從。由此，釋文作：

護與使者當宿稽落雞腞（豚）且毋殺使善精米·到使急送此□☑
□騒除□□傳舍關門急護素婢叩＝頭＝……　　　　　　　73EJT21：131A
願長孫稚卿視可辨者各自辨也·豈使卒☑
雞子六鷙一器使人持米雞豚之稽落告守候長益捕魚七八十☑

73EJT21：131B

514. 73EJT21：139

十六日　　庚　　　己司馬行塞　　　　　　　己☑

①　何茂活：《〈肩水金關漢簡（貳）〉疑難字形義考辨》，《簡帛研究》（2014），廣西師範大學出版社 2014 年版。

②　李洪財：《肩水金關漢簡 73EJT21：131 校釋》，簡帛網，2020 年 6 月 1 日，http://www.bsm.org.cn/show_article.php? id=3552。

　　寅　　　　□□□薄奉□日入時　　　丑☑　　73EJT21：139

　　［1］羅見今、關守義：原注釋"己□"中的方空格里注明"未"字。①

　　［2］程少軒："未"字原缺釋，據圖版及上下干支補釋。②

　　按：補釋可從。

515. 73EJT21：140

出參大石□廿八石二斗　　元鳳四年十一月☑　　（左側有刻齒）

　　　　　　　　　　　　　　　　　　　　　73EJT21：140A

甲反　　　　　　　　　　　　　　　　　　73EJT21：140B

　　［1］胡永鵬："□"當釋"千"。該字豎筆殘缺，撇筆部分殘缺，橫筆清晰。③

　　［2］王錦城：補釋或可從，但該字圖版磨滅不能確知，當從整理者釋。

　　按：暫從整理者原釋。

516. 73EJT21：141

☑敢具辭謹道前日中倩丈人言欲賣羆　　　73EJT21：141

　　［1］何茂活："羆"字疑爲"貔"的異寫。《説文·豸部》："貔，豹屬，出貉國。从豸，毘聲。《詩》曰：'獻其貔皮。'《周書》曰：'如虎如貔。'貔，猛獸。豼，或从比。"據《漢語大字典》，"貔"又稱白羆、白狐、執夷。據此推斷，"羆"字或許是在"貔、羆"二字基礎上形成的一個異構字。如此則簡文所見"賣羆"當指出賣所獲之貔。④

---

①　羅見今、關守義：《〈肩水金關漢簡（貳）〉曆簡年代考釋》，《敦煌研究》2014 年第 2 期。

②　程少軒：《肩水金關漢簡"元始六年（居攝元年）曆日"復原》，《出土文獻》第 5 輯，中西書局 2014 年版。

③　胡永鵬：《讀〈肩水金關漢簡（貳）〉札記》，簡帛網，2013 年 9 月 17 日，http：//www.bsm.org.cn/show_article.php？id＝1905。後發表於《中國文字（新四十期）》，臺北：藝文印書館 2014 年版。

④　何茂活：《〈肩水金關漢簡（貳）〉疑難字形義考辨》，《簡帛研究》（2014），廣西師範大學出版社 2014 年版。

［2］王錦城：存疑待考。

按：何茂活之言可備一説。

517. 73EJT21：144

取 其十三兩牛車

　十五乘軺車□☑　　　　　　　　　　　　　　　　73EJT21：144

［1］沈思聰：細審圖版，"軺車"二字下的"□"當删。

［2］王錦城："寙"原作"取"，該字其上部當還有"宀"部，且這種用法漢簡習見，故其當釋作"寙"。

按："車"下還有墨跡，沈思聰之言恐非，王錦城所言可從。

518. 73EJT21：146

東部候長遣□□☑　　　　　　　　　　　　　　　　73EJT21：146

按：整理者所釋"遣"字圖版不清晰，懷疑有"遷"字的可能，73EJC：604號簡便有"東部候長遷"的辭例可爲參考。

519. 73EJT21：170

☑今者使卒充書☑

☑遣□□□□☑　　　　　　　　　　　　　　　　　73EJT21：170

［1］何茂活：此簡左殘。"遣"下二字爲"一卒"。"卒"與右行"今者使卒充書"之"卒"寫法相同。①

按：何茂活補釋"卒"字可從，然所釋"一"字，圖版作：，殘缺嚴重，可能性很多，暫存疑。

520. 73EJT21：177

……舍户□卩

塢前垣不塗治卩　　　落端不離卩　　　　河上舍□

垣北不除卩　　　　河中毋天田卩　　　蘭樓鳖

---

①　何茂活：《〈肩水金關漢簡（貳）〉殘斷字釋補》，《出土文獻綜合研究集刊》第 2 輯，巴蜀書社 2015 年版。

……壞卩 　　　□□□斥呼二所卩 …… 　　　　73EJT21：177

[1] 黄艷萍、張再興："斥呼"前三字當隸定作"塢南面"。①

[2] 沈思聰："幣"圖版作![圖版]，當釋"敝"。

按：黄艷萍、沈思聰等言可從。

521. 73EJT21：182

☑□□八 A1 ☑長椎一 A2 ☑梧四 A3 ☑連椎四 A4 □□□A5

□□二 B1 □□三 B2 □□三 B3 ……B4

茹十斤 C1 芀一斤 C2 □四斗 C3 牛頭石卌 C4

馬矢六石☑ D1 煙造四☑ D2 沙灶二☑ D3 破釜一所☑ D4 73EJT21：182

[1] 沈思聰：C2"芀"當釋"艾"。

[2] 王錦城："芀"原作"芀"。

按：王錦城之言可從。A1 整理者所釋"八"上兩字圖版作：![圖版]、
![圖版]，整理者未釋，疑"長""斧"兩字。整理者所釋"八"字，亦恐
非，此字圖版作：![圖版]，疑"四"字。"長斧四"似爲守御器的標
配，如：

長斧四 沙二石 瓦帚二 　　　　　　　　　　　　73EJT37：1540

長斧三皆缺敝 　　　　　　　　　　　　　　　　506.1

A2 整理者所釋"一"字圖版作：![圖版]，知模糊難釋，筆者傾向是
"四"字，"長椎四"似爲守御器的標配，如：

長椎四 馬矢二石 程苣九 　　　　　　　　　　　73EJT37：1554

長椎三 　　　　　　　　　　　　　　　　　　506.1

B1 第一字整理者未釋，此字圖版作：![圖版]，疑"木"字。D4 整理者
所釋"所"字，恐非，此字圖版作：![圖版]，知殘缺不全，難以識別，且
"破釜一"語義完整，似不必另加"所"字，如：

木面衣二 破釜一 鐵戉二 　　　　　　　　　　　73EJT37：1548

---

① 黄艷萍、張再興：《肩水金關漢簡校讀叢札》，《簡帛》第 17 輯，上海古籍出版社 2018
年版。

破釜一 506.1

由此，釋文作：

☑長椎四 A1 ☑長椎四 A2 ☑棓四 A3 ☑連椎四 A4 ☐☐☐A5

木☐二 B1☐☐三 B2☐☐三 B3……B4

茹十斤 C1 芀一斤 C2☐四斗 C3 牛頭石卅 C4

馬矢六石☑ D1 煙造四☑ D2 沙灶二☑ D3 破釜一☑ D4　　73EJT21：182

簡文爲“守御器簿”的殘部，尚不完整。

522. 73EJT21：185

……

☑☐吏行塞不審何☑　　　　　　　　　　　73EJT21：185A

☑已請買鑪並歸叩☑　　　　　　　　　　　73EJT21：185B

［1］沈思聰：“鑪”圖版作 ，當釋“錭”。

［2］王錦城：釋“歸”似有疑問，也可能是和“鑪”並列的一種
東西。

　按：沈思聰之言恐非，參 73EJT1：271 號簡邢義田所論，整理者所
釋“歸”字可從。

523. 73EJT21：190

☑☐同年卅七歲長☐☐☑　　　　　　　　　　73EJT21：190

　［1］沈思聰：“歲”當釋“字”，“長☐☐”當釋“長☐”。

　按：圖版釋文不清晰，暫從整理者原釋。

524. 73EJT21：197

津關毋留止如律令敢言之☑

正月辛巳隱園長☐丞☐謁移過移毋留☑　　　　73EJT21：197A

印曰隱園印☑　　　　　　　　　　　　　　73EJT21：197B

　［1］萬堯緒：查傳世文獻，未見有“隱園”的記載。漢代的帝后諸
侯王等在死後皆有陵園，此“隱園”應該與此有關……“隱園”爲陳勝
陵園的可能性更大。從簡文來看，似乎“隱園”不像是只有三十家的規

模，可能漢初政府掌握的戶口較少，因此守家者較少，之後有所增加。①

［2］沈思聰：“丞”後未釋字圖版作 ，當釋“安”。

按：萬堯緒、沈思聰之言可備一説。

525. 73EJT21：205

☑卅一長七尺二寸黑色 色色色色色色色六月丙戌入……

　　　　　　　　　　　　　　　　　　　　　　　　　73EJT21：205A

☑進進進……　　　　　　　　　　　　　　　　　73EJT21：205B

［1］周艷濤、李黎：此簡爲習字簡。細察圖版，下文尚有一字“”依稀可辨，據字形應釋作“色”。原釋文漏釋。②

按：周艷濤、李黎補釋可從。此外，73EJT21：205B 號簡簡尾尚有兩字可以補充，兩字圖版作： 、 ，疑“月”、“積”兩字，肩水金關漢簡中有辭例可爲佐證，如下：

　　年正月盡三月積三月奉用錢千　　　　　　　73EJT21：314

　　以食驛馬二匹七月盡九月積百　　　　　　　73EJT26：244

　　爲吏受四月盡六月積三月奉　　　　　　　　73EJT29：85

“月”上一字圖版作： ，疑是“正”字。由此，釋文作：

☑卅一長七尺二寸黑色 色色色色色色色六月丙戌入……

　　　　　　　　　　　　　　　　　　　　　　　　　73EJT21：205A

☑進進進……色……正月積□　　　　　　　　73EJT21：205B

526. 73EJT21：208

累下隧長居延遮虜里共藉☑　　　　　　　　　73EJT21：208

［1］沈思聰：細審圖版，“累”作“纍”。

按：沈思聰之説可從。

---

① 萬堯緒：《肩水金關漢簡考證三則》，《魯東大學學報》2018 年第 3 期。

② 周艷濤、李黎：《讀〈肩水金關漢簡（貳）〉札記二十則》，《昆明學院學報》2014 年第 1 期。

527. 73EJT21：209

☑馬一匹駊□牡齒八歲高六尺☑   73EJT21：209

［1］伊強："駊"後缺釋的字原作███，當是"華"字。①

按：補釋可從。

528. 73EJT21：216

☑□□乘馬一匹騂牡齒八歲   73EJT21：216

［1］胡永鵬：牡當釋牝②。黄艷萍同③。

按：胡永鵬改釋可從，"乘"上一字圖版作：███，疑是"一"字，肩水金關漢簡中有辭例可爲佐證，如下：

……方箱車一乘馬一匹騂牝齒十歲高六尺二寸……   73EJT30：20

軺車一乘馬一匹騂牡齒九歲☑   73EJT31：150

依據辭例，"一"字上尚可補"車"字。此外，簡末有墨跡，圖版作：███，疑是符號"丿"。由此，釋文作：

☑□車一乘馬一匹騂牝齒八歲   丿   73EJT21：216

529. 73EJT21：225

☑□色 △ 軺車一乘馬一匹弓一矢廿   73EJT21：225

［1］周艷濤、李黎：此簡開頭的未釋字"□"當釋"黑"。④

按：補釋可從。

530. 73EJT21：238

觻得成漢里張□年卅六   牛車一兩   73EJT21：238

---

① 伊強：《〈肩水金關漢簡〉名物詞考釋二則》，簡帛網，2014 年 11 月 19 日，http：//www. bsm. org. cn/show_article. php？id =2103。

② 胡永鵬：《讀〈肩水金關漢簡（貳）〉札記》，《中國文字（新四十期）》，臺北：藝文印書館 2014 年版。

③ 黄艷萍：《〈肩水金關漢簡〉（壹—肆）異體字研究》，博士學位論文，華東師范大學，2016 年。

④ 周艷濤、李黎：《讀〈肩水金關漢簡（貳）〉札記二十則》，《昆明學院學報》2014 年第1 期。

　　[1] 沈思聰：未釋字圖版作，疑“充”字。

　　按：圖版不清晰，暫從整理者原釋，另 73EJT37：1331 號簡有“鱳得騎士成漢里張安”、73EJC：454 號簡有“鱳得成漢里張存”，似乎張姓較多，疑聚族而居。

531. 73EJT21：239

☑□利里曹定國等二人先以證財物不以實律辨

☑證所言它如爰書敢言之　　　　　　　　　　　　73EJT21：239

　　[1] 何茂活：“利”上殘存之字爲“奇”字之下半部分“可”字。23：657“戍卒河東臨汾奇利里許武年卅一”，可以爲證。①

　　[2] 王錦城：該字僅存下部筆畫，不能確知，當從整理釋。

　　按：暫從整理者原釋。

532. 73EJT21：250

☑芀七斗 A1 ☑……A2

□□十四石☑ B1 □□十四石☑ B2　　　　　　　　73EJT21：250

　　[1] 沈思聰：“芀”當釋“艾”。

　　[2] 王錦城：“芀”原作“芀”。

　　按：王錦城之言可從。另，A1“芀七斗”右側一列尚有墨跡，整理者漏，當補“……”；“芀七斗”左側一列整理者未釋，以“……”表示，細查之下尚可識別，當“馬”、當“矢”，當“七”，疑“斗”殘筆，其下還有一墨點，圖版作：，疑是符號“丿”。B2 第一字圖版作：，疑“芮”字。② B1、B2“石”下一字，圖版分別作：、，疑是符號“丿”。由此，釋文作：

　　……A1 ☑芀七斗 A2 ☑□馬矢七斗丿 A3

　　① 何茂活：《〈肩水金關漢簡（貳）〉殘斷字釋補》，《出土文獻綜合研究集刊》第 2 輯，巴蜀書社 2015 年版。

　　② “芮”下一字從文意分析可能是“薪”，但圖版不清，暫存疑。參看袁瑩《“芮薪”考辨》，簡帛網，2011 年 9 月 15 日，http：//www.bsm.org.cn/show_article.php？id=1548。

□□十四石刀☑B1 芮□十四石刀☑B2　　　　　　　73EJT21：250

533. 73EJT21：254

□二月乙丑居延令勝之守丞右尉丙寅☑　　　　　73EJT21：254

[1] 胡永鵬："二"前一字疑當釋"十"。"丙寅"，當釋"可置"……可確定與本簡所載爲同一人者是73EJT24：269A 中的可置。①

按：改釋可從。

534. 73EJT21：255

□□戌辛梁國睢陽某里公乘王甲年若干　　　　　73EJT21：255

[1] 沈思聰：細審圖版，"梁"當釋"粱"。

按：圖版不清晰，暫從整理者原釋。

535. 73EJT21：257

·冣　　　　　　　　　　　　　　　　　　　73EJT21：257

[1] 王錦城："冣"原釋文作"取"。

按：改釋可從。

536. 73EJT21：262

居延始至里曹緞年廿長七尺四寸黑色　牛車一兩☑　73EJT21：262

[1] 何茂活："緞"當爲"緩"。②

[2] 沈思聰："緞"圖版作，當釋"緞"。

按：何茂活改釋可從。

537. 73EJT21：263

·肩水官候建昭元年十月旦□□□具簿　　　　　73EJT21：263

[1] 沈思聰："旦"後一字原簡殘存右半筆畫，圖版作，當釋"傳"。

---

① 胡永鵬：《肩水金關漢簡校讀札記》，《漢字文化》2015 年第 3 期。
② 何茂活：《〈肩水金關漢簡（貳）〉釋文訂補》，《敦煌研究》2018 年第 4 期。

按：沈思聰之言可從。此外，"傳"下兩字圖版殘缺，、，疑"馬"、"閱"兩字。居延漢簡中有相似辭例可爲佐證，如下：

囊他駮南驛建平元年八月驛馬閱具簿　　　　　　　　　　502.7

查閱典籍，"傳"可作"驛"解。《左傳·成公五年》曰："梁山崩，晉侯以傳召伯宗。"杜預注："傳，驛。"[1]《漢書·高帝紀下》載："橫懼，乘傳詣雒陽，未至三十里，自殺。"顏師古注曰："傳者，若今之驛，古者以車，謂之傳車，其後又單置馬，謂之驛騎。"[2] 據此，502.7 號簡所記"驛馬"便是"傳馬"，73EJT21：263 號簡"傳馬閱具簿"也就有了辭例支持。由此，釋文作：

·肩水官候建昭元年十月旦傳馬閱具簿　　　　　73EJT21：263

538. 73EJT21：264

廩畢已書實敢言之　　　　　　　　　　　　　73EJT21：264

[1] 沈思聰："廩"圖版作，似"京"字。

按：暫從整理者原釋。

539. 73EJT21：268

居延始至王成年卌□☑　　　　　　　　　　　73EJT21：268

[1] 沈思聰："始"字圖版作，寫法似"如"字。始、如易混例。

按：從漢簡文例看，"居延始至里"較爲常見，此處疑書手寫作時遺漏了"里"字，當從整理者原釋。簡末一字圖版殘缺，從殘存字跡看，疑爲"五"字。由此，釋文作：

居延始至（里）王成年卌五☑　　　　　　　　73EJT21：268

540. 73EJT21：269

戍卒濟陰郡冤句庠復里☑　　　　　　　　　　73EJT21：269

---

① （晉）杜預：《春秋經傳集解》，上海古籍出版社 1978 年版，第 676 頁。
② （東漢）班固：《漢書》，中華書局 1962 年版，第 58 頁。

［1］王錦城："庍"字原作"庠"，該字爲漢簡中"庍"字寫法，據改。

按：王錦城所言可從。

541. 73EJT21：270

☑□醫脣文四下方騧□聊屄不騧久左腸甘□☑　　　　73EJT21：270

［1］沈思聰："屄"當釋"屄"。

［2］王錦城：中間"騧"下未釋字或是"犞"字。

按：沈、王改釋可從。由此，釋文作：

☑□醫脣文四下方騧犞聊屄不騧久左腸甘□☑　　　73EJT21：270

542. 73EJT21：281

五鳳二年三月廣地省卒□☑　　　　　　　　　　　73EJT21：281

［1］胡永鵬：□當釋"名"。① 何茂活同。②

按：補釋可從。

543. 73EJT21：282

☑麥卅七石三斗　　偸廣地　已移☑　　　　　　　73EJT21：282

［1］丁義娟：寫作"偸"的字，皆當用作"輸"。③ 王錦城同。

按：補釋可從。

544. 73EJT21：292

・東部・地節三年十□□□□□☑　　　　　　　　　73EJT21：292

［1］郭偉濤："月"字原未釋，細察圖版，輪廓尚存，據圖版及文意

---

① 胡永鵬：《讀〈肩水金關漢簡（貳）〉札記》，《中國文字（新四十期)》，臺北：藝文印書館 2014 年版。

② 何茂活：《〈肩水金關漢簡（貳）〉殘斷字釋補》，《出土文獻綜合研究集刊》第 2 輯，巴蜀書社 2015 年版。

③ 丁義娟：《肩水金關漢簡釋文淺談一則》，簡帛網，2018 年 5 月 27 日，http：//www.bsm. org. cn/show_article. php？ id＝3135。

徑補。①

按：圖版殘損，暫從整理者原釋。

545. 73EJT21：294

……再……

☑近衣強食毋自易　　　　　　　　　　　　　73EJT21：294

［1］何茂活：據"近衣強食"等內容可知其爲書信。因此推測
"再"後之字爲"拜"。細察圖版，"再"後之字左邊爲"扌"，而"拜"
字正有左旁作"扌"之例。如居延漢簡 10.25 中三處"拜"字均作拜
形。本簡中"自易"之"易"爲輕視、草率之意。毋自易，猶言不可馬
虎大意。②

［2］王錦城：何茂活説可從，但簡文漫漶不清，不能確知，暫從整
理者釋。

按：何茂活之言可從。

546. 73EJT21：295

☑□門大夫更申逢辛＝甚＝非☑　　　　　　　73EJT21：295A

……　　　　　　　　　　　　　　　　　　　73EJT21：295B

［1］何茂活："□門"當爲"諸外"，"逢"字亦可疑。③

［2］王錦城：何茂活釋或可從，但該字作形，右部缺佚，不能確知，
暫從整理者釋。

按：何茂活改釋可從，"逢"字暫存疑不釋。

547. 73EJT21：296

☑□辛酉西鄉有☑　　　　　　　　　　　　　73EJT21：296

---

① 郭偉濤：《漢代張掖郡肩水塞研究》，博士學位論文，清華大學，2017 年，第 315 頁。

② 何茂活：《"近衣"考論兼訂相關諸簡釋文》，《簡牘學研究》第 6 輯，甘肅人民出版社
2015 年版。

③ 何茂活：《〈肩水金關漢簡（貳）〉釋文訂補》，《敦煌研究》2018 年第 4 期。

　　[1] 周艷濤：該簡"辛"前的未釋字應作"朔"。①

　　[2] 王錦城：周艷濤補釋或可從，但該字殘斷，不可確知，當從整理者釋。

　　按：周艷濤補釋可從。

548. 73EJT21：299

□□＝然浴＝然造＝　　　　　　　　　　　　　　73EJT21：299

　　[1] 沈思聰：細審圖版，"□□"當釋"□食"。

　　按：圖版不清晰，從整理者原釋，暫不釋讀。

549. 73EJT21：305

·本始四年五月吏□出府所□罷卒帛及送兵計□出名籍

　　　　　　　　　　　　　　　　　　　　　　　73EJT21：305

　　[1] 王錦城："所"後一字當爲"少"字。

　　按：暫從整理者原釋。

550. 73EJT21：336

四月辛卯熒陽　　　　　　　　　　　　　　　　73EJT21：336

　　[1] 孔德衆、張俊民：簡牘上的"熒陽"無疑當是"滎陽"。②

　　按：暫從整理者原釋。

551. 73EJT21：347

五月辛巳朔癸丑□相☑　　　　　　　　　　　　73EJT21：347

　　[1] 周艷濤：據陳垣《二十史朔閏表》，西漢宣帝起至東漢獻帝止，此間五月辛巳朔的年份共有四個：西漢成帝建始三年、東漢光武建武四年、東漢和帝永元七年、東漢靈帝中平五年。這批漢簡所記年份大多在宣帝及元帝、成帝時期，故此簡所記應爲"建始三年五月"。又：若辛巳朔，則"癸丑"當在下月即建始三年六月。建始三年六月朔辛亥，癸丑

---

　　① 周艷濤：《〈肩水金關漢簡（貳）〉釋文補正四則》，《敦煌研究》2015 年第 2 期。

　　② 孔德衆、張俊民：《漢簡釋讀過程中存在的幾類問題字》，《敦煌研究》2013 年第 6 期。

爲六月第三日，故此處必有誤。①

[2] 羅見今、關守義：此簡圖版不清晰，原簡或釋文必有一誤，因五月辛巳（18）朔不得有癸丑（50），否則此月33天。查陳表，有建武四年（28）滿足此條件，但據上簡討論，知不可能有建武四年簡；結論是神爵元年（前61年）或建始三年（前30年），兩解。②

[3] 胡永鵬：該簡圖版不清晰。檢《朔閏表》等，相合者有成帝建始三年和光武帝建武四年（28年）。探方21所見紀年簡爲昭帝至平帝時期，另有個別新莽時期簡牘。故該簡屬建武時期的可能性較小，暫定爲建始三年。辛巳朔，癸丑爲三十三日，朔干支與日干支相悖。該簡圖版不清晰，若釋文無誤，則日干支必爲書誤。③

[4] 王錦城：該簡墨跡較淡，文字多磨滅不可辨識，釋文應當有誤。④

按：該簡形制特殊，簡文呈反寫狀態，圖版又不甚清晰，故釋文釋讀存在一定困難，《肩水金關漢簡（貳）》出版後此簡便在學界引起疑問，上列諸家的觀點便説明了這個問題。借助 Photoshop 軟件，我們對該簡進行了水平翻轉（從右向左180°翻轉），簡文便呈現正常書寫的狀態，對比如下：

簡牘原貌		水平翻轉後	
上部	下部	上部	下部

---

① 周艷濤：《〈肩水金關漢簡（貳）〉初讀札記二十條》，簡帛研究網，2013年6月15日。

② 羅見今、關守義：《〈肩水金關漢簡（貳）〉曆簡年代考釋》，《敦煌研究》2014年第2期。

③ 胡永鵬：《西北邊塞漢簡編年》，福建人民出版社2017年版，第226頁。

④ 王錦城：《〈肩水金關漢簡〉分類校注及相關問題研究》，博士學位論文，華東師範大學，2019年，第347頁。

經翻轉圖可知，該簡下部的釋文也是"五月辛巳朔"，故整理者原釋"癸丑□相"有誤。由此，釋文當作：

五月辛巳朔 五月辛巳朔☑   73EJT21：347

從形制、釋文情況，我們懷疑該簡是排版時失誤引起的，從循環書寫"五月辛巳朔"以及書寫較草分析，可能是習字簡。如果假設習字簡無誤的話，對該簡年代的推測，就應該更加審慎，因爲書手完全可能信手拈來，由此便無法得到一個令人信服的結論。故對該簡的年代存疑較爲適宜。

552. 73EJT21：349

奏田長實   （觚）   73EJT21：349A

去病伏地再拜多問□   （觚）   73EJT21：349B

[1] 沈思聰："實"字圖版作，疑"賓"字。王錦城同。

按：改釋可從。

553. 73EJT21：361

叩頭死 = 罪☑   73EJT21：361

[1] 周艷濤："叩頭死罪叩頭死罪"或"叩頭死罪死罪"爲當時公文習用語。"罪"字後斷折。"死"後有重文號而"罪"字後無，不合常規，當補"罪"字後重文號。①

[2] 王錦城：説是，但該簡"罪"字下殘，重文號缺失，此從整理者釋。

按：暫從整理者不釋讀。

554. 73EJT21：362

☑酒八

☑□于   （削衣）   73EJT21：362

[1] 何茂活：缺釋之字當釋爲"爵"。"爵"後之"于"通"杅"，

---

① 周艷濤：《〈肩水金關漢簡（貳）〉初讀札記二十條》，簡帛研究網，2013 年 6 月 15 日。

亦即"孟"。①

[2] 王錦城：該字左部略殘，其和"爵"字寫法似不類，當從整理者釋。

按：何茂活所言可備一説。

555. 73EJT21：370

□陵丞印　　（削衣）　　　　　　　　　　　73EJT21：370

[1] 何茂活："陵"上一字當爲"蕞"。②

[2] 沈思聰：未釋字圖版作🖼，當釋"菀"。

按：暫從整理者不釋讀。

556. 73EJT21：373

田卒梁國睢陽朝里寇遂年卅二　庸同縣丞<u>全</u>里張遂年廿八☑

73EJT21：373

按：整理者所釋"全"字恐非，此字圖版作：🖼，細查之下發現圖版左側尚有墨跡：🖼，疑爲"筐"字殘筆。肩水金關漢簡中亦有辭例可爲佐證，如下：

戍卒梁國睢陽丞筐里☑　　　　　　　　　73EJT1：135

由此，釋文作：

田卒梁國睢陽朝里寇遂年卅二　庸同縣丞筐里張遂年廿八☑

73EJT21：373

73EJT1：135 與 73EJT21：373 號簡同隸屬睢陽縣，又同里。一里之中既出有田卒，又出有戍卒，較爲重要。

557. 73EJT21：374

敢負長卿也即令宮負長＝卿＝<u>亂</u>宮頭宮不敢言身死尚有餘□☑

---

① 何茂活：《〈肩水金關漢簡（貳）〉殘斷字釋補》，《出土文獻綜合研究集刊》第 2 輯，巴蜀書社 2015 年版。

② 何茂活：《〈肩水金關漢簡（貳）〉釋文訂補》，《敦煌研究》2018 年第 4 期。

人＝口＝別離<u>入</u>宮不敢負長卿也長卿即胃少君女何不得狀也義☒

73EJT21：374A

負長卿也願長卿有辭乃以從事田子卿□☒

□□□□□語狀　　　　　　　　　　　　　73EJT21：374B

［1］周艷濤、李黎："餘"字後未釋字應釋"罪"。①

［2］王錦城：釋"亂"似非。第二行"入"字作形，和其前面釋作
"人"的字形體相同，或亦當釋"人"。

按：暫從整理者釋讀。

558. 73EJT21：385

驪喜隧卒黃小□☒　　　　　　　　　　　　73EJT21：385

［1］沈思聰："黃小□"首字、末字圖版作 ![字形], ![字形]，當釋"武小
兒"。

按：沈思聰改釋"武"可從，補釋"兒"字可備一説。

559. 73EJT21：387

屬女子左<u>繡</u>疑在界☒　　　　　　　　　　　73EJT21：387

［1］何茂活：同"剽"。如："屬女子左繡疑在界☒"（73EJT21：
387），圖版字形作 ![字形]。"左剽"指在牲畜身體的左面烙上印記。牛羊多
在耳廓上燙烙豁口（有時採用穿孔繫繩的辦法），或稱"耳記"。②

［2］沈思聰："左繡"即"左剽"。

按：何、沈之言可從。

560. 73EJT21：390

☒傅□年廿四　　　　　　　　　　　　　　73EJT21：390

［1］沈思聰：未釋字圖版作 ![字形]，疑似"歸"字。

---

① 周艷濤、李黎：《讀〈肩水金關漢簡（貳）〉札記二十則》，《昆明學院學報》2014年第
1期。

② 何茂活：《〈肩水金關漢簡（貳）〉疑難字形義考辨》，《簡帛研究》（2014），廣西師范
大學出版社2014年版。

按：沈思聰之言可備一説。

561. 73EJT21：395

☑宜春里公☑   73EJT21：395

［1］沈思聰："公"後可補釋"乘"字。

按：補釋可從。

562. 73EJT21：402

☑□七尺二寸黑色☑   73EJT21：402

［1］周艷濤、李黎：該簡原釋文未釋之首字"□"應該是"長"。① 沈思聰同。

［2］王錦城：(周艷濤)補釋可從，但簡牘殘斷，該字僅剩下部一點筆畫，當從整理者釋。

按：補釋"長"字可從。

563. 73EJT21：403

☑□絶不如期☑   73EJT21：403

［1］沈思聰：原簡"期"後仍殘存右上部分筆畫，當在"期"後補釋"□"。

按：沈思聰之言可從。

564. 73EJT21：408

拓二斗二升   73EJT21：408

［1］王錦城："拓"字顯非"拓"字，當存疑待釋。

按：王錦城的懷疑是有道理的，存疑不釋較爲適宜。

565. 73EJT21：410

☑□常亭長惲免冠叩頭死＝罪＝聞者吏卒☑

---

① 周艷濤、李黎：《讀〈肩水金關漢簡(貳)〉札記二十則》，《昆明學院學報》2014 年第 1 期。

☑□□□□☑　　　　　　　　　　　　　　　　73EJT21：410A

☑子君□□□人代 王子春舍☑　　　　　　　　73EJT21：410B

［1］周艷濤、李黎："□常"應釋爲"莫當"。①

按：整理者所釋"常"字，周艷濤、李黎釋"當"，此字圖版作：

，筆者認爲整理者的釋讀是有依據的，居延漢簡178.10＋190.16號簡

"常"字圖版作：②，可爲參考。此外，"亭長憚"又見於73EJT23：

784號簡，是爲"騂北亭長"而非"莫當亭長"。如下：

功曹佐忠再拜言騂北亭長憚之部再拜辭　　　　73EJT23：784

綜上，此字暫從整理者原釋，作"常"，至於"常"上一字，由於簡

文殘斷，暫不釋讀。

566. 73EJT21：411

☑毋城倉薪去　　　　　　　　　　　　　　　　73EJT21：411

［1］沈思聰："毋"當釋"西"。

按：從整理者原釋。

567. 73EJT21：415

☑一封十二月庚戌日甲□☑　　　　　　　　　　73EJT21：415A

☑□丙□□□☑　　　　　　　　　　　　　　　73EJT21：415B

［1］沈思聰：B面細審圖版，似可釋爲"守丙它毋事"。

按：圖版不清晰，暫從整理者原釋不釋讀。

568. 73EJT21：424

☑下邑栢里米實　　　　　　　　　　　　　　　73EJT21：424

［1］沈思聰："實"字圖版作，疑"賓"字。

---

①　周艷濤、李黎：《讀〈肩水金關漢簡（貳）〉札記二十則》，《昆明學院學報》2014年第1期。

②　簡牘整理小組編：《居延漢簡（貳）》，臺北："歷史語言研究所"2015年版，第193頁。

按：從整理者原釋。

569. 73EJT21：427

☑五十歲姓田氏爲倉石候官塞有秩候長上□□☑ 　　73EJT21：427

按："上"下兩字圖版作：▇▇、▇▇，整理者未釋，疑爲"始"
"元"兩字，漢簡中有相似辭例可爲佐證，如下：

□□斗以上始元六年十一月癸丑大司 　　73EJT22：97

由此，釋文作：

☑五十歲姓田氏爲倉石候官塞有秩候長上始元☑ 　　73EJT21：427

570. 73EJT21：428

☑庸高□里□□年卅 〇 　　73EJT21：428

[1] 沈思聰："庸"字圖版作▇，釋"庸"恐非，當作"□"。

按：從整理者原釋。

571. 73EJT21：432

出昭武肩水□昭武道☑ 　　73EJT21：432

[1] 何茂活：缺釋，當釋爲"其"。①

按：何茂活補釋可從。

572. 73EJT21：438

魏郡抑悲翟□里大夫田忠年☑ 　　73EJT21：438

[1] 孔德眾、張俊民：《漢書·地理志》"即裴"屬魏郡是侯國，簡
牘的"抑悲"顯然就是史書中的"即裴"。"悲"之"心"原本是
"衣"。"翟□里"可作"翟剛里"。②

---

① 何茂活：《〈肩水金關漢簡(貳)〉殘斷字釋補》，《出土文獻綜合研究集刊》第 2 輯，
巴蜀書社 2015 年版。

② 孔德眾、張俊民：《漢簡釋讀過程中存在的幾類問題字》，《敦煌研究》2013 年第 6 期。

〔2〕馬孟龍：釋文中的"悲"字應爲"裴"字的誤釋。①

〔3〕王錦城：從字形來看釋"悲"不誤。

按：暫從整理者原釋。

573. 73EJT21：468

淮陽郡費備成里上造□腸年卅　第卅車　　　　　　　　73EJT21：468

〔1〕周波："費"字釋讀恐不可信……簡 73EJT21：468 所謂"費"字當從簡 73EJT22：80 釋爲"贊"……肩水金關漢簡淮陽郡之"贊"當即《漢書·地理志》沛郡之"酇"縣（今河南永城縣）……"酇"縣地處沛郡、淮陽郡邊境，據肩水金關漢簡知其地曾屬淮陽郡。②

〔2〕馬孟龍："費"字顯然是"贊"字的誤釋。③

按：改釋可從。

574. 73EJT21：478

……梁☑　　　　　　　　　　　　　　　　　　73EJT21：478

〔1〕沈思聰：細審圖版，"……梁"當釋"□□□翁叔進梁"。

按：沈思聰補釋可從。

575. 73EJT21：481

□少兄得事□□☑　　　　　　　　　　　　　　73EJT21：481

〔1〕沈思聰：原簡殘存左半，首個未釋字圖版作██，當釋"傅"。

按：沈思聰之言可備一説。

---

①　馬孟龍：《談肩水金關漢簡中的幾個地名（二）》，《中國歷史地理論叢》2014 年第 2 輯。

②　周波：《説肩水金關漢簡、張家山漢簡中的地名"贊"及其相關問題》，復旦大學出土文獻與古文字研究中心網，2013 年 5 月 31 日，http：//www.gwz.fudan.edu.cn/Web/Show/2060。後發表於《出土文獻研究》第 12 輯，中西書局 2013 年版。

③　馬孟龍：《談肩水金關漢簡中的幾個地名（二）》，《中國歷史地理論叢》2014 年第 2 輯。

576. 73EJT21：485

孝子曰自□　　趙大伯……　　　　　　　　73EJT21：485A

爲□田□□□□二□直二百卅脯五斤直　　73EJT21：485B

［1］何茂活：此簡左殘，據殘存字形，可釋爲"爲封君伯月（肉）直百二百直二百卅脯五斤直"。①

［2］李穎梅：該簡中"爲"字後的第一個未釋字，當釋作"封"字……中"田"字後的第三個未釋字當釋爲"直"。②

［3］王錦城：補釋或可從，但該面文字左半缺失，字多不能確知，此從整理者釋。

按：何茂活補釋大部可從，唯"爲"下一字也可能爲"對"字，暫存疑。由此，釋文作：

孝子曰自□　　趙大伯……　　　　　　　　73EJT21：485A

爲□君伯月（肉）直百二百直二百卅脯五斤直　　73EJT21：485B

577. 73EJT21：494

☑以食亭卒三人五月☑　　　　　　　　　　73EJT21：494

［1］沈思聰："五月"下可補釋"盡"字。

按：沈思聰補釋可從。

578. 73EJT21：495

☑甚毋它狀　　　　　　　　　　　　　　　73EJT21：495

［1］沈思聰："甚"前可補釋"幸"字。

按：沈思聰補釋可從。

579. 73EJT21：500

☑從史者　（竹簡）　　　　　　　　　　　73EJT21：500

---

① 何茂活：《〈肩水金關漢簡（貳）〉殘斷字釋補》，《出土文獻綜合研究集刊》第 2 輯，巴蜀書社 2015 年版。
② 李穎梅：《〈肩水金關漢簡（貳）〉校釋六則》，《昆明學院學報》2018 年第 1 期。

［1］沈思聰："從"字圖版作，从一"人"。

按：暫從整理者原釋。

（十五）73EJT22

580. 73EJT22：1

☑陰長年里公乘吳林年廿五長七尺二寸黑色將牛車一兩 十二月己巳
入 出左辨任占 左勝丿 （竹簡）　　　　　　　　　73EJT22：1

［1］沈思聰："色"圖版作，字形可疑。

按：從整理者原釋。

581. 73EJT22：6

·孔子知道之易也易=云省三日子曰此道之美也☑　　　　73EJT22：6

［1］肖從禮："易"字可讀作"易"，容易之義。"易="通"易
="，即易易，易於施行之義。=，爲重文號。者，原釋文作"省"，據
簡影釋"者"爲是。①

［2］何茂活："省"當爲"者"。②

按：改釋可從。由此，釋文作：

·孔子知道之易也易=云者三日子曰此道之美也☑　　　　73EJT22：6

582. 73EJT22：13

☑□安居方建王於□意☑　　　　　　　　　　　　　73EJT22：13

［1］何茂活："王"當爲"平"，"意"前一字當爲"其"，"居"前
兩字當爲"弩矢"。③

［2］沈思聰："安居"前缺釋字爲，似爲"奴"字。

［3］王錦城：（何茂活）釋"平"可從，釋"其"或可從，但該字

---

① 肖從禮、趙蘭香：《金關漢簡"孔子知道之易"爲〈齊論·知道〉佚文蠡測》，《簡帛
研究》（2013），廣西師範大學出版社2014年版。

② 何茂活：《〈肩水金關漢簡（貳）〉釋文訂補》，《敦煌研究》2018年第4期。

③ 何茂活：《〈肩水金關漢簡（貳）〉釋文訂補》，《敦煌研究》2018年第4期。

作形，漫漶不清，不能確知，暫從整理者釋。

按：何茂活改釋"平"字可從，其他改釋由於圖形殘損嚴重，難以識別，存疑不釋較爲適宜。沈思聰之言可備一説。由此，釋文作：

☑□安居方建平於□意☑　　　　　　　　　　　73EJT22：13

583. 73EJT22：22

肩水候官建昭三年十月候長殿<u>寂</u>名　　　　　　　73EJT22：22

[1] 沈思聰："殿"字圖版作，當釋"殿"。

[2] 王錦城："寂"原作"冣"，"冣"即"最"。

按：沈思聰、王錦城之言可備一説。

584. 73EJT22：27

亭長□□　　　　九月甲辰丁夜盡時<u>臽</u>火不和適二百<u>錢</u>　　73EJT22：27

[1] 丁義娟：原釋"錢"字當釋爲"里"字……疑"臽"當釋爲"留"字。①

[2] 王錦城：顯非"里"字，整理者所釋不誤。釋"臽"恐不確，暫存疑。

按：丁義娟所改釋"里"字，圖版作：，整理者作"錢"。當是"錢"字的草寫。西北漢簡中，"錢"字草寫較爲常見，如：（居延漢簡145.19）、（敦煌漢簡281）、（肩水金關漢簡73EJT23：733）、（肩水金關漢簡73EJT37：24）。故整理者所釋無誤。丁義娟所改釋"留"字，圖版作：，整理者作"臽"。檢索"臽""留"兩字圖版，"臽"字作：（EPF22：649）、（73EJT21：52）；"留"字作：（73EJT10：120）、（73EJT28：8）。對比可知，73EJT22：27號簡此字與"臽""留"兩字均有一定的差異，存疑不釋較宜。另，整理者所釋"不"字，圖版作：。也較模糊，難以確指，暫存疑。由

① 丁義娟：《〈肩水金關漢簡（貳）〉73EJT22：27簡釋文訂正一則》，簡帛網，2018年5月5日，http：//www.bsm.org.cn/show_article.php? id＝3074。

此，釋文作：

亭長□□　九月甲辰丁夜盡時□火□和適二百錢　　　　　73EJT22：27

585. 73EJT22：35、73EJT22：42

☑□二百五十束會月十五日☑　　　　　　　　　　　73EJT22：35

☑□車二百五十五會月五日☑　　　　　　　　　　　73EJT22：42

按：對於 73EJT22：35 號簡，周艷濤、李黎認爲："此簡'百'字前尚有一'二'字清晰可辨，原釋文漏而未釋，不知何故。"[1] 對於 73EJT22：42 號簡，周艷濤、李黎認爲："此簡'百'字前也有一'二'字，同'百'字緊鄰，字跡明朗可識，毫無疑問是'二'字。原釋文脫漏未予釋讀。"[2] 核查整理者圖版釋文，有"二"字。[3] 另外，73EJT22：42 號簡"會"前一字整理者釋作"五"，恐非，此字圖版作：🔲，當"束"字。73EJT22：35 號簡"束"字作：🔲，可參。由此，釋文作：

☑□車二百五十束會月五日☑　　　　　　　　　　　73EJT22：42

586. 73EJT22：58

<u>王成</u>迹盡界毋越塞出入跡　　　　　　　　　　　73EJT22：58

［1］王錦城："壬戌"原作"王成"，當爲"壬戌"。

按：王錦城所言可從。

587. 73EJT22：43

☑□幸甚☑　　　　　　　　　　　　　　　　　　73EJT22：43

［1］周艷濤、張顯成："幸"上一字當釋爲"頭"。[4]

［2］王錦城：其説或是。但該字殘斷，不能確知，暫從整理者釋。

---

① 周艷濤、李黎：《讀〈肩水金關漢簡（貳）〉札記二十則》，《昆明學院學報》2014 年第 1 期。

② 周艷濤、李黎：《讀〈肩水金關漢簡（貳）〉札記二十則》，《昆明學院學報》2014 年第 1 期。

③ 筆者曾請教周艷濤這個情況，後核對知是在掃描過程中，掃描儀故障導致。

④ 周艷濤、張顯成：《〈肩水金關漢簡（貳）〉釋文校補四則》，《中國文字研究》第 27 輯，上海書店 2018 年版。

按：周、張補釋可從。

588. 73EJT22：49

臛子平

等二人

[1] 沈思聰：“臛”原簡圖版作，原釋文可疑，當釋“□”。

按：沈思聰之言可備一説。

589. 73EJT22：68

出鹽三斗 以食□中隧長淳于五月食　　　　　　　　　73EJT22：68

按：“食”下一字圖版殘缺，作：，疑“曲”字殘筆，肩水金關漢簡中有辭例可爲佐證，如下：

曲中隧長昭武對市里公　　　　　　　　　　　　73EJD：160

此外，“于”下諸字殘損，可能包含有人名，而且釋文中的月數不能確實，暫存疑待考。

590. 73EJT22：80

戍卒淮陽郡贊匠里滿願年廿六　　　　　　　　　　　73EJT22：80

[1] 林獻忠：“贊”紅外圖版作。我們以爲當釋作“費”。《漢書·地理志》淮陽郡有“費”縣。

[2] 王錦城：該字釋“費”非，整理者釋讀不誤。

按：網友“simawenyuan”已指出“《漢書·地理志》淮陽郡沒有費縣。整理者釋讀無誤”①，可參看周波《説肩水金關漢簡、張家山漢簡中的地名“贊”及其相關問題》一文。②

---

① 林獻忠：《讀〈肩水金關漢簡（貳）〉札記》，復旦大學出土文獻與古文字研究中心網，2014 年 12 月 20 日，http：//www.gwz.fudan.edu.cn/Web/Show/2405。第 2 樓跟帖。

② 周波：《説肩水金關漢簡、張家山漢簡中的地名“贊”及其相關問題》，復旦大學出土文獻與古文字研究中心網，2013 年 5 月 31 日，http：//www.gwz.fudan.edu.cn/Web/Show/2060。後發表於《出土文獻研究》第 12 輯，中西書局 2013 年版。

591. 73EJT22：81

□□□□毋丈人☑ 　　　　　　　　　　　　　　　73EJT22：81

［1］何茂活："毋"前四字可釋爲"塞上□陽"。①

［2］王錦城：該幾字漫漶不清，不可辨識，當從整理者釋。

按：圖版殘損嚴重不釋讀較宜。

592. 73EJT22：82

橐他苑佐張安世

□□二年閏…… 　　　　　　　　　　　　　　　73EJT22：82

［1］胡永鵬：□□疑當釋"本始"。②

按：胡永鵬所言可備一説。

593. 73EJT22：91

甲子吏五卒二人　其一人候　一人塈☑ 　　　　　　73EJT22：91

［1］何茂活：塈同"堊"，也作"垩"。《説文·土部》："堊，白涂也。从土，亞聲。"《爾雅·釋宮》："牆謂之堊。"郭璞注："白飾牆也。"郝懿行義疏："飾牆古用白土，或用白灰，宗廟用蜃灰。"金關簡中多見此字，如"甲子吏五卒二人　其一人候　一人塈"（73EJT22：91）等。③

［2］周艷濤："塈"即是"堊"，兩者異體關係，西北簡中的"塈"爲石灰或其加工物品石灰泥、石灰漿基本上可以確定。④

按：諸家補釋可從。

594. 73EJT22：104

戍卒東郡東阿樂年里關□☑ 　　　　　　　　　　　73EJT22：104

_____

① 何茂活：《〈肩水金關漢簡（貳）〉釋文訂補》，《敦煌研究》2018年第4期。

② 胡永鵬：《讀〈肩水金關漢簡（貳）〉札記》，《中國文字（新四十期）》，臺北：藝文印書館2014年版。

③ 何茂活：《〈肩水金關漢簡（貳）〉疑難字形義考辨》，《簡帛研究》（2014），廣西師范大學出版社2014年版。

④ 周艷濤：《説西北屯戍漢簡中的"塈"》，《西南大學第六屆出土文獻與比較文字學博士論壇論文集》，重慶，2016年10月。

按：整理者所釋"樂"字，恐非，此字圖版作： ![字] ，疑"延"字，73EJT1：154、73EJT7：8號簡"延"字作： ![字]、![字] ，可爲參考。"延年里"肩水金關漢簡中習見。

595. 73EJT22：135

並山隧戍卒趙國襄國公社里公乘韓未央年卅☑   73EJT22：135

按：整理者所釋"卅"字圖版作： ![字] ，知圖版不清晰，亦有可能爲"卌"字，暫存疑不釋較宜；未字整理者未釋，此字圖版作： ![字] ，疑"八"字。由此，釋文作：

並山隧戍卒趙國襄國公社里公乘韓未央年□八☑   73EJT22：135

596. 73EJT22：139

☑明塞蓬火□☑   73EJT22：139A

☑□□□□□□☑   73EJT22：139B

[1] 何茂活：此簡A面"明"後之字實爲"察"。"火"後殘字當爲"事"。①

[2] 王錦城：釋"察"恐非是，其餘未釋字多殘斷不可辨識，此從整理者釋。

按：何茂活改釋、補釋可從，另外，B面末尾兩字圖版作： ![字]、![字] ，疑"書"、"者"兩字殘筆。由此，釋文作：

☑明察蓬火事☑   73EJT22：139A

☑□□□□□書者☑   73EJT22：139B

597. 73EJT22：140

曹卿足下☑   （削衣）   73EJT22：140

---

① 何茂活：《〈肩水金關漢簡（貳）〉殘斷字釋補》，《出土文獻綜合研究集刊》第2輯，巴蜀書社2015年版。

［1］何茂活：此簡左殘。首字非"曹"，應釋爲"長"。①

按：改釋可從。

598. 73EJT22：147

・冣凡田卒七十人　　右車七☑　　　　　　　　73EJT22：147

［1］王錦城："冣"原作"冣"，冣即最。

按：王錦城所言可從。

599. 73EJT22：149

出居延尉□所乘傳車一乘　　□三　　□□　　緣靳一　蒧一☑

73EJT22：149

［1］何茂活：蒧即"篋"。漢簡中"竹"頭多作"艹"或"𠂤"形，上文已曾論及。"篋"爲收藏物品的小箱子，本簡中與"□"（同"轡"）、"緣靳"（"緣"實爲"參"之誤釋，"參"通"驂"）並舉，可見其爲車具之一，用於盛放工具雜物等。②

［2］沈思聰：居延尉後未釋字圖版作，當釋"詹"。"蒧"，即"篋"異構。

按：諸家所言可從，由此，釋文作：

出居延尉詹所乘傳車一乘　　□三　　□□　　參靳一篋一☑73EJT22：149

600. 73EJT22：150

□□□☑

金關寫□☑　　　　　　　　　　　　　　　73EJT22：150

［1］何茂活："寫"下殘斷，從殘存筆跡可辨識爲"移"。③ 周艷濤、

---

① 何茂活：《〈肩水金關漢簡（貳）〉殘斷字釋補》，《出土文獻綜合研究集刊》第 2 輯，巴蜀書社 2015 年版。

② 何茂活：《〈肩水金關漢簡（貳）〉疑難字形義考辨》，《簡帛研究》（2014），廣西師范大學出版社 2014 年版。

③ 何茂活：《〈肩水金關漢簡（貳）〉殘斷字釋補》，《出土文獻綜合研究集刊》第 2 輯，巴蜀書社 2015 年版。

張顯成同。①

　　按：補釋可從。

601. 73EJT22：151

　　☑□年廿八歲長七尺二☑　　　　　　　　　　73EJT22：151

　　［1］何茂活："年"上之字其上稍殘，當釋爲"成"。②

　　按：何茂活所言可從。

602. 73EJT22：153

　　醬雍一枚　　直冊☑　　　　　　　　　　　73EJT22：153

　　［1］沈思聰："醬"，原簡圖版作"醬"。

　　按：從整理者原釋。

（十六）73EJT23

603. 73EJT23：11

　　☑封一還居延都尉章詣張掖<u>大守</u>還河東大守府△☑

　　☑還二居延令印詣府轢得還二河東解皮氏四月壬戌☑

　　☑□廣地候印……　　　　　　　　　　　73EJT23：11

　　［1］胡永鵬："大守"後脫"府"字。③

　　按：補釋可從。

604. 73EJT23：45

　　……　　　　　　　　　　　　　　　73EJT23：45

　　① 周艷濤、張顯成：《〈肩水金關漢簡（貳）〉釋文校補四則》，《中國文字研究》第 27 輯，上海書店 2018 年版。

　　② 何茂活：《〈肩水金關漢簡（貳）〉殘斷字釋補》，《出土文獻綜合研究集刊》第 2 輯，巴蜀書社 2015 年版。

　　③ 胡永鵬：《讀〈肩水金關漢簡（貳）〉札記》，簡帛網，2013 年 9 月 17 日，http：//www.bsm.org.cn/show_article.php？id＝1905。後發表於《中國文字（新四十期）》，臺北：藝文印書館 2014 年版。

[1] 沈思聰：原簡文字殘存左半筆畫，當釋"□□□□□□□□年□三 用牛一頭"。

按：圖版殘損嚴重，暫從整理者原釋。

605.73EJT23：48

筍□執法使者　　　　　　　　　　　　　　　73EJT23：48A

司□執法使者　　　　　　　　　　　　　　　73EJT23：48B

[1] 何茂活："筍"後一字疑爲"甾"。①

[2] 王錦城：其說或是，但字跡模糊，不能辨識，當從整理者釋。

按：字形圖版模糊難辨，暫存疑不釋較爲適宜。

606.73EJT23：56

溫共利里濂戎年卅 字子嚴六月甲午入乘方相車<u>一兩馬</u>騼□□齒十六歲　　　　　　　　　　　　　　　　　　　73EJT23：56

[1] 胡永鵬："一兩馬"當釋"駕"。"齒"前一字當釋"馬"。該字圖版清晰，可釋。②

[2] 司曉蓮、曲元凱：這枚簡缺失的兩個字應釋爲"牝馬"。③

[3] 孔德衆、張俊民："騼"同"騮"。④ 何茂活同⑤。

按：諸家意見可從，由此，釋文作：

溫共利里濂戎年卅 字子嚴六月甲午入乘方相車駕騼牝馬齒十六歲

　　　　　　　　　　　　　　　　　　　73EJT23：56

---

① 何茂活：《〈肩水金關漢簡（貳）〉釋文訂補》，《敦煌研究》2018 年第 4 期。

② 胡永鵬：《讀〈肩水金關漢簡（貳）〉札記》，簡帛網，2013 年 9 月 17 日，http：//www.bsm.org.cn/show_article.php？id=1905。後發表於《中國文字（新四十期）》，臺北：藝文印書館2014 年版。

③ 司曉蓮、曲元凱：《讀〈肩水金關漢簡（貳）〉札記》，《集美大學學報》2016 年第 4 期。

④ 孔德衆、張俊民：《漢簡釋讀過程中存在的幾類問題字》，《敦煌研究》2013 年第 6 期。

⑤ 何茂活：《〈肩水金關漢簡（貳）〉疑難字形義考辨》，《簡帛研究》（2014），廣西師范大學出版社 2014 年版。

607. 73EJT23：58

滎陽始成里程武年卅三 　 字恩方箱車驪牝馬齒十五歲五月壬子出

　　　　　　　　　　　　　　　　　　　　　　73EJT23：58

[1] 黃艷萍："牝" 當隸定作 "牝"。①

按：黃艷萍意見可從。

608. 73EJT23：60

☐月己未出

☐如律令 　　　 ／掾戎令史襄佐惲 　　　73EJT23：60

[1] 王錦城：該字金關簡大多釋 "襄"，據改。

按：暫從整理者釋讀。

609. 73EJT23：68

河東隧☐ 　 平樂隧長☐ 　 小科二毌小科二毌 　 札少卅 　　 小苣少卅

　　　　　　 狗少一 　　　　　 馬少一石 　 ☐少卅束

　　　　　　　　　　　　　　　　　　　73EJT23：68A

晏叩 = 頭項言 　 因奈何奈何叩 = 頭 = 言之 　 73EJT23：68B

[1] 沈思聰：原簡殘存左半筆畫，首兩字圖版作 **三**、**言** 當釋 "平樂隧☐"。同時，簡文中的 "平樂隧長☐"、"小科二毌"，係二次書寫。

按：暫從整理者原釋。

610. 73EJT23：69

襄叩 = 頭 = 白 　 ☐ 　　　　　　 73EJT23：69A

孫☐☐頭襄 　　　　　　　　　　 73EJT23：69B

[1] 王錦城：該字金關簡大多釋 "襄"，據改。

按：暫從整理者釋讀。

---

① 黃艷萍：《〈肩水金關漢簡〉（壹—肆）異體字研究》，博士學位論文，華東師范大學，2016 年。

611. 73EJT23：79

元延二年正月癸亥朔壬午肩水關嗇夫欽以小官行☑

事隧長章輔自言遣收責橐他界中出入盡十二月晦如律令☑

73EJT23：79A

守令史駿　　　　　　　　　　　　　　　　　　73EJT23：79B

按：整理者所釋"晦"字，圖版作：▨▨▨，當是"止"字。"止如
律令"，肩水金關漢簡中習見，如 73EJT23：929、73EJT24：240、73EJT24：
250 等。

612. 73EJT23：80

☑告利數見貴人☑　　　　　　　　　　　　　　73EJT23：80A

［1］伊強：簡文第一個字當據上下文釋爲"吉"。① 王強同②。

按：改釋可從。

613. 73EJT23：88

☑□出□錢三千六百□☑　　　　　　　　　　　73EJT23：88

［1］何茂活："出"前後兩字爲"日"、"賦"。③

［2］王錦城：補釋或可從，但該字模糊不清，不能辨識，當從整理
者釋。

按："出"前一字改釋"日"可從，"出"後一字圖版模糊不清晰，
釋讀困難，存疑不釋更爲適宜。由此，釋文作：

☑日出□錢三千六百□☑　　　　　　　　　　　73EJT23：88

614. 73EJT23：100

☑六月辛卯入□　　　　　　　　　　　　　　　73EJT23：100

---

① 伊強：《〈肩水金關漢簡〉文字考釋五則》，簡帛網，2015 年 2 月 19 日，http：//www.
bsm. org. cn/show_article. php？ id =2160。

② 王強：《肩水金關漢簡所見數術內容拾補》，《出土文獻》第 14 輯，中西書局 2019 年
版。

③ 何茂活：《〈肩水金關漢簡（貳）〉釋文訂補》，《敦煌研究》2018 年第 4 期。

[1] 沈思聰：細審圖版，"入"下"□"當刪。

按：從整理者原釋。

615. 73EJT23：113

☑廩第六隧卒范□☑ 　　　　　　　　　　　　　　73EJT23：113

[1] 沈思聰：未釋字圖版作![字]，當釋"禺"。

按：沈思聰之言可備一説。

616. 73EJT23：115

八月甲辰日<u>蚤</u>食☑ 　　　　　　　　　　　　　　73EJT23：115

[1] 沈思聰："蚤"，原簡圖版作"釜"。

按：沈思聰之言可從，此處用作"蚤"。

617. 73EJT23：118

☑尉四月丙辰起二封金☑

☑詣肩水□一封昭武長印☑

☑頭卒人定三分武付莫當☑ 　　　　　　　　　　73EJT23：118

[1] 周艷濤、李黎："一封"前的未釋字"□"應是"官"字……從其他漢簡的記錄推測"肩水官"應該就是"肩水候官"。這裏的記錄是説在"四月丙辰"這一天有一封蓋有"昭武長印"的文書/信件被發往了肩水候官。①

[2] 王錦城：補釋或可從，但簡文漫漶不清，不能辨識，當從整理者釋。

按：暫從整理者原釋。

618. 73EJT23：122

☑錢八百　　　　故<u>襄</u>澤☑

☑錢卅☑ 　　　　　　　　　　　　　　　　　　73EJT23：122

_____

① 周艷濤、李黎：《讀〈肩水金關漢簡（貳）〉札記二十則》，《昆明學院學報》2014 年第1 期。

　　[1] 沈思聰：細審圖版，"裏"當釋"襄"。

　　按：沈思聰之言可備一説，此外，"錢卅"疑爲"錢□百卅"，暫存疑。

619. 73EJT23：134

☑侯國縣道河津關毋

☑律令／掾房令史敞　　　　　　　　　　　　73EJT23：134A

……　　　　　　　　　　　　　　　　　　73EJT23：134B

　　[1] 何茂活：釋爲"侯國"未妥。據字形辨析，參以相關辭例，當釋爲"移過"。①

　　[2] 王錦城：整理者釋讀似非，改釋可從，但該兩字殘斷，不能辨識，或當存疑待釋。

　　按：何茂活改釋可從。

620. 73EJT23：145

蘭冠各一完　　　　　　　　　　　　　　　　73EJT23：145

　　[1] 黄艷萍：冠當隸定作寇。②

　　[2] 沈思聰："冠"圖版作 （寇），爲"冠"之誤字或異構。秦封泥"尚冠"之"冠"也有作"寇"例。

　　按：黄艷萍、沈思聰之言可從。

621. 73EJT23：155

☑□得丞印幣　　　　　　　　　　　　　　　73EJT23：155

　　[1] 何茂活："得"上一字爲"繰"。③ 沈思聰同。

　　[2] 王錦城：（何茂活）其説當是，但該字大部分殘佚，暫從整理者釋。

---

　　① 何茂活：《〈肩水金關漢簡（貳）〉殘斷字釋補》，《出土文獻綜合研究集刊》第 2 輯，巴蜀書社 2015 年版。

　　② 黄艷萍：《〈肩水金關漢簡〉（壹—肆）異體字研究》，博士學位論文，華東師範大學，2016 年。

　　③ 何茂活：《〈肩水金關漢簡（貳）〉釋文訂補》，《敦煌研究》2018 年第 4 期。

按：何茂活、沈思聰補釋可從。

622. 73EJT23：157

南書二封橄一　　其一封橐佗侯印詣肩水都☑

　　　　　　　　一橄□禹印詣肩水都尉府□☑　　　　73EJT23：157A

南書六封　　其二封居延都尉印……

一封……

八月庚子日出時□□受莫當☑　　　　　　　　　　73EJT23：157B

［1］沈思聰："禹"前一字圖版作 ，當釋"關"。

按：圖版不清晰，暫從整理者原釋不釋讀。

623. 73EJT23：160

☑□弦三百卅五　凡弦三□☑　　　　　　　　　　73EJT23：160

［1］沈思聰：原簡殘存部分筆畫，當釋"承弦三百卅五 凡弦三百"。

按：沈思聰之言可備一説。

624. 73EJT23：161

戍卒趙國易陽侯里李登高☑　　　　　　　　　　　73EJT23：161

按：整理者所釋"登"字恐非，此字圖版作： ，當"董"字，
73EJT24：578 號簡"董"字作： ，可爲參考。

625. 73EJT23：162

丈人言伏八月三日寄單衣賈長君所□□□

……　　　　　　　　　　　　　　　　　　　　　73EJT23：162

［1］王錦城：據字形來看，或非"伏"字。

按：王錦城所疑是有道理的，故此字暫存疑不釋。

626. 73EJT23：176

第六隧長殷延壽 未得九月奉六百☑　　　　　　　73EJT23：176

按：整理者所釋"殷"字，恐非，此字圖版作： ，疑"段"字。

肩水金關漢簡 73EJT23：375 號簡 "第六隧長段延" 有辭例可爲佐證。

627. 73EJT23：193

驪靬苑奴牧番和宜便里□☑　　　　　　　　　　　73EJT23：193

按："里" 下一字整理者未釋，該字僅存部分筆畫，圖版作：，疑爲 "吳" 字殘筆。漢簡中有辭例可爲佐證，如下：

和宜便里年卅三吳氏故驪靬苑斗食嗇夫廷神爵二年三月庚寅以功次遷爲　　　　　　　　　　　　　　　　　　　73EJT4：98A

公乘番和宜便里年卅三歲姓吳氏故驪靬苑斗食嗇夫廷神爵二年三月辛　　　　　　　　　　　　　　　　　　　　73EJH2：2

三簡中人物均是驪靬苑，又同出自番和宜便里，可知三簡所言當爲同一人，三簡可以互相印證，73EJT4：98、73EJH2：2 指出此人姓吳，由此，73EJT23：193 號簡可補釋。此外，73EJH2：2 號簡整理者所釋 "辛" 字，疑爲書誤，可能爲 73EJT4：98 號簡的 "庚" 字。兩簡吳氏的任職時間當一致。由此，釋文作：

驪靬苑奴牧番和宜便里吳☑　　　　　　　　　　　73EJT23：193

628. 73EJT23：194

☑□亥　　□□□　字子君

……　　　　　　　　　　　　　　　　　　　73EJT23：194

[1] 秦鳳鶴："□" 原簡寫作，當釋 "李"。《金關簡》73EJT9：82、《居延新簡》EPT58·1、《居延漢簡》160·19 中 "李" 字原簡分別寫作、、，可參看。該簡文應釋讀作："□亥。□□李。字子君"。①

[2] 李穎梅：原簡 "字子君" 三字前有三個未釋字，本人認爲當是四個字，且應釋作 "守馬丞□"。②

---

① 秦鳳鶴：《〈肩水金關漢簡（壹）（貳）〉釋文校訂》，《中國文字學會第九屆學術年會論文集》，貴陽，2017 年 8 月。

② 李穎梅：《〈肩水金關漢簡（貳）〉校釋六則》，《昆明學院學報》2018 年第 1 期。

[3] 王錦城：第一行中間未釋第一字釋"守"可從，其餘兩字作
"馬丞"則非是，第三字釋"李"亦存有疑問，其中第二字似爲"錢"
字。又"子"釋"元"或可從。但以上諸字釋讀均不能十分肯定，暫從
整理者釋。

按：秦鳳鶴補釋可從，"李"上兩字圖版作：▨、▨，疑"守"、
"錢"兩字①，選取兩字可供對比：▨（守，73EJT23：18），▨（錢，
145.19）。簡文中的"錢李"疑是人名。此外，整理者所釋"子"字，圖
版作：▨，疑"元"字，簡文中"元君"作人名解，肩水金關漢簡中
亦有相近辭例可爲佐證，如下：

強謹再拜請

子元君以強疾   73EJT5：13

□謹遣元君等……   73EJT9：80

由此，釋文作：

▨□亥　守錢李　字元君

……   73EJT23：194

629. 73EJT23：198

▨及捫　胃肉完不離絕毋維□▨   73EJT23：198

[1] 何茂活：本簡中的"捫"字應即"捫"字的訛寫。從語意上看，
"捫"與"胃肉完，不離絕"亦相搭配，大意應是：待撫摸時發現胃肉完
好，沒有斷裂。"離"有割、刺之意。《儀禮·士冠禮》："離肺實于鼎。"
鄭玄注："離，割也。"《儀禮·鄉飲酒禮》："肺皆離。"可見"離絕"即
割斷之意。另，本簡末尾之"毋維□"，據圖版應爲"毋雍種"。②

[2] 黃艷萍：胃當隸定作𦝢。③

[3] 王錦城："捫"字圖版作▨形，似不爲"捫"；簡末未釋字作

---

① 張俊民認爲第一個字可能是"閣"。

② 何茂活：《〈肩水金關漢簡（貳）〉疑難字形義考辨》，《簡帛研究》（2014），廣西師范
大學出版社2014年版。

③ 黃艷萍：《〈肩水金關漢簡〉（壹—肆）異體字研究》，博士學位論文，華東師範大學，
2016年。

形，據文義釋"種"可從，但字形磨滅不清，暫從整理者釋。

按：何茂活、黃艷萍改釋補釋可從。由此，釋文作：

☑及掍骨肉完不離絕毋雍種☑　　　　　　　　　　73EJT23：198

630. 73EJT23：207

襄履敞足下　　　　　　　　　　　　　　　　　　73EJT23：207A

叩頭叩頭不一√二謹使　　　　　　　　　　　　　73EJT23：207B

［1］王錦城：該字金關簡大多釋"襄"，據改。

按：暫從整理者釋讀。

631. 73EJT23：215

☑水騨北□☑　　　　　　　　　　　　　　　　　73EJT23：215

［1］周艷濤、李黎：此簡末的未釋字應是"亭"字……"水"字前殘字（原釋文漏釋）應爲"肩"字。因此，整支殘簡當釋爲"肩水騨北亭"。①

［2］王錦城：（周、李）補釋可從，但該字僅存一點墨跡，不能確知，當從整理者釋。

按：周、李補釋可從。

632. 73EJT23：229

……

言廷謁移過所縣邑毋苛留□☑

八月丁酉河南宮丞史移過所☑　　　　　　　　　　73EJT23：229A

河南宮丞印　　　　　　　　　　　　　　　　　　73EJT23：229B

［1］胡永鵬：日期似可釋作"□□元年八月庚午朔丁酉"。同簡書有"八月丁酉"，可相對比。如果這一釋讀不誤，檢《二十史朔閏表》（陳垣1956），在邊塞漢簡的時間閾限內僅有宣帝黃龍與之相合。故該簡年代

① 周艷濤、李黎：《讀〈肩水金關漢簡（貳）〉札記二十則》，《昆明學院學報》2014年第1期。

很可能爲黃龍元年（前49年）。①

　　[2] 王錦城：該行文字右半大部缺失，不能確知，當從整理者釋。

　　按：胡永鵬之言可備一説。

633. 73EJT23：230

……宗爲家私市<u>張</u>

……<u>縣</u>邑侯國毋苛留敢言之

……六月□□□<u>蘭南</u>出

……如律令　　　　　　　　　　　　　　　　73EJT23：230

　　[1] 周艷濤：此簡中的“張”字當作“居”字。②

　　按：周艷濤改釋可從，依據辭例，此簡文仍有補釋的餘地。檢索居延漢簡、居延新簡、肩水金關漢簡可知，“爲家私市”有一定的格式，一般如下：地名（某里）＋個人信息（爵位/性別/年齡）＋自言＋爲家私市＋地名。結合字形、辭例，第一行補釋如下：

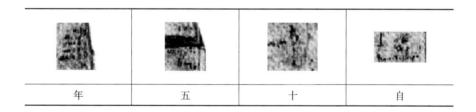

年	五	十	自

　　整理者所釋“宗”字，恐非，此字圖版作： ，73EJT23：496、73EJT23：572、73EJT23：918 號簡“宗”字作： 宗、尿、 ，對比可知字形差距較大，疑是“言”字殘筆，73EJT23：19、73EJT23：61、73EJT23：929 號簡“言”字作： 、 、 ，可參看。此外，“年五十自言”亦符合辭例。第二行，“縣”上兩字，圖版作： 、 ，結合字形辭例，疑是“過”、“所”兩字殘筆。整理者所釋“毋”字，恐

---

① 胡永鵬：《肩水金關漢簡校讀札記》，《漢字文化》2015 年第 3 期。

② 周艷濤：《〈肩水金關漢簡（貳）〉釋文補正四則》，《敦煌研究》2015 年第 2 期。

非，此字圖版作：，當是"勿"字。"月"下兩字，圖版作：、

，疑是"己"、"亥"。"蘭"下整理者衍"南"字，當删。由此，釋

文作：

    ……年五十自言爲家私市居

    ……過所縣邑侯國勿苛留敢言之

    ……六月己亥蘭出

    ……如律令   73EJT23：230

634. 73EJT23：232

    告東部候長有官移□☑   73EJT23：232A

    等皆送適卒詣趣☑   73EJT23：232B

[1] 周艷濤："移"字後殘字原釋文未釋出，應釋爲"書"字。①

[2] 王錦城：（周艷濤）補釋可從，但該字僅存上部一點筆畫，不能

確知，當從整理者釋。

    按：暫從整理者原釋。

635. 73EJT23：234

    ……

    令史□毋恙□   73EJT23：234A

    ……   73EJT23：234B

[1] 何茂活：此簡右殘。據殘存字形，可以釋讀爲"□遺叩頭白

□"。首字末字疑應分別釋爲"謹"和"封"。②

[2] 王錦城：（何茂活）補釋或可從，但該面文字右半缺失，多不能

辨識，當從整理者釋。

    按：何茂活所言可備一説，另，A面"毋恙"下一字疑爲"忍"。

---

636. 73EJT23：238

![字]詣官白傳＝發致當乃自開閉獨瘦索人力不及　　　　73EJT23：238

［1］林獻忠：依文意及字形，我們認爲 ![字] 字意同 ![字]，應釋作
"廋"。①

［2］黄艷萍："![字]" 當隸定作 "報"。②

［3］沈思聰："瘦"，即 "廋"。

［4］王錦城：從字形來看，當從整理者釋 "瘦"，"瘦" 通 "搜"。

按：黄艷萍、王錦城所言可從，由此，釋文作：

![字]詣官白傳＝發致當乃自開閉獨瘦索人力不及　　　　73EJT23：238

637. 73EJT23：258

☑□莫當隧卒根傳言延　丁亥表二通　卩　　　　　73EJT23：258

按："卒" 下一字，簡文寫作 ![字] （A），整理者釋作從禾從艮的
"根"（B）。核查圖版，A 從 "艮" 是有問題的，以肩水金關漢簡中的
"良" 字爲對比，![字]（良，73EJT10：343B）。對比知，A 字非 "從艮"，
由此，釋作 "根" 是不合適的。

☑□庇受彙他莫當隧卒根傳言□☑　　　　　　　73EJT29：8

"卒" 下一字，簡文寫作 ![字] （C），整理者釋作 "根"（D）。"根"，
《説文》："從木艮聲。"③ 核查圖版，C 與 "根" 差距較大，以肩水金關
漢簡中的 "根" 字爲對比，![字]（根，73EJT9：238）。可以發現，C 字
非 "根" 字，其左側從 "禾"，![字]（禾，73EJT10：242）。

……莫當隧卒租即行日食時付沙頭亭……　　　　73EJT23：933

"卒" 下一字，簡文寫作 ![字]（E），整理者釋作 "租"，可從。從形

---

① 林獻忠：《讀〈肩水金關漢簡（貳）〉札記》，復旦大學出土文獻與古文字研究中心網，
2014 年 12 月 20 日，http：//www. gwz. fudan. edu. cn/Web/Show/2405。後以 "《〈肩水金關漢簡
（貳）〉考釋六則》" 爲名，發表於《敦煌研究》2016 年第 5 期。

② 黄艷萍：《〈肩水金關漢簡〉（壹—肆）異體字研究》，博士學位論文，華東師范大學，
2016 年。

③ （東漢）許慎：《説文解字》，中華書局 1963 年版，第 118 頁。

體看，（A）、（C）、（E）三者當爲一字，均是"租"。一是字形上，三者較爲相似，尤其是 C 和 E，較爲接近。二是辭例上，73EJT23：933 簡的"橐他莫當隧卒租"與 73EJT29：8 簡的"橐他莫當隧卒租"，73EJT29：8 簡的"莫當隧卒租傳言"與 73EJT23：258 簡的"莫當隧卒租傳言"，在辭例上是可以證明、並相互聯繫的。

是故，A、C、E 均是"租"字，作"人名"解。

638. 73EJT23：263

十二月　戊子　凡丁亥表直卅九通□□　　　　　　　　73EJT23：263

［1］胡永鵬：該簡簡文清晰，"直"字爲衍文。①

［2］何茂活："直"字衍，當刪。②

按：胡永鵬、何茂活意見可從。該簡尾兩字整理者未釋，圖版作：，疑"死"、"隹"兩字。由此，釋文作：

十二月　戊子　凡丁亥表直卅九通死隹　　　　　　　73EJT23：263

639. 73EJT23：279

之小計足道乎卩＝頭＝前所貸粟今故遣史受教小計當直□

直人請自憐之償餘計不敢忽悍再拜

白奏……　　　　　　　　　　　　　　　　　　　73EJT23：279A

……　　　　　　　　　　　　　　　　　　　　　73EJT23：279B

［1］曹方向：第一列最後一字未釋，第二列第二字釋"人"，皆不確。第一列最後一字是"出"，第二列第二字是"入"。簡文連讀爲"直出直入"。③

［2］何茂活："白奏"之後缺釋六字，今補釋爲"有秩嗇夫坐前"。

---

① 胡永鵬：《讀〈肩水金關漢簡（貳）〉札記》，簡帛網，2013 年 9 月 17 日，http：//www.bsm.org.cn/show_article.php？id=1905。後發表於《中國文字（新四十期）》，臺北：藝文印書館 2014 年版。

② 何茂活：《〈肩水金關漢簡（貳）〉釋文訂補》，《敦煌研究》2018 年第 4 期。

③ 曹方向（魚游春水）：《肩水金關漢簡（貳）偶讀》，簡帛網簡帛論壇，2013 年 5 月 21 日，0 樓，http：//www.bsm.org.cn/bbs/read.php？tid=3095&keyword=%BC%E7%CB%AE%BD%F0。

[3] 王錦城：（何茂活）補釋或可從，但該行文字左半殘缺，不能確知，當從整理者釋。

按：曹、何改釋、補釋可從。此外，整理者所釋"惲"，恐非，該字圖版作：![字]，疑爲"謹"字，"謹"字作：![字]（73EJT23：410）、![字]（73EJT33：40）、![字]（73EJD：358），可參。此外，漢簡中亦有辭例可爲佐證，如下：

叩頭謹再拜白	73EJT23：789B
□然謹再拜白	72EJC：272A
不多言謹再拜白	Ⅰ90DXT0112③：45B

由此，釋文作：

之小計足道乎叩＝頭＝前所貸粟今故遣史受教小討當直出

直入請自憐之償餘計不敢忽謹再拜

白奏有秩嗇夫坐前	73EJT23：279A
……	73EJT23：279B

640. 73EJT23：287

臨澤隧牛卬襄澤隧長李由臨利隧長孫慶禽寇隧宋宋良窮寇隧長張□

73EJT23：287A

右前部隧亭　　　　　　　　　　　73EJT23：287B

[1] 尉侯凱："宋"字係衍文。①

[2] 沈思聰："由"字圖版作![字]，當釋"由"。"禽寇隧宋"之"宋"，"長"之誤。

[3] 王錦城："宋宋良"原簡當衍一"宋"字，或爲"長"字之誤。

按：諸家之言可從。

641. 73EJT23：291

居攝三年十月甲戌朔丁丑左前守候長……

長詣廷……行計事言出入食……　　　73EJT23：291A

---

① 尉侯凱：《讀〈肩水金關漢簡〉零札七則》，《西華大學學報》2017 年第 1 期。

　　良當送胡□後<u>藁</u>車行尉事不使吏送□司馬舍□□忘言□□毋□□

坐敢言之　　　　　　　　　　　　　　　　　73EJT23：291B

　　[1] 何茂活：藁，實爲"稟"，亦即"廩"字。"稟（廩）車"未
知何意。①

　　按：何茂活改釋可從，73EJT23：291 號簡漫漶不清晰，釋讀困難，A
面第二行尚有數字可以釋讀，如下：

司	馬	舍	送	豆	謹	行	國	食

此外，B 面"司"上一字，圖版作：，疑"肩"字，"肩水司馬"，職
官名，肩水金關漢簡中較爲常見，如下：

　　七月壬辰張掖肩水司馬陽以秩次兼行都尉事……　　　　73EJT1：2

　　……庚子朔己丑肩水司馬令史翟延……　　　　　　　　73EJT3：14

　　元康元年六月甲辰朔丙寅肩水司馬……　　　　　　　　73EJT7：132

疑書手遺漏了"水"字。由此，釋文作：

　　居攝三年十月甲戌朔丁丑左前守候長……

　　長詣廷□□行計事言出入食司馬舍□□送豆謹□□行□□國食……

　　　　　　　　　　　　　　　　　　　　　　　73EJT23：291A

　　良當送胡□後稟車行尉事不使吏送肩司馬舍□□忘言□□毋□□

坐敢言之　　　　　　　　　　　　　　　　　73EJT23：291B

　　漢簡又見"胡豆"，如居延漢簡 310.2 號簡曰"胡豆四石七斗"②，
簡文中的"豆"疑即"胡豆"。

---

　　① 何茂活：《〈肩水金關漢簡（貳）〉疑難字形義考辨》，《簡帛研究》（2014），廣西師範
大學出版社 2014 年版。

　　② 簡牘整理小組編：《居延漢簡（叁）》，臺北："歷史語言研究所"2016 年版，第 270
頁。

642. 73EJT23:293

北部候長蘇君郎   73EJT23:293A

匈奴所入候官……   73EJT23:293B

〔1〕沈思聰:"郎"圖版作█,當釋"卿"。

按:從整理者原釋。

643. 73EJT23:295

布橐一直百八十布袜一兩直八十始安隧卒韓詡自言責故東部候長牟
放□□

錢四百驗問收責持詣廷放在城官界中謁移城官治決害□日夜□

                                              73EJT23:295

〔1〕郭偉濤:"放"下"行"字原未釋,據圖版,徑改。①

按:第一列"放"下整理者留有兩個方框,也即推測尚有兩字待識,
恐非,此處圖版作:█,從字間距、字形構造來看,僅是一字,郭偉濤
補釋"行"字可備一説。

644. 73EJT23:301

老賞第一候長毋舉隧長議罰書到趣作治諸舉務令□堅任用皆爲□畢
成言毋出

月廿八日令可覆行如律令   /掾武   73EJT23:301

〔1〕鄔文玲:"堅"前一字應是"攻"字,"爲"下一字,此處很
可能當取"任"字。②

〔2〕王錦城:"皆爲□"之"□"字上有圓圈,似用筆畫圈出,又
似樹丁,不可辨識,暫存疑。

按:鄔文玲之言可從。由此,釋文作:

---

① 郭偉濤:《漢代張掖郡肩水塞研究》,博士學位論文,清華大學,2017年,第321頁。
② 鄔文玲:《居延漢簡釋文補遺》,《金塔居延遺址與絲綢之路歷史文化研究》,甘肅教育
出版社2014年版,第89頁。

老賞第一候長毋舉隧長議罰書到趣作治諸舉務令攻堅任用皆爲任畢成言毋出

月廿八日令可覆行如律令　　　　　／掾武　　　　　　　73EJT23：301

645. 73EJT23：302

蔡襃叩頭白謹因使再拜……

趙卿坐前善毋恙屬□日相見未及久不敢多□因道卒□□在河西

73EJT23：302A

治席逢水大因不得□□□□見孫級□□令級急來級當從

官□爲渡當過趙卿亭必令……　　　　　　　73EJT23：302B

［1］王錦城：該字金關簡大多釋“襃”，據改。

按：暫從整理者釋讀。

646. 73EJT23：305

汲垂二　　　　　　　　　　　　　　　　　73EJT23：305

［1］沈思聰：“垂”字圖版作，當釋“缶”。

［2］于淼：“垂”就是“䤥”的隸變寫法。①

按：從整理者原釋。

647. 73EJT23：311

橛一　　張掖肩水司馬　　四月辛亥功曹史房白發　　73EJT23：311

［1］黃艷萍：“房”當隸定作“防”。②

按：黃艷萍改釋可從。

648. 73EJT23：317

元始六年曆日 居攝元年大歲在寅　　　　　　　73EJT23：317

---

① 于淼：《説汲甄》，《古文字研究》第33輯，中華書局2020年版，第404頁。

② 黃艷萍：《〈肩水金關漢簡〉（壹—肆）異體字研究》，博士學位論文，華東師範大學，2016年。

[1] 程少軒：元始六年磿（曆）日。①

[2] 何茂活：“磿”字字形如右圖，其上似“广”猶“厂”，較爲模糊。磿，同“曆”。

據《漢語大字典》，“曆”可通“歷”，指歷象。

[3] 王錦城：據字形來看，其當釋作“曆”。

按：當釋作“曆”。

649. 73EJT23：319

居攝二年九月辛巳朔庚寅……

□□爲家私使旁郡中市張掖……

願以令取傳謁移廷敢言之九月……　　　　　　　　　73EJT23：319

[1] 王錦城：第二行“市張掖”三字似釋讀有誤。“爲家私使旁郡中”即已經說明申請關傳的目的，“私使”又作“私市”，因此不當再有“市張掖”等內容出現。

按：王錦城的懷疑是有道理的，“市”字當非，但從殘存圖版分析，整理者所釋“張掖”無誤。此外，第二行簡首兩字圖版作：■、■，當爲“自”“言”兩字，其中“自”字相對清晰，“自言爲家私使”簡文也較爲常見。由此，釋文作：

居攝二年九月辛巳朔庚寅……

自言爲家私使旁郡中□張掖……

願以令取傳謁移廷敢言之九月……　　　　　　　　　73EJT23：319

650. 73EJT23：323

徐惲叩頭白□叩頭爲□此就人徐林等皆有致　　　73EJT23：323A

叩頭幸甚＝再拜白□卩　　　　　　　　　　　　73EJT23：323B

[1] 何茂活：“白”後其實缺釋二字，第一個作，雖較模糊，但上面幾個並列的橫畫和右下方的捺筆清晰可見，因此基本可以認定爲“奏”。

① 程少軒：《肩水金關漢簡“元始六年（居攝元年）曆日”復原》，《出土文獻》第 5 輯，中西書局 2014 年版。

另，末字原釋"卩"，實同例1"業卿"之"卿"……"白"後第二個字模糊難識，但據以上分析，並參考相關文例，當爲姓氏。全簡可改釋爲"叩頭幸甚＝再拜白奏□卿"。①

　　[2] 王錦城：A面"卿願"原作"叩頭"。此二字圖版分別作、形，當釋"卿願"。B面"幸"後原缺釋重文號，當補。

　　按：何、王改釋、補釋可從，此外，A面整理者所釋"憚"字，恐非，該字圖版作：，疑爲"謹"字。漢簡"謹"字作：（73EJT23：410）、（73EJT33：40）、（73EJD：358），可參。此外，漢簡中亦有辭例可爲佐證，如下：

　　　　幸甚謹叩頭白/子子□　　　　　　　　　　《馬圈灣》0245A②
　　　　事謹叩頭再拜白　　　　　　　　　　　　　　　　35.20B③

由此，釋文作：

　　　　徐謹叩頭白□卿願爲□此就人徐林等皆有致　　　73EJT23：323A
　　　　叩頭幸＝甚＝再拜白奏□卿　　　　　　　　　　73EJT23：323B

651. 73EJT23：328

　　薛陽子等記幸致金關
　　嗇夫李子張亭長過大小所　　　　　　　　　　　　73EJT23：328

　　[1] 劉樂賢："薛陽子等"的"等"字應當釋作"胥"，整理者釋"小"固然有據，但若改釋爲"公"，也很合適。"過大公"三字亦見於金關漢簡73EJT7：116號背面。總之，將這枚封檢上的人名釋作"過大公"，理解爲姓過字大公，是很合理的。④

　　按：劉樂賢所言可從，由此，釋文作：

　　薛陽子胥記幸致金關

────────────────

　　①　何茂活：《〈肩水金關漢簡（伍）〉綴合補議一則》，簡帛網，2017年2月20日，http://www.bsm.org.cn/show_article.php? id＝2735。

　　②　張德芳：《敦煌馬圈灣漢簡集釋》，甘肅文化出版社2013年版，第441頁。

　　③　簡牘整理小組編：《居延漢簡（壹）》，臺北："歷史語言研究所"2014年版，第112頁。

　　④　劉樂賢：《釋金關漢簡中與"過大公"有關的兩枚封檢》，《出土文獻》第7輯，中西書局2015年版。

嗇夫李子張亭長過大公所　　　　　　　　　　　73EJT23：328

652. 73EJT23：330

閒者絕不得徒施刑元始四年王府君省肩水塞閒亭卒一人□

73EJT23：330

［1］秦鳳鶴："□"原簡寫作![字形]，當釋"門"。《敦煌漢簡》2434、《居延新簡》EPF16·39 中"門"字原簡分別寫作![字形]、![字形]，可參證。門，守門。如《居延新簡》EPT48·12B："一人門"。《居延新簡》EPT50·7B："禹二人門"。該簡文應釋讀作："閒者絕不得徒施刑。元始四年，王府君省肩水塞閒亭卒一人門"。①

按：秦鳳鶴之言可從。

653. 73EJT23：332

五日　　癸未 壬子 □午 壬子 辛巳 辛亥 庚辰

中伏

庚戌 己卯 己酉 戊寅 戊申 丁丑　　　　　73EJT23：332

［1］程少軒："壬"字原缺釋，據圖版及上下干支補釋。②

［2］王錦城：補釋可從，但該未釋字圖版已完全磨滅，不存字跡，暫從整理者釋。

按：暫從整理者原釋。

654. 73EJT23：335

元始五年十二月辛酉朔庚辰東鄉嗇夫丹敢言之□□里男子耿永自言

□彭守肩水彙他□□隧長永願

以令取傳□彭衣食謹案永等毋官獄徵事當得取傳□□□移過所肩水

---

① 秦鳳鶴：《〈肩水金關漢簡（壹）（貳）〉釋文校訂》，《中國文字學會第九屆學術年會論文集》，貴陽，2017 年 8 月；秦鳳鶴：《〈肩水金關漢簡〉（壹）（貳）釋文校訂》，《漢字漢語研究》2018 年第 2 期。

② 程少軒：《肩水金關漢簡"元始六年（居攝元年）曆日"復原》，《出土文獻》第 5 輯，中西書局 2014 年版。

金關往來出入毋苛

留如律令敢言之十二月庚辰昭武長財守丞□移過所寫移如律令掾忠
令史放　　　　　　　　　　　　　　　　　　　　　　73EJT23：335

[1] 王錦城：第三行"彭"前未釋字圖版作，當爲"遺"字。"遺彭衣食"是説給名叫彭的人送衣服食物。

按：王錦城所言可從，此外，"移"前一字圖版作：，疑爲"謁"字。漢簡中"謁"字作： （73EJT6：192）、 （73EJT29：116）、 （73EJT26：199），可參。"謁移過所"漢簡中也較爲習見。由此，釋文作：

元始五年十二月辛酉朔庚辰東鄉嗇夫丹敢言之□□里男子耿永自言
□彭守肩水橐他□□隧長永願

以令取傳遺彭衣食謹案永等毋官獄徵事當得取傳□□謁移過所肩水
金關往來出入毋苛

留如律令敢言之十二月庚辰昭武長財守丞□移過所寫移如律令掾忠
令史放　　　　　　　　　　　　　　　　　　　　　　73EJT23：335

655. 73EJT23：337

□□□□正月庚寅朔甲午南鄉□嗇夫鳳佐豐敢言之宗里公乘□□自
言取傳爲家私使

□□□□居延金關……毋官獄徵事當爲傳謁移過所毋苛留
　　　　　　　　　　　　　　　　　　　　　　　　73EJT23：337

[1] 羅見今、關守義：河平三年（前 26 年）或居攝元年（68 年）正月庚寅朔，甲午初五，兩解。①

[2] 沈思聰：細審圖版，"嗇夫"前"□"當刪。

[3] 王錦城："南鄉嗇夫"原作"南鄉□嗇夫"，據圖版和文義來看，"鄉"與"嗇"之間不當有字。

按：沈、王之言可從。簡牘的年代，則可從簡首一字推知，該字圖

---

① 羅見今、關守義：《〈肩水金關漢簡（貳）〉曆簡年代考釋》，《敦煌研究》2014 年第 2期。

版作：▆▆，疑爲“元”字。我們核查曆譜，以“元”開頭的年號中，恰有“元始六年”符合，且有辭例可以得到印證，如下：

> 元始六年正月庚寅朔庚戌橐他候秉移肩水候官出粟給令史官吏
> 　如牒前移先校連月不爲簿入令府卻出書到願令史簿入
>
> 73EJT24：32

據此，我們認爲簡首所缺四字可補爲“元始六年”。由此，釋文作：

> 元始六年正月庚寅朔甲午南鄉嗇夫鳳佐豊敢言之宗里公乘□□自言取傳爲家私使
> □□□□居延金關……毋官獄徵事當爲傳謁移過所毋苛留
>
> 73EJT23：337

眾所周知“元始”年號僅用了五年，接替之新年號爲“居攝”，簡文中的元始六年即居攝元年，屬羅見今兩解中的後一解。由於邊塞距離較遠，還未來得及使用新年號，故存在延續年號使用的情況。

656. 73EJT23：338

> 三月癸卯居延令……　　　　　　　　　　　　73EJT23：338A
> □□　　　　　　　　　　　　　　　　　　　73EJT23：338B

[1] 胡永鵬：簡背缺釋之字當釋“君門下”。①

按：補釋可從，另，參考73EJT37：1560 + 246 + 61 號簡 A 面可訂補釋文，如下：

> 三月癸卯居延令 守丞□移卅井縣索肩水金關……　73EJT23：338A
> 君門下　　　　　　　　　　　　　　　　　　73EJT23：338B

657. 73EJT23：364

> 隆叩頭白君公兄數不一└二叩＝頭＝前者屬來人告以欲爲□☑
> 73EJT23：364A
>
> 史持記來言不能得就即爲就者今□□報須而☑　73EJT23：364B

---

① 胡永鵬：《肩水金關漢簡校讀五則》，《近代漢字研究第三屆學術年會論文集》，湖南師範大學，2020 年 11 月。

［1］王錦城："兄"當釋"見"。①

按：王錦城改釋可從，另，第二行簡首"史"字疑爲"吏"。由此，釋文作：

隆叩頭白君公見數不一╵二叩＝頭＝前者屬來人告以欲爲□☑
　　　　　　　　　　　　　　　　　　　73EJT23：364A

吏持記來言不能得就即爲就者今□□報須而☑　　73EJT23：364B

658. 73EJT23：369

……□□□□□□□□錢七千五百□錢七十
□□□直錢

受降隧卒□□　　……□□□□初元二年六月**庚辛**酒
肉□□□□□□

……□□□□□□錢七十　　73EJT23：369

［1］胡永鵬：若釋文無誤，則"庚辛"必爲書誤。②

［2］黄艷萍："庚辛"似爲"甲午"。③

［3］王錦城：諸説是，該簡文字漫漶不清，不能辨識，整理者釋讀似有誤。

按：圖版不清晰，暫存疑不釋。

659. 73EJT23：371

報□☑

適敢☑　　　　　　　　73EJT23：371

［1］何茂活："報□"當釋爲"執適"。④

按：何茂活改釋可從。

① 王錦城：《西北漢簡字詞雜考四則》，《簡帛》第 18 輯，上海古籍出版社 2019 年版。

② 胡永鵬：《〈肩水金關漢簡（貳）〉中與曆表不合諸簡考證》，《簡帛》第 9 輯，上海古籍出版社 2014 年版。

③ 黄艷萍：《〈肩水金關漢簡（貳）〉紀年簡校考》，《簡帛研究》（2013），廣西師范大學出版社 2014 年版。

④ 何茂活：《〈肩水金關漢簡（貳）〉釋文訂補》，《敦煌研究》2018 年第 4 期。

660. 73EJT23：378

出麻二石　　至八月己丑除書到☑

73EJT23：378

［1］張再興、黃艷萍："麻"應是"庰"，可能讀作"粚"。①

［2］王錦城：釋或可從，該字亦有可能爲"糜"字異體。

按：暫從整理者原釋。

661. 73EJT23：388

負嚴記再拜奏

遺大公合下　　　　　　　　　　　　　　　　　　73EJT23：388

［1］劉樂賢："負"即"員"，"遺"應釋爲"過"。②

按：劉樂賢所言可從，由此，釋文作：

員嚴記再拜奏

過大公合下　　　　　　　　　　　　　　　　　　73EJT23：388

662. 73EJT23：395

☑徐卿白俳日☑　　　　　　　　　　　　　　　　73EJT23：395

［1］孔德衆、張俊民：實際上這個字就是昨天之"昨"。③

［2］何茂活：俳、昨同"昨"。如："徐卿白俳日"（73EJT23：395）、
"發省卒會昨莫至"（73EJT23：947B），圖版分別作 、。《秦漢魏
晉篆隸字形表》"昨"下無"俳、昨"之形，茲可補正。④

按：諸家所言可從。

---

①　張再興、黃艷萍：《肩水金關漢簡校讀札記》，《中國文字研究》2017 年第 26 輯。

②　劉樂賢：《釋金關漢簡中與"過大公"有關的兩枚封檢》，《出土文獻》第 7 輯，中西書
局 2015 年版。

③　孔德衆、張俊民：《漢簡釋讀過程中存在的幾類問題字》，《敦煌研究》2013 年第 6 期。

④　何茂活：《〈肩水金關漢簡（貳）〉疑難字形義考辨》，《簡帛研究》（2014），廣西師范
大學出版社 2014 年版。

663. 73EJT23：400

張披肩水候官□有秩士吏公乘張弘　元☑　　　　　　　73EJT23：400

［1］胡永鵬：“□”當釋“塞”。該字圖版略殘，但輪廓清晰。《肩水（壹）》73EJT7：114 亦載有“肩水候官塞有秩”。①

按：改釋可從。

664. 73EJT23：408

執適守隧長□臨登山隧長王詡辭皆曰音前　　　　　　　73EJT23：408

按：73EJT23：408 號簡“臨”上一字整理者未釋，此字圖版作：

，當是“彊”字，73EJT23：289 號簡“彊”字作：，可爲參考。由此，釋文作：

執適守隧長□臨登山隧長王詡辭皆曰音前☑　　　　　　73EJT23：408

665. 73EJT23：416

元始五年□□□辛卯……　　　　　　　　　　　　　73EJT23：416

［1］周艷濤、李黎：此處整理者未釋的三字“□□□”應該是“十一月”三字。②

［2］王錦城：據文義補釋可從，但該未釋字圖版磨滅不可辨識，當從整理者釋。

按：暫從整理者原釋。

666. 73EJT23：424

☑□小疾未任□☑　　　　　　　　　　　　　　　　73EJT23：424A

☑□錢願相急□☑　　　　　　　　　　　　　　　　73EJT23：424B

---

① 胡永鵬：《讀〈肩水金關漢簡（貳）〉札記》，簡帛網，2013 年 9 月 17 日，http：//www. bsm. org. cn/show_article. php？id＝1905。後發表於《中國文字（新四十期）》，臺北：藝文印書館 2014 年版。

② 周艷濤、李黎：《讀〈肩水金關漢簡（貳）〉札記二十則》，《昆明學院學報》2014 年第 1 期。

［1］沈思聰：“疾”，原簡从“广”，作 。

按：從整理者原釋。

667. 73EJT23：445

虜□□卒趙國襄□☑　　　　　　　　　　　　　　73EJT23：445

［1］胡永鵬：“□□”可釋作“隧戍”……“□”當釋“國”。①

按：筆者失檢，亦曾補釋隧、戍、國等字②，然時間在胡永鵬一文之後，故原創發明權當歸胡永鵬，引用注釋亦當以胡永鵬之文爲先。由此，釋文作：

☑虜隧戍卒趙國襄國☑　　　　　　　　　　　　　　73EJT23：445

668. 73EJT23：464

☑□格殺☑　　　　　　　　　　　　　　　　　73EJT23：464

［1］沈思聰：“格”當釋“挌”。

按：沈思聰之言可從，“殺”字亦當存疑。由此，釋文作：

☑□挌□☑　　　　　　　　　　　　　　　　　73EJT23：464

669. 73EJT23：471

☑莫當隧卒同□

☑□嘉行　　　　　　　　　　　　　　　　　　73EJT23：471

［1］何茂活：“嘉”當釋爲“壽”。③

按：從字形圖版看，整理者釋“嘉”可從。另外，“同”下一字圖版爲：，整理者未釋讀，並認爲是一個字。結合字形辭例，疑是“八”、“分”兩字。肩水金關漢簡中有辭例可爲佐證，如下：

正月己丑東中時良受莫當卒良八分時付沙頭卒益有良行

73EJT24：627

---

① 胡永鵬：《讀〈肩水金關漢簡（貳）〉札記》，《中國文字（新四十期）》，臺北：藝文印書館 2014 年版。

② 姚磊：《讀〈肩水金關漢簡〉札記（十四）》，簡帛網，2017 年 3 月 29 日，http：//www.bsm.org.cn/show_article.php？id=2769。

③ 何茂活：《〈肩水金關漢簡（貳）〉釋文訂補》，《敦煌研究》2018 年第 4 期。

五月癸亥日中時騂北卒受莫當卒同八分時付沙頭卒同　　73EJT4H：12

由此，釋文作：

☑莫當隧卒同八分

☑□嘉行　　　　　　　　　　　　　　　　　　　73EJT23：471

670. 73EJT23：481

朱幼季少九丿　　　散幼君少十四丿

段子賓多十丿　　　楊翁前多十　　　　　　　　　73EJT23：481A

止虜隧長申延壽九月　　候史唐忠九月　　孫子卿百廿

安樂隧長孫東門九月　　散幼君五十　　李子高三百八十

　　　　　　　　　　　聞賓九十二　　　　　　　73EJT23：481B

[1] 沈思聰："前"字圖版作 🔲，當釋"叔"。

按：沈思聰之言可從，釋文當作"楊翁叔多十"。

671. 73EJT23：495

☑□且乳反謂□☑　　　　　　　　　　　　　　73EJT23：495A

☑□人□乎以故有☑　　　　　　　　　　　　　73EJT23：495B

[1] 何茂活："人"下一字疑當釋"聟"，本作"婿"，後俗作
"婿"。①

按："人"下一字字體圖形不清晰，字義不明，存疑不釋較適宜。另
外，73EJT23：495A 面簡首字圖版作：🔲，當是"具"字殘筆。由此，
釋文作：

☑具且乳反謂□☑　　　　　　　　　　　　　　73EJT23：495A

☑□人□乎以故有☑　　　　　　　　　　　　　73EJT23：495B

672. 73EJT23：498

隧戍卒梁國蕑市陽里☑　　　　　　　　　　　　73EJT23：498

---

① 何茂活：《〈肩水金關漢簡（貳）〉釋文訂補》，《敦煌研究》2018 年第 4 期。

［1］孔德眾、張俊民："畓"應爲"甾"。①

按：從整理者原釋。

673. 73EJT23：501

水門隧卒淳于□☑   73EJT23：501

［1］王錦城：未釋字或爲"得"字。

按：該字僅存左部，可能性較多，73EJT23：482 號簡便有"廣野隧卒淳于德"，當從整理者存疑不釋。

674. 73EJT23：510

駒望隧卒駒毋何☑   73EJT23：510

［1］何茂活："駒"字不見於字書韻書，但據字形分析，當即"騶"字。本簡中之"駒"字，無疑應是"騶"的省寫。②

按：何茂活所言可備一説。

675. 73EJT23：554

子卿稚婦足下見□☑

□□□□□□□   73EJT23：554

按：整理者所釋"稚"字，恐非，該字圖版作： ，當"穉"字，"穉婦"人名，又見於73EJT33：53 號簡，可參。73EJT4：43 號簡"稚"字作： ，與73EJT23：554 號簡明顯不同，雖然"穉"與"稚"字常通，但當依據字形進行釋讀。

676. 73EJT23：562

廣地士吏陳廣□子小女負年五歲☑   73EJT23：562

［1］何茂活："廣"後之字亦應釋爲"平"。③ 沈思聰同。

---

① 孔德眾、張俊民：《漢簡釋讀過程中存在的幾類問題字》，《敦煌研究》2013 年第 6 期。
② 何茂活：《〈肩水金關漢簡（貳）〉疑難字形義考辨》，《簡帛研究》（2014），廣西師范大學出版社 2014 年版。
③ 何茂活：《〈肩水金關漢簡（貳）〉釋文訂補》，《敦煌研究》2018 年第 4 期。

[2] 王錦城：補釋可從，但字跡磨滅，不能確知，暫從整理者釋。

按：何茂活、沈思聰改釋"平"可從。

677. 73EJT23：580＋607

晏伏地白

幼□坐前善毋恙見未久□□尉卿過得毋有它因白願

73EJT23：580A＋607A

侍有錢得日夜伏前不即敢負之毋尤當食者□

使詣前受教願毋尤□□　　　　　73EJT23：580B＋607B

[1] 王錦城：B 面第二行簡末"尤"下一字或亦可釋作"負"。

按：從文意看，參照 B 面第一行"毋尤當"的辭例，此字似乎亦有
"當"字的可能，暫存疑不釋。

678. 73EJT23：584

郡國十二廿有三石　　　　　　　　　　73EJT23：584

[1] 沈思聰："廿"圖版作 ，當釋"上"。

按：沈思聰之言可備一説。

679. 73EJT23：594

☑□取食官候長 △　　　　　　　　　　73EJT23：594

[1] 王錦城："厶"原作"△"。此處厶用以代替候長的名字，當據
以改釋。

按：從整理者原釋。

680. 73EJT23：600

□□□毋章　　　　　　　　　　　　　73EJT23：600

[1] 何茂活："毋"前四字當釋爲"北書□封"，毋，通"無"。①

[2] 王錦城：補釋或可從，但未釋字殘缺不可辨識，當從整理者釋。

---

① 何茂活：《〈肩水金關漢簡（貳）〉殘斷字釋補》，《出土文獻綜合研究集刊》第 2 輯，
巴蜀書社 2015 年版。

按：何茂活補釋“封”字可從，其他文字殘損嚴重，暫不釋讀。

681. 73EJT23：604

☑□教奏記不☑　　　　　　　　　　　　　　　73EJT23：604

［1］秦鳳鶴：“□”原簡寫作 ，當釋“前”。①

按：改釋當可從。

682. 73EJT23：622

此家累山里焦賢　車一兩　肩水

載粟大石廿五石就人文德清陽里楊賞年卅　　用牛二　73EJT23：622

［1］何茂活：“焦”應釋爲“侯”字的訛寫。②

按：從整理者原釋。

683. 73EJT23：623

☑□□□傳兩馬再封之一馬一封諸乘軺傳者乘一封及以律令乘傳起

□☑　　　　　　　　　　　　　　　　　　　73EJT23：623

［1］王錦城：簡首“傳”字前一字當爲“軺”字。

［2］曾磊：簡文第四字可補釋爲“軺”，第二字和第三字當爲“封
之”，第一字爲“五”字。本條簡文可補釋作③：

☑五封之軺傳兩馬再封之一馬一封諸乘軺傳者乘一封及以律令乘傳起

□☑

按：王錦城、曾磊補釋可從。

684. 73EJT23：626

☑□□願賜物部今相見尔∟二陳文至遷使□☑

---

　　① 秦鳳鶴：《〈肩水金關漢簡（壹）（貳）〉釋文校訂》，《中國文字學會第九屆學術年會論
文集》，貴陽，2017 年 8 月。

　　② 何茂活：《河西漢簡所見“塸”字釋讀商兑》，《簡帛研究》2016 秋冬卷，廣西師範大
學出版社 2017 年版。

　　③ 曾磊：《肩水金關漢簡中的〈厩律〉遺文》，《簡帛研究》2019 秋冬卷，廣西師範大學
出版社 2020 年版。

☑□伏叩☑   73EJT23：626A

☑謹白記☑   73EJT23：626B

　[1] 王錦城：該簡中"尔"字圖版作，可知實爲"不"字，不在漢簡中常作形，亦可參看。而"乚"號，其實爲"一"字。該簡右半殘缺，整理者所釋"乚二"圖版作，其實是"一二"兩字，其中間當也有"乚"號，只不過位於"一"的右下，殘缺不可見而已。"一乚二"在金關漢簡中常作（73EJT23：866A）、（73EJT23：896A）等形，可以參看。因此"尔乚二"當改釋作"不一乚二"。此外，整理者所釋"物部"二字，圖版作、形，僅存左半，但明顯和西北漢簡中"物部"字的寫法、有別。因此釋"物部"不確，當存疑。①

　按：王錦城改釋可從，此外，整理者所釋"遷"字恐非，該字圖版作：，當爲"遣"字。漢簡中"遣"圖版作：（73EJT24：517）、（73EJT30：204）、（73EJT26：121），可參。肩水金關漢簡中"遣使"也較爲常見。由此，釋文作：

☑□□願賜□□今相見不一乚二陳文至遣使□☑

☑□伏叩☑   73EJT23：626A

☑謹白記☑   73EJT23：626B

685. 73EJT23：632

☑九月五日以誉□詣   73EJT23：632

　[1] 何茂活："詣"上一字疑當釋"轉"。②

　按：字形圖版不清晰，暫存疑不釋較宜。

686. 73EJT23：635

廣地尉史汾慶　送罷卒府☑   73EJT23：635

　[1] 沈思聰："慶"字圖版作，當釋"處"。

---

　① 王錦城：《肩水金關漢簡校讀札記（二）》，簡帛網，2017 年 8 月 1 日，http：//www.bsm. org. cn/show_article. php? id = 2855。

　② 何茂活：《〈肩水金關漢簡（貳）〉釋文訂補》，《敦煌研究》2018 年第 4 期。

按：從整理者所釋。

687. 73EJT23：646

…… 73EJT23：646

［1］何茂活：此簡左殘。據殘留字形可辨識爲"肩水候官以郵"。①

［2］王錦城：補釋或可從，但該簡右半缺失，字多不能確知，當從整理者釋。

按：何茂活補釋可從。

688. 73EJT23：672

沙上隧長審長　送臘雞詣府☑ 73EJT23：672

［1］沈思聰："臘"，即"臘"。

按：從整理者原釋。

689. 73EJT23：674

☑□前數候問起居迫職不及度剛巳何計訖也 73EJT23：674

［1］黃艷萍："計"當隸定作"時"。②

按：改釋可從。

690. 73EJT23：681

戍卒秋利里閻□黑□□一頭齒七歲黃□□一頭齒九歲□□□

73EJT23：681

［1］沈思聰：補釋爲：戍卒秋利里閻兌黑牝牛一頭齒七歲黃牝牛一頭齒九歲□□□

按：從整理者原釋。

---

① 何茂活：《〈肩水金關漢簡（貳）〉殘斷字釋補》，《出土文獻綜合研究集刊》第 2 輯，巴蜀書社 2015 年版。

② 黃艷萍：《〈肩水金關漢簡〉（壹—肆）異體字研究》，博士學位論文，華東師範大學，2016 年。

691. 73EJT23：692

弟幼弱└不勝願＝乞骸骨歸養父病☑　　　　　　　73EJT23：692

［1］沈思聰："乞"字原簡作 ，"氣"形。

按：從整理者原釋。

692. 73EJT23：701

元始五年六月甲子朔☑　　　　　　　　　　　　73EJT23：701

［1］胡永鵬："六"當釋"五"。該字紅外線圖版作" "，筆畫
略殘，但字形清晰。① 何茂活同②。

按：改釋可從。

693. 73EJT23：708

夫人厚恩也今獨尚馬□☑

□□□□□□□收責□☑　　　　　　　　　　73EJT23：708A

□……奈何□☑

闓君上夫人起居善也☑　　　　　　　　　　73EJT23：708B

［1］何茂活：（B 面）此簡右殘。右側首四字爲"君上夫人"，字跡
清晰可辨。其後三字似爲"欲相見"，存疑。③

按：何茂活補釋可從，"何"下一字圖版作： ，疑"不"字殘筆。
由此，釋文作：

夫人厚恩也今獨尚馬□☑

□□□□□□□收責□☑　　　　　　　　　　73EJT23：708A

君上夫人欲相見奈何不☑

---

① 胡永鵬：《讀〈肩水金關漢簡（貳）〉札記》，簡帛網，2013 年 9 月 17 日，http：//
www. bsm. org. cn/show_article. php？id＝1905。後發表於《中國文字（新四十期）》，臺北：藝文
印書館 2014 年版。

② 何茂活：《〈肩水金關漢簡（貳）〉釋文訂補》，《敦煌研究》2018 年第 4 期。

③ 何茂活：《〈肩水金關漢簡（貳）〉殘斷字釋補》，《出土文獻綜合研究集刊》第 2 輯，
巴蜀書社 2015 年版。

聞君上夫人起居善也☑　　　　　　　　　　　73EJT23：708B

694. 73EJT23：709

王博叩頭白☑　　　　　　　　　　　　　　　73EJT23：709A

□須臾而☑　　　　　　　　　　　　　　　　73EJT23：709B

［1］何茂活：“須”前一字當釋“罔”，“臾”後一字當釋“耳”。①

按：何茂活意見可從。

695. 73EJT23：711

☑加匈脅丈滿心腹不耐飲食□☑　　　　　　　73EJT23：711

［1］鄔文玲：“丈”當釋“支”。② 何茂活③、張雷同④。

按：改釋可從。

696. 73EJT23：717

□□丞刀行廚傳倉□□☑　　　　　　　　　　73EJT23：717A

……　　　　　　　　　　　　　　　　　　73EJT23：717B

［1］何茂活：“丞”前爲“縣”，“丞”後當“乃”，“倉”後疑
“廩”。⑤

按：何茂活改釋、補釋可從，B 面兩字 、，疑“縣”、“及”。
由此，釋文作：

□縣丞乃行廚傳倉廩□☑　　　　　　　　　　73EJT23：717A

……縣及□☑　　　　　　　　　　　　　　　73EJT23：717B

---

① 何茂活：《〈肩水金關漢簡（貳）〉釋文訂補》，《敦煌研究》2018 年第 4 期。

② 鄔文玲：《居延漢簡釋文補遺》，《金塔居延遺址與絲綢之路歷史文化研究》，甘肅教育
出版社 2014 年版，第 93 頁。

③ 何茂活：《〈肩水金關漢簡（貳）〉釋文訂補》，《敦煌研究》2018 年第 4 期。

④ 張雷：《秦漢簡牘醫方集注》，中華書局 2018 年版，第 414 頁。

⑤ 何茂活：《〈肩水金關漢簡（貳）〉殘斷字釋補》，《出土文獻綜合研究集刊》第 2 輯，
巴蜀書社 2015 年版。

697. 73EJT23：718

△□□言甲渠□□隧卒李……   73EJT23：718

［1］王錦城："△"或當爲"厶"。

按：當從整理者原釋。

698. 73EJT23：722

訾家□□□☑   73EJT23：722

按：此處三字可補爲"安樂里"。

699. 73EJT23：726

	□城仲卿	水門王卿
□部	當井張卿	壙野田卿
	直隧張卿	候史王卿

73EJT23：726

［1］郭偉濤："西"字原未釋，細察圖版，尚存左半部，殘存輪廓似"西"，徑改。

［2］何茂活："部"前一字當釋"南"，"城"前一字當釋"望"。①

［3］王錦城：諸說或是，但該簡右上部殘斷，"部"前一字僅存左部少許筆畫，不能確知，暫從整理者釋。又第一行"城"前一字何茂活認爲是"望"。其説當是，但該字大部分缺佚，暫從整理者釋。

按："部"前一字釋"南"或"西"難以判定，依據居延漢簡562.7＋565.12號簡，"城"前補釋"望"可從。由此，釋文作：

	望城仲卿	水門王卿
□部	當井張卿	壙野田卿
	直隧張卿	候史王卿

73EJT23：726

700. 73EJT23：731

竇嚴叩頭白　　·罪法何敢逆意哉☑

李掾□者見未久辱記告以陋政敬□☑   73EJT23：731A

---

① 何茂活：《〈肩水金關漢簡（貳）〉釋文訂補》，《敦煌研究》2018 年第 4 期。

大急身常恐不能自脫榜<u>華</u>欲干□☒

縣官茭自完在燔<u>離</u>中出公開之校☒　　　　　　73EJT23：731B

[1] 何茂活："華"當釋"箠"。①

[2] 沈思聰："華"，即"箠"之異構。"離"字圖版作，當釋"難"。

按：改釋可從。

701. 73EJT23：737

☒□齋敢言之常利里女子橋徵史自言夫廷□☒　　　　73EJT23：737

[1] 白軍鵬：所謂的"齋"字若考慮嚴格釋寫均當爲"齎"。②

按：改釋可從。另，簡首一字從辭例看爲"夫"，簡末一字從辭例分析疑"爲"。由此，訂補釋文作：

☒（嗇）夫齎敢言之常利里女子橋徵史自言夫廷爲☒　　73EJT23：737

702. 73EJT23：752

……

七月旦兼關出入　　　　　　　　　　　　　　　73EJT23：752A

七月傳吏民出入符　　　　　　　　　　　　　　73EJT23：752B

[1] 胡永鵬：殘存之字似可釋作"□（第一字疑釋關）元始元年"。③

[2] 何茂活：此簡左右皆殘。右行文字依稀可辨，爲"關元始□年"。"關"前應還有一行，疑爲"肩水金"三字。"年"前之字似爲"六"，但不能確定。④

按：補釋可從，由此，釋文作：

關元始元年

---

① 何茂活：《〈肩水金關漢簡（貳）〉釋文訂補》，《敦煌研究》2018 年第 4 期。

② 白軍鵬：《試説漢代的"齎"——兼談簡牘印文整理時對該字的處理》，《古文字研究》第 33 輯，中華書局 2020 年版，第 583 頁。

③ 胡永鵬：《肩水金關漢簡校讀札記》，《漢字文化》2015 年第 3 期。

④ 何茂活：《〈肩水金關漢簡（貳）〉殘斷字釋補》，《出土文獻綜合研究集刊》第 2 輯，巴蜀書社 2015 年版。

七月旦兼關出入　　　　　　　　　　　　73EJT23：752A
七月傳吏民出入符　　　　　　　　　　　　73EJT23：752B

703. 73EJT23：754

……

……　　　　　　　　　　　　　　　　　73EJT23：754

［1］何茂活：此簡左右皆殘。右行缺釋之字爲"□□伏地再拜"。①

按：補釋可從。

704. 73EJT23：758

☑□簿一　　　　　　　　　　　　　　　　73EJT23：758

［1］何茂活："簿"前一字當釋"船"。②

按：補釋可從。

705. 73EJT23：760

<u>庚寅</u> 庚辰 己酉 己卯　　　　　　　　　　73EJT23：760

［1］胡永鵬："寅"當釋"戌"。③ 許名瑲④、程少軒同⑤。

按：諸家改釋可從，當"庚戌"。

706. 73EJT23：762

居攝元年　　　　朔乙□橐他候秉移肩水金關□□

□□□□府官　　亥朔午木　　△（習字）　　　73EJT23：762A

入三乎時報發　　置佐豐　　　（習字）　　　73EJT23：762B

---

　　① 何茂活：《〈肩水金關漢簡（貳）〉殘斷字釋補》，《出土文獻綜合研究集刊》第2輯，巴蜀書社2015年版。

　　② 何茂活：《〈肩水金關漢簡（貳）〉釋文訂補》，《敦煌研究》2018年第4期。

　　③ 胡永鵬：《讀〈肩水金關漢簡（貳）〉札記》，《中國文字（新四十期）》，臺北：藝文印書館2014年版。

　　④ 許名瑲：《〈肩水金關漢簡（貳）〉居攝元年曆日簡綴合》，簡帛網，2014年6月20日，http：//www.bsm.org.cn/show_article.php? id＝2034。

　　⑤ 程少軒：《肩水金關漢簡"元始六年（居攝元年）曆日"復原》，《出土文獻》第5輯，中西書局2014年版，第276頁。

[1] 王錦城：該簡 A 面 "亥朔午木△" 及 B 面的 "入三乎時報發"
爲二次書寫，應爲習

字而作。

按：王錦城之言可從。此外，B 面 "豐" 下一字圖版作： ，整理
者未釋，疑爲 "置" 字，該簡 "置" 字作： ，可參。"置" 下還有兩
字，懷疑也爲 "佐豐"，但圖版殘缺，暫存疑不釋。由此，釋文作：

居攝元年　　　朔乙□橐他候秉移肩水金關□□

□□□□府官　亥朔午木　△（習字）　　　　　73EJT23：762A

入三乎時報發　置佐豐　置□□　　（習字）　　73EJT23：762B

707. 73EJT23：763

……

累山亭長楊親堯居延肩水里召眇年冊

子男□年十四 大車一兩　　　　　　　　　　73EJT23：763

按：整理者所釋 "堯" 字，恐非，此字圖版作： ，疑是 "妻"
字，簡文是家屬出入符，肩水金關漢簡中有相似辭例可爲佐證。

708. 73EJT23：765

　　　　　　卒王臨二月壬寅病 居延蓬塈卑一尺戶更西鄉

執胡隧長田□二月乙丑病 卒□惲炅　　　蘭入表塈卑小

　　　　　　賦藥各五齋　　　亡人赤表塈單垣不齋壺

狗少一 汲垂少一 弩皆不□持 園韭五畦　　　73EJT23：765

[1] 林獻忠：然依文意，此處 "藥五" 後應爲表劑量之詞，因此，
我們以爲 ，當釋作 "齊"，通 "劑"。①

[2] 王錦城：該字爲 "齋" 字無疑，不當釋 "齊"。"齋" 通 "劑"。
又第六行 "壺" 字圖版作形，或當釋 "壹"。

---

① 林獻忠：《讀〈肩水金關漢簡（貳）〉札記》，復旦大學出土文獻與古文字研究中心網，
2014 年 12 月 20 日，http：//www. gwz. fudan. edu. cn/Web/Show/2405。後以 "《〈肩水金關漢簡
（貳）〉考釋六則》" 爲名，發表於《敦煌研究》2016 年第 5 期。

［3］于淼："垂"就是"埀"的隸變寫法。①

按：王錦城所言可從，此外，整理者所釋"二"字圖版作： ▨▨，當爲"三"。由此，釋文作：

　　　　　　　　　卒王臨三月壬寅病　居延蓬堅卑一尺戶更西鄉

執胡隧長田□二月乙丑病卒□憚朵　　　蘭入表堅卑小

　　　　　　　　賦藥各五齋　　　　　亡人赤表堅單垣不齋壹

狗少一　汲垂少一　弩皆不□持　園韭五畦　　　　73EJT23：765

709. 73EJT23：767

皇天上帝隆顯大右成　命統序符梁國文金□策書

……　　　　　　　　　　　　　　　　　　　　　73EJT23：767

［1］劉樂賢：皇天上帝隆顯大右（佑），成命統序，符契（契）圖文，金匱策書，神明詔告，屬予以天下兆民。②

按：劉樂賢改釋、補釋可從。

710. 73EJT23：769

王子文治劍二百五十脯一膗直冊□錢六十・凡三百五十

惠中叔七十五又十二・凡八十七　　　　　　73EJT23：769A

前受麥得七石四斗　受受麥六石六斗

右受要虜三斗　　　受受禁姦三斗　　　　　73EJT23：769B

［1］張再興、黃艷萍："膗"應該就是"塊"的換符語境異體字。③

按：補釋可從。

711. 73EJT23：772

☑鳳四年四月辛丑朔甲寅南鄉嗇夫□敢言之□石里女子蘇夫自言夫延壽爲肩水倉丞願以令取☑

---

① 于淼：《說汲甄》，《古文字研究》第 33 輯，中華書局 2020 年版，第 404 頁。

② 劉樂賢：《肩水金關漢簡補釋一則》，簡帛網，2013 年 7 月 28 日，http：//www. bsm. org. cn/show_article. php？id＝1872。

③ 張再興、黃艷萍：《肩水金關漢簡校讀札記》，《中國文字研究》2017 年第 26 輯。

居延□□□與子男□葆延壽里段延年□□所占用馬一匹軺車一乘·
謹案戶籍在鄉□☑

夫□延年皆毋官獄徵事當以令取傳敢言之

……移過所如律令/ 佐定　　　　　　　　　　　73EJT23：772A

居延令印　　　　　　　　　　　　　　　　　73EJT23：772B

［1］胡永鵬：73EJT23：772A 中的"居延令弘"原釋文缺釋。"居延
令"三字可據字形及簡背的印文記錄"居延令印"補出。①

按：胡永鵬所言可從，此外，第二行簡首三字，整理者作"居延
□"，實當爲"遣"、"延"、"壽"；第二行"所"前兩字圖版殘損，從殘
存字形看，疑爲"俱"、"乘"，73EJT10：133、73EJT10：134 號簡有
"占用馬一匹軺車一乘"、"俱乘所占馬一匹軺車一乘"可參。"鄉"下諸
字從辭例及殘存字形分析，當爲"官者"。由此，釋文作：

☑鳳四年四月辛丑朔甲寅南鄉嗇夫□敢言之□石里女子蘇夫自言夫延
壽爲肩水倉丞願以令取☑

遣延壽□□與子男□葆延壽里段延年俱乘所占用馬一匹軺車一乘·
謹案戶籍在鄉官者

夫□延年皆毋官獄徵事當以令取傳敢言之

……居延令弘……移過所如律令/ 佐定　　　　　　73EJT23：772A

居延令印　　　　　　　　　　　　　　　　　73EJT23：772B

712. 73EJT23：778

昭武騎士益廣里王隆　　卩　　　　　　　　　　73EJT23：778

［1］沈思聰："隆"，原簡圖版作，圖版模糊。

按：從整理者原釋。

713. 73EJT23：782

趙君勢　白徐君公不宜番護介具謹具置□中封之到　73EJT23：782A

起封發具之偉□一枚在君公所□□二枚箭四枚在君公所□□

　　　　　　　　　　　　　　　　　　　　　　73EJT23：782B

---

① 胡永鵬：《肩水金關漢簡校讀札記》，《漢字文化》2015 年第 3 期。

　　[1] 馬怡：趙君勞白徐君公：不宜番（藩）護介具，謹具置鹿（簏）中封之；到【A 面】起、封發，具之。偉（韋）橐一枚，在君公所。矢羽三枚、箭（箭）四枚，在君公所贖（韇）。【B 面】①

　　[2] 何茂活：B 面 "偉" 下一字當釋 "橐"，"二枚" 之前兩字當釋 "矢□"。②

　　[3] 王錦城：A 面未釋字恐非 "鹿" 字，B 面未釋字圖版磨滅不能確知，當從整理者釋。

　　按：字形圖版不清晰，暫從整理者原釋。

714. 73EJT23：787

騂北亭元始元年八月盡晦　　郵書算　　　　　　　73EJT23：787

　　[1] 王錦城：據鄔文玲該簡 "算" 亦當釋作 "真"。

　　按：改釋可從當釋作 "真"。

715. 73EJT23：788

蔡豐叩頭白王掾坐前毋恙　　　　　　　73EJT23：788A

馬不任豐病傷寒積五日苦　　　　　　　73EJT23：1010A

　　[1] 林獻忠："豐" 當釋爲 "豐"。③ 沈思聰同。

　　按：兩字關係，學界關注較多，裘錫圭认爲："古文字 '豊'、'豐' 二字往往不分。"④ 于淼認爲 "豊" 字多用爲 "豐"。⑤ 整理者當作統一處理。

　　① 馬怡：《〈趙憲借襦書〉與〈趙君勞存物書〉——金關漢簡私文書釋考二則》，《簡牘學研究》第 5 輯，甘肅人民出版社 2014 年版。
　　② 何茂活：《〈肩水金關漢簡（貳）〉釋文訂補》，《敦煌研究》2018 年第 4 期。
　　③ 林獻忠：《讀〈肩水金關漢簡（貳）〉札記》，復旦大學出土文獻與古文字研究中心網，2014 年 12 月 20 日，http：//www.gwz.fudan.edu.cn/Web/Show/2405。後以 "《〈肩水金關漢簡（貳）〉考釋六則》" 爲名，發表於《敦煌研究》2016 年第 5 期。
　　④ 裘錫圭：《古文字論集》，中華書局 1992 年版，第 199 頁。
　　⑤ 于淼：《漢代隸書異體字表與相關問題研究》，博士學位論文，吉林大學，2015 年，第 209 頁。

716. 73EJT23：789

樂護叩頭白郝子春見數不一∟二叩頭白願借傳真案　　73EJT23：789A

之已立歸行借穿耳□鐵願以付使幸=甚=謹再拜白　　73EJT23：789B

[1] 秦鳳鶴："□"原簡寫作█，當釋"器"。《居延新簡》EPT5·149、《居延漢簡》520·1、《居延漢簡》59·34B 中"器"字原簡寫作

█、█、█，可參照。該簡文應釋讀作："之已立歸行，借穿耳器鐵，願以付使。幸甚幸甚。謹再拜白"。①

[2] 王錦城：又 B 面"耳"字從字形來看，當非"耳"字，當存疑。

按：秦、王所言可從。由此，釋文作：

樂護叩頭白郝子春見數不一∟二叩頭白願借傳真案　　73EJT23：789A

之已立歸行借穿□器鐵願以付使幸=甚=謹再拜白　　73EJT23：789B

717. 73EJT23：794

……毋苟留　　　　　　　　　　　　　　　　　　73EJT23：794

按：此簡模糊不清，除去整理者所釋毋、苟、留三字外，依據殘存字形並結合辭例，其餘諸字尚可識別，如下：

毋	官	獄	徵	事

肩水金關漢簡中有辭例可爲佐證，釋文當作"□□□□毋官獄徵事……

---

① 秦鳳鶴：《〈肩水金關漢簡（壹）（貳）〉釋文校訂》，《中國文字學會第九屆學術年會論文集》，貴陽，2017 年 8 月；秦鳳鶴：《〈肩水金關漢簡〉（壹）（貳）釋文校訂》，《漢字漢語研究》2018 年第 2 期。

毋苟留"。

718. 73EJT23：795

□□□□……□□□□□……年卅六七長七尺五寸中壯大<u>刑面</u>鼻黑

73EJT23：795

［1］沈思聰："刑面"圖版作"荆面"，即"形面"。

按：圖版不清晰，暫從整理者原釋。

719. 73EJT23：803

<u>己</u>卯 <u>己</u>酉 甲寅 甲申 癸丑 癸未 壬子 壬午　　73EJT23：803

［1］胡永鵬：兩個己字均應釋乙①。程少軒同②。

按：改釋可從。

720. 73EJT23：804

……二枚角□塞尉詣廣地□肩水……

一枚楊成掾□詣肩水　　　　　　　　　　73EJT23：804B

［1］孔德眾、張俊民："角"后的"□"就是"得"，即"角得"。③

［2］沈思聰："角"後缺釋字爲"得"，"角得"即"觻得"。"肩
水"前缺釋字爲"肩"。

［3］王錦城：B 面第二行"得"字原未釋，該字圖版作形，當爲
"得"，"角得"即"觻得"。又第三行未釋字可釋作"印"字。

按：補釋"得"字可從，其他暫從整理者原釋。

721. 73EJT23：808

……<u>願</u>便告歸部　　　　　　　　　　73EJT23：808A

尉史孫卿弟從愚君所所　　　　　　　　73EJT23：808B

① 胡永鵬：《讀〈肩水金關漢簡（貳）〉札記》，《中國文字（新四十期）》，臺北：藝文印書館 2014 年版。

② 程少軒：《肩水金關漢簡"元始六年（居攝元年）曆日"復原》，《出土文獻》第 5 輯，中西書局 2014 年版，第 276 頁。

③ 孔德眾、張俊民：《漢簡釋讀過程中存在的幾類問題字》，《敦煌研究》2013 年第 6 期。

[1] 王錦城：Ａ面"告"字或爲"去"字。

按：王錦城之言可從，暫存疑不釋。

722. 73EJT23：810

就居延平里梁並年卅入　　大車☒　　　　　　　　　　73EJT23：810

[1] 李穎梅："入"疑是"八"字之誤。①

[2] 王錦城：釋"八"非，"入大車"三字與同簡其餘文字字體筆跡不同，當爲後書，"入"和"出"相對，是收入、納入的意思。

按：當從整理者原釋。

723. 73EJT23：815

☒給廣漢隧長宋□☒　　　　　　　　　　　　　　　　73EJT23：815

按："宋"下一字整理者未釋，此字圖版作： ，疑"長"字②，肩水金關漢簡73EJT23：392號簡中有"廩廣漢隧長宋長八月"的辭例可爲佐證。

724. 73EJT23：817

☒與□□候長徐襃內中臥譚　　　　　　　　　　　　　73EJT23：817

[1] 王錦城：該字金關簡大多釋"襃"，據改。

按：暫從整理者釋讀，此外，"候"上一字圖版作： ，疑爲"送"字，漢簡中"送"字作： （73EJT27：54），可參。

725. 73EJT23：822

☒十月丁未出　　出　　　　　　　　　　　　　　　　73EJT23：822

按：整理者所釋"十"字，恐非，此字圖版作： ，知圖版上有墨跡，疑爲勾校符號"丿"和"七"字，肩水金關漢簡中有辭例可爲佐

---

① 李穎梅：《〈肩水金關漢簡（貳）〉校釋六則》，《昆明學院學報》2018年第1期。

② 何茂活亦有相同看法，見何茂活《〈肩水金關漢簡（貳）〉釋文訂補》，《敦煌研究》2018年第4期。

證，如下：

　　☑□□□年廿六

　　妻大女君年廿　子小男客子年一

　　七月丁未出　出　　　　　　　　　　　　　　　　　73EJT23：670

73EJT23：670 號簡簡文中“丿”和“七”作：![字形]，可供對比。

　　由此，釋文作：

　　☑丿七月丁未出　出　　　　　　　　　　　　　　73EJT23：822

73EJT23：822 與 73EJT23：670 簡有緊密的關係，除時間均是“七月丁未”外，兩簡都有兩個“出”字，第二個“出”字圖版作：![字形]、![字形]，字形書風極爲相似。此外，73EJT24：467 號簡與 73EJT23：822、73EJT23：670 相同，也都有兩個“出”字，第二個“出”字作：![字形]，同 73EJT23：822、73EJT23：670 號簡較爲一致，疑三簡“出”字存在出自同一人之手的可能。

726. 73EJT23：833

戍卒□□里……牛一頭齒八歲第十二車〵　　　　　　73EJT23：833

　　[1] 沈思聰：釋文可改訂爲：戍卒□□里□□黑□牛一頭齒八歲第十二車〵

　　按：沈思聰之言可備一説。

727. 73EJT23：847

☑□泉隧長昭武平□☑　　　　　　　　　　　　　　73EJT23：847

　　[1] 何茂活：“泉”上一字當爲“望”。①

　　[2] 王錦城：（何茂活）其説當是，但該字殘斷，僅存一點筆畫，當從整理者釋。

　　按：何茂活所言可備一説。此外，“平”下一字整理者未釋，此處圖

---

① 何茂活：《〈肩水金關漢簡（貳）〉釋文訂補》，《敦煌研究》2018 年第 4 期。

版作： ，結合字形、辭例，疑是"都"字。① "平都里"是"昭武縣"的里名，肩水金關漢簡中有辭例可爲佐證，如下：

昭武平都里王光年廿五長七尺　　　　　　　　　　73EJT6：141

母昭武平都里虞儉年五十　　　　　　　　　　　　73EJT37：758

由此，釋文作：

☑□泉隧長昭武平都（里）☑　　　　　　　　　　73EJT23：847

728. 73EJT23：865

☑四年三月甲辰朔北部守候長　　　　　　　　　　73EJT23：865A

☑年七月□陣人人人人人時人使奴到　　　　　　　73EJT23：865B

［1］何茂活："陣"前一字當釋"關"。②

按：何茂活補釋可從。另外，漢簡中，"人"與"入"字較難分辨，一般要結合字義辨別。B 面整理者所釋"人"字，從文意分析，疑爲"入"。漢簡中有相似辭例可爲佐證，如下：

本始二年五月戊子日入時入關　　　　　　　　　　36.14

由此，釋文作：

☑四年三月甲辰朔北部守候長　　　　　　　　　　73EJT23：865A

☑年七月關陣入入入入入時入使奴到　　　　　　　73EJT23：865B

729. 73EJT23：866

……韓君孫足下□數不一∟二因言前韓君公□☑　　73EJT23：866A

□□汙射□從今未還君公又之皽得第四候史曹卿求書☑

　　　　　　　　　　　　　　　　　　　　　　　　73EJT23：866B

［1］王錦城：該簡 A 面"數"前未釋之字圖版作 ，根據前述"前見不一∟二"等書信客套話，且簡 73EJT23：789A 即有"見數不一∟

---

① 何茂活也有同樣的觀點。另認爲"泉"上一字當爲"望"，見何茂活：《〈肩水金關漢簡（貳）〉釋文訂補》，《敦煌研究》2018 年第 4 期。

② 何茂活：《〈肩水金關漢簡（貳）〉釋文訂補》，《敦煌研究》2018 年第 4 期。

二"可知，該字當釋"見"。①

　　[2] 何茂活：B 面"求"字當釋"來"，"鬉得"之後原釋"第四"可疑。②

　　按：王錦城、何茂活意見可從，原釋"第四"暫存疑不釋。此外，A面"韓"上三字圖版作：██、██、██，疑"頓""首""白"三字，漢簡中有相似辭例可爲佐證，如下：

紀忠頓首白

子偃坐前毋恙□□數厚賜頓首因言史□□送□

　　　　　　　　　　73EJF3：630B＋627B＋308A＋594B＋292A

由此，釋文作：

□□頓首白韓君孫足下見數不一└二因言前韓君公□☒

　　　　　　　　　　　　　　　　　73EJT23：866A

□□汙射□從今未還君公又之鬉得□□候史曹卿來書☒

　　　　　　　　　　　　　　　73EJT23：866B

730. 73EJT23：867

保河內曲陽里孫朋年七十長七尺五寸☒　　　73EJT23：867

[1] 黄艷萍："朋"當隸定作"明"③。凌文超同④。

按：改釋可從。

731. 73EJT23：873

南書一封張掖□□塞尉　詣肩水都尉府十一月□□日下餔時騂北亭
卒賀受莫當隧卒賞　　　　　　　　　　73EJT23：873

---

　　① 王錦城：《肩水金關漢簡校讀札記（二）》，簡帛網，2017 年 8 月 1 日，http：//www. bsm. org. cn/show_article. php？id＝2855；王錦城：《西北漢簡字詞雜考四則》，《簡帛》第 18 輯，上海古籍出版社 2019 年版。

　　② 何茂活：《〈肩水金關漢簡（貳）〉釋文訂補》，《敦煌研究》2018 年第 4 期。

　　③ 黄艷萍：《〈肩水金關漢簡〉（壹—肆）異體字研究》，博士學位論文，華東師範大學，2016 年。

　　④ 凌文超：《西北漢簡中所見的"庸"與"葆"》，《首屆絲綢之路（敦煌）國際文化博覽會系列活動——簡牘學國際學術研討會》，蘭州，2016 年 8 月。

[1] 李穎梅："張掖"二字後有兩個未釋字，當釋作"封淺"。①

按：補釋可從。

732. 73EJT23：875

解□問□□各推□□中□付□□□□告言史主當坐者名謹與□

73EJT23：875

[1] 王錦城："解"下一字或爲"隨"字。"解隨"即破裂毁壞。又"□付□"據文義或爲"相付受"。

按：圖版文字殘損，王錦城之言可備一説。

733. 73EJT23：877

居攝二年八月關嗇夫□□叩＝頭＝死罪死罪敢言之樂昌隧長就所捕槖他卒郭朝

73EJT23：877A

廣地卒李襃驗問辭服□功以十月七日莫到臨利隧下□中見朝╕襃問動

……

……

73EJT23：877B

[1] 胡永鵬：該簡爲習字簡，部分字跡清晰可辨。可釋作：

……

……夫嗇夫……

夫夫夫夫常常常夫夫夫嗇嗇

嗇夫

同書 73EJT23：353、73EJT23：686 等簡文載有"嗇夫常"，不知是否爲一人。②

[2] 周艷濤、李黎：此簡整理者全簡未釋。從版式及內容來看該簡應爲習字簡，其中不少字仍可辨識，但原釋文未予釋讀。現將其中的可辨識者釋讀如下：

---

① 李穎梅：《〈肩水金關漢簡（貳）〉校釋六則》，《昆明學院學報》2018 年第 1 期。

② 胡永鵬：《讀〈肩水金關漢簡（貳）〉札記》，簡帛網，2013 年 9 月 17 日，http：//www. bsm. org. cn/show_article. php？ id＝1905。後發表於《中國文字（新四十期)》，臺北：藝文印書館 2014 年版。

□□□□□……夫夫夫　嗇嗇/夫　嗇夫

當當當 嗇夫/夫夫夫①

[3] 馬智全："關嗇夫□□"的人名，也應釋作"常"，指肩水金關
嗇夫許常。②

[4] 郭偉濤：原字未釋且留兩個空格，察圖版僅有一字，觀其輪廓
與"常"相似，徑補。③

[5] 王錦城：（周艷濤）釋"當"非，當從胡永鵬釋。又 A 面第二
行兩"襃"字原均作"褒"，該字金關簡大多釋"襃"，據改。

按：核對圖版，依據諸家釋讀意見，修訂釋文作：

居攝二年八月關嗇夫常叩＝頭＝死罪死罪敢言之樂昌隧長就所捕橐
他卒郭朝　　　　　　　　　　　　　　　　　　　73EJT23：877A

廣地卒李襃驗問辭服□功以十月七日莫到臨利隧下□中見朝┐襃問動
……

……夫嗇夫……

夫夫夫夫常常常夫夫夫嗇嗇

嗇夫　　　　　　　　　　　　　　　　　　　　　73EJT23：877B

734. 73EJT23：880

兩關之外迫給趍走之……

……息……　　　　　　　　　　　　　　　　　　73EJT23：880A

□遠居□□叩頭願爲春□不利近衣強飯……吏卒□前使出□

　　　　　　　　　　　　　　　　　　　　　　　73EJT23：880B

[1] 何茂活：B 面"春□不利"，據上述文例，"利"當爲"和"。
圖版上此字右側殘缺，從殘餘筆畫看更似"和"字。"春"後之字雖較模
糊，但仍可辨識爲"氣"。上引"春時風氣不和"等可以爲證。此外，釋
文中"……吏卒□前使出"亦多有疑問，其中存在漏釋、誤釋現象。

---

① 周艷濤、李黎：《讀〈肩水金關漢簡（貳）〉札記二十則》，《昆明學院學報》2014 年第
1 期。

② 馬智全：《肩水金關關嗇夫紀年考》，《甘肅省第三屆簡牘學國際學術研討會論文集》，
上海辭書出版社 2017 年版，第 260 頁。

③ 郭偉濤：《漢代張掖郡肩水塞研究》，博士學位論文，清華大學，2017 年，第 307 頁。

"吏"前有"愚"字,此與上引"寬忍小人愚者"之語相應;"使"實爲
"快",居延甲1918A"快"字寫法正作此形。因該簡文字模糊,其他缺
釋之字仍不能識讀。①

[2] 王錦城:釋或可從,但文字磨滅不能確知,當從整理者釋。

按:何茂活之言可從。另,A面"之"下一字圖版作:,當
"使"字殘筆;B面簡首一字圖版作:,疑"以"字;"居"下一字
圖版作:,疑"官"字。由此,釋文作:

兩關之外迫給趨走之使……

……息……   73EJT23:880A

以遠居官□叩頭願爲春氣不和近衣強飯……愚吏卒□前快出□

             73EJT23:880B

735. 73EJT23:881

……皆在亭□新吏范政視□以常相   73EJT23:881

[1] 何茂活:"皆"前一字當釋"器","亭"下一字釋"遣",
"視"下一字釋"事"。②

[2] 王錦城:"器□"原未釋,爲漢簡"器"字通常寫法。(何茂
活)其説或是,但該兩字漫漶不清,不能辨識,暫從整理者釋。

按:何茂活、王錦城補釋"器"可從,補釋"遣""事"兩字也可
信服。由此,釋文作:

……器□皆在亭遣新吏范政視事以常相   73EJT23:881

736. 73EJT23:882

□□□報部卿衣足博□……移簿君趣□急   73EJT23:882

[1] 王錦城:簡末"急"前一字或當爲"書"字。

[2] 張俊民:首起爲點,應爲"之"字。

---

① 何茂活:《"近衣"考論兼訂相關諸簡釋文》,《簡牘學研究》第6輯,甘肅人民出版社
2015年版。

② 何茂活:《〈肩水金關漢簡(貳)〉釋文訂補》,《敦煌研究》2018年第4期。

按：張俊民補釋可從。由此，釋文作：

□□□報部卿衣足博□……移簿君趣之急　　　　　　73EJT23：882

737. 73EJT23：884

・肩水候官廣□隧居攝二年兵簿　　　　　　　　　73EJT23：884

［1］郭偉濤："谷"字原未釋，輪廓尚存，據圖版徑改。① 何茂活同。②

按：諸家所言可從。

738. 73EJT23：885

張憲白郝卿君教問登山隧長吳良安所願良願騎北來　73EJT23：885A

願爲審問齊中誰有謹者願良刑將□報事……　　　　73EJT23：885B

［1］張俊民："願"字爲"飲"。

按：張俊民所言可備一說。

739. 73EJT23：893

出粟五石直六百 元始六年二月乙酉嗇夫□□□□□隧……

　　　　　　　　　　　　　　　　　　　　　　73EJT23：893

［1］胡永鵬："□□"當釋"常付"。該簡縱向裂開殘存右半，"常"字尚可辨識，"付"字僅存右半"寸"字，可據文義補出。③

按：胡永鵬所言可從。

740. 73EJT23：896

昨日相見　　　　　　　　　　　　　　　　　　73EJT23：896B

［1］孔德眾、張俊民：實際上這個字就是昨天之"昨"。④

---

① 郭偉濤：《漢代張掖郡肩水塞研究》，博士學位論文，清華大學，2017 年，第 37 頁。

② 何茂活：《〈肩水金關漢簡（貳）〉釋文訂補》，《敦煌研究》2018 年第 4 期。

③ 胡永鵬：《讀〈肩水金關漢簡（貳）〉札記》，簡帛網，2013 年 9 月 17 日，http://www.bsm.org.cn/show_article.php? id=1905。後發表於《中國文字（新四十期）》，臺北：藝文印書館 2014 年版。

④ 孔德眾、張俊民：《漢簡釋讀過程中存在的幾類問題字》，《敦煌研究》2013 年第 6 期。

　　[2] 何茂活：俳、䏍同"昨"。如："徐卿白俳日"（73EJT23：395）、
"發省卒會䏍莫至"（73EJT23：947B），圖版分別作 、。《秦漢魏
晉篆隸字形表》"昨"下無"俳、䏍"之形，茲可補正。①

　　按：諸家所言可從。

741. 73EJT23：897

元壽二年十月丁卯朔辛卯廣昌鄉嗇夫假佐宏敢言之陽里男子任良自
言欲得取傳爲家私使之武威張掖郡中謹案良年五十八更賦皆給毋官獄徵
事非亡人命者當得取傳謁移過所河津關毋苛留如律令

　　七月辛卯雍令 丞鳳移過所如律令

　　馬車一兩用馬一匹齒十二歲牛車一兩用牛二頭／掾並守令史普

　　　　　　　　　　　　　　　　　　　　　　73EJT23：897A

　　雍丞之印　　　　　　　嗇夫賞白

　　五月己巳以來南　　　　君門下　　　　　73EJT23：897B

　　[1] 郭偉濤：原釋作"七"，簡背亦釋爲"七月辛卯"，實際上漢簡
里"十"、"七"兩字極易混淆，橫豎長短相類，結合字形及月朔干支，
兩處皆爲"十月"，徑改。②

　　[2] 沈思聰："假"，即"假"之異構。

　　按：諸家改釋可從，此外，A 面整理者所釋"並"字當爲"普"，
73EJF3：114＋202＋168 號簡有"掾並守令史奮"，可參。B 面"五"字
圖版作 ，當爲"正"。

742. 73EJT23：898

十二月己酉嗇夫□卿□□□□市□□絮二枚直百卅黑絮一兩直卅五

　　　　　　　　　　　　　　　　　　　　　　73EJT23：898A

□三枚□二枚直□□□四直廿並直二百廿四入泉九十八少百一十六

期還取餘泉　　　　　　　　　　　　　　　73EJT23：898B

---

　　① 何茂活：《〈肩水金關漢簡（貳）〉疑難字形義考辨》，《簡帛研究》（2014），廣西師範
大學出版社 2014 年版。

　　② 郭偉濤：《漢代張掖郡肩水塞研究》，博士學位論文，清華大學，2017 年，第 124 頁。

[1] 胡永鵬：木簡正面"夫"後缺釋之字似爲"午"。"市"上三字應爲人名，第一、三字可釋作"王""遊"。簡背"直"後缺釋三字，前兩字可釋作"廿九"。簡文末尾的記錄存在問題。"九十八"與"百一十六"之和爲二百一十四。①

按：胡永鵬所言可從。

743. 73EJT23：899

肩水官…… 　　　　　　　　　　　　　　73EJT23：899A

受　前時十五束荂幸　用此買□……

鑡得成□等十八□□　　第…… 　　　　73EJT23：899B

[1] 王錦城：B 面第一行"蒽"字原未釋，該字當爲"蒽"字。

按：補釋可從。

744. 73EJT23：900

　　程詡　　廉憲　　杜嘉

所送李襄　黄欽　　董□

　　孫克　　張豐　　韓尊友　　　　　73EJT23：900A

□君卿白長孟當□持□□□□小

　　　　　□□□爲□□告□爲□□　　73EJT23：900B

[1] 沈思聰："克"字圖版作🖼，當釋"充"。白軍鵬同。②

[2] 王錦城：襄字金關簡大多釋"襄"，據改。

按：沈思聰意見可從。

745. 73EJT23：907

遣就人車兩人名如牒書到出入如律令　　73EJT23：907A

居延城倉丞印　　嗇夫當發　　　　　　73EJT23：907B

---

① 胡永鵬：《肩水金關漢簡校讀三則》，《中國古文字研究會第二十三屆學術年會論文集》，開封，2020 年 10 月。

② 白軍鵬：《漢人名字與漢簡釋讀》，《簡帛》第 21 輯，上海古籍出版社 2020 年版。

[1] 馬智全："嗇夫當"應是"嗇夫常"的誤釋。① 王錦城同。

按：馬智全、王錦城改釋可從。

746. 73EJT23：909

東部候長厶再拜言

教驗問治關門餘木厶後夫子發侍坐之謹驗問關嗇夫歆亭長當卒鬳承

叩頭對曰九月中　　　　　　　　　　　　　　　73EJT23：909A

……

時願錄毋狀當并坐免冠叩頭死罪再拜白　　　　73EJT23：909B

[1] 王錦城："欽"原作"歆"，該字當爲"欽"。

按：王錦城之言可從。

747. 73EJT23：910

因毋裘衣糧食疑客等阿爲強健聽姦□私以貧弱相冒代　73EJT23：910

[1] 秦鳳鶴："□"原簡寫作 ，當釋"請"。《居延漢簡》135・3 +

157・3、《居延新簡》EPT50・170A 中"請"字原簡分別寫作 、 ，

可參看。該簡文應釋讀作："因毋裘衣糧食疑客等阿爲彊健聽姦，請私以

貧弱相冒代"。②

按：秦鳳鶴補釋可從。

748. 73EJT23：911

　□□□元年十一月己亥朔□□張掖□□北部候□移過所……一寸

□□　　　　　　　　　　　　　　　　　　　73EJT23：911

[1] 胡永鵬：該簡日干支可補釋"癸丑"。二字圖版略模糊，但字跡

可辨。癸丑爲該月十五日，'元'字之前應爲年號，但圖版不清晰。在

---

① 馬智全：《肩水金關關嗇夫紀年考》，《甘肅省第三屆簡牘學國際學術研討會論文集》，
上海辭書出版社 2017 年版，第 260 頁。

② 秦鳳鶴：《〈肩水金關漢簡（壹）（貳）〉釋文校訂》，《中國文字學會第九屆學術年會論
文集》，貴陽，2017 年 8 月；秦鳳鶴：《〈肩水金關漢簡〉（壹）（貳）釋文校訂》，《漢字漢語研
究》2018 年第 2 期。

《金關（貳）》時限內，檢《朔閏表》，與該簡所記時間資訊相符者僅有黃龍，但字形與圖版差異較大，暫存疑。①

　　按：由於兩字圖版模糊，且胡永鵬補釋後文意仍不通暢，故兩字暫從整理者做法，存疑。細讀之下，覺此簡尚有進一步考釋的空間。"掖"下一字整理者未釋，此字圖版作：，疑是"後"字②；"北"上一字整理者未釋，此字圖版作：，疑"殄"字殘筆。"殄北鄣候"又見於居延新簡 EPT51：676A，可爲佐證；"所"下第二字圖版作：，疑是"道"字，"移過所縣道"漢簡中習見；整理者所釋"一"、"寸"兩字圖版作：、，仔細核查圖版可知周圍尚有墨跡，恐是墨跡殘留，若釋"一"、"寸"文理上也很突兀，故存疑；尾字整理者未釋，此字圖版作：，疑是"張"字，同簡"張"字圖版作：，可爲對比。此外，蒙張俊民告知，鄣候後一字爲"永"字。可從，居延漢簡 266.21 號簡有"鄣候永"。③ 由此，釋文作：

□□□元年十一月己亥朔□□張掖後殄北鄣候永移過所縣道……張

73EJT23：911

749. 73EJT23：914

見匈奴人塞外盡日上二蓬 A1
匈奴人入塞及金關以北塞外丁□見匈奴人盡界十二 A2
匈奴人守亭鄣不得下燔積薪盡 A3　　　　　　　　　73EJT23：914A

　　按：A2 整理者所釋"丁"字恐非，此字圖版作：，疑"亭"字草寫，居延漢簡 243.13"亭"字作：，可爲參考。A2"見"上一字，整理者未釋，此字圖版作：，疑"隧"字。"塞外亭隧"居延漢簡中有辭例可爲佐證，A2 釋文當作"匈奴人入塞及金關以北塞外亭隧見匈奴

---

① 胡永鵬：《〈肩水金關漢簡（貳）〉中與曆表不合諸簡考證》，《簡帛》第 9 輯，上海古籍出版社 2014 年版。
② 張俊民認爲類似"徵"字。
③ 簡牘整理小組編：《居延漢簡（叁）》，臺北："歷史語言研究所" 2016 年版，第 167 頁。

人盡界十二"。

750. 73EJT23：915

始建國元年二月癸卯朔丁巳張掖居延都尉□丞□將過遣居延尉史衛

望延　　　　　　　　　　　　　　　　　　　　73EJT23：915

［1］王錦城："迎"字原作"延"，該字當爲"迎"字。

［2］魏振龍："居延都尉"名及"丞"名，諸家均闕釋。分別用作人名的這兩個字，簡文寫得十分潦草，字跡不甚清晰，我們懷疑是"昌"和"音"。①

按：王、魏之説可從，由此，釋文作：

始建國元年二月癸卯朔丁巳張掖居延都尉昌丞音將過遣居延尉史衛

望迎　　　　　　　　　　　　　　　　　　　　73EJT23：915

751. 73EJT23：916

……子春楊□卒不相見

恨＝何＝已＝欲且留□聞塞外□有橐佗恐其來入天田也以□……

……大車甚大願爲寄□□□　　　　　　　　　73EJT23：916B

［1］王錦城：B面第二行"塞外"和"有"之間原釋文衍一"□"號。

按：王錦城所言可從，此外，B面"寄"下一字整理者未釋，該字圖版作：，疑爲"泉"字殘筆，漢簡中"泉"字作：（73EJT9：62）、（73EJT32：75）、（73EJT26：24）可參。由此，釋文作：

……子春楊□卒不相見

恨＝何＝已＝欲且留□聞塞外有橐佗恐其來入天田也以□……

……大車甚大願爲寄泉□□　　　　　　　　　73EJT23：916B

752. 73EJT23：928

七月奉六百候長實取已出錢二百二十四卑錢已

---

① 魏振龍：《新莽時期居延的更名及隸屬關係考辨——以居延都尉爲中心》，《出土文獻》第 15 輯，中西書局 2019 年版。

八月奉六百上功計巳　　　計長　　　　　　　　73EJT23：928

[1] 王錦城："實"字或可爲"賓"字。

按：王錦城所言可備一説。

753. 73EJT23：929

☑敢言之遣候長外人送昭武所訟遷令史董幸復范德趙赦之刑常致昭

☑河津金關毋苛留止如律令敢言之

☑如律令　／掾安世令史光佐其　　　　　　　73EJT23：929

[1] 沈思聰："幸復"圖版作 ▉ 、▉，"董幸復"當釋"董承祿"。

按：從整理者原釋。

754. 73EJT23：932

故䐗得假佐守澤中亭長六月丙辰除☑　　　　　73EJT23：932

[1] 沈思聰：細審圖版，"假"作"叚"。

按：沈思聰之言可從。

755. 73EJT23：933

☑□居延令印一封詣觻陽一封詣內黃一封詣燀圍一封張掖肩水 A1

☑候印一封詣昭武一封詣肩水城尉官二封張掖肩候一封詣昭武獄一封

詣 A2

☑亭卒□受橐他莫當隧卒租即行日食時付沙頭亭卒合 A3

　　　　　　　　　　　　　　　　　　　　　73EJT23：933

按：A1 簡首疑"封"字，A3"卒"下一字整理者未釋，此處圖版

作：▉，結合字形、辭例，疑是"庇"字殘筆，73EJT7：24 號簡"庇"

字作：▉，可參考。肩水金關漢簡中有辭例可爲佐證，如下：

　　□庇受橐佗莫當隧卒租傳言□　　　　　　73EJT29：8

此外，依據陳夢家對郵書表的研究，莫當、駟北、沙頭之間的亭隧

傳遞，自北向南依次爲：莫當→駟北→沙頭。① 即經由"橐他莫當隧"至

---

① 陳夢家：《漢簡綴述》，中華書局 1980 年版，第 15 頁。

"駅北亭"郵書傳遞,再由"駅北亭"至"沙頭"。由此,73EJT23:
933、73EJT29:8號簡的"庇"疑均是"駅北亭卒"。

756. 73EJT23:934

☑□輔　　賣襲一領賈錢六百　　要虜隧長□　　　　73EJT23:934

[1]張文建:其簡首之字僅剩右部,應即"任"右部之"壬"的
草寫。①

[2]王錦城:該字左部殘損,從剩餘筆畫來看,似非"壬"字。

按:從整理者原釋,不作釋讀。

757. 73EJT23:947

☑發省卒會昨莫至☑　　　　　　　　　　　73EJT23:947B

[1]孔德眾、張俊民:實際上這個字就是昨天之"昨"。②

[2]何茂活:俖、昢同"昨"。如:"徐卿白俖日"(73EJT23:395)、
"發省卒會昢莫至"(73EJT23:947B),圖版分別作𣇆、𣇆。《秦漢魏
晉篆隸字形表》"昨"下無"俖、昢"之形,茲可補正。③

按:諸家所言可從。

758. 73EJT23:959

☑留□□甚善毋可言者懷毋重比者　　　　　73EJT23:959

[1]王錦城:"善"字釋讀似有誤,或當存疑待釋。

按:王錦城所言可從,該簡圖版殘損嚴重,暫存疑不釋較宜。

759. 73EJT23:965

廣野隧卒勒忘　賞賣縹一匹隧長屋闌富昌里尹野所　　丿

　　　　　　　　　　　　　　　　　　　73EJT23:965

① 張文建:《〈肩水金關漢簡(壹)〉綴合(一)》,簡帛網,2017年6月18日,http://
www.bsm.org.cn/show_article.php?id=2824。

② 孔德眾、張俊民:《漢簡釋讀過程中存在的幾類問題字》,《敦煌研究》2013年第6期。

③ 何茂活:《〈肩水金關漢簡(貳)〉疑難字形義考辨》,《簡帛研究》(2014),廣西師範
大學出版社2014年版。

　　[1] 何茂活：同"縹"，釋文中的"縹"，圖版實作 ，即"緥"字。"縹"指青白色的絹①。黄艷萍同②。

　　[2] 沈思聰："縹"字原簡圖版作 ，字形右下有"刂"形。

　　按：何茂活所言可從。

760. 73EJT23：974

河南郡雒陽長年里左羈年卅三　　　步　　　七月乙亥入　73EJT23：974

　　[1] 何茂活：羈，應爲"羈"（也作"羈"）的異寫。知此字爲"羈"的異體。③

　　[2] 王錦城：（何茂活）其説當是。

　　按：何茂活所言可從。

761. 73EJT23：975

萬年里任廣漢大奴據　　年廿五　　黑色 車牛一兩

練襲一領白布單衣　　　一領布絑一兩 革履一兩 ・右伍長卩

73EJT23：975

　　[1] 何茂活："絑"同"絑"，亦即"袜"，實可逕釋爲"絑"。④

　　按：暫從整理者原釋。

762. 73EJT23：983

……叩頭幸甚乃弟相張利子文以行事　　　73EJT23：983

　　[1] 沈思聰："弟"圖版作 ，當釋"夷"。

　　按：從整理者原釋。

---

　　① 何茂活：《〈肩水金關漢簡（貳）〉疑難字形義考辨》，《簡帛研究》（2014），廣西師範大學出版社 2014 年版。

　　② 黄艷萍：《〈肩水金關漢簡〉（壹—肆）異體字研究》，博士學位論文，華東師範大學，2016 年。

　　③ 何茂活：《〈肩水金關漢簡（貳）〉疑難字形義考辨》，《簡帛研究》（2014），廣西師範大學出版社 2014 年版。

　　④ 何茂活：《〈肩水金關漢簡（貳）〉疑難字形義考辨》，《簡帛研究》（2014），廣西師範大學出版社 2014 年版。

763. 73EJT23：984

……尺二寸黑色　　□□□□辭以發幼　廣地候官　吏吏

　　　　　　　　　　　　　　　　　　　73EJT23：984A

……子文謹□爲何　　子實文　　　　73EJT23：984B

［1］王錦城：B 面“實”原作“實”，該字當爲“實”字。

按：改釋可從。

764. 73EJT23：995

□□叩＝頭＝幸甚願相見致且自愛來者數聞起居叩＝頭＝　□

　　　　　　　　　　　　　　　　　　　73EJT23：995A

宋德叩＝頭＝白□□□□有秩□☑　　73EJT23：995B

［1］何茂活：據圖版，“白”與“有秩”之間，似有“奏”“舒”二字。應釋爲“奏”，詳見上文討論。不過此字前後似有“／”，也許是起間隔和强調的作用……“有秩”前有字，似應釋爲“郝”。“郝有秩”與上文所論“趙有秩”文例相同。①

［2］王錦城：（何茂活）所釋“奏”字圖版模糊不清，當從整理者釋。“白”和“有秩”之間，實際僅有兩字。其餘兩個墨跡當爲左行或右行文字的筆畫，不應作單獨的字，亦非起間隔等作用的“／”號。這種情況漢簡書信中常見，“有秩”後所謂未釋字也當是這種情況。

按：圖版殘缺嚴重，暫從整理者意見。

765. 73EJT23：997

☑□人付南部☑　　　　　　　　　73EJT23：997

［1］沈思聰：未釋字殘失右上部分筆畫，細審圖版，作，當釋“路”。

按：沈思聰之言可備一説。

---

① 何茂活：《〈肩水金關漢簡（伍）〉綴合補議一則》，簡帛網，2017 年 2 月 20 日，http：//www.bsm.org.cn/show_article.php？id＝2735。

766. 73EJT23：1010

馬不任豐病傷寒積五日苦☑   73EJT23：1010A

前□□衝□作□□病苦□☑   73EJT23：1010B

［1］林獻忠：仔細觀察圖版及字例，我們以爲"豐"當釋爲"豊"。①

［2］秦鳳鶴："□"原簡寫作![再]，當釋"再"。《居延新簡》

EPS4T2・114A、《敦煌漢簡》60中"再"字原簡分別寫作![字]、![字]，可

資參看。該簡文應釋讀作："前□□沖□作□□病苦，再"。②

［3］沈思聰：A面二行原簡殘存右半筆畫，故"豐"當時"體"。B

面原簡文字殘存左半筆畫。"前"下二字疑"神武"。"□□病"當釋

"疾由痛"。

按：圖版殘損嚴重，暫從整理者原釋。

767. 73EJT23：1018

神爵二年五月☑

步利里曹自爲☑   73EJT23：1018A

正月乙卯以☑   73EJT23：1018B

［1］王錦城：B面"正"字圖版模糊，從A面"五月"來看，其或

當爲"五"字。

按：改釋可從。

768. 73EJT23：1024

□□隧卒□□□□□   五石具弩一完   蝱矢☑

　　　　　　　　　　　弩幡一□   蘭☑   73EJT23：1024

［1］沈思聰：未釋字殘存右半部分筆畫，當釋"散"。

按：沈思聰之言可備一説。

---

①　林獻忠：《讀〈肩水金關漢簡（貳）〉札記》，復旦大學出土文獻與古文字研究中心網，2014年12月20日，http://www.gwz.fudan.edu.cn/Web/Show/2405。

②　秦鳳鶴：《〈肩水金關漢簡（壹）（貳）〉釋文校訂》，《中國文字學會第九屆學術年會論文集》，貴陽，2017年8月。

769. 73EJT23：1040

☑鎧鋧督各一　鎧甲鞎督各三

　　　　　　　革甲鞎各四

☑長矛二　　　幈三　　　　　　　　　　　　73EJT23：1040

[1] 沈思聰：細審圖版，"鎧鋧"的"鋧"字圖版作，當釋"鞎"；"鎧甲"的"鎧"字圖版作，當釋"鐵"；"革甲鞎"當釋"革甲鞎督"。

按：沈思聰之言可備一説。

770. 73EJT23：1064

☑□□□三□　·冣卅石折□☑　　　　　　　　73EJT23：1064A

☑秋□卒孫長☑

☑勇士卒翟并☑　　　　　　　　　　　　　　73EJT23：1064B

[1] 王錦城："冣"原作"取"，冣即最。

按：暫從整理者原釋。

（十七）73EJT24（1—500）

771. 73EJT24：6

出錢十八月七日米　　　出錢……十一月十日□　　……二月……

出錢冊君成買絮一枚　　出錢……　　　　　　73EJT24：6A

出錢六十二月廿六日和傷汗　　　　　　出錢……

出四百八十買絮　　　　　　　　　　出錢……　73EJT24：6B

[1] 何茂活：B 面"十"下一字爲重文符號並非"二"。①

按：何茂活改釋可從，此外，A 面整理者所釋"成"字，圖版作：，當是"井"字，73EJT24：24、73EJT24：68、73EJT24：136 號簡"井"字作：、、，可參。

---

① 何茂活：《〈肩水金關漢簡（貳）〉釋文訂補》，《敦煌研究》2018 年第 4 期。

772. 73EJT24：9

元始二年四月壬午朔……移過所縣道河津關遣都田守嗇夫陳惲以詔
書行水酒

……　　　　　　 ／兼掾詡令史譚佐宏　　　　　　　　73EJT24：9A

居延丞印

四月……南入　　　　　　　　　　　　　　　　　　　73EJT24：9B

［1］張俊民：A 面第二行可補一“令”字。

按：張俊民補釋可從，此外，A 面第二行簡首一字圖版殘損，從文
意以及殘存字形分析，當爲“泉”字，73EJT24：149 號簡有“行水酒泉
界中當舍”可參。由此，釋文可訂補如下：

元始二年四月壬午朔……移過所縣道河津關遣都田守嗇夫陳惲以詔
書行水酒

泉（界中當舍傳舍從者如律）令 ／兼掾詡令史譚佐宏 73EJT24：9A

居延丞印

四月……南入　　　　　　　　　　　　　　　　　　　73EJT24：9B

773. 73EJT24：10

爲急治之使會月五日□□三日食時伏地□願必不可已叩 = 頭 =□

謹再拜君游致記□

白幸爲屬叩頭多有張□徐卿宋卿許君□韓君公王子游　73EJT24：10A

劉屬叩頭白

韓君孫萬去府不多<u>云</u> = 謹道屬□日去萬宛君□□□□必

　　　　　　　　　　　　　　　　　　　　　　　　73EJT24：10B

［1］沈思聰：A 面“許君□”未釋字圖版作 ，當釋“長”。B 面
簡末倒數第二字圖版作 ，似釋“麴”。

［2］張俊民：A 面“記”下一字爲“拜”；B 面“多云”當釋“爲
意”。

按：沈思聰、張俊民之言可備一説。

774. 73EJT24：12

□□職□正月甲寅當井隧□訽代□□隧畢與循共盜官米一斛亡畢未
得循爲吏　　　　　　　　　　　　　　　　73EJT24：12

［1］張俊民："職"下一字爲"迊"，"□訽代□□隧畢與"當作
"禽寇隧戍卒□畢成"。

按：張俊民所言可從，此外，簡首第二字圖版不清晰，從殘存字形
並結合文意分析，當釋"爲"，72EJC：146＋73EJC：613 號簡"以候望
爲職至今年五月壬辰乘隧戍卒許朔望見"可參。由此，釋文作：

□爲職迊正月甲寅當井隧禽寇隧戍卒□畢成循共盜官米一斛亡畢未
得循爲吏　　　　　　　　　　　　　　　　73EJT24：12

775. 73EJT24：13

故駁亭長田襄　　從候詣府卩　　　　　　　73EJT24：13

［1］王錦城："襄"字原作"裵"，該字金關簡大多釋"襃"，據改。
按：從整理者原釋。

776. 73EJT24：20

徐岑叩頭言

……　　　　　　　　　　　　　　　　　73EJT24：20A

爲今元不一∟二謹因往人奉書叩頭再拜白　　73EJT24：20B

［1］王錦城：該簡 B 面"元"字圖版作 ，根據上述討論，我們
認爲其也是"見"字。"見"字這種近似"元"的草字寫法，西北漢簡
中亦不乏見，如 等，亦可爲證。①

按：王錦城改釋可從。

777. 73EJT24：24

……隧長護行候長文書事敢言之廷書曰當井隧卒彭晏四月

---

① 王錦城：《肩水金關漢簡校讀札記（二）》，簡帛網，2017 年 8 月 1 日，http：//www.
bsm. org. cn/show_article. php? id ＝2855；王錦城：《西北漢簡字詞雜考四則》，《簡帛》第 18 輯，
上海古籍出版社 2019 年版。

☑盡廿三日食書到收晏食遣吏持詣廷會月廿八日謹案時廩吏壙野隧長
豐　　　　　　　　　　　　　　　　　　　　　　　73EJT24：24A

居攝二年正月□□□□□　（習字）　　　　　　73EJT24：24B

[1] 何茂活：A 面第一個"隧"字前當釋"直"。①

按：何茂活補釋可從，"直"上三字圖版作：▨、▨、▨，疑爲
"朔""丙""子"三字。由此，釋文作：

……朔丙子直隧長護行候長文書事敢言之廷書曰當井隧卒彭晏四月

☑盡廿三日食書到收晏食遣吏持詣廷會月廿八日謹案時廩吏壙野隧長
豐　　　　　　　　　　　　　　　　　　　　　　　73EJT24：24A

居攝二年正月□□□□□　（習字）　　　　　　73EJT24：24B

778. 73EJT24：28

建始二年七月丙戌朔壬寅觻得□佗里秦俠君賞買沙頭戍卒梁國下邑
水陽里孫忠布值□　　　　　　　　　　　　　　73EJT24：28

[1] 張俊民："梁"當"梁"，"值"當"復"。

按：張俊民所言可從，此外，"佗"上一字疑爲"隱"字。由此，釋
文作：

建始二年七月丙戌朔壬寅觻得隱佗里秦俠君賞買沙頭戍卒梁國下邑
水陽里孫忠布復□　　　　　　　　　　　　　　73EJT24：28

779. 73EJT24：30

……九斗又一石一斗 酒泉大守官□□□　　　　73EJT24：30

[1] 何茂活：此簡右殘。起首二字當釋爲"米糵"。"一斗"下之二
字似爲"戊寅"，但不甚確，存疑。②

[2] 王錦城：補釋或可從，但該簡右半殘斷，所釋文字僅存左半部
分，不能確知，當從整理者釋。

按：何茂活所言可從，由此，釋文作：

---

① 何茂活：《〈肩水金關漢簡（貳）〉釋文訂補》，《敦煌研究》2018 年第 4 期。
② 何茂活：《〈肩水金關漢簡（貳）〉殘斷字釋補》，《出土文獻綜合研究集刊》第 2 輯，
巴蜀書社 2015 年版。

米囊九斗又一石一斗戊寅　　酒泉大守官□□□　　　　　73EJT24：30

780. 73EJT24：31

元始三年四月丙午朔□丑□□□□襄敢言之謹移受奉名籍一

編敢言之　　　　　　　　　　　　　　　　　73EJT24：31A

居攝二年十月　　　長長長長□□外具及見（習字）　　73EJT24：31B

［1］黄艷萍：“□丑”，殘缺的字應當爲“乙”。① 沈思聰同。

［2］張俊民：“襄”前兩字作“候長”。

按：諸家改釋可從。由此，釋文作：

元始三年四月丙午朔乙丑□□候長襄敢言之謹移受奉名籍一

編敢言之　　　　　　　　　　　　　　　　　73EJT24：31A

居攝二年十月　　　長長長長□□外具及見（習字）　　73EJT24：31B

781. 73EJT24：35

五鳳二年二月甲申朔戊子北鄉佐横敢告尉史臨渠里大夫邱國自言取

傳爲家私市張掖居延□

當爲傳謁移過所縣邑侯國以律令從事敢告尉史/佐横/二月戊子尉史

□出　　　　　　　　　　　　　　　　　　　73EJT24：35A

☑在元年□□□□☑　　　　　　　　　　　　73EJT24：35B

［1］胡永鵬：“在”當釋“初”……“初元年”即“初元元年”。②

［2］何茂活：可將本簡釋文改訂爲“☑嘉元年□□□□☑”。③

［3］沈思聰：“尉史□出”未釋字圖版作 ，當釋“國”。

按：胡永鵬、何茂活改釋字圖版作： ，右側圖版殘缺，釋讀存在困難。“初元元年”、“鴻嘉元年”在時間上均存在差異，簡 A 面已記載此事發生在“五鳳二年”（漢宣帝前 56 年），“初元元年”則是漢元帝前

① 黄艷萍：《〈肩水金關漢簡（貳）〉紀年簡校考》，《簡帛研究》（2013），廣西師範大學出版社 2014 年版。

② 胡永鵬：《肩水金關漢簡校讀札記》，《漢字文化》2015 年第 3 期。

③ 何茂活：《〈肩水金關漢簡（貳）〉殘斷字釋補》，《出土文獻綜合研究集刊》第 2 輯，巴蜀書社 2015 年版。

48 年，鴻嘉元年則是漢成帝前 20 年，時間差都較大。關於此字釋讀，暫存疑待考。沈思聰之言可備一說。

782. 73EJT24：40

九月庚申肩水守候欽下尉候長賽等承書從事下當用者書到……

□□□無有言會今如詔書律令　　守令史□　　　　　73EJT24：40

[1] 沈思聰："令"字原簡圖版作 ⎰ ，似"也"。

按：圖版殘破當爲"令"字，從整理者原釋。另第一行"……"中尚可識別出："各"、"詣"兩字，第二行"史"下一字整理者未釋，該字圖版作：▨，疑爲"産"字，漢簡中"産"字作：▨（73EJT4：64）可參。由此，釋文作：

九月庚申肩水守候欽下尉候長賽等承書從事下當用者書到各……詣

□□□無有言會今如詔書律令　　守令史産　　　　　73EJT24：40

783. 73EJT24：42

□□□□□□毋官獄徵事當得取傳張掖肩水金關居延縣索關毋苛留……

三月戊□朔庚申鰈得長守□□移過所縣道河津關毋苛留敢言之　掾□

守令史衰　　　　　　　　　　　　　　　　　　　73EJT24：42A

□□□印　　　　　　　　　　　　　　　　　　　73EJT24：42B

[1] 沈思聰："戊□"，從原簡殘畫看似"戊午"，"鰈得長守"後一字圖版作▨，當釋"丞"。B 面未釋字當釋"鰈得丞"。

[2] 王錦城：A 面第二行"衰"字原作"衰"，該字金關簡大多釋"褒"，據改。

按：沈思聰之言可從，王錦城所言恐非，該字圖版作：▨，疑爲"章"字。此外，A 面簡首諸字尚可識別，▨、▨、▨、▨、▨，疑爲"年""爵""如""牒""皆"，而且"年爵如牒""皆毋官獄徵事"漢簡中習見。由此，釋文作：

□年爵如牒皆毋官獄徵事當得取傳張掖肩水金關居延縣索關毋苛

留……

　　三月戊午朔庚申䅩得長守丞□移過所縣道河津關毋苛留敢言之/掾□

守令史章　　　　　　　　　　　　　　　　　　　73EJT24：42A

　　　䅩得丞印　　　　　　　　　　　　　　　　73EJT24：42B

784. 73EJT24：43

　　出麥二石　廩臨莫隧卒廉襄九月食二十一　丿丿　　　　73EJT24：43

按："石"下有墨點，整理者未釋，圖版作：，當補釋。"一"字

下簡文寫作，整理者釋作："丿丿"，恐非，疑是"卩"。卩，肩水金關

漢簡中作（73EJT14：26），（73EJT29：109），（73EJT25：221），

可參看。

785. 73EJT24：45

　　四月丙申平樂隧長明敢言之……

　　書一編敢言之　　　　　　　　　　　　　　　　73EJT24：45

按：第一行"之"下兩字整理者未釋讀，用"……"表示，細查圖

版似可辨別。，當"謹"字，，當"移"字，"移"後一字圖

版不清晰，暫不識別。由此，釋文作：

　　四月丙申平樂隧長明敢言之謹移□☑

　　書一編敢言之　　　　　　　　　　　　　　　　73EJT24：45

此外，據73EJT28：16、73EJT28：18號簡記載，平樂隧長明曾在"甘露

三年"有任職記錄，經查，甘露三年四月是"甲寅朔"，審核發現，"甘

露三年四月"無73EJT24：45號簡記載的"丙申"日。所以筆者懷疑

73EJT24：45號簡的時間可能並非"甘露三年"，但也應距"甘露三年"

不遠。①

---

　　① "甘露二年四月"是"庚申朔"，也無73EJT24：45號簡記載的"丙申"日。甘露元年
和甘露四年四月有"丙申"日，但又缺乏資料證明，暫存疑。

786. 73EJT24：51

公乘段安世年卅長七尺五寸黑色　　弩一矢廿四　　馬一匹　73EJT24：51

按：簡末仍有墨跡，整理者漏釋，圖版作：■，當是符號"丿"。

787. 73EJT24：55

客白張卿今毋☑　　　　　　　　　　　　　　　　　73EJT24：55

按：整理者所釋"客"字，圖版作：■，當釋"宏"，作人名解。

788. 73EJT24：60

肩水金關遣就人□☑　　　　　　　　　　　　　73EJT24：60A

居延倉丞印　　　　　　　　　　　　　　　　　73EJT24：60B

按：A面"人"下一字當釋"車"，73EJT23：907號簡"遣就人車兩人名如牒書到出入如律令"可參。

789. 73EJT24：61

☑毋用肖□可以……

☑和䊈直比相見項且自愛□□　　　　　　　　　73EJT24：61A

☑頭白

☑□坐前毋恙……　　　　　　　　　　　　　　73EJT24：61B

［1］沈思聰：細審圖版，"肖"後一字圖版作■，可釋爲"醇"。"䊈"字圖版作■，當釋"䴾"。

按：沈思聰之言可備一說。

790. 73EJT24：63

葆揗次富里夏侯莽□☑　　　　　　　　　　　　73EJT24：63

［1］沈思聰：未釋字殘存上端筆畫，當釋"年"。

按：沈思聰之言可從。

791. 73EJT24：65

十一月五日具書肩水騶北亭息譚叩頭賜書 A1

丈人萬年坐前善毋恙頃舍中毋它謹叩頭因言丈人所寄 A2

郵子張書一封謹到書□□仲病至今未愈極坐人可□□A3

閒者敦迫事急數□□□叩頭□□□候使許補官令史□府□□□A4

記府□□守令史未如府……A5　　　　　　　　73EJT24：65A

方議其功未知□奴叩頭 B1

丈人爲時不和謹衣彊幸酒食數進取便往來人願數來書記□B2

得日夜承聞丈人善毋恙叩頭幸甚□□B3

往入謹叩頭再拜　　　＿ B4

丈人□□B5　　　　　　　　　　　　　　73EJT24：65B

［1］劉樂賢：A1 "賜" 字暫時不能確釋，有待繼續研究……A2 "謹" 字應釋作 "譚"……A3 "郵" 字可以改釋爲 "郝"，"書" 後兩字整理者缺釋，爲 "上言" 兩字，"坐" 字似可釋爲 "藥"，後兩字爲 "藥愈"……A4 "數" 後三字整理者缺釋，爲 "失往來（人）"，"叩頭" 與 "候" 之間應爲兩字 "因言"，"許" 應當釋爲 "譚"……B1 "□奴" 似應改爲 "何數"……B2 "取便" 應當改釋爲 "所便"，該行最後一個字可釋爲 "使"……B3 "得" 釋爲 "譚"，"承聞" 爲 "奉聞"，"善" 爲 "萬年"，改行最後兩個字爲 "謹因"……B4 "往入" 爲 "往人"，"謹" 釋爲 "譚"，該行最後一個字爲 "奏"。①

［2］王錦城："賜" 字釋讀似不誤。"坐" 或當存疑，"藥愈" 補釋或可從，但不能確知，暫從整理者釋。又 A 面第二行 "願" 原作 "頃"，爲 "願" 字無疑。第三行 "愈" 字原作 "愈"，該字圖版作形，左部從 "人"，當釋 "愈"，此從劉艷娟説。

按：劉樂賢所言大部可從。另，A2 整理者所釋 "謹" 字可從；A3 整理者所釋 "坐" 字也有 "遠" 字的可能，暫存疑不釋；A3 末尾最後一字當爲 "譚"，倒數第二字字形殘缺，暫從整理者原釋文，不釋；B3 首

---

① 劉樂賢：《金關漢簡〈譚致丈人書〉校釋》，《古文字論壇（第 1 輯）——曾憲通教授八十慶壽專號》，中山大學出版社 2015 年版。

字當爲"謹";B3 整理者所釋"承"字可從;B4 整理者所釋"謹"字可從(可參 73EJT24：20 號簡);B5 整理者所釋"□□",當爲一個字,疑爲"前"。由此,釋文作：

十一月五日具書肩水騂北亭息譚叩頭賜(?)書 A1
丈人萬年坐前善毋恙頃舍中毋它謹叩頭因言丈人所寄 A2
郝子張書一封謹到書上言仲病至今未愈極□人可□譚 A3
閒者敦迫事急數失往來叩頭因言候使譚補官令史□府□□□A4
記府□□守令史未如府……A5　　　　　　　73EJT24：65A
方議其功未知何數叩頭 B1
丈人爲時不和謹衣彊幸酒食數進所便往來人願數來書記使 B2
謹日夜承聞丈人萬年毋恙叩頭幸甚謹因 B3
往人謹叩頭再拜　　奏 B4
丈人前 B5　　　　　　　　　　　　73EJT24：65B

792. 73EJT24：67

出第四茭五十　　後反□北　　　　　73EJT24：67

[1] 王錦城：未釋字或可釋爲"時"字。

按：王錦城補釋可從。

793. 73EJT24：70

鰈得廣□里張猛年……
橐他□□隧長□□……秦光□史　　　73EJT24：70A
□卿言夫□□□□言再拜
……　　　　　　　　　　　　73EJT24：70B

[1] 何茂活：B 面改訂爲"□卿言夫言□□□言再拜□□□卿再拜卿卿再拜"。①

[2] 沈思聰：原簡可補釋"記"、"敢"二字,釋文爲：□卿言夫□記□敢言再拜。

---

① 何茂活：《〈肩水金關漢簡(貳)〉釋文訂補》,《敦煌研究》2018 年第 4 期。

按：B面何茂活補釋可從，還有諸字可以補充，圖版作：、，疑"至""冣"。另外，A面第一行"廣"下一字，整理者未釋，圖版作：，疑"穿"字，73EJT30：20、73EJF3：95號簡有"鰈得廣穿里"①，"穿"字作：、，可參。第一行簡末還有一個勾校符號，圖版作：，整理者未釋，當補"丿"。A面第二行"秦光"前後諸字，整理者未釋，依稀可辨，圖版作：、、、，疑"定""子""行""書"四字。整理者僅釋讀一個"史"字，從圖版看，應是兩個"史"字並列，如圖：，故當補一個"史"字。A面第三行有兩字，整理者未釋，圖版作：、，疑"日""乙"兩字。由此，釋文作：

鰈得廣穿里張猛年……丿
彙他□□隧長……定子秦光行書史史
日乙 　　　　　　　　　　　　　　　　73EJT24：70A
□卿言夫言□至冣言再拜
□□□卿再拜卿卿再拜…… 　　　　　　　73EJT24：70B

794.73EJT24：71

⊠

□□□□

墼上蓬干 　　　　　　　　　　　　　　　　73EJT24：71

按：第一行四字整理者未釋，第一字圖版作：，疑"望"字殘筆，第四字圖版作：，疑"隧"字。肩水金關漢簡中有相似辭例可爲佐證，由此，釋文作：

⊠

① 黄浩波：《肩水金關漢簡地名簡考（八則）》，《簡帛研究》2017秋冬卷，廣西師範大學出版社2018年版。

望□□隧
礮上蓬干   73EJT24：71

795. 73EJT24：72

☑里宋友□錢二千   73EJT24：72

［1］何茂活：“錢”上一字爲“閣”。①

按：何茂活補釋可從。

796. 73EJT24：73

欲叩頭言
李子光坐前善毋恙　　吏吏吏吏吏吏吏
元叩頭卩   73EJT24：73B

［1］沈思聰：“元”字圖版作![字形],當釋“欲”。

按：從整理者原釋。

797. 73EJT24：76

☑□□□毋卑　　　取錢四百爲秋政廿石☑   73EJT24：76

［1］沈思聰：“毋卑”前兩字可釋爲“里唐”。

按：沈思聰之言可備一説。

798. 73EJT24：77

中公耶□者時賜記教齊以事奉聞嚴教毋恙伏地再拜
中公夫人足下   73EJT24：77

［1］沈思聰：“耶”後缺釋字圖版作![字形],當釋“來”。

［2］張俊民：“囊”字訛作“囊”。

按：此字暫從整理者原釋，不作釋讀。

799. 73EJT24：78

初元五年癸酉朔甲午□□鄉佐□敢告尉史龐自言爲家私使居延謹案

_____

① 何茂活：《〈肩水金關漢簡（貳）〉釋文訂補》，《敦煌研究》2018年第4期。

毋官獄徵事當爲傳謁移函谷關入來復傳

　　□過所津關毋苛留敢告尉史　　　　　　　　　　73EJT24：78

　　[1] 張俊民：第二行簡首可補"出"字。

　　按：補釋可從。

800. 73EJT24：88

　　☑□　　　甲子孫入　　　　　　　　　　　　　73EJT24：88

　　[1] 沈思聰："甲"字圖版作￼，當釋"牢"。

　　按：從整理者原釋。

801. 73EJT24：89

　　□伏地再拜☑

　　……　　　　　　　　　　　　　　　　　　　73EJT24：89

　　[1] 沈思聰：未釋字圖版作￼，當釋"順"。

　　按：沈思聰之言可備一説。

802. 73EJT24：100

　　□□□□常年卌二歲長七尺二寸黑☑

　　……　　　　　　　　　　　　　　　　　　　73EJT24：100

　　[1] 沈思聰："常"前一字圖版作￼，可補釋"孔"字。

　　按：沈思聰之言可從。

803. 73EJT24：111

　　□□□毋令亡人得出　　　　　　　　　　　　73EJT24：111

　　[1] 張俊民："毋"前可補"迹候"。

　　按：補釋可從。

804. 73EJT24：112

　　二月乙巳蒙右尉怯敢言☑

　　二月乙巳蒙守令史曹子☑　　　　　　　　　　73EJT24：112A

章曰菑右尉印　　　　　　　　　　　　　　　　　73EJT24：112B

[1] 胡永鵬：該簡簡文清晰，“史”字爲衍文。①

[2] 何茂活：對比該簡 A、B 面内容，可知“曹子”實爲“菑右”之誤釋。②

按：胡、何意見可從。由此，釋文作：

二月乙巳蒙右尉怯敢言☑

二月乙巳蒙守令菑右☑　　　　　　　　　　　　　73EJT24：112A

章曰菑右尉印　　　　　　　　　　　　　　　　　73EJT24：112B

805. 73EJT24：115

☑□□詔書一掾召屬湯書佐□□☑　　　　　　　　73EJT24：115

[1] 王錦城：“/”原作“一”，據圖版和簡文來看，其當爲分隔符號。

[2] 張俊民：“詔”前可補“如”。

按：王錦城、張俊民所言可從，由此，釋文作：

☑□如詔書/掾召屬湯書佐□□☑　　　　　　　　73EJT24：115

806. 73EJT24：126

☑□駕騹牡馬齒八歲駢牝馬齒十二歲　　　十一月廿四日出

　　　　　　　　　　　　　　　　　　　　　　　73EJT24：126

[1] 張俊民：“駕”前可補“車”。

按：補釋可從。

807. 73EJT24：131

……　　　坐與同縣富昌里男子呂湯共盜大原郡於縣始昌

　　　　　　　　　　　　　　　　　　　　　　　73EJT24：131

---

① 胡永鵬：《讀〈肩水金關漢簡（貳）〉札記》，簡帛網，2013 年 9 月 17 日，http：//www. bsm. org. cn/show_article. php？id＝1905。後發表於《中國文字（新四十期）》，臺北：藝文印書館 2014 年版。

② 何茂活：《〈肩水金關漢簡（貳）〉殘斷字釋補》，《出土文獻綜合研究集刊》第 2 輯，巴蜀書社 2015 年版。

⬚⬚⬚

[1] 伊強：簡首可補充"耐罪屋蘭"。①

[2] 黃浩波："於"是指"鄥"。②

按：伊強補釋可從，由此，釋文作：

耐罪屋蘭……　坐與同縣富昌里男子呂湯共盜大原郡於縣始昌

⬚⬚⬚　　　　　　　　　　　　73EJT24：131

808. 73EJT24：134

☑逋不算日不給更絲口算賦☑

☑當收直謁移屬國居延☑☑　　　　　　　　73EJT24：134

[1] 沈思聰："算"字圖版作 ⬚，當釋"筭"。"絲"字圖版作 ⬚，當釋"繇"。

按：沈思聰之言可備一説。

809. 73EJT24：138

⬚⬚⬚一枚直二百

⬚⬚⬚長寧韋五直廿三

止虜隧長申延壽韋直百一⬚

執適隧長王遣韋五枚直廿

豆山隧長趙彭助五枚⬚

金關隧長轟定卅五枚直　　　　　　　　　73EJT24：138

[1] 郭偉濤：上欄第二行"長"前之字未釋，察輪廓似爲"隧"字，惜隧名無法確定。該簡很可能屬爲某部所轄隧長的財務清單。豆山隧當即爲登山隧，與執適、金關等同屬肩水塞，故簡文涉及的止虜隧很可能亦轄於肩水塞。③

① 伊強：《肩水金關漢簡中的"囚錄"及相關問題》，《出土文獻》第 7 輯，中西書局 2015 年版。

② 黃浩波：《肩水金關漢簡地名簡考（八則）》，《簡帛研究》2017 秋冬卷，廣西師範大學出版社 2018 年版。

③ 郭偉濤：《漢代張掖郡肩水塞研究》，博士學位論文，清華大學，2017 年，第 40 頁。

　　〔2〕何茂活："卋"字當釋爲"世"。①

　　〔3〕胡永鵬：第二欄第一行"一"後或爲"十"字。第三行"枚"
後未釋之字漫漶，似爲"直"。②

　　按：郭偉濤補釋"隧"字由於圖版不清晰，不能確指。何茂活改釋
"世"字可從。胡永鵬"趙彭助五枚"下一字疑"直"字，可從。

810. 73EJT24：160

……

肩水金關金關移居延　　　張君業

……　　　　　　　　　　　　　　　　　　　　73EJT24：160A

周吳叩頭白

□□肩水金關　卅井縣索關 子春坐前 居延縣索關 ……起居得毋有它
干治所□　　　　　　　　　　　　　　　　　　73EJT24：160B

　　〔1〕何茂活：A面右行可釋爲"叩頭地□八月……"左行爲"□□
隧長隧長長……"B面簡首小字爲"□治所"。③

　　按：何茂活補釋可從。另外，B面"所"下一字圖版作：██，當
"居"字，同簡"居"字作：██，可參。由此，釋文作：

……叩頭地□八月□□

肩水金關金關移居延　　　張君業

□□隧長隧長長……

□治所 肩水金關　卅井縣索關 居延縣索關 周吳叩頭白 子春坐前　　73EJT24：160A

……起居得毋有它干治所居　　　　　　　　　73EJT24：160B

811. 73EJT24：162

　　☑□宜便具☑　　　　　　　　　　　　　　73EJT24：162

---

　　① 何茂活：《〈肩水金關漢簡（貳）〉釋文訂補》，《敦煌研究》2018 年第 4 期。
　　② 胡永鵬：《肩水金關漢簡校讀五則》，《近代漢字研究第三屆學術年會論文集》，湖南師
範大學，2020 年 11 月。
　　③ 何茂活：《〈肩水金關漢簡（貳）〉釋文訂補》，《敦煌研究》2018 年第 4 期。

［1］何茂活：簡首一字爲“期”。①

［2］王錦城：該字和“期”字不類，暫從整理者釋。

按：何茂活補釋可從。

812. 73EJT24：168

☑唯廷省察□言誠職使☑　　　　　　　　　　73EJT24：168

［1］何茂活：“言”前一字爲“所”。②

［2］王錦城：（何茂活）其説或是，但該字作形，右下部殘損，不能確知，暫從整理者釋。

按：何茂活補釋可從。

813. 73EJT24：170

觻得常利里□久都　車一兩☑　　　　　　　　73EJT24：170

［1］沈思聰：“□久”圖版作 🔳、🔳，當釋“仁君”。

按：暫從整理者原釋，“都”字亦可疑。

814. 73EJT24：180

□□□□郡中當舍傳舍從者如律令‧葆三泉里上造同爲□☑

　　　　　　　　　　　　　　　　　　　　　73EJT24：180

［1］張俊民：“郡”前兩字爲“三輔”。

按：張俊民補釋可從，此外，簡首兩字當爲“流民”。由此，釋文作：

流民三輔郡中當舍傳舍從者如律令‧葆三泉里上造同爲□☑

　　　　　　　　　　　　　　　　　　　　　73EJT24：180

815. 73EJT24：185

其或□復□□☑　　　　（削衣）　　　　　　73EJT24：185

① 何茂活：《〈肩水金關漢簡（貳）〉釋文訂補》，《敦煌研究》2018 年第 4 期。
② 何茂活：《〈肩水金關漢簡（貳）〉釋文訂補》，《敦煌研究》2018 年第 4 期。

［1］何茂活："復"後一字爲"得"。①

［2］王錦城：其説或是，但該字模糊不清，不能確知，暫從整理者釋。

按：何茂活補釋可從。

816. 73EJT24：189

□陽書奏☑

周君□☑　　　　　　　　　　　　　　　　73EJT24：189

［1］秦鳳鶴：該簡文應釋讀作："□陽書奏。周君長"。② 沈思聰同。

按：補釋可從。

817. 73EJT24：190

角今毋野平角須後輸　　　　　　　　　　　73EJT24：190A

守解再拜請　　　　　　　　　　　　　　　73EJT24：190B

［1］沈思聰："平"字圖版作 ![字]，當釋"羊"。

按：從整理者原釋。

818. 73EJT24：203

辛卯日中時 出　　　　　　　　　　　　　73EJT24：203A

□□□□□□□　　　　　　　　　　　　　73EJT24：203B

［1］司曉蓮、曲元凱：這枚殘簡第一個字應該釋爲"辛"③。李穎梅同④。

按：改釋可從。

① 何茂活：《〈肩水金關漢簡（貳）〉釋文訂補》，《敦煌研究》2018 年第 4 期。

② 秦鳳鶴：《〈肩水金關漢簡（壹）（貳）〉釋文校訂》，《中國文字學會第九屆學術年會論文集》，貴陽，2017 年 8 月；秦鳳鶴：《〈肩水金關漢簡〉（壹）（貳）釋文校訂》，《漢字漢語研究》2018 年第 2 期。

③ 司曉蓮、曲元凱：《讀〈肩水金關漢簡（貳）〉札記》，《集美大學學報》2016 年第 4 期。

④ 李穎梅：《〈肩水金關漢簡（貳）〉校釋六則》，《昆明學院學報》2018 年第 1 期。

819. 73EJT24：205

☑□麥廣百卅長二百五十步　積三<u>爲</u>二千

五百步丿□☑　　　　　　　　　　　73EJT24：205

[1] 張俊民："爲"字原作"萬"，後作"爲"不妥。

按：張俊民所言可從，當釋"萬"字。

820. 73EJT24：208

出六石弩一　　延和三年癸丑令卒□□☑　　　73EJT24：208

[1] 沈思聰："卒"後一字圖版作 ，當釋"敕"，即"赦"異構。

按：該字圖版作：，也有可能爲"夜"字，暫不釋讀較宜。

821. 73EJT24：211

☑奇其端以指虜所聚匿處☑　　　　　　73EJT24：211

[1] 張俊民：頂端一殘字補□。

按：張俊民之言可從。

822. 73EJT24：212

昭武佐毛彭　　昭武丞印　　□一匹白牝齒十歲高□尺八□

　　　　　　　　　　　　　　　　　　73EJT24：212

[1] 沈思聰："八"後一字當釋"寸"。

按：沈思聰之言可從。

823. 73EJT24：213

草辟<u>及</u>冒各一　　　　　　　　　　73EJT24：213

[1] 張再興、黃艷萍：整理者釋作"及"，很可能是"皮"字的訛變形體。①

按：從整理者原釋。

---

① 張再興、黃艷萍：《肩水金關漢簡校讀札記》，《中國文字研究》2017 年第 26 輯。

824. 73EJT24：216

不和願□□爲山奴不☑　　　　　　　　　　　73EJT24：216

［1］何茂活："不"實爲"卒"。①

按：改釋可從。

825. 73EJT24：217

☑□　建平五年五月甲申宜禾里李邑付直徐武　　73EJT24：217

［1］胡永鵬："五"當釋"十"。②

［2］張俊民："直"當釋"正"。

按：胡永鵬改釋可從，張俊民所言可備一説。

826. 73EJT24：221

☑□中亭積□侯奉國等候望☑　　　　　　　　73EJT24：221

［1］何茂活："中"前一字右側從"阝"，究爲何字，待考；"積"下一字當爲"新"；"奉"前一字當爲"侯"。③

［2］王錦城：（何茂活）其説或是，字跡磨滅，不能確知，暫從整理者釋。

按：何茂活意見可從。由此，釋文作：

☑□中亭積新侯奉國等候望☑　　　　　　　　73EJT24：221

827. 73EJT24：225

☑□甀莫育□☑　　　　　　　　　　　　　　73EJT24：225

［1］何茂活：釋文作：合甀算脂合。④

［2］王錦城："莫"可釋作"箕"，釋"甀"似乎還有疑問，姑存疑

---

①　何茂活：《〈肩水金關漢簡（貳）〉釋文訂補》，《敦煌研究》2018 年第 4 期。

②　胡永鵬：《讀〈肩水金關漢簡（貳）〉札記》，《中國文字（新四十期）》，臺北：藝文印書館 2014 年版。

③　何茂活：《〈肩水金關漢簡（貳）〉釋文訂補》，《敦煌研究》2018 年第 4 期。

④　何茂活：《〈肩水金關漢簡（貳）〉疑難字形義考辨》，《簡帛研究》（2014），廣西師范大學出版社 2014 年版。

待考。①

按：圖版不清晰，暫從整理者原釋。

828. 73EJT24：228

始建國三年八月癸□☑

……   73EJT24：228

［1］胡永鵬："三"當釋"三"，簡文清晰。②

［2］何茂活："三"當釋"三"，"癸"下一字當爲"丑"。③

按：胡永鵬、何茂活意見可從。由此，釋文作：

始建國三年八月癸丑☑

……   73EJT24：228

829. 73EJT24：229

☑□□

☑秋單衣未到   牛車□☑   73EJT24：229

［1］張俊民：第一行補釋"三衣三十一"。

按：張俊民意見可備一説。

830. 73EJT24：232

付□長占穀千石

……   73EJT24：232

［1］沈思聰："占"字圖版作 ，當釋"公"。

按：沈思聰之言可備一説。

---

① 王錦城：《肩水金關漢簡校讀札記（一）》，簡帛網，2017 年 7 月 13 日，http：//www.bsm. org. cn/show_article. php？id = 2839；王錦城：《西北漢簡字詞雜考四則》，《簡帛》第 18 輯，上海古籍出版社 2019 年版。

② 胡永鵬：《讀〈肩水金關漢簡（貳）〉札記》，簡帛網，2013 年 9 月 17 日，http：//www.bsm. org. cn/show_article. php？id = 1905。後發表於《中國文字（新四十期)》，臺北：藝文印書館 2014 年版。

③ 何茂活：《〈肩水金關漢簡（貳)〉釋文訂補》，《敦煌研究》2018 年第 4 期。

831. 73EJT24：237

移肩金關居延卅井縣索關書到出入如律令　　　　　73EJT24：237A

肩倉小官印　　嗇夫當發　　守嗇夫宏　　　　73EJT24：237B

［1］馬智全："嗇夫當"應是"嗇夫常"的誤釋。①

按：改釋可從。

832. 73EJT24：239

☑□爵公乘觻得富里姓周氏年卅八歲廼　　　　　73EJT24：239

［1］何茂活："爵"上字當爲"狀"。②

［2］王錦城：（何茂活）其說或是，但該字模糊不清，不能確知，暫從整理者釋。

按：何茂活補釋可從。

833. 73EJT24：240

……

五月壬戌居延丞延年移過所縣道河津關毋苛留止如律令／掾延年佐長世　　　　　　　　　　　　　　　　　　　73EJT24：240A

印曰居延丞印　　　　　　　　　　　73EJT24：240B

［1］胡永鵬："……"當釋"過所縣道河津關毋苛留止敢言之"。該簡缺文可據殘存文字字形及文例補出。③

［2］何茂活：右行之字殘存左半，可以辨識爲"過所縣道河津關毋苛留止敢言之"。④

按：補釋可從。

---

①　馬智全：《肩水金關嗇夫紀年考》，《甘肅省第三屆簡牘學國際學術研討會論文集》，上海辭書出版社 2017 年版，第 260 頁。

②　何茂活：《〈肩水金關漢簡（貳）〉釋文訂補》，《敦煌研究》2018 年第 4 期。

③　胡永鵬：《讀〈肩水金關漢簡（貳）〉札記》，簡帛網，2013 年 9 月 17 日，http：//www. bsm. org. cn/show_article. php？id＝1905。後發表於《中國文字（新四十期）》，臺北：藝文印書館 2014 年版。

④　何茂活：《〈肩水金關漢簡（貳）〉殘斷字釋補》，《出土文獻綜合研究集刊》第 2 輯，巴蜀書社 2015 年版。

834. 73EJT24：242

河南郡雒陽雨石里張湯　　牛車一兩　弩一矢十二　〵 73EJT24：242

［1］何茂活：“雨”字當爲“南”。①

按：何茂活改釋可從。

835. 73EJT24：244

張掖肩水廣地候賓□□長昌味死再拜□□　　本始元年四月己酉日
蚤食時

　騎置馳行上　　　　　　　　入□□□長壽隧□□□隧長妻
報＝子□□□□

　行在所公車司馬以聞

　　□□五年四月戊申日鋪時受□□□　　　　　73EJT24：244

［1］胡永鵬：□□應釋“本始”。②

［2］王錦城：從簡文內容來看，第一行和最後一行的紀年應當一致，
因此“元年”和“五年”必有一誤。“本始元年四月”無己酉和戊申日，
而“本始五年四月”正有己酉和戊申日，因此末行“五年”不誤，且亦
當爲本始五年，而第一行“元年”當爲“五年”。

［3］張俊民：“□□長”當“士吏”，“再拜”後爲“上書一”。

按：諸家意見均可從。此外，“隧”字下一字，整理者未釋，該字圖版
作：▨，疑“得”字，73EJT2：29 號簡“得”字作：▨，可參；“妻”
下一字整理者釋“報”，恐非，該字圖版作：▨，疑“捐”字，73EJT29：
105 號簡“捐”字作：▨，可參。由此，釋文作：

張掖肩水廣地候賓士吏昌味死再拜上書一　本始五年四月己酉日蚤
食時

　騎置馳行上　　　　　　入□□□長壽隧得□□隧長妻捐＝子□□□□

---

① 何茂活：《〈肩水金關漢簡（貳）〉釋文訂補》，《敦煌研究》2018 年第 4 期。

② 胡永鵬：《讀〈肩水金關漢簡（貳）〉札記》，《中國文字（新四十期）》，臺北：藝文印
書館 2014 年版。

行在所公車司馬以聞

本始五年四月戊申日餔時受□□□　　　　　　　　　73EJT24：244

836. 73EJT24：245

顯處令吏民卒徒奴婢盡知之各相牽證任毋舍匿<u>出巳</u>爰書鈿臧縣廷令

可案毋令留居部界中

不得胡人亡重事如法律令敢言之/九月丙子車騎將軍宣曲校尉當肩丞

讓敢告典屬國卒人<u>寫移</u>□　　　　　　　　　　　73EJT24：245

　　［1］王錦城：第一行"出巳"從字形來看，似非"出巳"，當存疑待考。

　　［2］張俊民："出巳"當釋"大巳"，"寫移"當釋"官縣"。

　　按：暫從整理者原釋。

837. 73EJT24：246

……

□石具弩一　　　　蚩矢六十　　　鐵甲一

承弦二　　　　　　矛二　　　　　鐵鞮鎧一　　□卩

橐矢二百　　　　　瞀一　　　　　　　　　　　　73EJT24：246

　　［1］張俊民：首起還有二大字。

　　按：簡首圖版十分模糊，張俊民所言可備一説，此外，整理者所釋"六"字，亦有多種可能，暫存疑不釋較爲適宜。

838. 73EJT24：248

雒陽宜歲里張放年三十五字高

獄丞印

作者<u>樂得</u>廣昌里韓況□☑

牛車一兩用牛二頭　　　　　　　　　　　　　　73EJT24：248

　　［1］孔德衆、張俊民：其中"樂得"也應該是"鱳得"，文字中"三"字，表明本簡應屬於王莽之時或以後的簡。①

———————————

　　① 孔德衆、張俊民：《漢簡釋讀過程中存在的幾類問題字》，《敦煌研究》2013 年第 6 期。

［2］沈思聰：按“樂得”，即“鱳得”。

按：補釋可從，另，“況”下一字圖版殘損，從文意看當爲“年”。

839. 73EJT24：252

肩水候史鱳得宜樂里呂萬年

地節元年十二月丙辰除

未得……盡六月奉錢五千……

已得都内賦錢五千四百　　　　　　　　　　　73EJT24：252

［1］胡永鵬：“盡六”當釋“積九”……根據文例，“積九”前可補“正月盡九月”五字。本簡所記“地節元年十二月丙辰”爲除吏時間，屬於追述。①

［2］王錦城：（胡永鵬）改釋或可從，但改釋文字字跡磨滅，不能辨識，暫從整理者釋。

按：胡永鵬所言可從。

840. 73EJT24：253

☒□三年閏月戊午候長充宗☒　　　　　　　　73EJT24：253A

☒□迹遠隨見□□□☒　　　　　　　　　　　73EJT24：253B

［1］何茂活：（A）“三年”前之字依稀可辨爲“節”字，故此推斷其年號爲“地節”……肩水金關出土的這枚簡牘“（地節）三年閏月戊午”的内容可以證明閏十月之説爲是——閏十月是癸丑朔，初六爲戊午日；而閏九月則是甲申朔，該月無戊午日……（B）此簡左右皆殘，但殘存部分筆跡清晰。釋文可改訂爲：“□迹遠隧見卒二□”。②

［2］王錦城：補釋或可從，但所補文字均殘損過甚，不能確知，當從整理者釋。

按：何茂活補釋可從，由此，釋文作：

☒（地節）三年閏月戊午候長充宗☒　　　　73EJT24：253A

---

① 胡永鵬：《肩水金關漢簡校讀札記》，《漢字文化》2015 年第 3 期。
② 何茂活：《〈肩水金關漢簡（貳）〉殘斷字釋補》，《出土文獻綜合研究集刊》第 2 輯，巴蜀書社 2015 年版。

☐□迹遠隧見卒二□☐　　73EJT24：253B

841. 73EJT24：255

☐□睢陽絃郊里黄充年廿六　　73EJT24：255

［1］沈思聰："郊"字圖版作，當釋"郊"。

按：沈思聰之言可備一説。

842. 73EJT24：261

安土隧戍卒穎川傿陵臺里傅固　　73EJT24：261

［1］沈思聰："土"當釋"士"。

按：從整理者原釋。

843. 73EJT24：262

本始四年九月壬戌朔丁未西鄉有秩賢敢告尉史宜歲里上造董賁年卅五歲正令自言爲家私市

……　　73EJT24：262

［1］劉欣寧："占"字原釋"令"。①

［2］胡永鵬：簡文"戌"可能爲"寅"之誤書。②

［3］王錦城：釋"戌"不誤，此處當爲原簡誤書。

［4］張俊民：所釋"占"字口部有問題，仍作"令"。

按：劉、王所言可從，但從曆法看，書手書寫有誤。

844. 73EJT24：263

　　　　　　責柳子文布一匹少百

六月廿日責計　責龐次君布一匹直四百廿出二百五十少七十

　　　　　　責□□鴑布一匹直四百入二百八十少百廿

73EJT24：263

① 劉欣寧：《漢代"傳"中的父老與里正》，《早期中國史研究》2016年第8卷第2期。

② 胡永鵬：《〈肩水金關漢簡（貳）〉中與曆表不合諸簡考證》，《簡帛》第9輯，上海古籍出版社2014年版。

［1］沈思聰："駕"字圖版不清，當作"囗"。

［2］張俊民："責"下一字釋"錢"。

按：暫從整理者原釋。

845. 73EJT24：265

二月戌詣張掖郡肩水部界萬福隧至地節……　　　　　　73EJT24：265

［1］張俊民："戌"字作"戊"，簡末可補"囗年五月中囗囗"。

按：張俊民所言可從，此外，整理者所釋"界"，恐非，當"署"，由此，釋文作：

二月戌詣張掖郡肩水部署萬福隧至地節囗年五月中囗囗

73EJT24：265

846. 73EJT24：267

地節三年正月戊午朔辛酉居延軍候世謂過所遣

私從者河內郡溫厍里左通私市張掖郡中謁移過　　　73EJT24：267A

章曰軍候印　　　　　　　　　　　　　　　　　　73EJT24：267B

［1］黃浩波："厍"當爲"犀"。① 黃艷萍、張再興同。②

按：改釋可從。

847. 73EJT24：273

囗囗囗囗　　胡刑原兒疾　　　　　　　　　　　　73EJT24：273

［1］張俊民：第一、第三字可補"王"、"馬"。

按：張俊民所言可從，此外，第二、第四字可補"幸"、"疾"。由此，釋文作：

王幸馬疾　　　胡刑原兒疾　　　　　　　　　　　73EJT24：273

---

① 黃浩波：《肩水金關漢簡地名簡考（八則）》，《簡帛研究》2017 秋冬卷，廣西師範大學出版社 2018 年版。

② 黃艷萍、張再興：《肩水金關漢簡校讀叢札》，《簡帛》第 17 輯，上海古籍出版社 2018 年版。

848. 73EJT24：277

☑□不肖去丈人居外城沙石閒元不知丈☑

☑□百□助人□不□幸□得之罪□□☑   73EJT24：277

［1］沈思聰：可補釋"封"、"敢"、"遺"三字，爲"□百封助人□不敢幸遺得之罪□□"。

［2］張俊民："封"为"尉"，"助人"、"遺"不對。

按：張俊民所言可從，由此，訂補釋文作：

☑□不肖去丈人居外城沙石閒元不知丈☑

☑□百尉□□□不敢幸□得之罪□□☑   73EJT24：277

849. 73EJT24：279

戍卒魏郡繁陽宜秋里大夫趙嬰年廿三   73EJT24：279

［1］黃艷萍："繁"當隸定作"蘩"。①

［2］沈思聰："繁"字圖版作 █，與"繁"形不類，當釋"□"。

按：此處當用作"繁"。

850. 73EJT24：284

初元年四月辛巳朔庚午肩水史譚敢言☑   73EJT24：284

［1］胡永鵬："初元年"即"初元元年"，簡文中習見。初元元年四月丁卯朔，原簡必爲誤書。②

［2］黃艷萍："初元年四月辛巳朔"當爲"初元元年四月丁卯朔"。③

按：胡永鵬所言可從，書手疑書寫有誤。

---

① 黃艷萍：《〈肩水金關漢簡〉（壹—肆）異體字研究》，博士學位論文，華東師範大學，2016 年。

② 胡永鵬：《〈肩水金關漢簡（貳）〉中與曆表不合諸簡考證》，《簡帛》第 9 輯，上海古籍出版社 2014 年版。

③ 黃艷萍：《〈肩水金關漢簡（貳）〉紀年簡校考》，《簡帛研究》（2013），廣西師範大學出版社 2014 年版。

851. 73EJT24：287

☐☐☐☐候居延☐☐☐女子李然年卅五黑色　　　　73EJT24：287

[1] 沈思聰：據圖版可補釋“候”前“僕”字和“女”前“里”字。

按：沈思聰補釋“里”字可從，補釋“僕”字存疑。由此，釋文作：

☐☐☐☐候居延☐☐里女子李然年卅五黑色　　　　73EJT24：287

852. 73EJT24：288

☑其一人取廩官定作四人☑　　　　73EJT24：288

[1] 沈思聰：“廩”即“稟”，原簡作 ，从米。

按：沈思聰之言可從。

853. 73EJT24：295

☐　☐☐☐

呂子候　　白　　　　73EJT24：295

[1] 何茂活：“候”字當爲“侯”。①

按：何茂活改釋可從。

854. 73EJT24：296

四年

望遠隧長奴子小女居延城勢里郭婢年十歲

長五尺黑色　　　　73EJT24：296

[1] 郭偉濤：“廣地”原釋爲“四年”，據圖版，徑改。②

按：郭偉濤改釋可從。

855. 73EJT24：297

　　　　　　肩水卒卌七人　　　五人病·

十一月辛巳　橐他卒六十五人　　一人作長·

---

① 何茂活：《〈肩水金關漢簡（貳）〉釋文訂補》，《敦煌研究》2018 年第 4 期。

② 郭偉濤：《漢代張掖郡肩水塞研究》，博士學位論文，清華大學，2017 年，第 97 頁。

凡卒百一十二人　　一人木工
其十人養・
定作九十五人
取薪增落廣六尺槫兩行馬善並高四尺五寸袤廿丈率人二尺一寸有奇
六十九人取薪二百七石率人三石薪去□□□往來卌八里

73EJT24：297

［1］張俊民："善"當爲"嗇","往"上一字當爲"里"。

按：張俊民補釋"里"字可從，整理者釋"善"可從。此外，"凡"
上一字、"工"下一字有墨點當補。

856. 73EJT24：302

□□關以主出入吏民禁備盜賊　　　　　73EJT24：302

［1］張俊民：首起"死罪"二字可補。

按：張俊民補釋可從。

857. 73EJT24：305+497+498

丙乙乙乙甲甲癸
十八日　　重節 八鬼節
申丑未丑□子巳（簡上有陰刻線）

73EJT24：305A+497A+498A

……　　　　　　　　　　　73EJT24：305B+497B+498B

［1］程少軒："午"字原缺釋，據上下干支補出。① 羅見今、關守
義、② 黃艷萍同③。

［2］王錦城：補釋是，但該字圖版缺失，暫從整理者釋。

按：諸家補釋可從，當爲"午"字。

---

① 程少軒：《肩水金關漢簡"元始六年（居攝元年）曆日"復原》，《出土文獻》第5輯，
中西書局2014年版。

② 羅見今、關守義：《〈肩水金關漢簡（貳）〉曆簡年代考釋》，《敦煌研究》2014年第2
期。

③ 黃艷萍：《〈肩水金關漢簡（貳）〉紀年簡校考》，《簡帛研究》（2013），廣西師范大學
出版社2014年版。

858. 73EJT24：311

□□行候事……

五月癸未雒陽守丞安……　　　　　　　　　　73EJT24：311A

雒陽丞印　　　　　　　　　　　　　　　　　73EJT24：311B

［1］張俊民：A 面第一行可修訂爲 "案毋官徵事當以令爲傳"，脱 "獄" 字。

按：張俊民的思路無疑是正確的，經核查圖版，應作 "案毋官徵事當得傳……" 後面一般跟 "移過所縣侯國毋苟留敢言之" 之類的語句，由於圖版殘缺此處暫以 "……" 形式替代。另，第二行 "安" 下所缺字爲 "移過所"。由此，釋文作：

案毋官徵事當得傳……

五月癸未雒陽守丞安移過所……　　　　　　　73EJT24：311A

雒陽丞印　　　　　　　　　　　　　　　　　73EJT24：311B

859. 73EJT24：313

□□□界毋越塞出入迹　　　　　　　　　　　73EJT24：313

［1］王錦城："界" 前未釋兩字形殘泐，但結合文義來看，其當爲 "迹盡" 二字。該簡當屬日迹簿，"迹盡界，毋越塞出入迹" 漢簡習見，可以參看。

按：王錦城所言可從。

860. 73EJT24：318

俱買豬其主不肯乃武令□☑　　　　　　　　　73EJT24：318

［1］張俊民："乃" 當爲 "與"。

按：張俊民改釋可從。

861. 73EJT24：320

☑□針　　　　　　　　　　　　　　　　　　73EJT24：320A

……　　　　　　　　　　　　　　　　　　73EJT24：320B

［1］張俊民：釋 "針" 不對。

按：暫存疑不釋較爲適宜。

862. 73EJT24：321

聞憙邑高里傅定	男弟二人	□□□□	
庸同縣魚廬里郅羌	弟婦二人	同里傅孫□任	
	□八	同里傅□□	
		同里閻□任	73EJT24：321

〔1〕沈思聰：細審圖版，可補釋爲"同里傅□任"。

〔2〕王錦城：第二、三行兩"傳"字似均當釋作"傅"。

按：諸家改釋、補釋可從。此外，"八"前一字圖版作：▓，整理者未釋，當爲"口"字。由此，釋文作：

聞憙邑高里傅定	男弟二人	□□□□	
庸同縣魚廬里郅羌	弟婦二人	同里傅孫□任	
	口八	同里傅□任	
		同里閻□任	73EJT24：321

863. 73EJT24：325

肩水金關	73EJT24：325A
橐他隧以郵行	73EJT24：325B

〔1〕張俊民："隧"當"候"。

按：張俊民所言可從。

864. 73EJT24：327

癸丑旬遣登山隧長□☑	73EJT24：327

〔1〕張俊民："旬"當"官"。

按：張俊民所言可從，另，簡末一字疑爲"陽"字殘筆，73EJT4：93 號簡有"登山隧長陽"可參。

865. 73EJT24：335

☑牛牛牧出之	73EJT24：335A

☑三百□□□□　　　　　　　　　　　　　　　73EJT24：335B

〔1〕何茂活：A面"出"字當爲"之"，B面"三百"實爲"言"，末字當爲"敢"。①

按：何茂活補釋、改釋皆可從，B面"敢"前一字整理者未釋，圖版作：，疑"之"字殘筆。由此，釋文作：

☑牛牛牧之之　　　　　　　　　　　　　　　73EJT24：335A
☑言言之敢　　　　　　　　　　　　　　　　73EJT24：335B

866.73EJT24：337

河内郡軑安昌里□利☑　　　　　　　　　　　73EJT24：337

〔1〕秦鳳鶴："□"原簡寫作，當釋"時"。② 沈思聰同。

〔2〕王錦城：補釋可從，但該字較模糊，不能確知，暫從整理者釋。

按：補釋"時"字可從。

867.73EJT24：339

□伏地再拜請　　　・取□☑
中叔足下中夫御者頃不相見得冊☑
□草爲之故用家室累中叔中夫□□☑　　　　　73EJT24：339A
□白傳朝由落耳以張□□□☑
□賜記部中大夫願中叔……
□善視張惠君客愚兄張氏遣□☑　　　　　　　73EJT24：339B

〔1〕曹方向："叔"字疑應釋"尉"。③

〔2〕秦鳳鶴："□"原簡寫作，當釋"湎"。《馬王堆漢墓帛書·

---

①　何茂活：《〈肩水金關漢簡（貳）〉釋文訂補》，《敦煌研究》2018 年第 4 期。

②　秦鳳鶴：《〈肩水金關漢簡（壹）（貳）〉釋文校訂》，《中國文字學會第九屆學術年會論文集》，貴陽，2017 年 8 月；秦鳳鶴：《〈肩水金關漢簡〉（壹）（貳）釋文校訂》，《漢字漢語研究》2018 年第 2 期。

③　曹方向（魚游春水）：《肩水金關漢簡（貳）偶讀》，簡帛網簡帛論壇，2013 年 5 月 21 日，0 樓，http：//www. bsm. org. cn/bbs/read. php？ tid = 3095&keyword = % BC% E7% CB% AE% BD% F0。

老子甲》102 中 "湼" 字原簡寫作 ①，可參照。湼，攪濁、擾亂。②
何茂活同。③

［3］沈思聰："白" 前一字圖版作 ，當釋 "湼"；"愚兄" 圖版作
、，當釋 "遇□"。

［4］張俊民："賜" 前一字當 "數"。

按：諸家改釋、補釋可從，沈思聰改釋 "遇" 恐非。此外，B 面整
理者第一行所釋 "白" 字，圖版作： ，當爲 "自" 字；該簡 B 面第
三行整理者所釋 "遣" 字，恐非，此字圖版作： ，疑 "愚" 字，同簡
"愚" 字圖版作： ，可參看。由此，釋文作：

□伏地再拜請　　　·取□☑
中叔足下中夫御者頃不相見得毋☑
□草爲之故用家室累中叔中夫□□☑ 　　　　73EJT24：339A
湼自傳軺由落耳以張□□□☑
數賜記部中大夫願中叔……
□善視張惠君客愚兄張氏愚□☑ 　　　　73EJT24：339B

868. 73EJT24：347

正席二　　□□ 　　　　73EJT24：347
［1］何茂活："正" 字當爲 "延"。④
按：何茂活改釋可從。

869. 73EJT24：351

☑□□一疋取□□☑ 　　　　73EJT24：351

① 湖南省博物館、復旦大學出土文獻與古文字研究中心：《長沙馬王堆漢墓簡帛集成
（貳）》，中華書局 2014 年版。
② 秦鳳鶴：《〈肩水金關漢簡（壹）（貳）〉釋文校訂》，《中國文字學會第九屆學術年會論
文集》，貴陽，2017 年 8 月；秦鳳鶴：《〈肩水金關漢簡〉（壹）（貳）釋文校訂》，《漢字漢語研
究》2018 年第 2 期。
③ 何茂活：《〈肩水金關漢簡（貳）〉釋文訂補》，《敦煌研究》2018 年第 4 期。
④ 何茂活：《〈肩水金關漢簡（貳）〉釋文訂補》，《敦煌研究》2018 年第 4 期。

[1] 何茂活："取"後一字當爲"就"，首字似爲"馬"。①

[2] 王錦城：其説當是，該字和"就"字類似但圖版磨滅，不能確知暫從整理著釋。②

按：何茂活補釋"就"可從，補釋"馬"字由於圖版不清晰，暫存疑。

870. 73EJT24：352

□□錢千二□☑   73EJT24：352

[1] 何茂活：可改訂爲"出賦錢千二百"。③

[2] 王錦城：其説或是，但簡文字跡多殘斷磨滅，不能確知，當從整理著釋。④

按：何茂活意見可從。

871. 73EJT24：358

☑仁□☑   73EJT24：358

按：此簡由於殘斷故較爲短小，整理者所釋"仁"字下一字未釋，圖版作：，字形構造較爲奇怪，無法識別。筆者把圖版旋轉180°後，作：，可知是"席"、"一"兩字。同一探方中亦有相似辭例可爲佐證，如下：

□一　席一

凡八物   73EJT24：178

正席二　　□□   73EJT24：347

由此，筆者懷疑整理者釋讀時把73EJT24：358號簡位置放置錯誤，如下圖"圖1"，準確的放置可能是在整理者基礎上旋轉180°置放，如下圖"圖2"。

---

① 何茂活：《〈肩水金關漢簡（貳）〉釋文訂補》，《敦煌研究》2018 年第 4 期。
② 王錦城所寫"整理著"當爲"整理者"，屬於筆誤。
③ 何茂活：《〈肩水金關漢簡（貳）〉釋文訂補》，《敦煌研究》2018 年第 4 期。
④ 王錦城所寫"整理著"當爲"整理者"，屬於筆誤。

整理者置放位置	旋轉180°置放
圖1	圖2

旋轉180°後整理者所釋"仁"字，圖版作：，也當分屬不同的兩列，釋作："二"、"上"。由此，釋文作：

☑席一

上

二   73EJT24：358

872. 73EJT24：372

東部候長牟枚漢☑   73EJT24：372

按：整理者所釋"枚"字，恐非，此字圖版作：，當"放"字。肩水金關漢簡中有"東部候長牟放"、"東部候長放"以及"牟放印"可爲佐證。

873. 73EJT24：373

□鄣卒□□□□   73EJT24：373

［1］何茂活：可改訂爲"稟鄣卒安敞七月食 卩"。①

［2］王錦城：其說或是，但簡文字跡多殘斷磨滅，不能辨識，當從整理著釋。②

按：何茂活所釋"安"字由於圖版不清晰，暫存疑，其餘補釋皆可從。

---

① 何茂活：《〈肩水金關漢簡（貳）〉釋文訂補》，《敦煌研究》2018 年第 4 期。
② 王錦城所寫"整理著"當爲"整理者"，屬於筆誤。

874. 73EJT24：384

二月丙辰轢得丞　建寫移☑

…… 73EJT24：384A

——

二月乙丑虞功房以來 73EJT24：384B

［1］周艷濤、張顯成："二"當釋爲"三"。①

［2］王錦城：此暫從整理者釋。

按：周艷濤改釋可從，另，B 面第一行四個字，疑作"□□□印"。

875. 73EJT24：389

出錢千八百

毋尊布三匹 = 四百☑

黃縑一匹直□□☑ 73EJT24：389

［1］曹方向：73EJT24：389，黃縑一匹直，直下兩字原書缺釋，當是"六百"。這是一匹黃縑的價格。②

按：補釋可從。

876. 73EJT24：392

戍卒東郡茌平邑□☑ 73EJT24：392

［1］林獻忠："茌"，當釋爲"茬"。③

按：改釋可從。

---

① 周艷濤、張顯成：《〈肩水金關漢簡（貳）〉釋文校補四則》，《中國文字研究》第 27 輯，上海書店 2018 年版。

② 曹方向（魚游春水）：《肩水金關漢簡（貳）偶讀》，簡帛網簡帛論壇，2013 年 5 月 21 日，0 樓，http：//www. bsm. org. cn/bbs/read. php? tid = 3095&keyword = % BC% E7% CB% AE% BD% F0。

③ 林獻忠：《讀〈肩水金關漢簡（貳）〉札記》，復旦大學出土文獻與古文字研究中心網，2014 年 12 月 20 日，http：//www. gwz. fudan. edu. cn/Web/Show/2405。後以 "《〈肩水金關漢簡（貳）〉考釋六則》" 爲名，發表於《敦煌研究》2016 年第 5 期。

877. 73EJT24：397

謂候長禹<u>告</u>府移大守☑　　　　　　　　　　　73EJT24：397

［1］王錦城："告"字似非"告"字。釋"告"於文義亦不能講通，當存疑待考。

［2］張俊民："告"字當作"等"。

按：張俊民所言可從。

878. 73EJT24：400

☑八月辛卯<u>嗇夫當</u>受次仲錢　　　　　　　　　　73EJT24：400

［1］馬智全："嗇夫當"應是"嗇夫常"的誤釋。[1] 王錦城同。

按：改釋可從。

879. 73EJT24：403

☑弓一矢☐☑　　　　　　　　　　　　　　　　73EJT24：403

［1］沈思聰：未釋字殘存上半，當釋"五"。

按：圖版殘缺，暫不釋讀較宜。

880. 73EJT24：408

☑☐☐年七月壬午☐☑　　　　　　　　　　　　73EJT24：408

［1］胡永鵬：細審圖版知"年"前應爲三字。前兩字亦當釋"元始"。第三字較模糊，似爲"二"。但元始二年七月辛亥朔，無壬午日。疑原簡紀日有誤。[2]

［2］王錦城：補釋或可從，但字多磨滅不可辨識，當從整理者釋。

按：王錦城所言可從。

881. 73EJT24：412

☑馬一匹驪牡齒六歲高五尺九寸

---

[1]　馬智全：《肩水金關關嗇夫紀年考》，《甘肅省第三屆簡牘學國際學術研討會論文集》，上海辭書出版社 2017 年版，第 260 頁。

[2]　胡永鵬：《肩水金關漢簡校讀札記》，《漢字文化》2015 年第 3 期。

☑馬一匹騮牡齒七歲高六尺　　　　　　　　73EJT24：412

[1] 胡永鵬：第二個 "牡" 當釋 "牝"。該字字形十分清晰。①

按：改釋可從。

882. 73EJT24：415

出糜三石付城北華擊以食☑　　　　　　　73EJT24：415

[1] 伊強："華" 字當是 "萃"。②

按：改釋可從。

883. 73EJT24：416

☑詣居延都尉　　　　　　　　　　　　五月己未日食時受☑

☑□詔書四月戊戌丁未起二四月己酉丁未起　　同四分時付莫當卒同
□行

☑封受候史楊卿蒲繩解兌　　　　　　　　73EJT24：416A

☑□

☑屋蘭尉一顯美尉皆詣廣地封皆破

☑橐他　　　　　　　　　　　　　　　　73EJT24：416B

[1] 張俊民："行" 上一字當爲 "傳"。

按：張俊民所言可從，B 面與 "美" 字並列處右側還有一文字，整
理者未釋，完整圖版作：▨，我們把這個字剝離出來，圖版作：▨，
知此字沒有用墨書寫，似刻畫上去的一個字，疑也是 "美"。另外，B 面
右上角一字圖版作：▨，整理者未釋，疑爲 "他" 字殘筆，同簡 "他"
字作：▨，可參。由此，釋文作：

☑詣居延都尉　　　　　　　　　　　五月己未日食時受☑

① 胡永鵬：《讀〈肩水金關漢簡（貳）〉札記》，簡帛網，2013 年 9 月 17 日，http：//
www. bsm. org. cn/show_article. php？id = 1905。後發表於《中國文字（新四十期）》，臺北：藝文
印書館 2014 年版。

② 伊強：《肩水金關漢簡綴合十四則》，簡帛網，2015 年 1 月 19 日，http：//www. bsm.
org. cn/show_article. php？id = 2137。

☑□詔書四月戊戌丁未起二四月己酉丁未起　　　同四分時付莫當卒同傳行

☑封受候史楊卿蒲繩解兌　　　　　　　　　　　　　　73EJT24：416A

☑他

……　　　　　　美

☑屋蘭尉一顯美尉皆詣廣地封皆破

☑橐他　　　　　　　　　　　　　　　　　　　　　73EJT24：416B

884. 73EJT24：418

☑□上造趙嘉年冊九送客□☑　　　　　　　　　73EJT24：418

[1] 沈思聰："上造"前缺釋字，殘存下半筆畫，當爲"里"。

按：沈思聰之言可從。

885. 73EJT24：425

各一大杯二□□　　　　　　　　　　　　　　　　73EJT24：425

[1] 何茂活：缺釋兩字爲"于 一"。①

[2] 王錦城：其説當是，但簡文漫漶不清，不能確知，暫從整理者釋。

按：何茂活補釋可從。

886. 73EJT24：429

出糜七石以食亭卒五人十月壬寅□□☑　　　　　73EJT24：429

按："寅"下一字圖版作：，疑"盡"字殘筆，肩水金關漢簡中"盡"字作：（73EJT4：100）、（73EJT24：7）可爲參考，此外，肩水金關漢簡中亦有相似辭例可爲佐證。簡文中的"盡"爲"至"意②，是指某日至某日。

---

① 何茂活：《〈肩水金關漢簡（貳）〉釋文訂補》，《敦煌研究》2018 年第 4 期。

② 中國簡牘集成編輯委員會：《中國簡牘集成》第 9 冊，敦煌文藝出版社 2001 年版，第 14 頁。

887. 73EJT24：432

以食卻適隊卒尚乃使正月七日劇食   73EJT24：432

［1］張俊民：簡文中的“使”當“始”。

按：張俊民所言可從。

888. 73EJT24：441

☑□稽落三□☑   73EJT24：441

［1］沈思聰：未釋字圖版作，當釋“食”。王錦城同。

按：沈思聰、王錦城之言可從。

889. 73EJT24：451

……以知□□   73EJT24：451

［1］張俊民：簡末兩字作“而所”。

按：張俊民所言可從。

890. 73EJT24：455

中□御者足下善毋恙□□□□□□

□日不幸爲履者光毋校   73EJT24：455

［1］周艷濤、張顯成：“中”下一字當釋爲“君”。①

［2］張俊民：第一行“毋恙”下兩字圖版作“曩時”，倒數第三字釋“中”；第二行簡首三字作“月日所”，“者光”作“書元”。

按：圖版太過殘損，周艷濤、張顯成補釋可成一説，然而73EJT24：339號簡有“中夫御者”，字形上也有一定相似，存疑較爲適宜。

891. 73EJT24：465

☑行事丞□移會水肩水   73EJT24：465A

……   73EJT24：465B

---

① 周艷濤、張顯成：《〈肩水金關漢簡（貳）〉釋文校補四則》，《中國文字研究》第27輯，上海書店2018年版。

［1］沈思聰：B 面原簡殘存右半筆畫。末一字當釋"印"。

按：暫從整理者原釋。

892. 73EJT24：471

……   73EJT24：471

按：圖版殘缺整理者未釋，依據簡文以及殘存文字，該簡釋文可補爲：

☑之

☑掾……置   73EJT24：471

893. 73EJT24：479

……凡四人往來□☑   73EJT24：479

［1］張俊民："□"處當"積"字。

按：張俊民所言可從，此外，依據簡文以及殘存文字，尚有諸字可補，該簡釋文可補爲：

☑□月丁未給食□□□□□從者……凡四人往來積□□☑

73EJT24：479

894. 73EJT24：493

☑□甲寅朔壬戌□☑   73EJT24：493

［1］張俊民：簡首兩字疑爲"二月"。

按：補釋可從。

895. 73EJT24：496

☑□三月食   73EJT24：496

按：此簡簡體扭曲從而影響識讀，然簡首一字尚可釋讀，此字圖版作：
，結合字形、辭例當是"長"字。此外，整理者所釋"三"字，圖版作：，由於處於扭曲邊緣，實不能確認是否爲"三"，第一筆亦有可能是上一字的殘筆，即有可能是"二"字，故存疑待考。由此，釋文作：

☑長……月食   73EJT24：496

896. 73EJT24：499

……

…… 　　　　　　　　　　　　　　　　　　　　73EJT24：499A

章曰溫□ 　　　　　　　　　　　　　　　　　73EJT24：499B

［1］ 何茂活：A 面右行文字可釋爲"□□公乘□□"。①

［2］ 王錦城：（何茂活）其説或是，但該簡殘斷，字多不可辨識，當從整理者釋。

按：何茂活補釋可從，"公"上一字從圖版看疑"爵"。另 B 面從辭例看當爲"章曰溫之丞印"，由此，釋文作：

□爵公乘□□

…… 　　　　　　　　　　　　　　　　　　　　73EJT24：499A

章曰溫之丞印 　　　　　　　　　　　　　　　73EJT24：499B

---

① 何茂活：《〈肩水金關漢簡（貳）〉釋文訂補》，《敦煌研究》2018 年第 4 期。

三 《肩水金關漢簡（叁）》

（十八）73EJT24（501—1006）

897. 73EJT24：516

☑□壬午廣地守尉□順移肩水金關名　　　　　　　　73EJT24：516A

☑□言　　　　　　　　　　　　　　　　　　　　　73EJT24：516B

[1] 何茂活："順"前缺釋之字當釋爲"譚"。①

[2] 王錦城：（何茂活）補釋可從，但該字圖版左下磨滅不能確知，暫從整理者釋。

按：何茂活補釋可從。

898. 73EJT24：520

乘田清東里程亘年廿六 長七尺二寸☑　　　　　　　73EJT24：520

[1] 何茂活：原釋"亘"者，當釋爲"凡"。②

[2] 黃浩波："乘田"當"乘氏"。③

[3] 王錦城：該字當非"亘"字，但其和"凡"字亦不類，暫存疑待考。

按：王錦城、黃浩波所言可從，由此，釋文作：

---

① 何茂活：《〈肩水金關漢簡（叁）〉釋文商訂（之一）》，《出土文獻研究》第 15 輯，上海古籍出版社 2016 年版。

② 何茂活：《〈肩水金關漢簡（叁）〉釋文商訂（之一）》，《出土文獻研究》第 15 輯，上海古籍出版社 2016 年版。

③ 黃浩波：《肩水金關漢簡地名簡考（八則）》，《簡帛研究》2017 秋冬卷，廣西師範大學出版社 2018 年版。

乘氏清東里程□年廿六 長七尺二寸☑   73EJT24：520

899. 73EJT24：522

昭武萬□里張光年卅五☑   73EJT24：522

[1] 黄浩波：或缺“歲”字。①

[2] 王錦城：説或是，但該字圖版磨滅，不可辨識。

按：黄浩波所言可從。

900. 73EJT24：524

☑令史□□年卅五   73EJT24：524

[1] 沈思聰：缺釋二字圖版作、，疑可釋“臧宣”。

按：圖版殘損，暫從整理者不作釋讀。

901. 73EJT24：527

□酉十日食一牒書實敢言之   73EJT24：527

[1] 王錦城：“實”原作“寶”，該字中部筆跡潦亂，但並不作
“玉”和“缶”形，其當爲“實”字。金關漢簡官府往來文書中常見一
種“書實敢言之”的表述方式，如簡73EJT21：264“廩畢已，書實敢言
之”、簡73EJC：551“ 一牒，書實敢言”等，其中“書實”一語或是
文書結尾的慣用語，義爲“文書屬實”。其常用於“敢言之”之前，表示
對所發官文書內容屬實的一種保證。“廩畢已”是説廩食等已全部完成，
“一牒書實敢言”，表明文書還附有簿籍等牒書一起發送，“書實”是對所
附牒書真實性的保證。

按：王錦城改釋可從。

902. 73EJT24：560

□□出力牛六☑   73EJT24：560

按：整理者所釋“出”字，恐非，當是“士”字，“士”上一字圖

---

① 黄浩波：《〈肩水金關漢簡（叁）〉所見郡國縣邑鄉里》，簡帛網，2014年7月22日，
http：//www. bsm. org. cn/show_article. php？id＝2052。

版不清晰，整理者未釋，從文意看疑爲"騎"字。"騎士力牛六"漢簡中
常見，如：騎士有力牛六（517.7），出荄萬二千四百五十束以食騎士力
牛六（73EJT21：418），可爲佐證。由此，釋文作：

　　□騎士力牛六☑　　　　　　　　　　　　　　　73EJT24：560

903. 73EJT24：580

……自言爲家私市張掖□□□案毋官獄事　　　　　　73EJT24：580

［1］張俊民："案"字前可補"占"字。①王錦城同。

按：張俊民補釋可從。

904. 73EJT24：583

☑言繇一爲家私市當☑　　　　　　　　　　　　　73EJT24：583

［1］王錦城："繇"後原釋文有"一"字，從圖版來看，該"一"
字爲右邊一行文字筆畫的延伸，當刪。

按：王錦城所言可從。

905. 73EJT24：613

□二年☑　　　　　　　　　　　　　　　　　　　73EJT24：613

［1］胡永鵬：未釋之字字形作當釋"甘"。該簡年號脫"露"字。②

［2］王錦城：該字顯不爲"甘"字，當從整理者釋。

按：從整理者原釋，不作釋讀。

906. 73EJT24：614

校部書□□☑　　　　　　　　　　　　　　　　　73EJT24：614

［1］王錦城："郵"原作"部"，該字左部殘泐，據字形輪廓及文義
來看，其當釋爲"郵"

按：王錦城所言可從。

───────────

　　①　張俊民：《〈肩水金關漢簡（叁）〉釋文獻疑》，簡帛網，2015 年 1 月 19 日，http：//
www.bsm.org.cn/show_article.php? id=2138。

　　②　胡永鵬：《肩水金關漢簡校讀札記》，《漢字文化》2015 年第 3 期。

907. 73EJT24：615

前日不□過失　　　　　　　　　　　　　　　　　　　73EJT24：615

［1］王錦城：未釋字從字形來看，或可爲“夬”字，“夬”通“決”。

按：補釋可從。

908. 73EJT24：617

☑卯　辰　巳　午　未　申　　　　　　　　　　　　　　73EJT24：617A

大□☑　　　　　　　　　　　　　　　　　　　　　　73EJT24：617B

［1］程少軒：簡文似爲“大建”或“大盡”。①

［2］王錦城：其説當是。

按：程少軒所言可從。

909. 73EJT24：651

□馮明自言從□范陽以功　　　　　　　　　　　　　　73EJT24：651

［1］王錦城：“從”後一字圖版作，或當爲“者”字。

按：王錦城之言可從。

910. 73EJT24：665

☑□席一尸　　　　大□□□二　　　　　　　　　　　73EJT24：665A

☑□並　　　　　　　　　　　　　　　　　　　　　　73EJT24：665B

［1］何茂活：據圖版，“大□□□二”當釋爲“大□四案二”。②

［2］王錦城：補釋或可從，但簡文漫漶不清，不能辨識，當從整理者釋。

按：暫從整理者原釋。

① 程少軒：《〈肩水金關漢簡（叁）〉數術類簡牘初探》，《簡帛研究》2015秋冬卷，廣西師範大學出版社2015年版。

② 何茂活：《〈肩水金關漢簡（叁）〉釋文商訂（之一）》，《出土文獻研究》第15輯，上海古籍出版社2016年版。

911. 73EJT24：670

□□□舩　　　　　　　　　　　　　　　　　　73EJT24：670

［1］王錦城："船"原作"舩"，該字實從"舟"從"㕣"，當釋"船"。

按：王錦城之言可從。

912. 73EJT24：677

居延□□□☑　　　　　　　　　　　　　　　73EJT24：677

按：簡末兩字圖版作：▆▆、▨，疑爲"史""吳"兩字。由此，
釋文作：

居延□史吳☑　　　　　　　　　　　　　　　73EJT24：677

913. 73EJT24：683

□得安國□☑　　　　　　　　　　　　　　　73EJT24：683

［1］趙海龍："□得安國"，釋讀爲觻得安國里更爲可靠，張俊民先
生亦有此推斷。①

［2］王錦城：説或是，但該字基本殘缺，不能確知，當從整理者釋。

按：趙海龍補釋可從。

914. 73EJT24：684

☑□□☑　　　　　　　　　　　　　　　　　73EJT24：684

［1］何茂活：本簡首字上半部分殘斷，據所見部分推斷，當爲
"關"字。②

［2］王錦城：（何茂活）補釋可從，但該字圖版上部缺失，不能確
知，當從整理者釋。

按：王錦城之言可從，暫不釋讀。

---

① 趙海龍：《〈肩水金關漢簡（叁）〉所見地名補考》，簡帛網，2014 年 8 月 31 日，ht-
tp：//www.bsm.org.cn/show_article.php？id＝2065。

② 何茂活：《〈肩水金關漢簡（叁）〉釋文商訂（之一）》，《出土文獻研究》第 15 輯，上
海古籍出版社 2016 年版。

915. 73EJT24：696

☑□☑   73EJT24：696

［1］何茂活：缺釋之字當釋爲"官"。①

［2］王錦城：（何茂活）釋可從，但該字右部殘缺，不能確知，暫從整理者釋。

按：何茂活補釋可從。

916. 73EJT24：704

觻得□□里周☑   73EJT24：704

［1］何茂活：缺釋二字當釋爲"春奈"。②

［2］王錦城：補釋或可從，簡文殘泐，未釋字不能確知，當從整理者釋。

按：從整理者原釋。

917. 73EJT24：715

河內郡溫犀里左通   □☑   73EJT24：715

［1］郭偉濤："庠"字原釋作"犀"，據圖版，逕改。③

按：改釋可從。

918. 73EJT24：716

戍卒賈通   蚤矢六十☑

戍卒劉倉   鍉矢二橐□☑

戍卒薛得赦   承弦二完☑   73EJT24：716

［1］沈思聰："薛"字圖版作![薛]，細審圖版，疑"薛"字。

按：從整理者原釋。

---

① 何茂活：《〈肩水金關漢簡（叁）〉釋文商訂（之一）》，《出土文獻研究》第 15 輯，上海古籍出版社 2016 年版。
② 何茂活：《〈肩水金關漢簡（叁）〉釋文商訂（之一）》，《出土文獻研究》第 15 輯，上海古籍出版社 2016 年版。
③ 郭偉濤：《漢代張掖郡肩水塞研究》，博士學位論文，清華大學，2017 年，第 242 頁。

919. 73EJT24：722

☑□賊毋失聞皆   73EJT24：722

〔1〕何茂活："皆"字與上字"聞"字相似，但因筆跡模糊，難以確認。①

〔2〕王錦城：似非"皆"，但與"聞"字亦有差別，或當存疑待考。

按：從整理者原釋。

920. 73EJT24：731

□故曰誠=之=聖☑   73EJT24：731

〔1〕何茂活：本簡首字缺釋，當釋爲"何"。②

按：何茂活所言可從。

921. 73EJT24：733

☑溫城郖里張□☑   73EJT24：733

按："張"下一字整理者未釋，此字殘損，圖版作：，難以識別，此字可釋"調"，肩水金關漢簡中有辭例可爲佐證，如下：

☑月丙戌朔戊戌東鄉佐赦敢告尉史溫城郖里張調自言取傳以令□☑

☑□□事當爲傳移過所縣邑侯國以律令從事□□☑

73EJT24：570＋571③

73EJT24：570＋571 號簡出現的"溫城郖里張調"當與 73EJT24：733 號簡"溫城郖里張"爲同一人。由此，兩簡可互證。

922. 73EJT24：734

☑□羽☑   73EJT24：734

---

① 何茂活：《肩水金關第 24、31 探方所見典籍殘簡綴聯與考釋》，《簡帛研究》2015 秋冬卷，廣西師範大學出版社 2015 年版。

② 何茂活：《肩水金關第 24、31 探方所見典籍殘簡綴聯與考釋》，《簡帛研究》2015 秋冬卷，廣西師範大學出版社 2015 年版。

③ 伊強：《肩水金關漢簡綴合十四則》，簡帛網，2015 年 1 月 19 日，http：//www. bsm. org. cn/show_article. php？id＝2137。

[１] 王錦城：未釋字圖版或可釋爲"子"。

按：王錦城所言可備一説，但圖版殘損，暫從整理者原釋。

923. 73EJT24：738

趆虜亭☑   73EJT24：738

[１] 張再興、黄艷萍：此處"趆"可以讀作"跌"。①

按：補釋可備一説。

924. 73EJT24：742

□＝一日不知織紝二日不□□   73EJT24：742

[１] 何茂活：簡首之字缺釋，據圖版當爲"三"，其後有符號"＝"……"二日不"之後的文字，據圖版可釋爲"愛稼"（其後當有"穡"字，因殘斷而不存）。②

[２] 王錦城：補釋或可從，但圖版漫漶不清，不能辨識，暫從整理者釋。其認爲"＝"非重文符號而是表示間隔的符號似不確，間隔符號漢簡中一般作"乚"形。

按：何茂活所言"三"、"＝"可從，所釋"愛稼"恐非，由此，釋文作：

☑三＝一日不知織紝二日不□□☑   73EJT24：742

925. 73EJT24：746

天水右□長勇士公乘田奉☑   73EJT24：746

[１] 何茂活：缺釋之字筆畫難以辨識，"庶"可比證其大體形迹。③

[２] 王錦城：補釋或可從，但簡文磨滅不可辨識，暫從整理者釋。

按：何茂活補釋可從。

---

① 張再興、黄艷萍：《肩水金關漢簡校讀札記》，《中國文字研究》2017 年第 26 輯。

② 何茂活：《肩水金關第 24、31 探方所見典籍殘簡綴聯與考釋》，《簡帛研究》2015 秋冬卷，廣西師範大學出版社 2015 年版。

③ 何茂活：《〈肩水金關漢簡（叄）〉釋文商訂（之一）》，《出土文獻研究》第 15 輯，上海古籍出版社 2016 年版。

926. 73EJT24：751

☑□稽落卒王驀　　　　　　　　　　　　　　　　　　73EJT24：751

［1］王錦城："驀"字原作"鷔"，該字下部當從"馬"而非"鳥"。

按：王錦城所言可從。

927. 73EJT24：753

☑淮陽長平□里陳東☑　　　　　　　　　　　　　　　　73EJT24：753

［1］高一致：本簡由兩枚殘簡綴合而成，整理者缺釋字位於兩簡拼接處。該字寫作█，稍顯殘泐，但據其上部形體與下部殘筆，似可補釋爲"粟"或"栗"，而以"粟"爲勝。[①]

［2］王錦城：補釋或可從，但該字圖版漫漶不清，不能確知，當從整理者釋。

按：從整理者原釋。

928. 73EJT24：760

戍卒淮陽郡陳陵里士五袁猜年廿八　　　　　　　　　　73EJT24：760

［1］王錦城："淮"字當爲"睢"字，此處爲或"淮"字誤書。

按：王錦城所言可從。

929. 73EJT24：775

☑□□□武都里張忘□☑　　　　　　　　　　　　　　　73EJT24：775

［1］高一致：本簡"武都里"前二字圖版作█……"氐池"左邊寫法與殘形較近，或可據此補釋之。氐池，《漢書·地理志》載屬張掖郡轄

---

① 高一致：《讀〈肩水金關漢簡（叁）〉筆記（一）》，簡帛網，2014 年 8 月 12 日，http：//www. bsm. org. cn/show_article. php? id＝2056。後以"《讀〈肩水金關漢簡（叁）〉札記（十八則）》"爲名，發表於《珞珈史苑》，武漢大學出版社 2016 年版。

地。若補釋不誤，本簡“武都里”或屬張掖郡氏池縣。①

　　[2] 王錦城：補釋或可從，但簡文殘斷，僅存少許筆畫，不能辨識，當從整理者釋。

　　按：高一致所言可從，由此，釋文作：

　　☑□氏池武都里張忘□☑　　　　　　　　　　73EJT24：775

930. 73EJT24：780

□東亭卒呂何齊☑　　　　　　　　　　73EJT24：780

　　[1] 黃浩波：73EJT24：780 簡“□東亭”當改釋爲“石南亭”。②

　　按：改釋可從。

931. 73EJT24：787

□適卒田寬　　　　　　　　　　73EJT24：787

　　[1] 何茂活：“適”前之字當釋爲“卻”。卻適隧屬甲渠候官。③

　　[2] 王錦城：補釋或可從，但該字圖版磨滅，不能確知，當從整理者釋。

　　按：從整理者原釋。

932. 73EJT24：796

☑□□渭南里士五張廣年廿六　庸同☑　　　　　　73EJT24：796

　　[1] 高一致：本簡缺釋二字或可補釋爲“睢陽”。④

　　[2] 趙海龍：張俊民釋讀爲“睢陽濯”，則此條簡文應爲睢陽濯南

　　① 高一致：《讀〈肩水金關漢簡（叁）〉筆記（二）》，簡帛網，2014 年 8 月 23 日，http：//www.bsm.org.cn/show_article.php？id＝2060。後以“《讀〈肩水金關漢簡（叁）〉札記（十八則）》”爲名，發表於《琅珈史苑》，武漢大學出版社 2016 年版。

　　② 黃浩波：《肩水金關漢簡文字釋讀札記五則》，《第七屆出土文獻研究與比較文字學全國博士生論壇論文集》，2017 年 10 月。

　　③ 何茂活：《〈肩水金關漢簡（叁）〉釋文商訂（之一）》，《出土文獻研究》第 15 輯，上海古籍出版社 2016 年版。

　　④ 高一致：《讀〈肩水金關漢簡（叁）〉筆記（一）》，簡帛網，2014 年 8 月 12 日，http：//www.bsm.org.cn/show_article.php？id＝2056。後以“《讀〈肩水金關漢簡（叁）〉札記（十八則）》”爲名，發表於《琅珈史苑》，武漢大學出版社 2016 年版。

里，因而可增補梁國淮陽縣濯南里。①

　　[3] 何茂活：原釋"溜"者當釋爲"澋"，澋水源出湖北省應山縣北分水嶺，本簡所見"士五張廣"的籍貫大致屬於今湖北一帶。②

　　[4] 王錦城：簡首未釋字補"睢陽"或可從，但該兩字圖版殘缺，不能確知，當從整理者釋。"溜"字其右下部當非"白"字，整理者釋讀似有誤，但釋"澋"似亦不能十分肯定，暫存疑待考。

　　按：高一致補釋"睢陽"，可從。整理者所釋"溜"字，圖版作：■，知"羽"下之字漫漶不清，釋讀困難，暫存疑。由此，釋文作：

　　☑睢陽□南里士五張廣年廿六　　庸同☑　　　　　73EJT24：796

　　肩水金關漢簡中有相似辭例，如下：

　　田卒梁國睢陽南里☑　　　　　　　　　　　　　　73EJT24：666

73EJT24：666、73EJT24：796 兩簡共性很多，如同一探方，同屬"睢陽"，簡文中又同出現有"南里"。兩簡以及簡文中的地名關係，值得我們重視。

933. 73EJT24：811

　　戍卒梁國睢陽牛□☑　　　　　　　　　　　　　　73EJT24：811

　　[1] 高一致：缺釋字圖版作■，下部殘缺。本簡記載戍卒籍貫爲梁國睢陽縣某里，屬於郡國名 + 縣名 + 里名體例。"牛"後■字殘存形體疑與"里"字上部近似，或可補釋作"里"，即"牛里"。③

　　[2] 王錦城：補釋或可從，但簡文殘斷，該字僅存少許筆畫，不能確知，當從整理者釋。

　　按：高一致所言可備一説。

---

　　① 趙海龍：《〈肩水金關漢簡（叁）〉所見地名補考》，簡帛網，2014 年 8 月 31 日，http：//www. bsm. org. cn/show_article. php？id = 2065。

　　② 何茂活：《〈肩水金關漢簡（叁）〉釋文商訂（之一）》，《出土文獻研究》第 15 輯，上海古籍出版社 2016 年版。

　　③ 高一致：《讀〈肩水金關漢簡（叁）〉筆記（一）》，簡帛網，2014 年 8 月 12 日，http：//www. bsm. org. cn/show_article. php？id = 2056。

934. 73EJT24：837

☑庸同縣北□里不更陳毋害年卅☑   73EJT24：837

［1］何茂活：缺釋之字當釋爲“綏”。①

按：何茂活改釋可從，整理者所釋“卅”字，圖版作：，實無法判定是“廿”“卅”，暫存疑。由此，釋文作：

☑庸同縣北綏里不更陳毋害年□☑   73EJT24：837

935. 73EJT24：838

願君□□□   73EJT24：838

［1］王錦城：未釋第二字圖版或當爲“之”字。

按：王錦城所言可從，簡末一字圖版作：，疑“毋”字殘筆。由此，釋文作：

願君□之□毋   73EJT24：838

936. 73EJT24：841

☑□尉府   73EJT24：841

［1］何茂活：“尉”前之字爲“都”，其右旁“阝”的右下角清晰可見。②

［2］王錦城：補釋或可從，但該字僅存一點墨跡，不能確知，當從整理者釋。

按：王錦城所言可從，暫從整理者原釋。

937. 73EJT24：849

三甲日甲主□□☑   73EJT24：849

---

① 何茂活：《〈肩水金關漢簡（叁）〉釋文商訂（之一）》，《出土文獻研究》第 15 輯，上海古籍出版社 2016 年版。

② 何茂活：《〈肩水金關漢簡（叁）〉釋文商訂（之一）》，《出土文獻研究》第 15 輯，上海古籍出版社 2016 年版。

［1］ 何茂活：據圖版，釋文可改訂爲"三甲日甲主乙建除"。①

［2］ 王錦城：補釋或可從，但未釋字潦草殘缺，不能確知，暫從整
理者釋。

按：何茂活所言可從。

938. 73EJT24：859

☑□所報者□□☑   73EJT24：859

［1］ 何茂活：末字當釋爲"幸"，"幸"前之字當釋爲"願"。

按：何茂活補釋可從。

939. 73EJT24：873

酒泉郡案毋官徵事☑   73EJT24：873A

章曰河<u>東</u>丞印☑   73EJT24：873B

［1］ 黃浩波：細審圖版，所謂"東"字字形作"   "，結合前述關
於"南"字與"東"字字形對比所見，此字當釋爲"南"。《漢書·地理
志》載河南郡之下有河南縣。此簡當是河南縣人前往酒泉郡所用傳信文
書殘簡。②

按：黃浩波所言可從。

940. 73EJT24：878

☑更曹則年卅五　　爲□□☑   73EJT24：878

［1］ 何茂活："爲"後之字當釋爲"庸"。③

［2］ 王錦城：補釋或可從，但圖版模糊，不能辨識，當從整理者釋。

按：何茂活補釋可從。

---

① 何茂活：《〈肩水金關漢簡（叁）〉釋文商訂（之一）》，《出土文獻研究》第 15 輯，上海古籍出版社 2016 年版。

② 黃浩波：《肩水金關漢簡文字釋讀札記五則》，《第七屆出土文獻研究與比較文字學全國博士生論壇論文集》，2017 年 10 月。

③ 何茂活：《〈肩水金關漢簡（叁）〉釋文商訂（之一）》，《出土文獻研究》第 15 輯，上海古籍出版社 2016 年版。

941. 73EJT24：916

☑察伏則☑   73EJT24：916

[1] 何茂活：原釋“察”者，實爲“案”字，原釋“伏”者，實爲
“佐”字。①

按：何茂活所言可備一説。

942. 73EJT24：918

☑□人皆施刑屯居延作一日□☑   73EJT24：918

[1] 張俊民：前後兩個“□”可作“百”與“當”。②

[2] 王錦城：（張俊民）補釋或可從，但所釋之字均大部殘損，不能
確知，當從整理者釋。

按：張俊民補釋可從。由此，釋文作：

☑百人皆施刑屯居延作一日當☑   73EJT24：918

943. 73EJT24：994

肩水□☑   73EJT24：994

[1] 何茂活：缺釋之字殘存右上部分，當釋爲“候”。

[2] 王錦城：補釋或可從，但簡牘殘斷，該字僅存少許筆畫，不能
確知，當從整理者釋。

按：暫從整理者原釋。

944. 73EJT24：997

……

☑□候世以軍中候印行事□☑   73EJT24：997

按：簡首第一字圖版殘缺，當釋作“軍”。肩水金關漢簡 73EJT30：

---

① 何茂活：《〈肩水金關漢簡（叁）〉釋文商訂（之一）》，《出土文獻研究》第 15 輯，上
海古籍出版社 2016 年版。

② 張俊民：《〈肩水金關漢簡（叁）〉釋文獻疑》，簡帛網，2015 年 1 月 19 日，http：//
www.bsm.org.cn/show_article.php？id=2138。

16+254 號簡"九月丙午居延軍候世以軍中候"中有辭例可爲佐證。

945. 73EJT24：999

☑□□騎士□喜里□幼都☑　　　□□☑

☑麥小石卅五石輸居延☑　　　　　　　　　　73EJT24：999

按：第一行簡首兩字圖版殘缺不清晰，從文意以及殘存字形看，疑爲"觻得"。肩水金關漢簡中有辭例可爲佐證，如下：

河南匽師西信里蘇解怒

車一兩爲觻得騎士利成里留安國鄣載肩水倉麥小石卅五石輸居延

弓一矢十二劍一　　　　　　　　　　　　　　73EJT21：21

此外，"喜"上一字整理者未釋，從殘存圖版看，疑爲"延"字。

由此，釋文作：

☑觻得騎士延喜里□幼都☑　　　□□☑

☑麥小石卅五石輸居延☑　　　　　　　　　　73EJT24：999

（十九）73EJT25

946. 73EJT25：4

□都吏賈君=兄=爲政徙臧小叔雲中犢和宋長實田舍至十月中吏捕得順小叔君兄與□□　　　　　　　　　　　73EJT25：4

[1] 沈思聰："實"字圖版"▓"，疑"實"字。王錦城同。

按：沈、王所言可從。

947. 73EJT25：5

河南䜌成長陽里大夫師逢年卅長七尺二寸黑色牛車一兩鍬楯各一𠁁　　　　　　　　　　　　　　　　　73EJT25：5

[1] 黃艷萍："䜌"當隸定作"勃"，爲䜌之訛寫。①

按：黃艷萍所言可從。

---

① 黃艷萍：《〈肩水金關漢簡〉（壹—肆）異體字研究》，博士學位論文，華東師範大學，2016 年。

948. 73EJT25：51

當遂隧卒貫遠　　　　　　　　　　　　　　73EJT25：51

[1] 高一致：釋"遠"或不確……或可徑釋"㐬"。①

按：高一致所釋"㐬"字圖版作：，當從整理者釋作"遠"。居延漢簡、居延新簡、肩水金關漢簡中亦有相近字形可爲參考，如下：（484.1）、（EPT6：31）、（73EJT6：175）。

949. 73EJT25：65

十一月癸丑張掖農都尉賞水章丞　　　　　　73EJT25：65A

張掖農都尉章 □　　　　　　　　　　　　　73EJT25：65B

[1] 王錦城：B 面原釋文尚有一"□"，從圖版來看，其爲左邊一行文字的筆畫延伸，删。

按：王錦城所言可從，"□"當删。

950. 73EJT25：66

布袍一領　　　常韋一□☒

犬<u>絑</u>一兩☒　　　　　　　　　　　　　　73EJT25：66

[1] 王錦城：第三行"絑"字原作"絑"，其當從"末"，據改。

按：從整理者原釋。

951. 73EJT25：102

牛一黄牝齒十歲□右□　　　　　　　　　　73EJT25：102

[1] 高一致："右"字前後缺釋二字或應補釋作"久"、"面"。②

[2] 何茂活："右"前之字爲"久"，末筆墨色脫落，不甚清晰，但仍可辨識。"久"爲"灸"之本字，此處指燙烙牲畜的臀、耳等處，以作

---

① 高一致：《讀〈肩水金關漢簡（叁）〉札記（十八則）》，《珞珈史苑》，武漢大學出版社2016 年版。

② 高一致：《讀〈肩水金關漢簡（叁）〉筆記（一）》，簡帛網，2014 年 8 月 12 日，http：//www. bsm. org. cn/show_article. php？id＝2056。

標記……簡末殘字，似爲"寫"，但句意費解，姑存疑。①

　　[3] 王錦城：該字似非"面"字，"灸面"於文義亦不當。

　　按：高一致、何茂活兩位補釋"久"字可從。字，暫存疑。

952. 73EJT25：121

肩水候官辟非隧長公乘苟長賢　　　　　　　73EJT25：121A

初元三年□□□　　　　　　　　　　　　　73EJT25：121B

　　[1] 張俊民：此三"□□□"當爲"功勞案"三字。②

　　[2] 王錦城：該簡右半缺失，字多不可辨識，當從整理者釋。

　　按：張俊民補釋可從。

953. 73EJT25：125

觻得千秋里薛□☑　　　　　　　　　　　　73EJT25：125

　　[1] 沈思聰："薛"圖版字形作，疑當改釋爲"薛"字。

　　按：從整理者原釋。

954. 73EJT25：127

□□上里段魏年廿八　　　　　　　　　　　73EJT25：127

　　[1] 高一致：缺釋二字圖版分別作、，形體稍殘，但可辨認首字或即"扶"，第二字左部殘存類似"氵"形筆畫，疑二字可補釋作"扶溝"。又，原釋"魏"字簡文寫作，審看字形該字下部有一"山"形構件，或當改釋爲"巍"。③

　　[2] 王錦城：補釋或可從，但簡首文字磨滅，不能辨識，當從整理者釋。"魏"字下部從"山"，確當釋爲"巍"，但金關漢簡中該字整理

---

　　① 何茂活：《〈肩水金關漢簡（三）〉釋文商訂（之二）》，《簡帛》第13輯，上海古籍出版社2016年版。

　　② 張俊民：《〈肩水金關漢簡（叄）〉釋文獻疑》，簡帛網，2015年1月19日，http：//www.bsm.org.cn/show_article.php？id＝2138。

　　③ 高一致：《讀〈肩水金關漢簡（叄）〉筆記（二）》，簡帛網，2014年8月23日，http：//www.bsm.org.cn/show_article.php？id＝2060。後以"《讀〈肩水金關漢簡（叄）〉札記（十八則）》"爲名，發表於《珞珈史苑》，武漢大學出版社2016年版。

者均釋作了"魏"。

按：從整理者原釋。

955. 73EJT25：136

☑□喜輻車一乘持白牡□一匹☑　　　　　　　　　　73EJT25：136

[1] 王錦城："牡"下一字圖版作![figure]，當釋作"馬"。馬字金關漢簡中常作![figure]（73EJT1：6）、![figure]（73EJT6：134）等形，可以參看。該簡爲出入關的記錄，"白牡馬一匹"是説白色公馬一匹。相似文例漢簡習見，例多不舉。①

按：王錦城之言可從。

956. 73EJT25：151

以檄警精買布爲名尉俏等不敬循行留　　　　　　　　　73EJT25：151

[1] 張俊民：按此簡中"檄"當作"禩"，"俏"爲"禹"，"敬循"應釋作"數循"。②

按：張俊民改釋可從。由此，釋文作：

以禩警精買布爲名尉禹等不數循行留　　　　　　　　73EJT25：151

957. 73EJT25：153

☑屯居延作一日□☑　　　　　　　　　　　　　　　73EJT25：153

[1] 張俊民："□"可釋作"當"。③

[2] 王錦城：（張俊民）據文義補釋可從，但該字下部殘損，不能確知，暫從整理者釋。

按：暫從整理者意見，不作釋讀。

---

① 王錦城：《〈肩水金關漢簡〉校讀札記（三）》，簡帛網，2017年10月15日，http：//www.bsm.org.cn/show_article.php？id＝2924。

② 張俊民：《〈肩水金關漢簡（叁）〉釋文獻疑》，簡帛網，2015年1月19日，http：//www.bsm.org.cn/show_article.php？id＝2138。

③ 張俊民：《〈肩水金關漢簡（叁）〉釋文獻疑》，簡帛網，2015年1月19日，http：//www.bsm.org.cn/show_article.php？id＝2138。

958. 73EJT25：158

☑□□□☑

☑□□□☑　　　　　　　　　　　　　　　　　　　　　　73EJT25：158

〔1〕胡永鵬：簡首二字圖版作 、，爲“地”、“節”兩字之左半。①

〔2〕王錦城：（胡永鵬）補釋或可從，但所補字右半殘缺，不能確知，當從整理者釋。

按：胡永鵬補釋可從。

959. 73EJT25：161

☑□□□大石九石二斗四升☑　　　　　　　　　　　　73EJT25：161

〔1〕何茂活：此簡左殘。缺釋二字圖版作 、，當釋爲“受麥”。23：769B“受麥”作 、，可爲明證。②

按：補釋可從。

960. 73EJT25：178

☑事當爲傳移所過縣邑□☑

……　　　　　　　　　　　　　　　　　　　　　　　73EJT25：178

〔1〕何茂活：簡末殘斷之字 ，疑爲“關”字。③

〔2〕王錦城、魯普平：未釋字當爲“勿”。④

按：當釋“勿”字。

---

① 胡永鵬：《肩水金關漢簡校讀札記》，《漢字文化》2015 年第 3 期。

② 何茂活：《〈肩水金關漢簡（叁）〉釋文商訂（之二）》，《簡帛》第 13 輯，上海古籍出版社 2016 年版。

③ 何茂活：《〈肩水金關漢簡（叁）〉釋文商訂（之二）》，《簡帛》第 13 輯，上海古籍出版社 2016 年版。

④ 王錦城、魯普平：《肩水金關漢簡釋文校補舉隅》，《出土文獻》第 11 輯，中西書局 2017 年版。

961. 73EJT25：188

☑五歲☑

☐☐☐☐☐☐☐ 73EJT25：188

[1] 何茂活：原釋"養"者，圖版作 。放大后字形非常清晰，上從止，中從戌，下亦從止，正是"歲"字。①

按：何茂活改釋可從。

962. 73EJT25：189

☑☐尉史十☑

☑丑緱氏☐☑ 73EJT25：189

[1] 何茂活：原釋"維"者，當釋爲"緱"。緱氏爲縣，屬河南郡。②

按：何茂活改釋可從。

963. 73EJT25：193

通長生先以亡人命者蘭渡關津☐☐☐☐ 73EJT25：193

[1] 王錦城："律辯告"原作"津☐☐"，其中第三字當爲"告"字。前兩字圖版殘損過甚，但據文義，當爲"律辯"。"先以……律辯告"爲漢簡司法文書中常辭。

按：王錦城所言可從。

964. 73EJT25：231

☑公乘郭毋☐年廿四 73EJT25：231

[1] 高一致：整理者缺釋字或是"咎"之異構，而該字上部"十"形或即"人"的變形。毋咎，亦作"無咎"，先秦時常用作人名。《左

---

① 何茂活：《〈肩水金關漢簡（叁）〉釋文商訂（之二）》，《簡帛》第13輯，上海古籍出版社2016年版。

② 何茂活：《〈肩水金關漢簡（叁）〉釋文商訂（之二）》，《簡帛》第13輯，上海古籍出版社2016年版。

傳》記載"高無咎""棠無咎"等人名，可與本簡"郭毋咎"相參。①

按：高一致所言可備一説。

（二十）73EJT26

965. 73EJT26：1

十一月戊午肩水守候<u>最</u>□□

塞尉何以近次兼行丞事下候田官　　　　　　　　　73EJT26：1A

印曰宋卿私印　　　　　　　　　　　　　　　　　73EJT26：1B

［1］王錦城：A面第一行"㝡"原釋文作"最"，據字形改。

按：王錦城所言可從。

966. 73EJT26：8

□三……令史信□張外人　　　　　　　　　　　73EJT26：8

［1］高一致：原釋"信"字，整理者所釋可商，或應改釋作"齊"。本簡"張外人"前缺釋字，或即"卒"字；"令史"二字前有，疑即"五"字殘筆。故本簡釋文或可作"□三……第五令史齊卒張外人"。②

［2］何茂活："張外人"之前缺釋之字字跡模糊，但可辨識爲"卒"。本簡所釋"信"與26：13簡所釋"齊"，形迹大體相同，疑亦爲"齊"字。③

［3］王錦城：補釋或可從，但圖版磨滅不能確知，暫從整理者釋。

按：所補釋"卒"字可從，整理者所釋"信"也有可能爲"得"，暫存疑不釋較爲適宜。由此，釋文作：

□三……令史□卒張外人　　　　　　　　　　　73EJT26：8

---

①　高一致：《讀〈肩水金關漢簡（叁）〉筆記（三）》，簡帛網，2014年9月5日，http：//www. bsm. org. cn/show_article. php？id＝2071。

②　高一致：《讀〈肩水金關漢簡（叁）〉筆記（二）》，簡帛網，2014年8月23日，http：//www. bsm. org. cn/show_article. php？id＝2060。後以"《讀〈肩水金關漢簡（叁）〉札記（十八則）》"爲名，發表於《珞珈史苑》，武漢大學出版社2016年版。

③　何茂活：《〈肩水金關漢簡（叁）〉釋文商訂（之二）》，《簡帛》第13輯，上海古籍出版社2016年版。

967. 73EJT26：9

田卒淮陽郡新平景里上造高千秋年廿六　取<u>寧</u>平駠里上造胡<u>部</u>年廿四

爲庸 𠄀　　　　　　　　　　　　　　　　　　　　　73EJT26：9

［1］何茂活：“寧”應釋作“甯”，“部”應釋爲“舒”。①

按：何茂活所言可從。

968. 73EJT26：14

牛一黑犗涂頭左斬齒七歲絜八尺五寸　角第千一百卅三□□白<u>虎</u>

　　　　　　　　　　　　　　　　　　　　　　　73EJT26：14

［1］張俊民：爲官牛名籍簡，漢代官牛、官馬類均有名字，“□□”

當爲“名曰”。②

［2］何茂活：原釋“虎”者，圖版作，當釋爲“馬”。26：240

“馬”亦作，釋讀正確。金關簡中從“馬”之字“駢、驕、驪、馮”

等，“馬”旁或亦如此。③

［3］王錦城：補釋可從，但圖版字跡磨滅，不能確知，暫從整理

者釋。

按：張俊民所言可從。

969. 73EJT26：17

賤子倡□伏地再拜多問

大君□足下善毋恙□□□事秋時不和願近衣進酒食

□事幸甚……　　　　　　　　　　　　　　　　73EJT26：17A

居延都尉糞土臣武上書……

---

① 何茂活：《〈肩水金關漢簡（叁）〉釋文商訂（之二）》，《簡帛》第 13 輯，上海古籍出版社 2016 年版。

② 張俊民：《〈肩水金關漢簡（叁）〉釋文獻疑》，簡帛網，2015 年 1 月 19 日，http：//www. bsm. org. cn/show_article. php？id＝2138。

③ 何茂活：《〈肩水金關漢簡（叁）〉釋文商訂（之二）》，《簡帛》第 13 輯，上海古籍出版社 2016 年版。

□□□□詣行在所公車司馬……

元鳳二年□月辛酉……　　　　　　　　　　　　　73EJT26：17B

［1］何茂活：此簡內容爲私人書信，但書寫粗率，且與 B 面內容不相連屬，故應系轉抄習字所書。中間一行"善無恙"下缺釋之字似可辨識出"甚苦"二字，"甚苦事"爲書牘中之習用語。末行開頭缺釋之字當爲"察"，"察事"亦爲套語，乃"察政事"、"察烽火候望事"之省説。①

［2］王錦城：（何茂活）補釋或可從，但字多漫漶不清，當從整理者釋。

按：何茂活補釋可從，此外，A 面第三行有一字作：▨，整理者無釋，疑"勿"字。

970. 73EJT26：20

□□前近衣進酒食明寇蓬火候望□

……　　　　　　　　　　　　　　　　　　　　　73EJT26：20A

□□善毋恙甚苦候望□□□書記　　　　　　　　73EJT26：20B

［1］何茂活："寇"當是"察"。②

［2］王錦城、魯普平：73EJT26：20B 望下三字可釋爲"事秋時"。③

按：何、王所言可備一説。

971. 73EJT26：56

居延關都里不更孫橫年卌□▨　　　　　　　　　73EJT26：56

［1］王錦城："關"字原作"闗"。該字從門從羽，其實是"關"省去了中間的"丝"，爲"關"字的異體。這個字西北漢簡中十分常見，之前曾常釋作"關"，張俊民已指出其誤。

---

① 何茂活：《〈肩水金關漢簡（叁）〉釋文商訂（之二）》，《簡帛》第 13 輯，上海古籍出版社 2016 年版。

② 何茂活：《〈肩水金關漢簡（貳）〉殘斷字釋補》，《出土文獻綜合研究集刊》第 2 輯，巴蜀書社 2015 年版。

③ 王錦城、魯普平：《肩水金關漢簡釋文校補舉隅》，《出土文獻》第 11 輯，中西書局 2017 年版。

按：王錦城所言可從。

972. 73EJT26：77

☑候貟宗……卿上　　候史李昌莫當隧長□博　　　　　73EJT26：77

[1] 沈思聰：缺釋字圖版作，似"侯"字。

按：沈思聰之言可備一説。"宗"下諸字整理者未釋，從圖版看，尚可辨釋：，疑"月"字；，疑"入"字；，疑"出"字。肩水金關漢簡中亦有相似辭例可爲佐證。此外，整理者所釋"卿上"兩字，文意不通，恐非，此處圖版作：　。細查之下發現存在刮削或脱落現象，　。筆者懷疑此處可能是鈎校符號的殘存，這種符號較爲常見，如：　（73EJT23：148）、　（73EJT37：224）、　（73EJT37：442），對比可知，形體極爲相似，整理者對此隸定並不一致，73EJT23：148 號簡整理者釋作：卩出，73EJT37：224 號簡作：已出，73EJT37：442 號簡整理者卻未釋。今依據其形體，統一作：　。另，整理者所釋"貟"字，當爲"員"。

由此，釋文作：

候員宗

□月□□入

□月□□出

　候史李昌莫當隊長□博　　　　　　　　　　73EJT26：77

此外，"員宗"又見於 73EJT37：1078 號簡，如下：

候長觻得定國里公乘員宗年卅二　五月戊寅入　送罷卒府　六月庚戌

懷疑兩簡中的"員宗"可能爲同一人，兩簡可對讀參看。

973. 73EJT26：86

□□□年十月丁亥朔己巳□□□□□敢言之萬年里男子樂意自言爲家私

……行丞事 　　　　 ／掾武☐令史鳳　　　　　　　 73EJT26：86

［1］王錦城：“令史”前尚有一“☐”，從圖版來看，其當爲“令”字筆畫，據刪。

按：王錦城之言可從。

974. 73EJT26：87

河平五年五月庚子朔丙午都鄉守嗇夫宗敢言之肩水里男子王野臣自言爲都尉丞從史徐興☐

取傳謹案戶籍臧官者野臣爵大夫年十九毋官獄徵事當得以令取傳謁移過所津關毋☐

五月丙午居延令宣守丞城倉丞赦移過所縣道毋苛留止如律令／掾☐☐

　　　　　　　　　　　　　　　　　　　　　　　　　　 73EJT26：87

［1］胡永鵬：第一個“五”字當釋“元”。①

［2］王錦城：又末行“誠”原作“城”，該字當釋“誠”字。

按：胡、王改釋可從。

975. 73EJT26：88

肩水候官駟望隧長公乘楊殷自占書功勞記九月晦日

爲肩水候官駟望隧長四歲十一月十日

凡爲吏四歲十一月十日　　　　　　　 ·能書會計治官民頗知律令文

其六日五鳳三年九月戊戌病盡癸卯不爲勞　　年廿七歲 73EJT26：88A

尉塞☐　　　　　　　　　　　　　　　　　　　 73EJT26：88B

［1］沈思聰：“殷”字圖版作，似當釋“段”。

按：沈思聰之言可從。

976. 73EJT26：104

　☐☐☐☐☐　　　　　　　　　　　　　 73EJT26：104②A

---

① 胡永鵬：《肩水金關漢簡校讀札記》，《漢字文化》2015 年第 3 期。

☑☑☑☑☑☑☑   73EJT26：104②B

〔1〕何茂活：此簡兩面皆殘，字跡僅存中間部分。A 面第三字可釋爲"不"，B 面後三字爲"所毋何（苛）"。金關簡中多有"移居延過所毋苛留止"、"移過所縣邑毋苛留止"、"移縣道河津關毋苛留止"、"移過所縣道河津關毋苛留止"之語。①

〔2〕王錦城：（何茂活）補釋或可從，但所釋字多殘損不能確知，當從整理者釋。

按：何茂活所言可備一説。

977. 73EJT26：106

奉明廣德里男子丘偃年十八☐☐☑   73EJT26：106

〔1〕黃浩波："明"當作"明"。②

按：黃浩波意見可從，此處用作"明"，另，整理者所釋"十八"圖版殘缺，並不能確指，存疑不釋較爲適宜。由此，釋文作：

奉明（明）廣德里男子丘偃年☐☐☐☐☑   73EJT26：106

978. 73EJT26：120

會水安樂里大夫薛常年六十長七尺五寸黑色☑   73EJT26：120

〔1〕沈思聰："薛"字圖版![薛]，當釋"薛"。

按：從整理者原釋。

979. 73EJT26：124

☑☐關外湯石亭遺☑   73EJT26：124

〔1〕黃艷萍："關"當隸定作"開"。③

按：改釋可從。

---

① 何茂活：《〈肩水金關漢簡（叁）〉釋文商訂（之二）》，《簡帛》第 13 輯，上海古籍出版社 2016 年版。

② 黃浩波：《肩水金關漢簡地名簡考（八則）》，《簡帛研究》2017 秋冬卷，廣西師範大學出版社 2018 年版。

③ 黃艷萍：《〈肩水金關漢簡〉（壹—肆）異體字研究》，博士學位論文，華東師範大學，2016 年。

980. 73EJT26：173

以記告□光予郭少季錢二□☑   73EJT26：173

［1］沈思聰："光"前缺釋字圖版作![image]，疑"豐"字。

按：暫從整理者不釋讀，也有可能爲"通"字。

981. 73EJT26：177

☑□門安世即捕不知何₌人₌提劍鄉吏不直☑   73EJT26：177

［1］王錦城：原釋文"何人"下有重文符號"＝"，從圖版來看，其當爲右邊一行文字的墨跡，並非重文號，據删。

按：王錦城所言可從，當删除重文符號。

982. 73EJT26：187

田卒淮陽郡圉□里葉弘 □□☑   73EJT26：187

［1］高一致：缺釋字寫作![image]，該字形體較完整，或可釋作"君"。①

［2］王錦城：補釋或可從，但該簡殘斷，所補字右半缺失，不能確知，當從整理者釋。

按：高一致所言可從。

983. 73EJT26：195

□田辟□☑   73EJT26：195A

□□□   73EJT26：195B

［1］何茂活："辟"下之字殘存上半，似爲"病"字，但不能確定。②

［2］王錦城：該字大半殘去，當從整理者釋。

按：王錦城所言可從，暫從整理者不作釋讀。

---

① 高一致：《讀〈肩水金關漢簡（叁）〉筆記（一）》，簡帛網，2014 年 8 月 12 日，http：//www. bsm. org. cn/show_article. php？id＝2056。後以"《讀〈肩水金關漢簡（叁）〉札記（十八則）》"爲名，發表於《珞珈史苑》，武漢大學出版社 2016 年版。

② 何茂活：《〈肩水金關漢簡（叁）〉釋文商訂（之二）》，《簡帛》第 13 輯，上海古籍出版社 2016 年版。

984. 73EJT26：200

☑願子真近衣彊食□☑

☑不及叩頭幸甚□☑　　　　　　　　　73EJT26：200

[1] 何茂活："近衣彊食"之後隱約有從"宀"之字。據相關文例，疑爲"察"。①

[2] 王錦城：該字漫漶不清，當從整理者釋。

按：王錦城所言可從，暫不釋讀。

985. 73EJT26：205

☑申 □ 卯　午　酉　子　癸　亥 □　□　　　73EJT26：205

[1] 程少軒：【□□：寅、巳】、申、亥、卯、午、酉、子、辰、未、戌、丑。②

[2] 王錦城：其説當是。

按：程少軒所言可從。

986. 73EJT26：206

□候檄一封……行□二□　　　　　　73EJT26：206A

虜出第九亭事　　　　　　　　　　73EJT26：206B

[1] 王錦城：A面"行"下一字或爲"南"字。

按：王錦城所言可備一説。

987. 73EJT26：217

	三石具弩一完	蘭一完
戍卒淮陽郡苦葉里宣橫	弩循一完	蘭冠一完
	承弦二完	服一完　73EJT26：217

① 何茂活：《〈肩水金關漢簡（叁）〉釋文商訂（之二）》，《簡帛》第13輯，上海古籍出版社2016年版。

② 程少軒：《〈肩水金關漢簡（叁）〉數術類簡牘初探》，《簡帛研究》2015秋冬卷，廣西師範大學出版社2015年版。

［1］高一致：原釋"葉"字，整理者釋不確。字或當改釋爲"集"，原釋所謂"葉里"實當作"集里"。①

按：高一致所言可從。

988. 73EJT26：230

□□□□□□□　左後卒二人齋食兵付如意隧長　……
　　　　　　　　　　　　　　　　　　　73EJT26：230A

初元二年□□□□□□□□□　　　　　　73EJT26：230B

［1］黃浩波：此處"齋食"不妨讀爲"齏食"。"齏食"一詞又見於《漢書·匈奴傳》《新序·雜事》《論衡·刺孟》。如此，漢簡所見"齋（齏）食"亦當作"攜帶糧食"解。②

按：黃浩波所言可從。

989. 73EJT26：234

內印弓　　　　　　　　　　　　　　　73EJT26：234A

（圖畫）　　　　　　　　　　　　　　73EJT26：234B

按：劉釗在《近出西北屯戍漢簡研讀四則》一文中對 73EJT26：234 號簡的釋文進行了更訂，認爲 A 面"內印"是"辰"字，"弓"是"巳"字，B 面圖畫是"丁"字。③ 可從。此外，B 面"丁"字下，似仍有一字，圖版作：，疑是"卯"字。由此，釋文作：

辰巳　　　　　　　　　　　　　　　　73EJT26：234A

丁卯　　　　　　　　　　　　　　　　73EJT26：234B

990. 73EJT26：248

行毋以庚辛□必□□壬午□□　　　　　　73EJT26：248

① 高一致：《讀〈肩水金關漢簡（叁）〉筆記（三）》，簡帛網，2014 年 9 月 5 日，http：//www.bsm.org.cn/show_article.php? id＝2071。

② 黃浩波：《肩水金關漢簡文字釋讀札記五則》，《第七屆出土文獻研究與比較文字學全國博士生論壇論文集》，2017 年 10 月。

③ 劉釗：《近出西北屯戍漢簡研讀四則》，《出土文獻研究》第 13 輯，中西書局 2014 年版。

[1] 何茂活：試改訂爲："行毋以庚辛到必復出壬午西鄉"。此簡內容當爲日書，言出入之宜忌。"鄉"爲"嚮"之本字，即朝向之意。①

[2] 王錦城、魯普平：必下兩字釋爲"夏出"。②

按："夏"或"復"從現存圖版看，很難辨別，暫存疑。此外，何茂活所釋"西鄉"兩字恐非，"午"下一字圖版作：▨，疑"丙"字。漢簡中"丙"字作：▨（73EJT7：106）可參。"丙"下一字圖版殘損嚴重，作：▨，從殘存字形看懷疑爲"申"字。由此，釋文作：

行毋以庚辛到必□出壬午丙申　　　　　　　　73EJT26：248

991. 73EJT26：250

☑□耳有□□□耳有□□☑　　　　　　　　　73EJT26：250

[1] 何茂活：本簡當爲馬牛名籍，簡中仍有可識之字，今試補釋爲"☑右耳有□闕左耳有□□☑"。"左耳有"後二字似爲"酒所"，但文意似與上文不合，故暫存疑。③

[2] 王錦城、魯普平：☑右耳有疆塞佐耳有酒□。④

按：何茂活補釋"酒所"可從，其餘暫從整理者意見。由此，釋文作：

☑□耳有□□□耳有酒所☑　　　　　　　　　73EJT26：250

992. 73EJT26：254

廿五日丙辰 ……　　　　　　　　　　　　　73EJT26：254

[1] 何茂活："廿五日"之後，原釋"丙辰"，今據圖版，改訂爲

---

① 何茂活：《〈肩水金關漢簡（叁）〉釋文商訂（之二）》，《簡帛》第 13 輯，上海古籍出版社 2016 年版。

② 王錦城、魯普平：《肩水金關漢簡釋文校補舉隅》，《出土文獻》第 11 輯，中西書局 2017 年版。

③ 何茂活：《〈肩水金關漢簡（叁）〉釋文商訂（之二）》，《簡帛》第 13 輯，上海古籍出版社 2016 年版。

④ 王錦城、魯普平：《肩水金關漢簡釋文校補舉隅》，《出土文獻》第 11 輯，中西書局 2017 年版。

"辛亥"。①

[2] 王錦城：改釋或可從，但簡文模糊不清，不能確知，暫從整理者釋。

按：從整理者原釋。

993. 73EJT26：263

☒□前人持裹後人抱美平　　　　　　　　　　　　　73EJT26：263

[1] 何茂活：原釋"裹"者圖版作，應釋爲"裹"。裹，是"懷"的古字。《説文》有此字，篆作，釋曰"俠也，從衣，眔聲"。段玉裁改訂"俠"爲"夾"。持懷，猶懷抱、抱持。"前人持懷後人抱"句意大致可解，但"美平"何意，頗費疑猜。且所釋"美"字，或可釋"癸"。②

按：何茂活所言可備一説。

994. 73EJT26：217

戍卒淮陽郡苦葉里宣橫　　　　　　　　　　　　　　73EJT26：217

[1] 高一致：原釋"葉"字整理者釋不確，所謂"葉里"實當作"集里"。③

按：高一致所言可從。

995. 73EJT26：284

☒不幸死蓁一☒　　　　　　　　　　　　　　　　　73EJT26：284

[1] 張再興、黄艷萍："蓁"當釋"椹"。④

按：改釋可從。

① 何茂活：《〈肩水金關漢簡（叁）〉曆譜簡零綴》，復旦大學出土文獻與古文字研究中心網，2015 年 12 月 9 日，http：//www.gwz.fudan.edu.cn/Web/Show/2675。

② 何茂活：《〈肩水金關漢簡（叁）〉釋文商訂（之二）》，《簡帛》第 13 輯，上海古籍出版社 2016 年版。

③ 高一致：《讀〈肩水金關漢簡（叁）〉筆記（三）》，簡帛網，2014 年 9 月 5 日，http：//www.bsm.org.cn/show_article.php？id=2071。後以"《讀〈肩水金關漢簡（叁）〉札記（十八則）》"爲名，發表於《珞珈史苑》，武漢大學出版社 2016 年版。

④ 張再興、黄艷萍：《肩水金關漢簡校讀札記》，《中國文字研究》2017 年第 26 輯。

996. 73EJT26：286

不以□律變告乃

□□   73EJT26：286

按："以"下一字圖版作：，疑爲"實"字殘筆，"實"圖版作：

（73EJT21：264）、（73EJT23：683），可參。漢簡中 73EJT21：

239 號簡有"以證財物不以實律辨"的辭例可爲佐證。

997. 73EJT26：291

■右第二□□卒二人車二兩凡載廿二□☑   73EJT26：291

[1] 張俊民：本簡的"□□"可作"丞官"，也許與屯田系統的組

織有關。①

[2] 王錦城：補釋或可從，但簡文磨滅，不能確知，暫從整理者釋。

按：張俊民所言可備一説。

998. 73EJT26：299

子自蜀子也九年□□□☑   73EJT26：299

[1] 何茂活：據圖版，"子也"二字似爲"至巴"，倒數第二字似爲

"卒"，釋文試訂爲"子自蜀至巴九年□卒□☑"。②

按：何茂活改釋可從，"年"下一字，圖版作：，疑"武"字。

由此，釋文作：

子自蜀至巴九年武卒□☑   73EJT26：299

999. 73EJT26：303

……秦年冊長七尺   73EJT26：303

---

① 張俊民：《〈肩水金關漢簡（叁）〉釋文獻疑》，簡帛網，2015 年 1 月 19 日，http：//www. bsm. org. cn/show_article. php？ id = 2138。

② 何茂活：《〈肩水金關漢簡（叁）〉釋文商訂（之二）》，《簡帛》第 13 輯，上海古籍出版社 2016 年版。

[1] 沈思聰："秦"字圖版作 ，疑"奉"字。

按：沈思聰之言可備一説。

（二十一）73EJT27

1000. 73EJT27：2

☑□辰朔乙丑肩水候尹敢言之□□□☑   73EJT27：2A

☑舉籍吏民奴婢畜產財物訾直☑   73EJT27：2B

[1] 沈思聰："尹"字圖版作 ，右下似有殘畫，疑"君"字。

按：沈思聰之言可備一説。

1001. 73EJT27：17

城官橐佗廣地算   73EJT27：17A

今餘錢卅六萬五百八十九   73EJT27：17B

[1] 鄔文玲："算"當爲"真"……簡（17）A 面"候官橐佗廣地真"，根據 B 面"今餘錢卅六萬五百八十九"等內容來看，意即橐佗候官和廣地候官的錢簿正本。①

按：鄔文玲改釋可從。

1002. 73EJT27：21

田卒梁國蒙新歲里不更兒充年廿五☑   73EJT27：21

[1] 何茂活：原釋"歲"者，圖版作 ，當釋爲"成"。此外，"梁國"之"梁"圖版中實作 ，當釋爲"梁"。②

按：何茂活所言可從。

---

① 鄔文玲：《簡牘中的"真"字與"算"字——兼論簡牘文書分類》，《簡帛》第 15 輯，上海古籍出版社 2017 年版。

② 何茂活：《〈肩水金關漢簡（叁）〉釋文商訂（之二）》，《簡帛》第 13 輯，上海古籍出版社 2016 年版。

1003. 73EJT27：23

初元二年九月壬戌大人令請子實足下善令☑　　　　73EJT27：23

[1] 王錦城："實"字原作"賓"，該字當爲"實"字。

按：王錦城所言可從。

1004. 73EJT27：38

☑水守候╱櫜他塞尉□敢□　　　　73EJT27：38

[1] 王錦城：原簡"候"字後有一"╱"號，從圖版來看，該符號並非原簡存在的墨跡，據刪。

按：王錦城所言可從。

1005. 73EJT27：53

☑□□□□□□☑　　　　73EJT27：53A

□不敢受也　　　　73EJT27：53B

[1] 何茂活：此簡上、下、右三面皆殘，殘存之字可釋讀爲"□敢□再拜□"。①

[2] 王錦城：（何茂活）補釋可從，但該行文字右半缺失，不能確知，當從整理者釋。

按：A面何茂活所釋"再拜"圖版作：,，疑爲"夫""人"兩字殘筆，此外，未字圖版作：，疑爲"有"字。由此，釋文作：

☑□□□□夫人有☑　　　　73EJT27：53A

□不敢受也　　　　73EJT27：53B

1006. 73EJT27：59

大婢賠年十一歲長七☑　　　　73EJT27：59

按：整理者所釋"七"字恐非，該字圖版作：，疑"五"字。

---

① 何茂活：《〈肩水金關漢簡（叁）〉釋文商訂（之二）》，《簡帛》第 13 輯，上海古籍出版社 2016 年版。

另外，從文意看，殘斷後的文字一般是"×尺×寸×色"，年齡"十一歲"，還是女性，一般是"五尺"，故釋文當釋"五"而非"七"。

1007. 73EJT27：63

八尺蒲復椹一毌尊衣☑　　　　　　　　　　　　　　73EJT27：63

［1］雷海龍："復"當讀爲"複"。"椹"從"甚"得聲，"甚"爲禪母侵部字，可與定母侵部字的"覃"相通，疑"椹"讀爲"簟"。《詩・小雅・斯干》："下莞上簟，乃安斯寢。"《説文・竹部》："簟，竹席也。"楚墓遣册、漢墓遣册多有簟席的記録，而在西北漢簡中，肩水金關漢簡 73EJT23：663A 記有"簟一，直十八。"居延漢簡 267.7 記有"☑三尺五寸蒲復（複）席、青布緣二，直三百。""蒲復（複）席"與"蒲復（複）椹（簟）"意思相同，但結合尺寸來看，具體所指又有差異。漢尺一尺約等於 23.1 釐米，八尺約等於 184.8 釐米，八尺簟可能是臥席；三尺五寸約等於 80.85 釐米，三尺五寸席可能是坐席。

按：可備一説。

1008. 73EJT27：71

甘露二年<u>磿</u>日☑　　　　　　　　　　　　　　　73EJT27：71

［1］何茂活：磿，圖版作 ![磿], 左右皆殘。釋文遵從圖版作"磿"自無不可，但此字實係"曆（或亦作厤）"的訛寫，厤，通"曆"。①

［2］王錦城：該字據字形釋"磿"不誤，其應是"磨"字的訛寫。

按：何茂活所言可從。

1009. 73EJT27：95

☑□大移移□☑

☑妻子母蒙<u>春</u>☑（削衣）　　　　　　　　　　　　73EJT27：95

［1］何茂活：原釋"春"者，圖版作 ![春]，當釋爲"奝"。從以下各

---

① 何茂活：《〈肩水金關漢簡（叁）〉釋文商訂（之二）》，《簡帛》第 13 輯，上海古籍出版社 2016 年版。

例可以窺知這一草寫形式的形成過程：（27：45）（30：240）、
（26：87）。漢張遷碑"嗇"作，亦可爲證。又，此簡文字内容不
相聯屬，當爲習字簡。不過"蒙"、"嗇"連文不足爲奇，"蒙"爲縣名，
屬梁國；嗇夫爲官名，屬基層小吏。[1]

按：從整理者原釋。

1010. 73EJT27：112

戍卒魏郡<u>館陶</u>宜里公乘□□□年十七……　　　　　　　73EJT27：112

[1] 高一致：整理者釋二字作"館陶"可商，簡文二字或應改釋作
"繁陽"。繁陽，據《漢書·地理志》載屬魏郡轄縣，與簡文文意相合。[2]

[2] 王錦城：改釋或可從，但該簡殘斷，僅存左半文字，不能確知，
暫從整理者釋。

按：高一致所言可從，此外，"十七"並不能確定，存疑。

戍卒魏郡<u>繁陽</u>宜里公乘□□□年……　　　　　　　　73EJT27：112

1011. 73EJT27：128

☑副　丿☑　　　　　　　　　　　　　　　　　　　　73EJT27：128

按：整理者所釋"副"字，恐非，此字圖版作：，疑"劍"字，
列舉肩水金關漢簡中的"副"、"劍"兩字，對比如下：

	73EJT3：49	73EJT21：252	73EJT35：2	73EJC：617
	73EJT9：106	73EJT21：252	73EJT30：119	73EJD：224

① 何茂活：《〈肩水金關漢簡（叁）〉釋文商訂（之二）》，《簡帛》第13輯，上海古籍出
版社2016年版。

② 高一致：《讀〈肩水金關漢簡（叁）〉筆記（一）》，簡帛網，2014年8月12日，ht-
tp：//www. bsm. org. cn/show_article. php？id＝2056。後以"《讀〈肩水金關漢簡（叁）〉札記
（十八則）》"爲名，發表於《珞珈史苑》，武漢大學出版社2016年版。

對比可知，該字左上起筆處當是"入"，與"副"字差異較大，字形則與"劍"字近似，疑是"劍"字草寫。

1012. 73EJT27：139

戌卒魏郡□陽安里公乘許多□☑　　　　　　　　　　73EJT27：139

［1］高一致：簡文"陽"前缺釋字字形稍顯模糊，或當釋作"繁"。①

［2］王錦城：補釋或可從，但該字圖版字跡模糊，不能辨識，當從整理者釋。

按：高一致所言可從，末尾一字從文意看當爲"年"字。由此，釋文作：

戌卒魏郡繁陽安里公乘許多年☑　　　　　　　　　　73EJT27：139

（二十二）73EJT28

1013. 73EJT28：6

戌卒伯人宣利里董安世

四石具弩一　蘭一冠一　藁矢銅鏃五十　　　　　　　73EJT28：6

［1］高一致：原釋"宣"字，整理者釋可商，或應改釋作"宜"。因此，原釋"宣利里"應當作"宜利里"。②

按：高一致改釋可從。

1014. 73EJT28：10

登山隧長紳五十丈傳詣候長王卿治所

各完全封相付屬毋留　　　　　　　　　　　　　　　73EJT28：10

---

① 高一致：《讀〈肩水金關漢簡（叁）〉筆記（一）》，簡帛網，2014 年 8 月 12 日，http：//www.bsm.org.cn/show_article.php? id = 2056。後以 "《讀〈肩水金關漢簡（叁）〉札記（十八則）》"爲名，發表於《珞珈史苑》，武漢大學出版社 2016 年版。

② 高一致：《讀〈肩水金關漢簡（叁）〉筆記（三）》，簡帛網，2014 年 9 月 5 日，http：//www.bsm.org.cn/show_article.php? id = 2071。後以 "《讀〈肩水金關漢簡（叁）〉札記（十八則）》"爲名，發表於《珞珈史苑》，武漢大學出版社 2016 年版。

[1] 張俊民：釋文中的"紳"當是書繩之"繩"字省。①

[2] 王錦城：（張俊民）説是，抑或通假爲"繩"。

按：張俊民所言可從。

1015. 73EJT28：12

地節二年五月壬申張掖大守客大原中都里邯鄲悵占至居延

與金關爲出入符=齒第一　　　小奴富主　　　　　73EJT28：12

[1] 張俊民：爲出入金關符，"悵"即"張"字，"至"當爲"田"。②

按：張俊民改釋可從。

1016. 73EJT28：18

甘露三年五月癸未朔甲午平樂隧長明敢言之治所檄曰□□□……移

檄到遣

　　□□詣官會己酉旦謹案戍卒三人其一人吳憙廷能莎上疾溫幸少愉其

毛足進易皮□出　　　　　　　　　　　　　　73EJT28：18

[1] 王錦城："偷"原作"愉"，似當從"人"。

按：改釋可從。

1017. 73EJT28：32

☑車二兩載穬麥五十石輸橐佗候官　　　　　　73EJT28：32

[1] 丁義娟：在釋文中寫爲"偷"。③

[2] 王錦城：該字當釋作"偷"，通"輸"。

按：諸家所言可從。

---

① 張俊民：《〈肩水金關漢簡（叁）〉釋文獻疑》，簡帛網，2015 年 1 月 19 日，http：//
www. bsm. org. cn/show_article. php？id＝2138。

② 張俊民：《〈肩水金關漢簡（叁）〉釋文獻疑》，簡帛網，2015 年 1 月 19 日，http：//
www. bsm. org. cn/show_article. php？id＝2138。

③ 丁義娟：《肩水金關漢簡釋文淺談一則》，簡帛網，2018 年 5 月 27 日，http：//www.
bsm. org. cn/show_article. php？id＝3135。

1018. 73EJT28：53

地節三年九月甲寅朔乙丑土鄉佐勝敢告尉☑　　　　73EJT28：53A

五月乙亥□收以來　　　　　　　　　　　　　　73EJT28：53B

按："收"上一字從殘存字形看疑爲"卒"。

1019. 73EJT28：60

四月庚辰下餔九分辛未央受莫當卒疾去付沙頭卒枚　　73EJT28：60

按：整理者所釋"枚"字，恐非，此字圖版作：▨，簡牘左側並不清晰，疑是"放"字，"沙頭卒放"肩水金關漢簡中有辭例可爲佐證。

1020. 73EJT28：65

□□□□□……□□□□□戊辰木青

□□□□□……□□□□□己未火赤　官□☑

……□□□□□金白

□□□□□丑水黑　　　　　　　　　　　　　73EJT28：65A

上　　下　　　　　　　　　　　　　　　　73EJT28：65B

[1] 程少軒：第一行"木青"二字上所謂"□戊辰"三字，實是"寅卯辰"。第二行原釋"己"難以看出是"己"之形。現僅能補出每行最末幾字：

……寅、卯、辰、木、青。

……巳、午、未、火，赤。

……申、酉、戌，金、白。

……亥、子、丑，水，黑。①

[2] 王錦城：（程少軒）其説當是。

按：程少軒意見可從。

①　程少軒：《〈肩水金關漢簡（叁）〉數術類簡牘初探》，《簡帛研究》2015 秋冬卷，廣西師範大學出版社 2015 年版。

1021. 73EJT28：67

候長奉千二百

出廿四□就

出卅四社

□百廿革

出卅七檄　　餘九百七十五☑　　　　　　　　　73EJT28：67

按："百廿革"前一字整理者未釋讀，此字圖版作：，殘損嚴重，僅留有部分筆畫。按照辭例，疑此字當是"出"。相似辭例亦見於居延漢簡、居延新簡。按照簡文内容，可歸爲"錢出入簿"，簡文大意是指某候長某月的俸祿是 1200 錢，扣除掉一些開銷，如：社、革、檄等，該月還剩餘 975 錢，類似於我們今天的"工資條"。李天虹認爲："邊塞烽燧士卒也組織有社，舉行社祭所需的錢，也就是'社錢'似乎是有吏員分擔的。"[1] 可從。另外，也可知這筆"社錢"是從吏員的俸祿中直接扣除的，據此可以推測參加"社"的活動似有統一的組織。

1022. 73EJT28：80

☑告尉史□直□□□□自☑

☑□令從事敢告尉史☑　　　　　　　　　　　73EJT28：80

按：第一行"直"下第二、第三字可補爲"里""賈"。

1023. 73EJT28：85

……五月丁一未朔丁巳朔……　　　　　　　　　73EJT28：85

[1] 程少軒：五月丁一未朔丁丑朔。[2]

按：整理者所釋"巳"字可從，所釋"一"當爲另一側的墨跡，可不釋。由此，釋文作：

……五月丁未朔丁巳朔……　　　　　　　　　73EJT28：85

---

① 李天虹：《居延漢簡簿籍分類研究》，科學出版社 2003 年版，第 48 頁。

② 程少軒：《〈肩水金關漢簡（叁）〉數術類簡牘初探》，《簡帛研究》2015 秋冬卷，廣西師範大學出版社 2015 年版。

1024. 73EJT28：95

雒陽士卿東樂里☒　　　　（削衣）　　　　　　　　73EJT28：95

按：整理者所釋的"卿"字，有可能是"鄉"字，經查該字圖版作：
▉，當釋"鄉"字爲佳，卿、鄉兩字草書較爲接近，需要結合辭意分析判定。此外，筆者懷疑73EJT28：95號簡的"士"字可能是"東"的誤書。由此，釋文作：

雒陽士（東）鄉東樂里☒　　　　（削衣）　　　　　73EJT28：95

1025. 73EJT28：97

馳南亭長射樂鬭以臨□☒　　　　　　　　　　　　73EJT28：97

［1］張俊民：本簡前後有兩處釋文問題，前者是"馳"，當爲"駮"，即駮南亭。後面的"臨□"當釋作"劍刃"。①

［2］王錦城：從圖版來看，整理者釋讀不誤，改釋不妥。

按：張俊民改釋可從，由此，釋文作：

駮南亭長射樂鬭以劍刃☒　　　　　　　　　　　　73EJT28：97

1026. 73EJT28：102

廣地轉三百廿兩已入三百一兩奇廿二石八斗米糒十八兩奇二石二斗

橐佗轉二百八十兩已入二百七十七兩奇三石六斗米糒二兩廿一石四斗

肩水二百卅兩已入二百卅五兩奇廿一石一斗五升米糒四兩奇三石八斗五升　　　　　　　　　　　　　　　　　　　　　73EJT28：102

［1］王錦城：三個"未"字原均作"米"，該三字當是未字。"未備"即未具備，未完成。

按：王錦城所言可從。

———————

① 張俊民：《〈肩水金關漢簡（叄）〉釋文獻疑》，簡帛網，2015年1月19日，http：//www.bsm.org.cn/show_article.php？id＝2138。

1027. 73EJT28：108

李長君奉錢六百　　　縣少四百

出十二<u>鼓</u>就　　　　今餘三百九十二

出百九□□□□□　　　　　　　　　　73EJT28：108

［1］張俊民：中間行文字的"鼓"字當爲"載"字。居延漢簡中俸錢的領取時常有傲錢，簡文中"十二"當是載傲錢，或作"就錢"。①

［2］王錦城：該字似非"載"字，整理者釋讀或不誤。又簡上端兩側有契口，當爲繫繩處。

按：暫從整理者原釋。

（二十三）73EJT29

1028. 73EJT29：23

東阿北平里宋<u>克</u>　　　□□年卅三　　　　73EJT29：23

［1］沈思聰："克"字圖版作 ，當釋"充"。白軍鵬同。②

按：沈思聰之言可從，另，73EJT21：119 號簡有"平中里宋充"，可參。

1029. 73EJT29：52

女吉　男吉　男吉　男吉　男吉　女吉　男☒

產子　男凶　女凶　女凶　女凶　女凶　男凶　女凶☒

　　　　　　　　　　　　　　　　　　73EJT29：52

［1］何茂活："男"後當爲"吉"字。其後諸月，難以推知。③

按：何茂活所言可備一説。

---

① 張俊民：《〈肩水金關漢簡（叁）〉釋文獻疑》，簡帛網，2015 年 1 月 19 日，http：//www.bsm.org.cn/show_article.php？id＝2138。

② 白軍鵬：《漢人名字與漢簡釋讀》，《簡帛》第 21 輯，上海古籍出版社 2020 年版。

③ 何茂活：《〈肩水金關漢簡（叁）〉曆譜簡零綴》，復旦大學出土文獻與古文字研究中心網，2015 年 12 月 9 日，http：//www.gwz.fudan.edu.cn/Web/Show/2675。

1030. 73EJT29：71

禽寇隧戍卒梁國蒙宜故里丁㢮　　　三石具弩一完☒　弩幨一完☒

73EJT29：71

［1］王錦城：“㢮”字實爲“𢁔”。①

按：王錦城所言可從。

1031. 73EJT29：74

□□□□□□□□□□□毋官獄徵事當

□長酆侯國相憙移過所縣邑勿河留止如律　　73EJT29：74

［1］王錦城：“酆”原作“鄺”，據字形當作“酆”。

按：王錦城所言可從。

1032. 73EJT29：89

見虜塞外舉亭上一蓬火一苣火虜去輒下□☒

虜入□□金關以北塞外亭隧見虜燔一積薪□☒　　73EJT29：89

［1］王錦城：第一行“蓬火”的“火”字當非“火”字。第二行
“金”之上未釋字當是“塞及”二字。

按：王錦城所言可從。

1033. 73EJT29：105

丁子平　　□　　　田次君　　　　　　　73EJT29：105A

捐之伏地再拜請□　　　□　　　　□　　　73EJT29：105B

［1］王錦城：B面原釋文有三“□”號，從圖版來看，其爲左邊一
行文字筆畫的延伸，據刪。

按：王錦城所言可從。

---

①　王錦城：《〈肩水金關漢簡〉校讀札記（三）》，簡帛網，2017 年 10 月 15 日，http：//
www.bsm.org.cn/show_article.php？id＝2924。後以《肩水金關漢簡釋文校補舉隅》爲名，發表
於《出土文獻》第 11 輯，中西書局 2017 年版。

1034. 73EJT29：107

迺壬辰夜不知何二步入　迹蘭越肩水金關隧塞天田入

五鳳三年五月丙子朔癸巳肩水候長則□　　　　　　73EJT29：107

[1] 王錦城：第一行"人"字原釋文作"入"，該字當爲"人"字。簡文"迺壬辰夜"、"二"、"越肩水"等字較小，且和同簡其他文字字體筆迹不同，明顯是後來添加上去的。又"人"字雖然較大，但從書寫風格來看，亦當是後來寫上去的。頗疑"二人"當填入"何步"之間作"何二人步"，但由於"何步"二字之間空間太小，所以將"人"字寫在了"步"字後。這樣寫完後，"人"和"迹"之間尚有可容一字的空間。該簡爲上報發現有人蘭越塞天田痕迹的文書，應當先寫有一定的的程式，上報時只需填入具體的時間和人物即可。"不知何二人步迹"即不知道兩個什麼人的步迹。

按：王錦城之言可備一説。

1035. 73EJT29：135

鰈得誠信里男子功師寁年廿四歲　　弓一矢十二　　　73EJT29：135

[1] 王錦城："寁"字實爲"寁"。①

[2] 張再興、黃艷萍："功師"當讀作"工師"。②

按：諸家所言可從。

（二十四）73EJT30

1036. 73EJT30：7＋19

臨莫隧卒趙廣　故府隧卒充延年

禁姦隧卒韓蓋之　並山隧卒李赦之　　　　　　73EJT30：7＋19

[1] 高一致："充"字與上引"克"形體更爲接近，或當改釋。克

---

① 王錦城：《〈肩水金關漢簡〉校讀札記（三）》，簡帛網，2017年10月15日，http：//www.bsm.org.cn/show_article.php？id＝2924。

② 張再興、黃艷萍：《肩水金關漢簡校讀札記》，《中國文字研究》2017年第26輯。

姓見於南宋《姓苑》，明洪武時有克耕。克作爲我國人數較少的姓氏，簡文"克延年"或可補漢代克姓之例。①

　　[2]王錦城：該字圖版作形，似非"克"字。

　　按：暫從整理者原釋。

1037. 73EJT30：12

戍卒淮陽郡陳安眾里不更舒畢年廿四　庸同里不更夏歸來年廿六

73EJT30：12

　　[1]凌文超："隨"，原釋作"歸"，今據圖版改。②

　　[2]王錦城：似非"隨"字。

　　按：從整理者原釋。

1038. 73EJT30：14

戍卒淮陽郡苦魯里不更棄橫年三十四　　　73EJT30：14

　　[1]伊強：原釋爲"葉"字當是"華"字。③

　　按：改釋可從。

1039. 73EJT30：15

戍卒淮陽郡陳逢卿里不更許陽年廿七　庸進賢不更□常年卅三

73EJT30：15

　　[1]凌文超："皮"，原缺釋，今據圖版補。④

　　[2]王錦城：該字似非"皮"字。

　　按：暫從整理者原釋。

---

　　① 高一致：《讀〈肩水金關漢簡（叁）〉札記（十八則）》，《珞珈史苑》，武漢大學出版社2016年版。

　　② 凌文超：《肩水金關漢簡罷卒名籍與庸之身份》，《甘肅省第三屆簡牘學國際學術研討會論文集》，上海辭書出版社2017年版。

　　③ 伊強：《〈肩水金關漢簡〉名物詞考釋二則》，簡帛網，2014年11月19日，http://www.bsm.org.cn/show_article.php?id=2103。

　　④ 凌文超：《肩水金關漢簡罷卒名籍與庸之身份》，《甘肅省第三屆簡牘學國際學術研討會論文集》，上海辭書出版社2017年版。

1040. 73EJT30：20

觻得廣窮里公乘虞良年冊　　葆兄子嘉年十五

方箱車一乘馬一匹駹牝齒十歲高六尺二寸

三月辛未北嗇夫豐出　　　　　　　　　　　　　73EJT30：20

[1] 黃浩波："窮"當是"穿"。①

按：黃浩波所言可從。

1041. 73EJT30：25

戍卒淮陽郡苦平陽里不更金□廣年卅二　　　　73EJT30：25

[1] 凌文超："梗"，原缺釋，今據圖版補。②

[2] 王錦城：該字似非"梗"字。

按：暫從整理者原釋。

1042. 73EJT30：28

宣伏地言 A1

稚萬足下善毋恙勞道決府甚善願伏前會身小不快更河梁難以故不至門下 A2

拜謁幸財罪請少偷伏前因言累以所市物謹使＝再拜受幸 A3

願稚萬以遣使天寒已至須而以補願斗食遣之錢少不足請知數 A4

推奏叩頭幸甚謹持使奉書宣再拜 A5

□□　　　　　　　　　　張宣 A6　　　　　　　　73EJT30：28A

前寄書……言必代贛取報言都尉府以九月十六日 B1

召禹對以表火□□□□責致八日乃出毋它緩急禹叩頭多問功如稚公少負聖君幼闌 B2

子贛郵君莫旦龐物諸兒宜馬昆弟君都得之何齊‧負贛春王子明君子

---

① 黃浩波：《肩水金關漢簡地名簡考（八則）》，《簡帛研究》2017 秋冬卷，廣西師範大學出版社 2018 年版。

② 凌文超：《肩水金關漢簡罷卒名籍與庸之身份》，《甘肅省第三屆簡牘學國際學術研討會論文集》，上海辭書出版社 2017 年版。

卿長君子恩政君 B3

　回昆弟子文都君・見朱贛中君子實少平諸嫂請之孔次卿平君賞稇卿
春君禹公幼闌 B4

　得換爲令史去置甚善辱幸使肩水卒史徐游君薛子真存請甚厚禹叩 ＝
頭 ＝ B5

　今幼闌見署何所居何官未曾肯教告其所不及子贛射罷未□B6

73EJT30：28B

　［1］劉樂賢：A2"決"或作"訣"，"更"訓爲"經"；A3"財"
通"裁"；A5 首字"推"當釋作"撻"，讀爲"奉"，"持"字未必只有
這一種可能，暫時只好當作不識字處理；A6 簡首兩字可釋爲"稚萬"。①

　［2］王錦城：A 面第五行"撻"字原作"推"，從手從逢，當釋
"撻"。B 面第四行"賓"原作"實"，該字當爲"賓"字。

　按：劉樂賢、王錦城改釋可從。

1043. 73EJT30：29

　□都尉屬陳恭中功一勞三歲十月 A1

　□嗇夫隗敞中功一勞三歲十月廿四日 A2

　居延令史鄭惲中功一勞三歲四月七日 A3

　北部司馬令史樂音中功一勞三月廿四日 B1

　顯美令史馬□中功一勞三歲三月十四日 B2

　郡庫令史崔枚中功一勞三歲三月四日 B3　　　　　　　73EJT30：29A

　□□千人令史郭良中功一勞三月 A1

　□□都尉屬傅博中功一勞三歲八日 A2

　□千人令史諸戎功勞一勞二歲十月 A3

　大□令史傅建功一勞三歲八月十日 B1

　居延都尉屬孫萬中功一勞二歲一月 B2

　十一日 B3　　　　　　　　　　　　　　　　　　　73EJT30：29B

　［1］陳偉、熊北生：A 面 A2"十"是"七"；B1 據文意可補"一勞

　① 劉樂賢：《讀肩水金關漢簡〈張宣與稚萬書〉》，《出土文獻研究》第 17 輯，中西書局
2018 年版。

[三歲] 三月廿四日"；B 面 A1 據文意可補 "一勞 [三歲] 三月"；A3 "功" 下衍 "老" 字；B1 "三歲" 疑是 "二歲" 之誤。①

[2] 鄔文玲：A 面 A1 可推定爲 "騎都尉"；A2 應釋作 "延水嗇夫"；B2 補 "馬戎"。B 面 A1 補 "居延千人"；A2 補 "北部都尉"；A3 補 "騎千人"；B1 補 "大城令史"。②

[3] 曹天江：A 面 A1 鄔文玲所釋 "騎" 雖可能性很大，但圖版難以辨認，名稱僅一字的都尉還有關都尉、農都尉等，故暫闕釋，留作後考；A2 原釋文作 "十"，陳偉、熊北生改釋爲 "七"，查圖版與同牘 "七" 有較明顯的不同，而與其他 "十" 字十分接近，故暫且不作改動，留作後考。③

按：曹天江所言可從。

1044. 73EJT30：30

屬國都尉屬陳嚴中功二勞七月七日 A1
敦□置嗇夫張尊中功二勞五月十三日 A2
刪丹庫嗇夫徐博中功二勞五月一日 A3
肩水候官令史王嚴中功二勞四月 A4
北部都尉史陳可中功一勞三月廿日 B1
城倉令史徐譚中功二勞二月五日 B2
刪丹令史成功並中功一勞三歲十一月二日 B3
北部庫嗇夫□□中功一勞三歲十月廿日 B4　　　　73EJT30：30A
□□□嗇夫孫忠中功三勞三歲十月 A1
屬國左騎千人令史馬陽中功三勞四月廿日 A2
□守屬林參中功二勞九月廿一日 A3
氐池令史丁彊中功二勞二歲十月十日 A4
居延殄北令史蘇誼中功二勞二歲五月五日 A5

① 陳偉、熊北生：《睡虎地漢簡中的功次文書》，《文物》2018 年第 3 期。
② 鄔文玲：《居延漢簡 "功勞文書" 釋文補遺》，《出土文獻研究》第 18 輯，中西書局 2019 年版。
③ 曹天江：《甘肅省金塔縣 A32 遺址出土兩方功次木牘試探》，《簡帛研究》2020 春夏卷，廣西師範大學出版社 2020 年版。

肩水都尉屬□並中功二勞二歲三月十八日 B1

屋蘭候官令史孫弘宏中功二勞一歲七月五日 B2

延水嗇夫路興中功二勞十月一日 B3

居延千人令史陽召中功二勞九月 B4

居延都尉屬王宣中功二勞十月五日 B5　　　　　　　73EJT30：30B

［1］陳偉、熊北生：A 面 B1"功一"疑是"功二"之誤。B 面 A3 據文意可補"二勞［三歲］九月廿一日"；B5"十月"疑是"八月"誤書或誤釋。①

［2］鄔文玲：A 面 A2 可補爲"敦德"；B4 可補"瞿宏"。B 面 A1 補"城倉守"；A3 補"兼守屬"；B1 補"張並"。②

［3］曹天江：B 面 A1 鄔文玲改釋作"城倉守"，圖版難以辨認，與所改三字都有較大差距，故暫闕釋，留作後考。③

按：曹天江所言可從。需要注意的是 73EJT30：239 號簡簡文作"☑□功名籍"，可能與 73EJT30：29、73EJT30：30 號簡存在一定關聯，但由於釋文殘缺，暫存疑不編入。兩簡共記錄有二十九人的功勞信息，至於兩簡的編連順序，竊以爲應該以功勞由高到低，先功後勞排列，73EJT30：30 號簡 B 面當在前，其次爲 73EJT30：29 號簡 A 面，排列爲：73EJT30：30B→73EJT30：29A。④

1045. 73EJT30：31

乘胡隧長張常幸

易縣索用三千二百丈

易古惡鹿木用三百枚

　　　　　　　　　　　　　　　　　　73EJT30：31

---

①　陳偉、熊北生：《睡虎地漢簡中的功次文書》，《文物》2018 年第 3 期。

②　鄔文玲：《居延漢簡"功勞文書"釋文補遺》，《出土文獻研究》第 18 輯，中西書局 2019 年版。

③　曹天江：《甘肅省金塔縣 A32 遺址出土兩方功次木牘試探》，《簡帛研究》2020 春夏卷，廣西師範大學出版社 2020 年版。

④　約在 2017 年底，筆者在撰寫博士論文時與黃浩波討論過兩簡編連問題，他認爲順序是 30B→30A→29A→29B，後因爲體例問題，對兩簡的討論小文並未收入博士論文。陳偉師、曹天江也與黃浩波意見一致。

按：整理者所釋"幸"字，圖版作：，釋讀可從。居延漢簡564.25 號簡與此簡人物相同，但諸家釋讀有差異，有"張常奉"①、"張常業"②、"張常華"③ 不同的意見，今結合肩水金關漢簡當統一作"張常幸"。

1046. 73EJT30：34

河平三年正月庚寅朔庚寅騂北亭長□☑

守御器簿一編敢言之　　　　　　　　　　　　　73EJT30：34A

……　　　　　　　　　　　　　　　　　　73EJT30：34B

按：第一列"長"下一字整理者未釋，此字圖版作：，疑"章"字，肩水金關漢簡中有辭例可爲佐證，如下：

河平二年十二月甲戌騂北亭長章敢言之治所檄曰 73EJT10：125

對比 73EJT10：125、73EJT30：34 兩簡可知，"河平二年十二月甲戌"（73EJT10：125）到"河平三年正月庚寅朔庚寅"（73EJT30：34）時間相距僅 17 天，"亭長章"應當在職。

1047. 73EJT30：39

臨利隧長鰈得孔羣　　隧隧長伏見人史□見隧長　　　　73EJT30：39

［1］張再興、黃艷萍："羣"可釋"吉奴"。④ 沈思聰同。

［2］王錦城：釋"吉奴"可從，但從簡文書寫來看，"吉奴"似當爲一字，此從整理者釋。

按："羣"暫從整理者原釋，該簡下部份爲習字簡，整理者所釋"人"字，疑爲"令"字缺筆。整理者所釋第二個"見"字亦恐非，此字圖版

---

① 中國社會科學院考古研究所：《居延漢簡甲乙編（下冊）》，中華書局 1980 年版，第 284 頁。

② 謝桂華、李均明、朱國炤：《居延漢簡釋文合校》，文物出版社 1987 年版，第 663 頁；中國簡牘集成編輯委員會：《中國簡牘集成》第 8 冊，敦煌文藝出版社 2001 年版，第 229 頁。

③ 簡牘整理小組編：《居延漢簡（肆）》，臺北："歷史語言研究所" 2017 年版，第 240 頁。

④ 張再興、黃艷萍：《肩水金關漢簡校讀札記》，《中國文字研究》2017 年第 26 輯。

作: ，同簡 "見" 字作: ，可看出差異明顯，疑該字也是習字，可不釋讀。由此，釋文作:

臨利隧長觻得孔襃　　　　　隧隧長伏見人（令）史□□隧長

73EJT30：39

1048. 73EJT30：62

　　　　　　隧長奉妻觻得常樂里大女葉中孫年廿五歲

初元四年正月癸酉　子小女㢠年五歲　　　　　　・皆黑色

彙佗殄虜隧長符　　　子小男忠年一歲

　　　　　　　　　奉弟輔年十七歲

　　　　　　　　　奉弟婦婢年十六歲　　　　73EJT30：62

［1］王錦城: "㢠" 字實爲 "㢠"。①

按: 改釋可從。

1049. 73EJT30：70

廿七日　　　　　　　　　　　　　　　　　　　　　　六十

九月甲子召受東望隧長臨宜馬屠牛賣肉骨格鄣門外卒武經等從宜馬買腸血及骨持

宜馬知所予主名　　又十月庚寅廿四日食宜馬屠牛　　73EJT30：70

［1］王錦城: "食" 字或亦當釋 "臨"。

按: 此處從整理者原釋。

1050. 73EJT30：85

出麥二石　以食執敵隧葉安世四月食　　　　　73EJT30：85

［1］伊強: 原釋爲 "葉" 字當是 "華" 字。②

按: 伊強所言可從。

---

① 王錦城:《〈肩水金關漢簡〉校讀札記（三）》，簡帛網，2017 年 10 月 15 日，http: // www. bsm. org. cn/show_article. php? id = 2924。

② 伊強:《〈肩水金關漢簡〉名物詞考釋二則》，簡帛網，2014 年 11 月 19 日，http: // www. bsm. org. cn/show_article. php? id = 2103。

1051. 73EJT30：97

長卿少卿子惠足下·願急□□·丞相御史受府卒史張長實發屯來幸

73EJT30：97

[1] 何茂活：簡中缺釋二字當釋爲"賜教"。①

[2] 王錦城：又"賓"字原作"實",該字圖版模糊不清,但據文例來看,當爲"賓"字。

按：暫從整理者不作釋讀。

1052. 73EJT30：126

爲屏圓良日五癸及壬申六日壬辰爲屏圓大富戊寅戊辰大凶

73EJT30：126

[1] 高一致：本簡首字整理者釋"爲",審看圖版頗疑字當釋作"治"而非"爲"。②

[2] 王錦城：簡首"爲"字似釋讀有誤,或當存疑待考。

按：暫存疑不釋較爲適宜。

1053. 73EJT30：128 + 130

……

步光伏地再拜　　　伏□　　　　　步光伏地□□拜

□□□□□伏土□□□□□伏地再拜受□　　　73EJT30：128A + 130A

□

陳卿

朱賓　　　伏地幸伏　　　　　73EJT30：128B + 130B

[1] 王錦城："賓"字原作"實",當爲"賓"字。

按：王錦城改釋可從。

---

① 何茂活：《〈肩水金關漢簡(伍)〉綴合補議一則》,簡帛網,2017 年 2 月 20 日,http：//www.bsm.org.cn/show_article.php? id＝2735。

② 高一致：《讀〈肩水金關漢簡(叁)〉筆記(二)》,簡帛網,2014 年 8 月 23 日,http：//www.bsm.org.cn/show_article.php? id＝2060。

1054. 73EJT30：135

戍卒淮陽郡陳思孝里不更蓋寬年卌八長☒　　　　　　73EJT30：135

［1］凌文超："庸"，原釋作"長"，今據圖版及文例改。①

［2］王錦城：改釋或可從，但簡末殘斷，該字僅存少許筆畫，不能辨識，暫從整理者釋。

按：有"庸"字的可能，但此字殘缺太重，暫存疑不釋較爲合適。

1055. 73EJT30：151

四年正月己丑朔大　　　　庚子

　　　　　　　　辛丑　　　　　　　　　73EJT30：151A

大陰在□　　　　　　　　　　□□

　　　大時小時南方　　　　日□　　　　73EJT30：151B

［1］許名瑲：73EJT30：151 與 73EJT24：136 可綴合，簡文上欄第一行"大陰在□"，細審殘泐字跡，似爲"辰"字左半。②

［2］程少軒：許先生同時認爲兩簡可以綴合，則是不妥的。③

［3］王錦城：程少軒所説是。兩簡字體筆跡不同，苴口處不能吻合，屬不同探方出土，當不能綴合。

按：許名瑲補釋"辰"可從。經查，兩簡紋路上不能吻合，誤綴屬實。

1056. 73EJT30：165

小史闗都里周奉親　　　　　　　　　　73EJT30：165

［1］張俊民：本簡中的"闗"字，上部作門，下部作"羽"，當是

① 凌文超：《肩水金關漢簡罷卒名籍與庸之身份》，《甘肅省第三屆簡牘學國際學術研討會論文集》，上海辭書出版社 2017 年版。

② 許名瑲：《〈肩水金關漢簡〉簡 73EJT30：151＋T24：136 考釋》，簡帛網，2014 年 8 月 21 日，http：//www.bsm.org.cn/show_article.php？id＝2058。

③ 程少軒：《〈肩水金關漢簡（叁）〉數術類簡牘初探》，《簡帛研究》2015 秋冬卷，廣西師範大學出版社 2015 年版，第 136 頁。

"闖"字之省。類此字者見73EJT26：56。①

按：張俊民所言可從。

1057. 73EJT30：204

☑□午朔癸丑張掖肩水都尉惲丞謂候往告亭隧☑

☑□循行廢不以爲意甚不稱前遣丞行塞所舉如牒☑　　73EJT30：204

[1] 張俊民：本簡"告"當釋作"者"。②

按：從整理者原釋。

1058. 73EJT30：207

□福五十		王□☑
□□二百　　趙誠少四百已入百一十定少二百九十		龐明☑
□□百五十　　傳可五百少二百七十		張□☑
蔡毋□□□二百五十　　　　辛□☑		73EJT30：207A
□九尺□九　　直錢八□□		
……四　　任子力得十六　　　□□		
……		73EJT30：207B

[1] 沈思聰："誠"圖版作 🖼, 當釋"歲"。

按：沈思聰之言可備一説。

1059. 73EJT30：208

☑皆嫂偈取　　　　　　　十一月中取麥三石＝百一十

・又正月中取脂一斤

☑斤直卅九斤七　此皆二月庚寅　又閏月中取麥二石＝百爲□酒

・又雞出入直

　　　　　　　　　　　又閏月晦買肉廿斤＝七十爲正乃

---

① 張俊民：《〈肩水金關漢簡（叁）〉釋文獻疑》，簡帛網，2015 年 1 月 19 日，http：// www. bsm. org. cn/show_article. php？ id＝2138。

② 張俊民：《〈肩水金關漢簡（叁）〉釋文獻疑》，簡帛網，2015 年 1 月 19 日，http：// www. bsm. org. cn/show_article. php？ id＝2138。

百五十四　　　　　　　　　　　　　　　　　　　　　73EJT30：208A

☑□取三斗酒爲　居逢□□解白時也

又丞相史□卿及居延都尉夫人來使守閣熹取二斗　　　73EJT30：208B

［1］沈思聰：“熹”字圖版作**熹**，當釋“熹”。

按：沈思聰之言可從。

1060. 73EJT30：213、73EJT30：215＋217

☑光元年八月中以久□☑

☑□累胡隧某耐不詣☑　　　　　　　　　　　　　73EJT30：213

☑未塞尉宣敢言之官移居延所移肩水書曰卅井☑

☑月乙酉署累胡隧某耐不詣隧去署亡蘭入肩水塞案☑

　　　　　　　　　　　　　　　　　　　　73EJT30：215＋217

［1］張俊民：此二簡所言爲一事，“某耐”可釋爲“果耐”，作人名理解較妥。①

［2］胡永鵬：兩漢年號與之相合者僅有永光。②

［3］王錦城：其説是，兩簡當屬同一簡或同一簡册，可綴合或編聯。

按：張俊民改釋可從。懸泉漢簡Ⅰ90DXT0205S：11 號簡也出現了“果耐（**耐**）”，可參。是否爲人名，存疑待考。73EJT30：213 號簡第二行“累”上一字，整理者未釋，此字圖版作：**署**，疑“署”字殘筆，73EJT30：215＋217 號簡“署”字作：**署**，可爲參考。而且“署累胡隧”，亦能得到 73EJT30：215＋217 號簡釋文的印證。

由此，釋文作：

☑光元年八月中以久□☑

☑署累胡隧果耐不詣☑　　　　　　　　　　　　73EJT30：213

---

① 張俊民：《〈肩水金關漢簡（叁）〉釋文獻疑》，簡帛網，2015 年 1 月 19 日，http：//www. bsm. org. cn/show_article. php？id＝2138。

② 胡永鵬：《西北邊塞漢簡編年及相關問題研究》，博士論文，吉林大學，2016 年，第 273 頁。

☑未塞尉宣敢言之官移居延所移肩水書曰卅井☑

☑月乙酉署累胡隧果耐不詣隧去署亡蘭入肩水塞案☑

73EJT30：215＋217

此外，由於 73EJT30：215＋217 號簡與 73EJT30：213 所言爲一事，故兩簡的時間也當一致，可能是"永光"。

1061. 73EJT30：243

□定占自言爲家私市張掖郡中謹案常年爵□☑　　73EJT30：243A

章曰雒陽丞印　　　　　　　　　　　　　　　　73EJT30：243B

[1] 劉欣寧："正"字僅存下半部，原釋"□"。①

按：補釋可從。

1062. 73EJT30：262

戍卒淮陽郡陳安夷里不更鄴盧年廿四　　　　　73EJT30：262

[1] 林獻忠：此簡"鄴"，亦應釋作"鄴"。②

[2] 王錦城：左半當非"枼"，釋"鄴"恐不妥，整理者釋讀或不誤。

按：王錦城所言可從，從整理者原釋。

1063. 73EJT30：265

張掖卒史張憙 劍一弓櫝丸各一矢卅 䡊車一乘馬二匹　　73EJT30：265

[1] 高一致：所謂"熹"字……當釋作"憙"。③

按：高一致所言可從。

---

① 劉欣寧：《漢代"傳"中的父老與里正》，《早期中國史研究》2016 年第 8 卷第 2 期。

② 林獻忠：《讀〈肩水金關漢簡（貳）〉札記》，復旦大學出土文獻與古文字研究中心網，2014 年 12 月 20 日，http：//www.gwz.fudan.edu.cn/Web/Show/2405。後以 "《〈肩水金關漢簡（貳）〉考釋六則》" 爲名，發表於《敦煌研究》2016 年第 5 期。

③ 高一致：《讀〈肩水金關漢簡（叁）〉札記（十八則）》，《珞珈史苑》，武漢大學出版社 2016 年版。

（二十五）73EJT31

1064. 73EJT31：9

騎千人良臣行居延南澤塞外地刑發騎齎食塞☑　　　　73EJT31：9

［1］黃浩波：此處"齎食"不妨讀爲"齎食"。"齎食"一詞又見於
《漢書‧匈奴傳》《新序‧雜事》《論衡‧刺孟》。如此，漢簡所見"齎
（齎）食"亦當作"攜帶糧食"解。①

按：黃浩波改釋可從。

1065. 73EJT31：30

……

☑□　已得彭城系絮七斤直四百廿七　財物直五千七百五十五

　　　　　　　　　　　　　　　　　　　73EJT31：30

［1］胡永鵬："……"可釋作"已得□□縣絮……"。②

按：胡永鵬所言可備一説。

1066. 73EJT31：40

初元四年正月庚申　　橐佗馳馬亭長孫猛符

兄子昭武萬歲里☑

□妻觻得□☑

子小女□耳年☑

子小男建□☑　　　　　　　　　　　　73EJT31：40

［1］張俊民："馳"當爲"駹"。③

按：張俊民改釋可從。

---

　　① 黃浩波：《肩水金關漢簡文字釋讀札記五則》，《第七屆出土文獻研究與比較文字學全國
博士生論壇論文集》，2017 年 10 月。

　　② 胡永鵬：《肩水金關漢簡校讀五則》，《近代漢字研究第三屆學術年會論文集》，湖南師
範大學，2020 年 11 月。

　　③ 張俊民：《〈肩水金關漢簡（叁）〉釋文獻疑》，簡帛網，2015 年 1 月 19 日，http：//
www.bsm.org.cn/show_article.php? id＝2138。

1067. 73EJT31：44 + 73EJT30：55

上而不驕者高而不危制節謹度而能分施者滿而不溢易曰亢龍有<u>悔</u>言
<u>驕</u>溢也亢之爲言　　　　　　　　　　73EJT31：44A + 73EJT30：55A

［1］高一致：原釋"亢龍有悔"之"悔"，該字實非"悔"，而應是
"毒"字。本簡中"毒"應是用作"悔"。①

［2］劉嬌：上而不驕（驕）者，高而不危；制節謹度而能分施者，
滿而不溢。《易》曰："亢龍有每（悔）。"言驕（驕）溢也。亢之爲言。②

［3］王錦城：高説是，"每"字從字形來看，其爲漢簡"毒"字寫
法，該簡中應爲"每"字訛寫，現從劉嬌逕作"每"，通"悔"。

［4］樂遊：其實這更可能應理解爲書寫不規範帶來的同形現象。③

按：高一致所言可從。

1068. 73EJT31：47

愛也唯有明聖弗能<u>庸</u>純☑　　　　　　　　　　73EJT31：47

［1］何茂活：釋"庸"未妥，當爲"庚"字。④

［2］王錦城：爲"庸"字無疑，釋"庚"非是。

按：從整理者原釋。

1069. 73EJT31：58

☑□丞印詣公車司馬二月己巳起漏上卅<u>刻</u>

☑□詣張掖大守府　　　　　　　　　　　　73EJT31：58

［1］王錦城：第一行"刻"原作"劾"。該字據字形和文義來看，

---

① 高一致：《讀〈肩水金關漢簡（叁）〉筆記（三）》，簡帛網，2014 年 9 月 5 日，ht-tp：//www. bsm. org. cn/show_article. php? id = 2071。後以 "《讀〈肩水金關漢簡（叁）〉札記（十八則）》" 爲名，發表於《珞珈史苑》，武漢大學出版社 2016 年版。

② 劉嬌：《漢簡所見〈孝經〉之傳注或解説初探》，復旦大學出土文獻與古文字研究中心網，2015 年 4 月 8 日，http：//www. gwz. fudan. edu. cn/Web/Show/2487。

③ 樂游（劉釗）：《玉門花海出土漢代七棱觚新考》，《古文字研究》第 33 輯，中華書局 2020 年版，第 607 頁。

④ 何茂活：《肩水金關第 24、31 探方所見典籍殘簡綴聯與考釋》，《簡帛研究》2015 秋冬卷，廣西師範大學出版社 2015 年版。

當爲"刻"字。

　　按：改釋可從。

1070. 73EJT31：65

建始四年四月丙午朔戊申東部候長☐敢言之謹移吏三月奉☑

籍一編敢言之　　　　　　　　　　　　　　　　　73EJT31：65

　　〔1〕郭偉濤：該簡形制爲兩行，下殘，書寫工整。東部候長之名原未釋，比對金關簡里的"建"字，字形輪廓相似，故暫釋爲"建"。①

　　按：補釋可從。

1071. 73EJT31：66

五鳳四年十二月丁酉朔甲子佐安世敢言之遣第一亭長護眾逐命張掖

酒泉敦煌武威金城郡中與從者安漢里齊赦之

　　乘所占用馬一匹軺車一乘謁移過所縣道河津金關勿苛留如律令敢言之

　　十二月甲子居延令弘丞移過所如律令／令史可遣佐安世　正月己卯入

　　　　　　　　　　　　　　　　　　　　　　　　　　73EJT31：66

　　〔1〕伊強："可遣"，"遣"原字形作 ▨ ，當釋爲"置"。"可置"作爲人名。②

　　〔2〕高一致：所謂"安漢里"之"漢"……實爲"樂"。③

　　按：諸家改釋可從。

1072. 73EJT31：67

☑芮薪二石 A1 ☑沙篦一 A2 ☑破逢一 A3

橐☐☐B1 馬矢二石 B2 沙二石 B3 槍卅 B4

---

　　①　郭偉濤：《漢代張掖郡肩水塞研究》，博士學位論文，清華大學，2017 年，第 320 頁。

　　②　伊強：《〈肩水金關漢簡〉文字考釋五則》，簡帛網，2015 年 2 月 19 日，http：//www. bsm. org. cn/show_article. php？id=2160。

　　③　高一致：《讀〈肩水金關漢簡（叄）〉札記（十八則）》，《珞珈史苑》，武漢大學出版社 2016 年版。

深目<u>九</u> C1 傅□面一 C2 表二 C3 戸戊二 C4

□□壄三百 D1 戸關二 D2 □楪□D3□□□D4 汲<u>嬰</u>二 D5

73EJT31：67

按：A3 整理者所釋"逢"字，圖版作：，疑"釜"字，73EJF1：26 號簡"釜"字作：，可爲參考。"破釜"爲守御器的標配。B1 整理者所釋"橐"字圖版作：，殘缺嚴重，暫存疑不釋。C1 整理者所釋"九"字圖版作：，殘缺嚴重，亦有可能爲"六"，暫存疑不釋。D1 第一字，張俊民有辨識，認爲："'□□'壄，居延舊簡 506·1'□戸壄'，居延新簡 EPT48：18A 作'關門壄'，懸泉漢簡或作'冥門壄'、或作'關門壄'。第一個字寫法類似'置'，但左下有筆跡，作'冥'的可能性比較大。"① D1 第二字圖版作：，疑"戸"字。D3"楪"上一字，整理者未釋，圖版作：，疑"桉"字殘筆，"桉楪"爲守御器的標配。D5 整理者所釋"嬰"字，圖版作：，疑"器"字，"汲器"肩水金關漢簡中有辭例可爲佐證，此外，簡文中一般是"儲/諸水嬰"而非"汲嬰"，如下：

諸水嬰   227.39

儲水嬰少二   264.32

儲水嬰二   506.1

馬矢橐一 布表一 儲水嬰二   73EJT37：1545

鶩糒三石 草薫一 汲器二   73EJT37：1541

由此，釋文作：

☑芮薪二石 A1   ☑沙竈一 A2   ☑破釜一 A3

□□□B1 馬矢二石 B2 沙二石 B3 槍卅 B4

深目□C1 傅□面一 C2 表二 C3 戸戊二 C4

冥戸壄三百 D1 戸關二 D2 桉楪□D3□□□D4 汲器二 D5

73EJT31：67

① 張俊民：《〈肩水金關漢簡（叁）〉釋文獻疑》，簡帛網，2015 年 1 月 19 日，http：//www.bsm.org.cn/show_article.php？id=2138。

1073. 73EJT31：77

☑於齊冉子爲其母請粟　　　　　　　　　　　　　　　73EJT31：77

[1] 劉嬌：陳劍批閱小文時指出第二簡“齊”字當改釋爲“齋”，讀爲“齊”。①

[2] 王錦城：其説當是，該字顯爲“齋”字。

按：改釋可從。

1074. 73EJT31：86

☑□則民自説矣☑　　　　　　　　　　　　　　　　　73EJT31：86

[1] 張俊民：《説苑》散簡，原文作“則民之目悦矣”，“自”當釋爲“目”。②

[2] 何茂活：“自”字圖版作“目”，當係書者筆誤。“説”爲“悦”之本字。③

[3] 黃浩波：簡文有一個殘字，由圖版上可見其下部爲“心”，現在根據《春秋繁露》可知其當爲“恭”字。④

[4] 王錦城：殘存部分爲“心”無疑，該字或爲“恭”，但其上半缺損，不能確知。

按：“自”當釋爲“目”，用作“自”，黃浩波所釋“恭”暫存疑。

1075. 73EJT31：93

田卒魏郡繁陽鉅當里大夫石虞人年廿七　　　　　　　　73EJT31：93

---

① 劉嬌：《居延漢簡所見六藝諸子類資料輯釋》，《出土文獻與古文字研究》第 7 輯，上海古籍出版社 2018 年版。

② 張俊民：《〈肩水金關漢簡（叁）〉釋文獻疑》，簡帛網，2015 年 1 月 19 日，http：// www. bsm. org. cn/show_article. php？id = 2138。

③ 何茂活：《肩水金關 24、31 探方所見典籍殘簡綴聯與考釋》，《簡帛研究》2015 秋冬卷，廣西師范大學出版社 2015 年版。

④ 黃浩波：《〈肩水金關漢簡（叁）〉所見〈孝經〉解説殘簡》，復旦大學出土文獻與古文字研究中心網，2015 年 4 月 22 日，http：//www. gwz. fudan. edu. cn/Web/Show/2503。

［1］黃艷萍：“繁”當隸定作“蘩”。①

按：此處當用作“繁”。

1076. 73EJT31：101

☑九∟三年不用其田宅∟須其反也君憂臣勞　　　　　　73EJT31：101A

☑五十八　　　　　　　　　　　　　　　　　　　　　73EJT31：101B

［1］黃浩波：可點斷爲：九。三年不用其田宅，須其反也。君憂臣辱。②

［2］劉嬌：陳劍批閱小文時指出：簡文正面末三字實當釋“蘪□死”。③

［3］王錦城：陳劍説當可信從。

按：陳劍説可從。

1077. 73EJT31：102

詩曰題積令載鷖載鳴我日斯邁而月斯延蚤＝興＝夜＝未＝毋＝天＝璽＝所＝生＝者唯＝病＝乎＝其勉＝之＝　　73EJT31：102A

八十二　　　　　　　　　　　　　　　　　　　　　73EJT31：102B

［1］尉侯凱：簡73EJT31：102A“《詩》曰：‘題積令，載鷖載鳴。我日斯邁，而月斯延蚤興夜未，毋天璽所生’”，“題”下當漏寫“彼”字。今《詩·小雅·小宛》云：“題彼脊令，載飛載鳴。我日斯邁，而月斯征。夙興夜寐，毋忝爾所生。”④

按：補釋可從。

① 黃艷萍：《〈肩水金關漢簡〉（壹—肆）異體字研究》，博士學位論文，華東師範大學，2016年。

② 黃浩波：《〈肩水金關漢簡（叁）〉所見〈孝經〉解説殘簡》，復旦大學出土文獻與古文字研究中心網，2015年4月22日，http：//www.gwz.fudan.edu.cn/Web/Show/2503。

③ 劉嬌：《居延漢簡所見六藝諸子類資料輯釋》，《出土文獻與古文字研究》第7輯，上海古籍出版社2018年版。

④ 尉侯凱：《漢簡零拾（六則）》，簡帛網，2016年8月25日，http：//www.bsm.org.cn/show_article.php？id=2617。後以“《讀〈肩水金關漢簡〉零札七則》”爲名，發表於《西華大學學報》2017年第1期。

1078. 73EJT31：140

朱濡行三日行三里不日行一里日倍昨今問初日行幾何日初日行七分
里三明☑　　　　　　　　　　　　　　　　　　　73EJT31：140

　　[1] 何茂活：本簡末尾殘斷缺釋之字爲"日"。①

　　[2] 王錦城：補釋可從，但簡牘殘斷，未釋字僅存一點墨跡，當從
整理者釋。

　　按：暫從整理者意見，不作釋讀。

1079. 73EJT31：151

□□□大奴友輸廣地候官□☑　　　　　　　　　73EJT31：151A

張肩塞尉　　　　　　　　　　　　　　　　　　　73EJT31：151B

　　按：簡首一字，整理者未釋，此字圖版作： ▆▆ ，疑是"里"字，
"里"下兩字當是人名，漫漶不清，識別困難。肩水金關漢簡中，某里＋
人名＋大奴爲常見格式。

1080. 73EJT31：163

　·功令諸自言功勞皆證其歲與計俱新視事若有相前後其等不上功來
歲並數上　　　　　　　　　　　　　　　　　　　73EJT31：163

　　[1] 張俊民：將釋文改作：·功令：諸自占功勞，皆訖其歲，與計
俱。初視事，若有物故，後其等，不上功；來歲，並數上。②

　　[2] 王錦城："新"字其右半顯非"刀"，恐非"初"字，整理者釋
讀或不誤。"相"字釋"物"可從。"前"字當非"故"字。

　　按：張俊民釋"訖"可從，其他從整理者釋文，如下：

　·功令諸自言功勞皆訖其歲與計俱新視事若有相前後其等不上功來
歲並數上　　　　　　　　　　　　　　　　　　　73EJT31：163

---

　　① 何茂活：《肩水金關第 24、31 探方所見典籍殘簡綴聯與考釋》，《簡帛研究》2015 秋冬
卷，廣西師范大學出版社 2015 年版。

　　② 張俊民：《金關漢簡 73EJT31：163 解讀》，簡帛網，2014 年 12 月 3 日，http：//www.
bsm. org. cn/show_article. php？ id = 2105。

1081. 73EJT31：239

□□□□直千皁袴一兩直八百……　　　　　　　　　73EJT31：239A

……　　　　　　　　　　　　　　　　　　　　　　　73EJT31：239B

［1］ 張再興、黄艷萍：整理者釋“袴”，或當隸定爲“絝”。①

［2］ 王錦城：其説是，據改。

按：圖版殘損嚴重，暫從整理者釋讀。

（二十六）73EJT32

1082. 73EJT32：12

☑橐佗馳馬亭長猛　　　　　　　　　　　　　　　　　73EJT32：12

［1］ 張俊民：“馳”當爲“駮”②

按：改釋可從。

1083. 73EJT32：16

初元四年正月辛亥朔癸酉東鄉嗇夫敢言之昌德里郭賞自言田北

□□□□□舍王亭西

三舍北入□□□三年賦等給毋官□□□□□□□□敢言之

正月甲戌茂陵令憙丞勳移□□　／掾□令史□　　　73EJT32：16A

章曰茂陵令印　　　　　　　　　　　　　　　　　　73EJT32：16B

［1］ 張俊民：“等”可爲“筭”字。③

［2］ 沈思聰：“賞”字圖版作 ，當釋“償”。“憙”字圖版作 ，

字形可疑，疑“熹”字。

按：圖版非常不清晰，張、沈之言可備一説，暫從整理者原釋。

---

① 張再興、黄艷萍：《肩水金關漢簡校讀札記》，《中國文字研究》2017 年第 26 輯。

② 張俊民：《〈肩水金關漢簡（叁）〉釋文獻疑》，簡帛網，2015 年 1 月 19 日，http：//www.bsm.org.cn/show_article.php？id＝2138。

③ 張俊民：《〈肩水金關漢簡（叁）〉釋文獻疑》，簡帛網，2015 年 1 月 19 日，http：//www.bsm.org.cn/show_article.php？id＝2138。

1084. 73EJT32：19

☑南不知護　　　　　　　　　　　　　　　　　73EJT32：19

[1] 張俊民："護" 當釋爲 "誠"。①

按：張俊民改釋可從。

1085. 73EJT32：20

☑□調爲官市栝器長□□□□軺車一乘　　　　　73EJT32：20

[1] 張俊民："長" 之的 "□" 當爲 "安"。②

[2] 王錦城：（張俊民）補釋或可從，但該字圖版磨滅不能確知，當從整理者釋。

按：張俊民所言可從。

1086. 73EJT32：32

紺錢主　　　□□□卅　　　戚長賓百五十　　　耿長譚五十　　　之□□
　　　　　　　□子章百　　　□□子百

孫紺百　　　　　侯子期五十　　　　　　　　　　73EJT32：32B

[1] 王錦城："賓" 字原作 "實"，該字明顯爲 "賓" 字

按：暫從整理者原釋。

1087. 73EJT32：50

甘露五年二月辛丑廣地卒出入關簿　　　　　　　73EJT32：50

[1] 張俊民："簿" 似應作 "名"。③

[2] 王錦城：該字圖版模糊不清，但據字形來看，其顯不爲 "名" 字，整理者釋讀似不誤。

---

① 張俊民：《〈肩水金關漢簡（叄）〉釋文獻疑》，簡帛網，2015 年 1 月 19 日，http：// www. bsm. org. cn/show_article. php？id＝2138。

② 張俊民：《〈肩水金關漢簡（叄）〉釋文獻疑》，簡帛網，2015 年 1 月 19 日，http：// www. bsm. org. cn/show_article. php？id＝2138。

③ 張俊民：《〈肩水金關漢簡（叄）〉釋文獻疑》，簡帛網，2015 年 1 月 19 日，http：// www. bsm. org. cn/show_article. php？id＝2138。

按：暫從整理者原釋。

1088. 73EJT32：53

☑平樂隧長櫟得□□里□延壽

☑□四年十月庚子除

□□七月□☑

□□□□☑   73EJT32：53

[1] 胡永鵬：73EJT32：53 亦屬俸賦名籍。據文例及模糊字形，可補出未釋的"未得""盡""已 得賦"等字。①

[2] 王錦城：該字模糊不清，不能辨識，似非"賦"字，暫從整理者釋。

按：筆者亦曾補釋未、得、盡、已、得等字②，然時間在胡永鵬一文之後，故原創發明權當歸胡永鵬，引用注釋亦當以胡永鵬之文爲先。此外，文中的"壽"字，圖版作：🔲，疑爲"年"字，73EJT21：40 號簡有"平樂隧長莊延年"，86EDHT：41 號簡有"平樂隧長延年"，可參。由此，校補釋文作：

☑平樂隧長櫟得□□里莊延年

☑□四年十月庚子除

未得七月盡☑

已得賦錢☑   73EJT32：53

1089. 73EJT32：58

戍卒趙國襄國稈楚里□☑   73EJT32：58

[1] 高一致：原釋"稈楚里"，則應當作"犁楚里"。③

[2] 王錦城：整理者釋讀不誤，釋"犁"非是。

按：暫從整理者釋讀。

---

① 胡永鵬：《肩水金關漢簡校讀札記》，《漢字文化》2015 年第 3 期。

② 姚磊：《讀〈肩水金關漢簡〉劄記（十六）》，簡帛網，2017 年 4 月 20 日，http：//www.bsm.org.cn/show_article.php? id=2778。

③ 高一致：《讀〈肩水金關漢簡（叁）〉札記（十八則）》，《珞珈史苑》，武漢大學出版社 2016 年版。

四 《肩水金關漢簡（肆）》

（二十七）73EJT33

1090. 73EJT33：12

☑史季當□□□□□□☑

☑□受高子卿足下☑   73EJT33：12A

☑……　　　子游卿☑

☑□□二年曆日□□☑   73EJT33：12B

[1] 韓鵬飛：曆日下補"未便"。①

按：簡文殘損嚴重，暫從整理者原釋。

1091. 73EJT33：15

□卒瓜錢百   73EJT33：15

[1] 秦鳳鶴：該簡文應釋讀作"圈卒瓜錢百。"②

[2] 王錦城：釋"圈"於字形及文義均有未安，當暫存疑。又該簡右側有刻齒。

[3] 韓鵬飛：暫從原釋。

按：該字圖版作：，方框內的文字，疑是"券"字，如：（60.4），似爲"圈"字。由此，釋文作：

---

① 韓鵬飛：《〈肩水金關漢簡（肆·伍）〉文字整理與釋文校訂》，碩士學位論文，吉林大學，2019 年，第 1588 頁。（關於韓鵬飛的引用，如無特殊説明，均爲其碩士論文，不另注。）

② 秦鳳鶴：《〈肩水金關漢簡〉（肆）釋文校訂》，《古文字研究》第 32 輯，中華書局 2018 年版。

圈卒瓜錢百　　　　　　　　　　　　　　73EJT33：15

1092. 73EJT33：32

☑賤弟遷叩頭☑　　　　　　　　　　　　73EJT33：32

[1] 韓鵬飛：暫將其改釋作"第"。

按：韓鵬飛意見可從。

1093. 73EJT33：37

☑□□得毋□□□□☑

來記令譚得往即毋急　　　　　　　　　　73EJT33：37

[1] 沈思聰："譚"字圖版作诤，當釋"游"。

[2] 韓鵬飛：從原釋。

按：從整理者原釋。

1094. 73EJT33：41

黃龍元年六月辛未朔壬辰南鄉佐樂敢言之楊里

公乘冷□年廿歲小未傳爲家私市居延乏彭祖

告移過所縣道毋苛留 /六月壬辰雒陽守丞殷移過所毋苛留如律令/ 掾

良令史陽　　　　　　　　　　　　　　73EJT33：41A

……　　　　　　　　　　　　　　　　73EJT33：41B

[1] 劉欣寧："正"原釋"乏"，"占"原釋"告"。①

按：劉欣寧改釋可從。

1095. 73EJT33：43

■右第卅五車廿人　　　　　　　　　　　73EJT33：43

[1] 黃艷萍：當隸定"弟"。②

[2] 韓鵬飛：黃艷萍意見可從。

---

① 劉欣寧：《漢代"傳"中的父老與里正》，《早期中國史研究》2016 年第 8 卷第 2 期。

② 黃艷萍：《〈肩水金關漢簡〉（壹－肆）釋文校補》，《簡牘學研究》第 7 輯，甘肅人民出版社 2018 年版。

按：改釋可從。

1096. 73EJT33：57

所撅日爲病書   73EJT33：57

[1] 王強："所"改"而"。①

按：改釋可從。

1097. 73EJT33：65

伏地再拜子紺足下善毋恙歲意□☑

歲意不得小居食飲不主☑   73EJT33：65A

離署部東候長肯不□主賤☑

飲食不能主賤意常悲奈   73EJT33：65B

[1] 王錦城：B 面兩"賤"字顯然不爲"賤"字，釋"賤"於文義
也不能講通。從字形來看，其或當爲"肥"字。暫存疑待釋。

按：整理者釋"賤"確實不準確，暫存疑不釋。

1098. 73EJT33：67

☑□字俠☑   73EJT33：67A

☑初元四年十一月□☑   73EJT33：67B

[1] 韓鵬飛：根據字形，應釋爲"守"字。

按：可備一説。

1099. 73EJT33：76

定陶□亭長弟里公乘靳舍年卅四長七尺四寸黑色尉史恭入

73EJT33：76

按：整理者所釋"第"字，恐非，此處圖版作：![弟]，當是"弟"
字。"弟里"肩水金關漢簡 73EJT23：16"河東平陽弟里公乘"有辭例可
爲佐證。

───────────────

① 王強：《肩水金關漢簡所見數術內容拾補》，《出土文獻》第 14 輯，中西書局 2019 年
版。

1100. 73EJT33：80

……年三月己亥朔丙子北鄉有秩福敢告尉□□□□

……毋官獄徵事當取傳……　　　　　　　　　　　　73EJT33：80A

□丞印　　　　　　　　　　　　　　　　　　　　73EJT33：80B

　　[1] 許名瑲：本簡繫于元帝建昭元年，當無疑義。建昭元年三月己亥朔，是月無"丙子"，簡文作"丙子"，誤。或爲"丙午"之訛，三月八日丙午。①

　　[2] 韓鵬飛：此處"丙子"爲"丙午"之訛，值得商榷，是年二月有"丙子"。

　　按：韓鵬飛所言可從，另，"尉"下一字當作"史"。

1101. 73EJT33：88

負鮑魚十斤　　見五十頭橐敗　　少三斤給過客　　　　73EJT33：88

　　[1] 何有祖："負"是"員"字，指物質的數量。②

　　[2] 高一致：73EJT33：88"負鮑魚十斤"之"負"……應當釋寫爲"員"字。③

　　[3] 王錦城："負"同"員"，該字金關漢簡中大多釋作了"負"。

　　[4] 韓鵬飛：我們懷疑此字可能是"負"字的訛誤，但此處無法判斷，暫從原釋。

　　按：當釋作"員"。

（二十八）73EJT34

1102. 73EJT34：3

九月戊子張掖肩水都尉弘☑

---

　　① 許名瑲：《〈肩水金關漢簡（肆）〉曆日校補》，簡帛網，2016 年 1 月 18 日，http：//www. bsm. org. cn/show_article. php？id＝2445。

　　② 何有祖：《讀肩水金關漢簡札記（四則）》，簡帛網，2016 年 1 月 14 日，http：//www. bsm. org. cn/show_article. php？id＝2433。

　　③ 高一致：《初讀〈肩水金關漢簡（肆）〉筆記》，簡帛網，2016 年 1 月 14 日，http：//www. bsm. org. cn/show_article. php？id＝2434。

☑□□籍死診爱書會□☑　　　　　　　　　　73EJT34：3A

☑□都尉章

水　　　九月己丑騂北　以来　　　　　　　73EJT34：3B

按：A面第二行"會"下一字當作"月"，B面第一行釋文當補作
"肩水都尉章"。

1103. 73EJT34：6

五鳳三年十二月癸卯朔庚申守令史安世敢言之復作大男彭千秋陳留
郡陳留高里坐傷人論會神爵四年三月丙辰赦

令復作縣官一歲十月十日作日備免爲庶人道自致移陳留過所縣道河
津函谷關毋苛留止如律令敢言之

十二月庚申居延令弘守丞安世移過所縣道河津函谷關毋苛留止如律

令掾　守令史安世　　　　　　　　　　　　　73EJT34：6A

章曰居令延印　　　　　　　　　　　　　　 73EJT34：6B

　[1] 許名瑲：神爵四年三月丙辰，紀日干支有誤。神爵四年三月乙
丑朔，是月無"丙辰"，疑"辰"字或爲"戌"之訛。①

　[2] 尉侯凱：根據《漢書・宣帝紀》的記載，我們推測，簡文
"三"當爲"二"字之訛。神爵四年二月乙未朔，二十二日丙辰，即公元
前58年4月15日。簡文的相關記載，不但驗證了《漢書・宣帝紀》中
神爵四年二月的那次赦令確實存在，還提供了詳細具體的日期，彌補了
正史記載中的一些缺失。②

　　按：許名瑲雖然指出干支存在的錯誤，但他的解讀是不成立的。因
爲該簡有"二""三"混用的情況，A面第一行簡首"五鳳三年"的
"三"字，書手寫作"二"，核對干支後方知應該爲"三"，因爲只有五
鳳三年十二月才有"癸卯朔"。故73EJT34：6號簡是書手把"二月"錯
寫成了"三月"。幸運的是懸泉漢簡中保留有"神爵四年二月丙辰赦令"，

---

　① 許名瑲：《〈肩水金關漢簡（肆）〉曆日校注》，簡帛網，2016年3月7日，http：//
www.bsm.org.cn/show_article.php? id＝2483。

　② 尉侯凱：《漢簡零拾（六則）》，簡帛網，2016年8月25日，http：//www.bsm.org.cn/
show_article.php? id＝2617。後以"《讀〈肩水金關漢簡〉零札七則》"爲名，發表於《西華大
學學報》2017年第1期。

提供了有力的佐證。此外，據《漢書》記載，"神爵四年二月"漢宣帝有"大赦"的行爲，而"神爵四年三月"並無。《漢書·宣帝紀》載："（神爵）四年春二月，詔曰：'乃者鳳皇甘露降集京師，嘉瑞並見。修興泰一、五帝、后土之祠，祈爲百姓蒙祉福。鸞鳳萬舉，蚩覽翱翔，集止於旁。齋戒之暮，神光顯著。薦饗之夕，神光交錯。或降于天，或登于地，或從四方來集于壇。上帝嘉饗，海内承福。其赦天下，賜民爵一級，女子百戶牛、酒，鰥寡孤獨高年帛。'"① 神爵四年二月朔乙未，丙辰日是該月的二十二日。

1104. 73EJT34：27

敢言之　／嗇夫去□☑　　　　　　　　　　　　　　　　73EJT34：27

按：該簡簡末尾字圖版殘缺，作：██，整理者未釋，疑"疾"字殘筆。

（二十九）73EJT35

1105. 73EJT35：3

☑水都尉政承謂過所遣泉亭長

☑者如律令　／掾豐守令史登　　　　　　　　　　　　73EJT35：3

[1] 韓鵬飛：整理者釋爲"承"，我們認爲此處應改爲"丞"。

按：韓鵬飛所言可從，此處用作"丞"。

1106. 73EJT35：5

河南卷長里大夫張傴年廿五丈七尺二寸黑色　刀一　十月壬……

73EJT35：5

[1] 韓鵬飛：整理者釋作"丈"，我們認爲此處應是"長"之誤書。

按：韓鵬飛所言可從，此處用作"長"。另，簡末可能是"出"字。

---

① 《漢書》卷八《宣帝紀》，第263頁。

1107. 73EJT35：15

☑承弦一☑

☑枲長弦☑

☑橐矢□☑　　　　　　　　　　　　　　　　　73EJT35：15

［1］高一致："枲長弦"之"枲"寫作，其釋可商，字似爲"吴"。①

［2］王錦城：似非"吴"字，整理者釋讀不誤。

按：疑是"枲"字，誤寫作"吴"，"枲長弦"漢簡習見，指用麻製成的弓弦。

（三十）73EJT37

1108. 73EJT37：3

歲高五尺七寸　十二月戊寅北嗇夫豐出　　　　　73EJT37：3A

□□　　　　　　　　　　　　　　　　　　　　73EJT37：3B

按：B面未釋兩字圖版分別是：、，疑"出"字和"入"字，肩水金關漢簡中有相似字形，（出，73EJT6：64A）、（入，73EJT6：132B）。

1109. 73EJT37：14

田卒河南郡密邑西游□□年廿七☑　　　　　　　73EJT37：14

按：整理者所釋"廿七"圖版殘缺不全，實無法準確判定，暫不釋讀較宜。

1110. 73EJT37：18

☑言之

---

① 高一致：《初讀〈肩水金關漢簡（肆）〉筆記》，簡帛網，2016 年 1 月 14 日，http：//www. bsm. org. cn/show_article. php？id＝2434。

☑移過所如律令　　／掾承□☑　　　　　　　　　73EJT37：18

按："承"下一字，圖版作：，整理者未釋，當是"守"字殘筆。73EJT37：806 號簡"掾承守令史就"的辭例可爲佐證。

1111. 73EJT37：34

居延游徼<u>左</u>雲　　馬一匹駹牡齒☑　　　　　　　73EJT37：34

［1］高一致："左"字似是漢簡多見的"在"字，而非"左"。在，也是姓氏。①

［2］王錦城：似可爲"在"字，但漢簡中"在"和"左"往往形同，僅從字形不能分辨開來，暫從整理者釋。

按：同意高一致的改釋。我們檢索了漢簡"左"字的收錄情況，居延漢簡 40.1 號簡亦有近似字形，《居延舊簡文字編》作：②，《漢代簡牘草字彙編》作：，③ 對比可知與 73EJT37：34 號簡的字近似，若據此釋作"左"字似無問題。然我們核查《居延漢簡甲乙編》以及新出的《居延漢簡（壹）》，40.1 號簡"左"字作：、。④ 仔細對比便可發現圖版的差異，《居延舊簡文字編》《漢代簡牘草字彙編》連通了下面的豎筆，、。據此，我們認爲《居延舊簡文字編》《漢代簡牘草字彙編》對 40.1 號簡"左"字圖形的處理存在問題。⑤ 此外，73EJT24：268B 號簡亦有相似問題，摘錄簡文"所持封五安左以候屬長卿急責所"，蒙張俊民告知"左"與"候"釋讀均有問題。整理者所釋"左"字圖版作：，張俊民認爲當釋"在"。整理者所釋"候"字圖版作：，疑是"誰"。

---

① 高一致：《初讀〈肩水金關漢簡（肆）〉筆記》，簡帛網，2016 年 1 月 14 日，http：//www. bsm. org. cn/show_article. php？id＝2434。

② 李瑤：《居延舊簡文字編》，博士學位論文，吉林大學，2014 年，第 283 頁。

③ 李洪財：《漢簡草字整理與研究》，博士學位論文，吉林大學，2014 年，第 200 頁。

④ 中國社會科學院考古研究所：《居延漢簡甲乙編（上冊）》，中華書局 1980 年版，圖版叁伍，編號 285；簡牘整理小組編：《居延漢簡（壹）》，臺北："歷史語言研究所" 2014 年版，第 131 頁。

⑤ 筆者曾請教李洪財這個問題，李認爲是所據圖像清晰度的問題。

1112. 73EJT37：38

永始四年九月辛丑朔戊辰都鄉嗇夫恭敢言之三泉里男子□咸自言爲

騎士從史何歆葆□□……　　　　　　　　　　　　　　73EJT37：38

［1］趙爾陽：此簡中的“縣丞”，整理者原釋作騎士。

按：從整理者原釋。

1113. 73EJT37：49

五鳳二年十一月己卯朔丁亥廣地候☑

齎十一月穀簿之府校檄到毋留止☑　　　　　　　　73EJT37：49

［1］黄浩波：“齎”皆與“持”對應，故而當讀爲“齎”，訓爲持。①

按：黄浩波所言可從。

1114. 73EJT37：70

觻得關亭里公乘未央年□長七尺三寸黑色

元康三年八月辛酉朔□□□□□□□　　　　　　十月壬□入

　　　　　　　　　　　　　　　　　　　　　　　　73EJT37：70A

十六　　　　　　　　　　　　　　　　　　　　　　73EJT37：70B

［1］許名瑲：朔字下日干支，可釋作“乙亥”。宣帝元康三年八月辛

酉朔，十五日乙亥，儒略日 169 8682，前 63 年 9 月 27 日。十月壬〔戌〕

入，日干支原釋作“壬□”，細審簡文，補作“壬戌”。②

［2］王錦城：補釋可從，但簡文殘斷，不能辨識，暫從整理者釋。

按：暫從整理者原釋。

1115. 73EJT37：71

☑□□□唐□年十二黑色長五尺　　　　　　　　　73EJT37：71

---

① 黄浩波：《肩水金關漢簡文字釋讀札記五則》，《第七屆出土文獻研究與比較文字學全國
博士生論壇論文集》，2017 年 10 月。

② 許名瑲：《〈肩水金關漢簡（肆）〉曆日校注》，簡帛網，2016 年 3 月 7 日，http：//
www. bsm. org. cn/show_article. php？ id = 2483。

［1］韓鵬飛：此處應釋爲"遺"。

按：補釋可從。

1116. 73EJT37：72

☑□□謹案□等皆毋官獄徵事當得取傳　　　　73EJT37：72

［1］韓鵬飛：此處疑爲"奴"。

按：存疑不釋較爲適宜。

1117. 73EJT37：73

……如律令　　　……　　　　　　　　　　　73EJT37：73A

居延令印　　　嗇夫錢白　　　　　　　　　73EJT37：73B

［1］顏世鉉：欽，原整理報告釋作"錢"。① 沈思聰同。

按：顏世鉉、沈思聰之言可從。

1118. 73EJT37：74

縣丞□□□如牒書到出入盡五月□□□止如律令　　　73EJT37：74

按：整理者所釋"丞"字，圖版作： ，當爲"里"字。漢簡中 "里"字作： （73EJF1：36）、 （73EJF3：137）、 （73EJF3：314），可參。"里"下諸字 、 ，當爲"年""各"，結合辭例，我們可復原簡首諸字"縣里年姓各"，"止如律令"前一般跟"毋苛留"，由此，釋文作：

縣里年姓各如牒書到出入盡五月毋苛留止如律令　　　73EJT37：74

1119. 73EJT37：75

謹□東部候長　　南部候長等□白言曰從正月以來　　　73EJT37：75

［1］韓鵬飛：疑應改釋爲"自"。

按：改釋可從。

---

① 顏世鉉：《〈肩水金關漢簡〉（肆）綴合第 11－12 組》，簡帛網，2016 年 1 月 19 日，ht-tp：//www.bsm.org.cn/show_article.php？id＝2447。

1120. 73EJT37：76

田卒濟郡定陶虞里大夫戴充年卅七　長七尺二寸黑色　　有罪

73EJT37：76

［1］尉侯凱：簡 73EJT37：76 "田卒濟郡定陶虞里大夫戴充，年卅七"，"濟"下當漏寫"陰"字。①

按：補釋可從，疑爲書手書誤。

1121. 73EJT37：77

河南郡河南平樂里公乘史凷年五十七歲　　　　73EJT37：77

［1］高一致："凷"或即"申"字。②

［2］沈思聰："凷"圖版作 ，當釋"由"。

［3］王錦城：其非"申"字，整理者釋讀當不誤。

按：沈思聰之言可從。

1122. 73EJT37：81

橐佗卻適隧長孟最妻忿年五十八歲黑色　男孫武　牛車一兩　十二月壬午
出　十二月　　　丿　　　　　　　　73EJT37：81

［1］王錦城："卻"原作"却"，"寂"原作"冣"。

按：王錦城所言可從。

1123. 73EJT37：87

水深一尺以上至二尺不可芳葦方日夜　　　　73EJT37：87

［1］尉侯凱：芳，原釋文作"芳"，細察該字圖版作" "，下部從

---

① 尉侯凱：《漢簡零拾（六則）》，簡帛網，2016 年 8 月 25 日，http：//www. bsm. org. cn/show_article. php？id＝2617。後以 "《讀〈肩水金關漢簡〉零札七則》"爲名，發表於《西華大學學報》2017 年第 1 期。

② 高一致：《初讀〈肩水金關漢簡（肆）〉筆記》，簡帛網，2016 年 1 月 14 日，http：//www. bsm. org. cn/show_article. php？id＝2434。

"刀"，當釋爲"芀"……意謂水深一尺至二尺，便不可以砍伐芦苇。①

[2] 王錦城："芀"或當讀作"鉊"。

按：尉侯凱改釋可從。

1124. 73EJT37：90

道津關如律令/佐順   73EJT37：90A

章曰平淮左丞   73EJT37：90B

[1] 黄浩波：此簡雖然前段殘斷，但是簡影清晰，釋文無誤。根據文例，"平淮"當是縣邑或機構名稱。檢諸《漢書·地理志》，並無"平淮"或讀音、寫法相近的縣邑名稱。因此，"平淮"當是機構名稱。作爲機構名稱而言，"平淮"應當讀爲"平準"。②

按：補釋可從。

1125. 73EJT37：94

□□□□臨利里□□   正月壬寅入   73EJT37：94

[1] 高一致："臨利里"之"臨"，暫應闕疑，似接近"乾"或"軺"。③

[2] 王錦城：簡文殘泐，字多不可辨識，暫從整理者釋。

按：高一致所言可從，第一字圖版作：，疑"戍"字。我們可與肩水金關漢簡中的"戍"字，作一比較，（73EJT6：48）、（73EJT7：6）、（73EJT10：103）、（73EJT37：628）。對比可知，此字是"戍"字。從文意看，"戍"字下當"卒"字。由此，釋文作：

戍卒□□□□利里□□   正月壬寅入   73EJT37：94

---

① 尉侯凱：《漢簡零拾（六則）》，簡帛網，2016年8月25日，http：//www.bsm.org.cn/show_article.php？id＝2617。後以"《讀〈肩水金關漢簡〉零札七則》"爲名，發表於《西華大學學報》2017年第1期。

② 黄浩波：《肩水金關漢簡文字釋讀札記五則》，《第七屆出土文獻研究與比較文字學全國博士生論壇論文集》，2017年10月。

③ 高一致：《初讀〈肩水金關漢簡（肆）〉筆記》，簡帛網，2016年1月14日，http：//www.bsm.org.cn/show_article.php？id＝2434。

1126. 73EJT37：95

完城旦徒樂官　⟋　九月辛酉北出　　　　　　　　　　73EJT37：95

　　［1］何有祖："樂"下一字，原釋文作"官"，當是"向"字。《説文》："向，北出牖也。從宀，從口。"這裏用作人名。①

　　［2］高一致：何有祖改釋"向"，或應從原釋。②

　　［3］王錦城：釋"向"非，整理者釋讀不誤。

　　按：我們傾向釋作"官"。

1127. 73EJT37：97

建平三年六月壬寅　六月丁未北嗇夫□□出　　張掖大守業右部司馬章行長史

張掖大守遣守屬趙誼驚戒肩水居延

事丞咸謂觻得以次爲駕如律令

以令爲駕一封軺傳⟋掾敞屬奉書佐㳒丹　　　　　　　　73EJT37：97

　　［1］沈思聰："㳒"字圖版作▨，當釋"由"。

　　［2］黄浩波：知關嗇夫豐的部分個人信息，其全名爲李豐，爵位爲公乘，係居延縣金城里人……李豐任職至遲始於建平元年十月，而下限至多可延伸至元壽元年十月之前。根據李豐的任職期限，則可以確定諸多與之相關的簡文時代及人物年代。③

　　［3］韓鵬飛：沈思聰改釋"由"應從原釋。

　　按：沈思聰、黄浩波之言可從。整理者認爲"夫"與"出"之間，是兩個字，恐非。該處圖版如下：

---

① 何有祖：《讀肩水金關漢簡札記（四則）》，簡帛網，2016 年 1 月 14 日，http：//www.bsm.org.cn/show_article.php？id＝2433。

② 高一致：《初讀〈肩水金關漢簡（肆）〉筆記》，簡帛網，2016 年 1 月 14 日，http：//www.bsm.org.cn/show_article.php？id＝2434。

③ 黄浩波：《肩水金關關嗇夫李豐簡考》，簡帛網，2016 年 2 月 26 日，http：//www.bsm.org.cn/show_article.php？id＝2477。

圖版 ![], 疑是一個字, 可能是"豐"字殘筆。"嗇夫豐"肩水金關習見, 如:

建平四年正月……北嗇夫豐出　　　　　　　　　73EJT37：530

建平三年五月庚戌朔甲子肩水候憲謂關嗇夫豐遣守令史敝

　　　　　　　　　　　　　　　　　　　　73EJT37：788A

十一月戊午北嗇夫豐出　　　　　　　　　　　73EJT37：1107

月壬午北嗇夫豐出　　　　　　　　　　　　　73EJT37：1118

從簡文知建平三年、建平四年,"嗇夫豐"均在任, 我們也可與肩水金關漢簡中的"豐"字作一比較, ![] (73EJT37：129)、![] (73EJT37：636)、![] (73EJT37：1107), 對比知圖版 ![] 中"豆"字殘筆依稀尚存, 當是"豐"字。

1128. 73EJT37：103

稟他令史觻得持心里公乘呂鳳年廿七　　　　　73EJT37：103

[1] 高一致:"鳳"似應逕釋作"風"。①

[2] 王錦城:似非"風"字。

按:當從整理者原釋, 73EJT37：1065 號簡有"令史呂鳳"可參。

1129. 73EJT37：110

☒觻得萬金里簪王殷年卅長七尺☒　　　　　　73EJT37：110

[1] 尉侯凱:簡 73EJT37：110"觻得萬金里簪王殷, 年卅, 長七

---

① 高一致:《初讀〈肩水金關漢簡(肆)〉筆記》, 簡帛網, 2016 年 1 月 14 日, http：//www. bsm. org. cn/show_article. php? id = 2434。

尺"，"簪"下當漏寫"褭"字，簪褭，爵名，在秦漢二十等爵中屬第
三等。①

　　按：補釋可從。

1130. 73EJT37：151

☑癸未都鄉有<u>秩</u>佐忠敢言之廣成里男子閻憙自言爲居延就謹案憙毋官
☑移過所……　　　　　　　　　　　　　　　　　73EJT37：151

　　[1] 黄艷萍："秩"當隸定作"炙"。②

　　按：補釋可從，此處用作"秩"，從整理者原釋。

1131. 73EJT37：162

☑明鄉嗇夫放<u>叚</u>佐玄敢言之☑
☑事當得取檢謁移居延□☑　　　　　　　　　　　73EJT37：162

　　[1] 沈思聰："叚"字圖版作，"叚佐"即"假佐"。

　　按：沈思聰之言可從。

1132. 73EJT37：164

建始五年三月辛朔乙巳令史譚敢言☑
軺車一乘謁移過所縣道河津關毋苛☑　　　　　　　73EJT37：164

　　[1] 許名瑲：簡文中"建始五年三月辛朔乙巳"，月朔干支奪"丑"
字，當補作"辛丑"。成帝建始五年春三月改元"河平"，"建始五年"即
"河平元年"。成帝河平元年三月辛丑朔，五日乙巳，儒略日 171 1312，
前 28 年 4 月 26 日。③

　　[2] 尉侯凱：簡 73EJT37：164"建始五年三月辛朔乙巳，令史譚敢

---

　　① 尉侯凱：《漢簡零拾（六則）》，簡帛網，2016 年 8 月 25 日，http：//www.bsm.org.cn/
show_article.php？id＝2617。後以"《讀〈肩水金關漢簡〉零札七則》"爲名，發表於《西華大
學學報》2017 年第 1 期。

　　② 黄艷萍：《〈肩水金關漢簡〉（壹—肆）異體字研究》，博士學位論文，華東師範大學，
2016 年。

　　③ 許名瑲：《〈肩水金關漢簡（肆）〉曆日校注》，簡帛網，2016 年 3 月 7 日，http：//
www.bsm.org.cn/show_article.php？id＝2483。

言"，"辛"下當漏寫"丑"字。①

按：諸家所言可從。

1133. 73EJT37：176

橐他□望隧長□□

建平四年正月家屬出入盡十二月符

弟大男□年廿　弟婦始年廿　子小女倩卿年三歲

牛二頭　車一兩　　　　　　　　　　　　73EJT37：176

按：參考 73EJT3：89 號簡，釋文當訂補爲：

橐他通望隧長成襄

建平四年正月家屬出入盡十二月符

弟大男□年廿 弟婦始年廿 子小女請卿年三歲

牛二頭　車一兩　　　　　　　　　　　　73EJT37：176

1134. 73EJT37：178

橐他□□□□昭武宜春里隆永

妻大女陽年卅

子小女頃閭年一歲

牛車一兩 用牛二頭　　　　　　　　　　　73EJT37：178

橐他曲河亭長昭武宜春里陸永家屬符

妻大女陽年廿三

子小女頃閭年三歲

車牛一兩 用牛二頭　　　　　　　　　　　73EJT37：761

按：從內容看，兩簡當都是家屬符，從"妻大女""子小女"的姓名相同以及籍貫"昭武宜春里"一致看，兩簡所指戶主其實應爲一。也即整理者釋讀存在錯誤，"隆永"和"陸永"當即一人。73EJT37：178 號簡整理者所釋的"隆"字，圖版作：■ （A），73EJT37：761 號簡整理

---

① 尉侯凱：《漢簡零拾（六則）》，簡帛網，2016 年 8 月 25 日，http：//www. bsm. org. cn/ show_article. php？id＝2617。後以"《讀〈肩水金關漢簡〉零札七則》"爲名，發表於《西華大學學報》2017 年第 1 期。

者所釋的"陸"字，圖版作：（B），也可以把 A、B 兩字與肩水金關漢簡中的"隆"和"陸"作對比，如下：

A	B	隆	隆	隆	隆	隆
T37：178	T37：761	T23：236	T23：364	T23：778	T24：74	T37：154

A	B	陸	陸	陸	陸	陸
T37：178	T37：761	T24：550	T24：668	T24：725	T24：974	T24：258

對比字形來看，A 字與"隆"字差異較大，當非"隆"字；B 字雖近似於"陸"字，但 A 字與"陸"字也存在差異。故此處，不妨存疑待考。①

73EJT37：178 號簡整理者所釋"妻大女陽年卅"中的"卅"，亦恐非，此處紅外圖版作：，彩色圖版作：，紅外圖版中的，恐不是筆畫，有可能是墨漬污染。懷疑是"廿一"，73EJH2：40 有"廿一"合寫，作：。②

此外，從文意上看，73EJT37：178 號簡所載"小女頃間年一歲"，73EJT37：761 號簡所記"小女頃間年三歲"，年齡差距是二歲。如此，兩簡關於"妻大女陽"的年齡差距也當是二歲。73EJT37：761 號簡所載"妻大女陽年廿三"，那麼 73EJT37：178 號簡亦當是"妻大女陽年廿一"，

---

① 黃浩波認爲可能是"鄂"，參看《肩水金關漢簡文字釋讀札記五則》，《第七屆出土文獻研究與比較文字學全國博士生論壇論文集》，2017 年 10 月。

② 此問題曾向甘肅省簡牘博物館的馬智全求教，他核對了原簡，認爲："贊同釋爲年廿一，原簡可能有墨漬污染，或者原書寫就不規範。"

故把此字釋爲"廿一"亦能在文意上順通。由此,釋文當作:

橐他曲河亭長昭武宜春里□永

妻大女陽年廿一

子小女頃閒年一歲

牛車一兩 用牛二頭   73EJT37:178

73EJT37:178 與 73EJT37:761 兩簡是相隔二年的家屬符,這對我們加深家屬符的認知,具有重要的意義。

1135. 73EJT37:198

☑□□長四尺五尺

☑二牛六頭   73EJT37:198

[1] 秦鳳鶴:該簡文應釋讀作"□□秩長四尺、五尺。二牛六頭。"①

[2] 王錦城:該字釋"秩"於字形及文義均有未安,當存疑。

按:秦鳳鶴所言可備一説。

1136. 73EJT37:202

☑鳳四年三月乙卯橐他候□□☑   73EJT37:202

[1] 許名瑲:兩漢年號含"鳳"字者,有昭帝元鳳、宣帝五鳳、新莽始建國天鳳。元鳳四年三月乙酉朔,是月無乙卯;五鳳四年三月壬申朔,是月無乙卯;新莽始建國天鳳四年三月丙辰朔,是月無乙卯。如此則無解。然本簡僅殘存右半,字跡不完整,"乙"字或爲"己"字。若然,則本簡爲宣帝時遺物,"鳳"字前當補"五"字。五鳳四年三月壬申朔,八日己卯。②

[2] 王錦城:該字從殘餘圖版來看,似當爲"乙"字。

按:許名瑲所言可從,由此,釋文作:

① 秦鳳鶴:《〈肩水金關漢簡〉(肆)釋文校訂》,《古文字研究》第 32 輯,中華書局 2018 年版。

② 許名瑲:《〈肩水金關漢簡(肆)〉曆日校補》,簡帛網,2016 年 1 月 18 日,http://www.bsm.org.cn/show_article.php? id=2445。

（五）鳳四年三月己卯橐他候□□☑　　　　　　73EJT37：202

1137. 73EJT37：231

戍卒趙國□陵萬歲里士伍☑　　　　　　73EJT37：231

［1］鄭威："□陵"或許可釋作"鄗陵"。①

［2］王錦城：其説或是。該字磨滅，不可辨識。

按：鄭威改釋可從。

1138. 73EJT37：288

敦黄酒泉張掖武□☑　　　　　　73EJT37：288

［1］韓鵬飛：此處應補作"威"。

按：補釋可從。

1139. 73EJT37：294

☑□牒書到出入如律☑　　　　　　73EJT37：294A

☑即日出☑　　　　　　73EJT37：294B

按：B面整理者所釋"出"字，恐非，此處圖版作：，下殘斷，並不能確爲"出"字。從寫作風格的連續性看，也非"出"字，同簡"出"字寫作：。另外，結合"即"與"日"兩字的大小看，若釋作"出"字則顯小。爲此，筆者認爲此字釋作"出"字是有問題的，可能是"嗇"字殘筆。肩水金關漢簡中有相似辭例，如：

□　即日嗇夫豐發

……　　　　　　73EJT37：61B

張掖橐塞尉　即日嗇夫豐發

……以來　門下　　　　　　73EJT37：1162B

對比73EJT37：246＋61與73EJT37：294號簡的字形，如下：

_____

① 鄭威：《肩水金關漢簡中的三個縣邑》，《古文字研究》第32輯，中華書局2018年版。

	73EJT37：246＋61	73EJT37：294
即		
日		
書		
如		
律		

知 73EJT37：246＋61 與 73EJT37：294 號簡字形相近，書寫風格相同，極有可能是同一書手所寫，由此，兩簡可以互證，73EJT37：294 號簡 字是"嗇"的可能性就更大。

此外，73EJT37：294B 整理者只給出一列釋文，然簡左側還有墨跡，即左側當還有文字，73EJT37：294A 也存在同樣的問題。由此，釋文作：

　……

　☑□牒書到出入如律☑　　　　　　　　　　　　　　73EJT37：294A

　☑即日嗇☑　　　　　　　　　　　　　　　　　　　73EJT37：294B

　……

1140. 73EJT37：296

　☑右遊徼慶賢里☑　　　　　　　　　　　　　　　　73EJT37：296

按：整理者所釋"右"字，圖版殘斷，作：，疑是"延"字殘筆，肩水金關漢簡中有辭例可爲佐證，如：

　居延遊徼千秋里公乘霸憙年廿五長七尺二寸黑色　　73EJT23：1049

　居延游徼左雲　馬一匹騧牡齒　　　　　　　　　　73EJT37：34

由此，釋文作：

☑（居）延遊徼慶賢里☑　　　　　　　　　73EJT37：296

1141. 73EJT37：328

內黃東□里宋意年廿七　　　　　　　　　73EJT37：328

　［1］高一致：簡73EJT37：328"內黃東□里"中未釋字，疑"郭"之殘字。①

　按：對比知與"郭"字字形尚有差異，暫從整理者態度存疑，73EJT37：994號簡"郭"字圖版作：，可參看。

1142. 73EJT37：400

☑□私使張掖郡居延界中謹案延年☑　　　73EJT37：400A

甘陵丞之印　　　　　　　　　　　　　　73EJT37：400B

　［1］黃浩波："甘陵丞之印"當作"日陰丞之印"。②

　按：黃浩波改釋可從。

1143. 73EJT37：411

櫟得高平里士五趙相年卅三　　　　　　　73EJT37：411

　［1］韓鵬飛：可能是"伍"字殘損。

　按：暫從整理者原釋。

1144. 73EJT37：414

☑□年十七歲長七尺二寸步入□☑　　　　73EJT37：414

　按："人"下一字圖版作：，整理者未釋，當是"帶"字殘筆。肩水金關漢簡中有相同辭例，作：

　　長七尺二寸步入帶劍　　　　　　　　73EJT37：947

從筆跡以及書寫風格看，73EJT37：414、73EJT37：947號簡當爲同一人

---

　①　高一致：《初讀〈肩水金關漢簡（肆）〉筆記》，簡帛網，2016年1月14日，http：//www.bsm.org.cn/show_article.php？id＝2434。

　②　黃浩波：《肩水金關漢簡文字釋讀札記五則》，《第七屆出土文獻研究與比較文字学全国博士生論壇論文集》，2017年10月。

所寫，對比如下：

簡號	長	寸	步	入
T37：414				
T37：947				

對比可知兩簡所書字體、字形一致，書寫風格相同，當是同一書手所寫。由此，兩簡的關係則有兩種可能，第一種可能是同一文書的正副本，第二種可能是内容近似的同類文書。總之，73EJT37：414、73EJT37：947號簡可以形成互證。由此，釋文作：

☑□年十七歲長七尺二寸步入帶（劍）☑　　　　　73EJT37：414

1145. 73EJT37：434

□□□田張掖郡□　　　　　73EJT37：434

按："田"上一字圖版作：，整理者未釋，當是"戍"字，"戍田"一詞肩水金關漢簡中較爲常見。

1146. 73EJT37：437

☑丙戌西鄉有秩□□□　　　　　73EJT37：437

按："秩"下第二字，圖版作，，疑"敢"字。我們可與肩水金關漢簡中的"敢"字作一比較，（73EJT37：151）、（73EJT37：172）、（73EJT37：527），對比知，字形上是近似的。此外，"某鄉有秩某人敢言之"或"某鄉有秩某人敢告"，亦是固定用語。

1147. 73EJT37：440

二石　　　臨菑來□□

……　　　　　73EJT37：440A

五小麥三石五

出小麥……   73EJT37：440B

[1] 韓鵬飛：應該嚴格隸定爲“葍”並括注。

按：韓鵬飛所言可從。

1148. 73EJT37：446

元延三年八月甲申朔庚戌都鄉有秩□佐武敢言之男子☑73EJT37：446

[1] 秦鳳鶴：簡文應釋讀作“都鄉有秩侑（宥）佐武。”①

[2] 王錦城：該字顯非“侑”，其在簡文中爲都鄉有秩的名字，當存疑。

[3] 沈思聰：五字圖版作 、、、、，原釋可疑。

按：當從整理者原釋。

1149. 73EJT37：449

☑色　車□兩牛二頭　　七月丁亥入□   73EJT37：449

[1] 韓鵬飛：末尾□當釋“丿”。

按：補釋可從。

1150. 73EJT37：451

☑□安守長丞忠移過所肩水金關居延縣索關冥安☑   73EJT37：451

[1] 何有祖：“關”下一字，原釋文作“冥”，簡文作 字即真字。《詩·小雅·穀風》：“將恐將懼，真予于懷。”鄭玄箋：“真，置也。”②

[2] 王錦城：該字從字形來看，當爲“寘”或“冥”字。該簡句意不明，或當存疑待釋。

按：何有祖改釋可從。

---

① 秦鳳鶴：《〈肩水金關漢簡〉（肆）釋文校訂》，《古文字研究》第 32 輯，中華書局 2018 年版。

② 何有祖：《讀肩水金關漢簡札記（四則）》，簡帛網，2016 年 1 月 14 日，http：//www. bsm. org. cn/show_article. php？ id＝2433。

1151. 73EJT37：456

☑□肩水里李音卅六歲字子上乘軺車駕姚華牝馬一匹齒九□☑

73EJT37：456

按："肩"上一字殘，圖版作： ，整理者未釋，當是"延"字殘筆。"肩水里"屬"居延"，肩水金關漢簡中有辭例可爲佐證，如：

葆居延肩水里公乘史樂宗年卅二歲長七尺二寸　　　　73EJT9：228

從者居延肩水里大夫蓋常年十三長六尺三寸黑色　皆以四月壬戌出

73EJT10：130

累山亭長楊親堯居延肩水里召眇年卅　　　　73EJT23：763

此外，"九"下一字殘。圖版作： ，整理者亦未釋，當是"歲"字殘筆。"齒九歲"簡文習見，如：

車二乘驪牡馬一匹齒六歲□牝馬一匹齒九歲　　　　73EJT37：789

居延守左尉李鳳軺車一乘馬一匹駹牡齒九歲十二月□□出　□□月□□入　　　　73EJT37：961

雜里女子張驕年卅五 大車一兩 用牛一黑轄齒九歲　　73EJT37：1506

由此，釋文作：

☑（居）延肩水里李音卅六歲字子上乘軺車駕姚華牝馬一匹齒九歲☑

73EJT37：456

1152. 73EJT37：457

☑鄉有秩順敢告尉史廣德里左□☑

……　　　　73EJT37：457

[1] 黄浩波："鄉"字之上可見殘筆" "，疑爲"明"字，推測爲"廣明鄉"殘文。①

按：黄浩波所言可從。

---

① 黄浩波：《肩水金關漢簡地名簡考（八則）》，《簡帛研究》2017 秋冬卷，廣西師範大學出版社 2018 年版。

1153. 73EJT37：464

☑廣地候況移☑　　　　　　　　　　　　　　　73EJT37：464A

☑□　令史☑　　　　　　　　　　　　　　　　73EJT37：464B

［1］韓鵬飛：此處據相關字形釋爲“已入”。

按：暫不釋讀較宜。

1154. 73EJT37：505

☑□□□子朔乙酉□☑

☑居延□……　　　　　　　　　　　　　　　　73EJT37：505

按：“延”下一字殘，圖版作：，整理者未釋，當是“謹”字殘筆，可與肩水金關漢簡中的“謹”字作一比較，如下：

T4：108	T8：56	T37：692	T37：733

對比可知此字與“謹”字字形近似，此外，肩水金關漢簡中有相似辭例可爲佐證，如：

居延謹案時毋官獄徵事當以　　　　　　　　　73EJT15：5A

居延謹案戶籍藏鄉者隆　　　　　　　　　　　73EJT24：402A

傳爲家私市張掖居延謹案毋官獄　　　　　　　73EJT26：25

由此，此字當爲“謹”字，該字下一字圖版殘缺，作：，從文意推測當是“案”字殘筆。由此，釋文作：

☑□□□子朔乙酉□☑

☑居延謹案……　　　　　　　　　　　　　　73EJT37：505

1155. 73EJT37：519

地節三年六月丙戌朔甲辰尉史延年敢言之遣佐廣齋三老賜名籍對大

守府會輻車一乘牛一與從者平里紀市俱謁

移過所縣道河津關毋苛留止敢言之

六月甲辰居延丞延年移過所縣道河津關毋苛留止如律令／掾延年佐長
世　　　　　　　　　　　　　　　　　　　　　　　73EJT37：519A

章曰居延丞印

六月壬子以來　　　　　　　　　　　　　　　　　73EJT37：519B

［1］黄浩波："齋"皆與"持"對應，故而當讀爲"齎"，訓爲持。①

［2］黄悦：其中"▇"字，整理者釋作"會"，"會輻車一乘"於
句義不通，我們認爲此字當釋爲"乘"。②

按：黄浩波改釋可從。黄悦"會輻車一乘"已經列舉很多，甚至還
可以補釋《肩水金關漢簡（伍）》中的一個例子，進一步補釋，如下：

☑□□敢言之遣從吏杜霸從令對大守府占所乘用馬一匹輻車一乘與□
☑　　　　　　　　　　　　　　　　　　　　　　　73EJD：335

然若從字形出發，同簡"乘"字圖版作：▇，可知與▇字差異較大。
故從字形出發，暫從整理者釋讀，作"會"。筆者懷疑原文應是"對會大
守府"，書手寫作過程中遺漏了"會"字。肩水金關漢簡中亦有辭例可爲
佐證，如下：

對會大守府敢言之　　　　　　　　　　　　　　　73EJT24：59

建平元年九月庚寅朔丁未居延都尉雲城騎千人……

遣五官掾石博對會大守府當舍傳舍從者如律令　　73EJT37：615＋494

居延新簡 EPT50：200 有"對會入官刺"，楊眉認爲："指官吏向上級
主管部門匯報的記錄。"③ 可參看。由此，釋文作：

地節三年六月丙戌朔甲辰尉史延年敢言之遣佐廣齎三老賜名籍對大
守府會輻車一乘牛一與從者平里紀市俱謁

移過所縣道河津關毋苛留止敢言之

---

① 黄浩波：《肩水金關漢簡文字釋讀札記五則》，《第七屆出土文獻研究與比較文字學全國
博士生論壇論文集》，2017 年 10 月。

② 黄悦：《〈肩水金關漢簡（肆）〉釋文試校五則》，簡帛網，2017 年 3 月 1 日，http：//
www. bsm. org. cn/show_article. php？id＝2743。

③ 楊眉：《居延新簡集釋》第 2 册，甘肅文化出版社 2016 年版，第 526 頁。

六月甲辰居延丞延年移過所縣道河津關毋苛留止如律令/掾延年佐長
世　　　　　　　　　　　　　　　　　　　　　73EJT37：519A

章曰居延丞印

六月壬子以來　　　　　　　　　　　　　　　73EJT37：519B

1156. 73EJT37：523

五鳳二年二月甲申朔壬戌<u>駮</u>鄉嗇夫順敢言之道德里周欣自言客田
張掖

郡觻得縣北屬都亭部元年賦筭皆給謁移觻得至八月□檢

二月辛亥茂陵令　　守左尉親行丞事　　／掾充　73EJT37：523A

茂陵左尉　　　　　　　　　　　　　　　　　73EJT37：523B

[1] 黃浩波："駮"當"駿"。①

按：黃浩波所言可從。

1157. 73EJT37：532

　　　　　　　　　子使女□□年十四　　劉<u>莫且</u>年廿五

隗卿致以十二月庚寅入　子使男誼年八　　從者衛慶年廿四

　　　　　　　　　子使女聖年四　　　凡六人

　　　　　　　　　　　　　　　　　　　　73EJT37：532

[1] 沈思聰："莫且"即"莫沮"，"莫沮"爲漢印中常見人名。

按：從整理者原釋。

1158. 73EJT37：565

<u>十</u>四日己卯食君游所因宿☑　　　　　　　　73EJT37：565

按：簡首圖版作：▨，整理者釋作"十"，當"廿"字。

1159. 73EJT37：598

發謹□☑　　　　　　　　　　　　　　　　　73EJT37：598A

---

① 黃浩波：《〈肩水金關漢簡（肆）〉所見郡國縣邑鄉里表》，簡帛網，2016 年 3 月 9 日，
http：//www.bsm.org.cn/show_article.php？id＝2484。

　　□　華□☑　　　　　　　　　　　　　　　　　73EJT37：598B

按：A 面"謹"下一字殘，圖版作：，整理者未釋，疑是"請"

字殘筆。肩水金關漢簡中有相似字形，作：（73EJT10：221）、

（73EJT37：617）、（73EJT37：659）。此外，73EJT37：597 號簡亦有

相同字形，圖版作：，整理者釋作"請"，亦可爲參考。此外，"謹

請"是書信用語，肩水金關漢簡中習見，如：

　　叩頭幸甚謹請使再拜　　　　　　　　　　　　　73EJT9：61A

　　□留之人妻婦幼弱獨上下塞難叩頭謹請往　　　　73EJT23：994B

　　賤子聖謹請使再拜　　　　　　　　　　　　　　73EJT37：1433

B 面"華"下一字殘，圖版作：，整理者未釋，疑是"叩"字，肩水

金關漢簡中有相近字形作：（73EJT4：22）、（73EJT37：1200）。肩

水金關漢簡中亦有相似辭例可爲佐證，如：

　　田立叩頭言

　　子贛坐前見數不言自□　　　　　　　　　　　　73EJT37：708B

　　劉儀叩頭白

　　孝卿前到幸哀之未官留須史君伯有少＝酒不敢　　73EJT37：786A

此外，整理者只給出一列釋文，然簡左側還有墨跡，簡文當有兩列。

由此，釋文作：

　　發謹請☑

　　……　　　　　　　　　　　　　　　　　　　　73EJT37：598A

　　□　華叩☑

　　……　　　　　　　　　　　　　　　　　　　　73EJT37：598B

1160. 73EJT37：629

臨之隧長田<u>放</u>　　　　　　　　　　　　　　　73EJT37：629

按："長"下一字圖版作：，整理者釋作"田"，高一致釋爲"甲"①，

---

① 高一致：《初讀〈肩水金關漢簡（肆）〉筆記》，簡帛網，2016 年 1 月 14 日，http：//
www. bsm. org. cn/show_article. php？ id＝2434。

恐是"申"字。我們列舉肩水金關漢簡中的"申"字，對比如下：

73EJT37：1124	73EJT37：1070	73EJT37：980	73EJT37：924

對比可知，▨字上部有出筆，並非封閉區間，與"申"字字形近似，當是"申"。

1161. 73EJT37：670

戌卒淮陽國扶溝桐里公乘寇志年卅一　　　車父☒　　　73EJT37：670

［1］韓鵬飛：此處應隸定作"枎"。

按：韓鵬飛所言可從。

1162. 73EJT37：678

四月丁酉鱳得□丞彭移肩水金關居延縣索關出入毋☒

　　　　　　　　　　　　　　　　　　/掾輔☒　　　73EJT37：678

［1］秦鳳鶴：簡文應釋讀作"四月丁酉，鱳得美丞彭移肩水金關"。①

［2］王錦城：從字形來看，當非"美"字，暫存疑。

按：王錦城所言可從，暫不釋讀較宜。

1163. 73EJT37：686

☒□□□□　　　張掖大守延年肩水倉長移☒

☒乘傳　　　鱳得以次爲駕當舍傳☒　　　　　73EJT37：686

［1］王錦城：第一行"湯"原作"移"，該字當爲"湯"字。

按：王錦城改釋可從。另，73EJH2：12 號簡釋文作：

---

① 秦鳳鶴：《〈肩水金關漢簡〉（肆）釋文校訂》，《古文字研究》第 32 輯，中華書局 2018 年版。

張掖大守延年肩水倉長湯兼行丞事謂觻得以爲駕一　　　73EJH2：12

兩簡內容幾乎一致，可對讀研究。據此我們可復原73EJT37：686號簡的簡文，如下：

☑□□□□　　　張掖大守延年肩水倉長湯（兼行丞事謂）

☑乘傳　　　　觻得以次爲駕當舍傳（舍如律令）☑　73EJT37：686

1164. 73EJT37：698

元延元年十月甲午朔乙卯鸇陰守長　　　丞並移過所新成里男☑

……　　　　　　　　　　　　　　　　　　　　73EJT37：698

[1] 趙爾陽：結合史籍，此地名應隸定爲"鸇陰"。①

[2] 王錦城：（趙爾陽）其說當是。

按：趙爾陽改釋可從。

1165. 73EJT37：699

梁國戉卒薔直里大夫陳延年＝廿五　　　73EJT37：699

[1] 韓鵬飛：應該嚴格隸定爲"蔄"並括注。

按：韓鵬飛所言可從。

1166. 73EJT37：704

☑憙移居延如律令奉明廣德里丘護年廿七☑　73EJT37：704

[1] 黃浩波："明"當作"明"。②

按：黃浩波意見可從，此處用作"明"。

1167. 73EJT37：709

南陽宛邑令史殷護☑　　　73EJT37：709

南陽宛邑令史段護大奴全□☑　　　73EJT37：1222

---

① 趙爾陽：《〈肩水金關漢簡〉地名小議一則》，簡帛網，2016年6月7日，http：//www.bsm.org.cn/show_article.php？id＝2570。

② 黃浩波：《肩水金關漢簡地名簡考（八則)》，《簡帛研究》2017秋冬卷，廣西師範大學出版社2018年版。

　　〔1〕蔣波、周世霞：二人實爲同一人，簡文起草者將"段"字誤作
"殷"，或誤將"殷"字寫成了"段"字。①

　　按：從簡文內容分析，兩簡中的"南陽宛邑令史"當爲同一人，然
整理者釋讀存在差異，兩簡當均爲"段"。

1168. 73EJT37：722

逐殺人賊賈賀酒泉張掖武威郡中當舍傳舍從者如律令／兼掾豐守令史

□☑　　　　　　　　　　　　　　　　　　　　73EJT37：722

　　〔1〕王錦城："追"字原作"逐"，當爲"追"字。

　　按：王錦城所言可備一説。

1169. 73EJT37：731

☑樂賢　　　　　　　　　　　　　　　　　　73EJT37：731

　　〔1〕韓鵬飛：原簡殘損，殘留部分也難以判斷，此處應暫闕疑。

　　按：韓鵬飛所言可從。

1170. 73EJT37：735

☑用牛一黃犗齒十歲　九月丁未北出　　　73EJT37：735

　　按：整理者所釋"出"字，圖版作：▮，也有"嗇"字的可能，肩
水金關漢簡中"北嗇夫出"也較爲常見，故此處存疑不釋較爲適宜。

1171. 73EJT37：750

梁國戍卒薔東昌里大夫桐汙虜年廿四 丿　　73EJT37：750

　　〔1〕韓鵬飛：應該嚴格隸定爲"萄"並括注。

　　按：韓鵬飛所言可從。

1172. 73EJT37：761

　　參考73EJT37：178號簡，修訂釋文作：

　　① 蔣波、周世霞：《〈肩水金關漢簡（肆）〉中的"南陽簡"試釋》，《洛陽考古》2016年
第4期。

橐他曲河亭長昭武宜春里□永家屬符

妻大女陽年廿三

子小女頃閭年三歲

車牛一兩 用牛二頭　　　　　　　　　　　　　73EJT37：761

1173. 73EJT37：776

居延部終更巳事未罷坐傷人亡命今聞命籍在頓丘邑獄願自詣它如爱
書 七月甲辰入　　　　　　　　　　　　　73EJT37：776A

元康四年伏地再拜伏伏伏伏再它再拜伏拜（習字）　73EJT37：776B

［1］秦鳳鶴："愿"（整理者爲"願"）當釋"即"。①

［2］王錦城：該字當非"願"字，但和"即"字似有差別，或當
存疑。

按：秦鳳鶴改釋可從。

1174. 73EJT37：777

☑□部甲鎧鞮胥裏簿　　　　　　　　　　　73EJT37：777

［1］張再興、黄艷萍："鎧"應是"鎧"的異體字。②

按：補釋可從。

1175. 73EJT37：786

劉儀叩頭白

孝卿前到幸哀之未□留須史君伯有少゠酒不敢　　73EJT37：786A

用如侍何恨不肯來及□忽……

者爲乏當食者不叩頭幸甚　　　　　　　　　73EJT37：786B

按：A面第二行"未"字下一字，整理者未釋，圖版作：[圖]，此字
在肩水金關漢簡中較爲習見，然整理者釋讀存在差別，學界也存在分歧。

---

① 秦鳳鶴：《〈肩水金關漢簡〉（肆）釋文校訂》，《古文字研究》第 32 輯，中華書局 2018
年版。

② 張再興、黄艷萍：《肩水金關漢簡校讀札記》，《中國文字研究》2017 年第 26 輯。

一説"向"，一説"官"。① 如：（73EJT3：52，整理者釋"向"）、
（73EJT7：31，整理者釋"官"）、（73EJT37：95，整理者釋
"官"）、（73EJT37：857，整理者釋"官"）、（73EJT37：1068，
整理者釋"官"）。

　　具體到 73EJT37：786 號簡的字，其與（73EJT7：31）字字
形極爲接近，73EJT7：31 號簡釋文"橐他候官竟寧元年五月戌卒"，可
確定爲"官"字無疑。據此，筆者認爲 73EJT37：786 號簡字當是
"官"字。73EJT3：52 號簡整理者所釋的"向"字，亦應釋"官"。②

1176. 73EJT37：792

☑毋官獄事令得爲傳移過所侯國毋河留
☑丞我　謁移過所　　掾緩守令史賜　　　　　　　　73EJT37：792
［1］沈思聰："我"圖版作，釋"我"可疑。
按：從整理者原釋。

1177. 73EJT37：803

建平二年五月丙戌朔丁亥廣地髞得守塞尉博移肩水金關部吏卒☑☑
　　　　　　　　　　　　　　　　　　　　　　　　73EJT37：803A

五月己丑以來□下□　　　亭長惲　　　　　　　73EJT37：803B
［1］王錦城：B 面"門下"原作"□下□"，當釋作"門下"。
［2］韓鵬飛：釋作"已入□"。
按：王錦城所言可從，此外，A 面整理者所釋"卒"字，恐非，該
字圖版作：，當爲"家"字，漢簡中"家"字作：（73EJT37：
542）、（EPT50：22）、（495.4），可參。肩水金關漢簡中也有辭

---

① 李洪財：《漢簡草書整理與研究》，博士學位論文，吉林大學，2014 年，上編，第 149—
150 頁；何有祖：《讀肩水金關漢簡札記（四則）》，簡帛網，2016 年 1 月 14 日；高一致：《初讀
〈肩水金關漢簡（肆）〉筆記》，簡帛網，2016 年 1 月 14 日。
② 李洪財：《漢簡草書整理與研究》，博士學位論文，吉林大學，2014 年，上編，第 149—
150 頁。

例可爲佐證，如下：

建平元年正月甲午朔戊戌北部候長宣敢言之謹移部吏家屬符

謁移肩水金關出入如律令敢言之　　　　　　　　　　73EJT37：152

由此，釋文作：

建平二年五月丙戌朔丁亥廣地鱳得守塞尉博移肩水金關部吏家（屬）

☑　　　　　　　　　　　　　　　　　　　　　　　　73EJT37：803A

五月己丑以來　　　門下　　　亭長惲　　　　　　　73EJT37：803B

1178. 73EJT37：844

葆東郡荏平邑始里公乘呂壽王年廿長六尺七寸　　□☑73EJT37：844

[1] 林獻忠："荏"，當釋爲"茌"。①

按：改釋可從。

1179. 73EJT37：849

梁國戉卒薔板里大夫華定年廿四　　　　　　　　　73EJT37：849

[1] 韓鵬飛：應該嚴格隸定爲"薗"並括注。

按：韓鵬飛所言可從。

1180. 73EJT37：900

☑卒趙國柏安樂里公乘郭便年卅五☑　　　　　　　73EJT37：900

[1] 黃浩波："柏"下漏書"人"。② 尉侯凱同。③

按：補釋可從。

---

① 林獻忠：《讀〈肩水金關漢簡（貳）〉札記》，復旦大學出土文獻與古文字研究中心網，2014 年 12 月 20 日，http：//www.gwz.fudan.edu.cn/Web/Show/2405。後以 "《〈肩水金關漢簡（貳）〉考釋六則》" 爲名，發表於《敦煌研究》2016 年第 5 期。

② 黃浩波：《肩水金關漢簡（肆）所見郡國縣邑鄉里表》，簡帛網，2016 年 3 月 9 日，http：//www.bsm.org.cn/show_article.php？id＝2484。

③ 尉侯凱：《漢簡零拾（六則）》，簡帛網，2016 年 8 月 25 日，http：//www.bsm.org.cn/show_article.php？id＝2617。後以 "《讀〈肩水金關漢簡〉零札七則》" 爲名，發表於《西華大學學報》2017 年第 1 期。

1181. 73EJT37：914

☑□□平明里徐護年十六
☑軺車一乘馬一匹騮牝齒七歲高六尺
……北出　　　　　　　　　　　　　　　73EJT37：914

按："平"上兩字殘，整理者未釋，兩字圖版作：、，疑爲"居延"兩字的殘筆，"平明里"屬"居延"。

1182. 73EJT37：915

□ 出錢五十粟五斗驪靬
出錢五十粟五斗顯美　　　　　　　　　　　　73EJT37：915

[1] 韓鵬飛：該字形與"顯"差別較大。

按：韓鵬飛的懷疑頗有道理，暫存疑不釋較爲適宜。

1183. 73EJT37：923

☑年十六長七尺三寸　　　　　　　　　　　　73EJT37：923

按：整理者所釋"十"字，圖版作：，知其左側殘缺，還有可能是：廿、卅等字的殘筆，可能性較多，當存疑不釋。

1184. 73EJT37：935

……三月辛酉朔丙子□□敢言之遣西鄉佐悳收流民張掖金城隴西郡中與從者昌里　　　　　　　　　　　　73EJT37：935

[1] 許名瑲：推定本簡屬初元二年。元帝初元二年三月辛酉朔，十六日丙子，儒略日170 0473，前47年5月7日。①

[2] 王錦城：（許名瑲）補釋可從，但圖版左半大部缺失，字多不可辨識，當從整理者釋。

按：王錦城所言可從，暫存疑不釋較爲適宜。

---

① 許名瑲：《〈肩水金關漢簡（肆）〉曆日校注》，簡帛網，2016年3月7日，http://www.bsm.org.cn/show_article.php? id=2483。

1185. 73EJT37：942

☑兩脅下支滿少氣溫欻水☑得☐☐☐　　　　73EJT37：942A

☑☐☐酒飲之會分散☐田中　　　　　　　　73EJT37：942B

[1] 張雷："田"或釋"當"。①

按：暫從整理者原釋。

1186. 73EJT37：944

☑☐乘里張襄……單衣☑　　　　　　　　73EJT37：944

按："乘"上一字，圖版作：▨，整理者未釋，疑"千"字。"千乘里"肩水金關漢簡 73EJT23：341 號簡"鱗得千乘里孫陽廿五鱗得丞印"中有見。

1187. 73EJT37：945

戍卒趙國邯鄲曲里張錢　正月壬寅入☑　　　73EJT37：945

[1] 沈思聰："錢"字圖版作▨，疑"風"字。

按：沈思聰之言可備一説。

1188. 73EJT37：954

■右第十三車九人　　　　　　　　　　　73EJT37：954

[1] 韓鵬飛：應嚴格隸定作"弟"通"第"。

按：韓鵬飛所言可從。

1189. 73EJT37：956

居延亭長李義　馬一匹騧牝齒五歲　十二月癸卯北候史丹出

　　　　　　　　　　　　　　　　　　73EJT37：956

按：整理者所釋"義"字，恐非，此字圖版作：▨，疑"兼"字殘筆。肩水金關漢簡 73EJT37：1520 號簡有"居延亭長李兼"的辭例可爲

---

① 張雷：《秦漢簡牘醫方集注》，中華書局 2018 年版，第 416 頁。

佐證。

1190. 73EJT37：959

以五月廿七入　　　　　　　　　　　　　　　　　　　73EJT37：959

［1］韓鵬飛：我們認爲此處應釋作“入”。

按：改釋可從，另，簡末尚有墨跡，當補充。

1191. 73EJT37：966

觻得□□里公乘陳□□□□　字中實　十一月己丑兼亭長出入

　　　　　　　　　　　　　　　　　　　　　　　　　　73EJT37：966

按：整理者所釋“出”字，恐非，此字圖版作： ，疑“並”字
殘筆。

1192. 73EJT37：970

田卒濟陰冤句昌成里大夫商廣世年卅九 長七尺二寸黑色 ～ 、

　　　　　　　　　　　　　　　　　　　　　　　　　　73EJT37：970

按：整理者所釋“卅”字恐非，此字圖版作： ，疑“冊”字；
整理者所釋“、”字，圖版作： ，疑“丿”字。由此，釋文作：

田卒濟陰冤句昌成里大夫商廣世年冊九 長七尺二寸黑色 ～ 丿

　　　　　　　　　　　　　　　　　　　　　　　　　　73EJT37：970

1193. 73EJT37：973

小奴成年一歲卩　　　　　　　　　　　　　　　　　　73EJT37：973

［1］沈思聰：“成”字圖版作 ，釋“成”可疑。

［2］韓鵬飛：此處當釋作“戊”。

按：此字當作“市”。

1194. 73EJT37：978

建平元年九月戊申居延令彊守丞聖移過所縣道河津關肩水……

　　　　　　　　　　　　　　　　　　　　　　　　　　73EJT37：978

［1］許名瑲：簡 73EJT37：978 "守丞聖"，當校正作 "守丞宮"。①

按：許名瑲改釋可從。

1195. 73EJT37：980

廿六日癸巳食張君游所因宿　出五十□一具 出卅□六封　出十九□一□ 十八日癸卯

食張君游所因宿 出十發出□ 十八日壬申風不行　　73EJT37：980

按：整理者作 "廿六日癸巳"，許名瑲改釋作 "廿六日辛巳"，② 從文意及字形看，改釋可從。由此，釋文作：

廿六日辛巳食張君游所因宿　出五十□一具 出卅□六封　出十九□一□ 十八日癸卯

食張君游所因宿 出十發出□ 十八日壬申風不行　　73EJT37：980

1196. 73EJT37：981

……

追殺人賊□賀酒泉張掖武威郡中當舍傳舍從者如律令　73EJT37：981

按：第二列 "賊" 下一字，整理者未釋，所缺字圖版作：▨，疑是 "賈" 字。73EJT37：118 號簡有相近字形作：▨（賈）。73EJT37：722 號簡亦有相同辭例，作：

逐殺人賊賈賀酒泉張掖武威郡中當舍傳舍從者如律令/兼掾豐守令史□

由此，釋文作：

……

追殺人賊賈賀酒泉張掖武威郡中當舍傳舍從者如律令　73EJT37：981

1197. 73EJT37：983

韓宮尉弘從者好時吉陽里不更莫于禹年卅九長七尺四寸黑色　癸酉

---

① 許名瑲：《〈肩水金關漢簡（肆）〉簡 73EJT37：1491 考年》，簡帛網，2016 年 3 月 16 日，http：//www.bsm.org.cn/show_article.php？id=2487。

② 許名瑲：《〈肩水金關漢簡（肆）〉曆日校注》，簡帛網，2016 年 3 月 7 日，http：//www.bsm.org.cn/show_article.php？id=2483。

出　　　　　　　　　　　　　　　　　　　　73EJT37：983

[1] 沈思聰："韓宮尉"三字難解，"韓宮"二字圖版爲 、，當釋"斡官"，即"斡官"。《漢書·百官公卿表上》："治粟內史，秦官，掌穀貨，有兩丞。景帝後元年更名大農令，武帝太初元年更名大司農。屬官有太倉、均輸、平準、都內、籍田五令丞，斡官、鐵市兩長丞。……初，斡官屬少府，中屬主爵，後屬大司農。"顏師古注引如淳曰："斡音筦，或作幹。幹，主也，主均輸之事，所謂斡鹽鐵而榷酒酤也"，引晉灼曰："此竹簡斡之官長也。均輸自有令"，師古曰："縱作斡讀，當以斡持財貨之事而，非謂箙斡也。""斡官尉"應該是"斡官"身邊的一位副手。

按：沈思聰之言可從。

1198. 73EJT37：985

濟陰郡冤句穀里呂福年廿六　庸同里大夫呂怒士年廿八 長七尺二寸
黑色〰〰〰　　　　　　　　　　　　　　　73EJT37：985

[1] 秦鳳鶴："色"當釋"人"。①
[2] 王錦城：該字當爲"色"字的草寫。

按：當從整理者釋"色"。

1199. 73EJT37：988

魯國壯里士伍悟他年卅五　車二兩牛四頭　十二月庚申南嗇夫□入
　　　　　　　　　　　　　　　　　　　　73EJT37：988

[1] 黃艷萍："車"後一字當釋"二"。②
[2] 沈思聰：未釋字圖版作 ，結合辭例，當釋"豊"。

按：疑黃艷萍所看版本有誤，整理者已經作"二"，沈思聰之言可備一說。

---

① 秦鳳鶴：《〈肩水金關漢簡〉（肆）釋文校訂》，《古文字研究》第 32 輯，中華書局 2018 年版。
② 黃艷萍：《〈肩水金關漢簡〉（壹–肆）釋文校補》，《簡牘學研究》第 7 輯，甘肅人民出版社 2018 年版。

1200. 73EJT37：1000

軺車一乘

令史居延千秋里大夫左嘉年卅三 ╱　　十月辛未南齒夫豐出　用馬一匹

▨牡齒八歲高六尺　　　　　　　　　　　　　73EJT37：1000

［1］沈思聰："出"字圖版不清，當爲"入"。

［2］韓鵬飛："辛未南"釋讀似乎不妥，暫存疑。

按：暫從整理者原釋。

1201. 73EJT37：1020

☑□水城尉詡移肩水金關居延縣索關　　　　73EJT37：1020A

☑□下　　　　　　　　　　　　　　　　　73EJT37：1020B

［1］韓鵬飛："□下"作"已入"。

按：暫從整理者原釋，A面簡首可補"肩"。

1202. 73EJT37：1032

☑□官除年姓如牒書到出入如律令　　　　　73EJT37：1032A

☑□成尉印　正月十九日武以來　　　　　　73EJT37：1032B

按：A面"官"上一字殘，圖版作：，疑是"里"字殘筆。肩水金關漢簡中有辭例可爲佐證。B面"成"上一字殘，疑是"居"字，居延新簡中有"居成尉"的辭例。關於"居成尉"，楊眉認爲："即居延都尉。居成，新莽時改居延爲居成。"[1]據此，我們也可認定73EJT37：1032 號簡爲新莽簡。

1203. 73EJT37：1046

☑署金關□……女子始至里張音年廿五　　　73EJT37：1046

☑姊子始至里張音年廿五代　　　　　　　　73EJT37：860

按：兩簡所指內容趨同，可對比研究。由此，73EJT37：1046 號簡整

---

①　楊眉：《居延新簡集釋》第2冊，甘肅文化出版社2016年版，第322頁。

理者所釋的"女"字，恐非，此處圖版作：，疑"姊"字殘筆。此外，從筆跡、書風看，73EJT37：1046、73EJT37：860 號簡當爲同一人所寫，對比如下：

簡號	女	子	至	弓
T37：860				
T37：1046				

對比可知兩簡書體一致，字形、風格相同，尤其是女、弓兩字，趨於一致，無疑當是同一書手所寫。由此，釋文作：

☑署金關□……姊子始至里張音年廿五　　　　　　　73EJT37：1046

1204. 73EJT37：1065

永始五年閏月己巳朔戊寅橐他守候護移肩水金關遣令史

呂鳳持傳車詣府名縣爵里年姓如牒書到出入如律令　73EJT37：1065A

張肩塞尉　嗇夫欽白發

閏月壬申況以來　　　君前/令史鳳尉史敞　　　　73EJT37：1065B

[1] 郭偉濤：原釋爲"閏月壬申況以來"，細察圖版"閏月"與"以來"之間較爲模糊，似僅有兩字，當即干支，並無"況"字。又，原干支釋作"壬申"，細察圖版，字跡極爲潦草，不類"申"字，而且，查曆日，永始五年閏正月，壬申爲四日，而簽發日期爲十日（戊寅），不合常理。據圖版，或爲午。①

[2] 王錦城：圖版模糊，其究竟爲三字還是兩字不能辨別，暫從整理者釋。

按：郭偉濤所言可從。

---

① 郭偉濤：《漢代張掖郡肩水塞研究》，博士學位論文，清華大學，2017 年，第120 頁。

1205. 73EJT37：1069

……塢上□鹿盧不調利已利

……六石弩一傷淵中已作治　　　　　　　　　　73EJT37：1069

［1］王錦城、魯普平："鹿"前一字爲"蓬"。①

［2］韓鵬飛：根據字形我們認爲此處應隸定作"滿"，爲"淵"字誤書。

按：補釋可從。

1206. 73EJT37：1071

……

十月壬午日二干時□馮賢卒周六始付

當　　　　　　　　　　　　　　　　　　　　73EJT37：1071

按："馮"上一字，整理者未釋，此字圖版作：，當是"卒"字。簡文存在簡省，"當"字指代"莫當"。從郵書表的格式來看，馮賢應是騂北卒，周六始應是沙頭卒，完整簡文推測是"十月壬午日二干時卒馮賢受沙頭卒周六始某時付莫當卒某人"。

1207. 73EJT37：1076

五鳳四年六月庚子朔甲寅中鄉嗇夫廣佐敢言之囂陵里男子習萬自言欲取傳爲家私使張掖居延界中謹案萬年

五十一毋官獄徵事當得爲傳父不尊證謁言移過所縣邑毋留止如律令敢言之

六月己未長安守右丞世移過所縣邑毋苛留如律令　　掾　　令史奉

　　　　　　　　　　　　　　　　　　　　73EJT37：1076A

章曰長安右丞印　　　　　　　　　　　　　73EJT37：1076B

［1］劉欣寧："父不尊證"應爲"父老不尊證"之誤。②

---

① 王錦城、魯普平：《肩水金關漢簡釋文校補舉隅》，《出土文獻》第 11 輯，中西書局 2017 年版。

② 劉欣寧：《漢代"傳"中的父老與里正》，《早期中國史研究》2016 年第 8 卷第 2 期。

按：補釋可從。

1208. 73EJT37：1078

候長觻得定國里公乘貟宗年卅二　△　五月戊寅入　送罷卒府　六月庚戌

　　　　　　　　　　　　　　　　　　　　　　　　73EJT37：1078

［1］高一致："公乘貟宗"之"貟"……應當釋寫爲"員"字。①

按：當釋作"員"。

1209. 73EJT37：1080

將車河南雒陽緒里公乘李定國年廿八　　長七尺二寸黑色　正月己

丑入　牛車一兩　十一月戊申出入　　　　　　73EJT37：1080

［1］黄浩波："緒"當爲"褚"。②

按：黄浩波改釋可從。

1210. 73EJT37：1082

破適隧卒觻得萬年里公乘馬□宫年廿三　　見責府　　同　十二月乙卯

出入　　　　　　　　　　　　　　　　　　73EJT37：1082

［1］韓鵬飛：整理者此處釋作"見"，根據字形，我們認爲此處應釋

作"是"字的訛寫。

按：改釋可從。另，"馬"下一字疑爲"音"。

1211. 73EJT37：1085

奉明廣里秦護年六十　子幼伋年十八　方相車一乘　　用馬一匹

　　　　　　　　　　　　　　　　　　　　　　73EJT37：1085

［1］黄浩波："明"當作"朙"。③

---

① 高一致：《初讀〈肩水金關漢簡（肆）〉筆記》，簡帛網，2016 年 1 月 14 日，http：//
www. bsm. org. cn/show_article. php？ id＝2434。

② 黄浩波：《肩水金關漢簡地名簡考（八則）》，《簡帛研究》2017 秋冬卷，廣西師範大學
出版社 2018 年版。

③ 黄浩波：《肩水金關漢簡地名簡考（八則）》，《簡帛研究》2017 秋冬卷，廣西師範大學
出版社 2018 年版。

按：黃浩波意見可從，此處用作“明”。

1212. 73EJT37：1098

☑張掖肩水司馬宜以秩次行都尉事謂☐遣千人蔡宗校

☑☐如律令　　　　　守屬豐　　　　　73EJT37：1098A

☑入計會辯治超等等軼群出尤　　　　73EJT37：1098B

［1］王錦城：B 面“史”字原作“入”，該字上部略殘，當爲
“史”字。

按：王錦城所言可從。

1213. 73EJT37：1123

昭武擅利里弟侯彭且年廿三　　　車二兩牛三☑

　　　　　　　　　見將車△丿☑　　　73EJT37：1123

［1］王錦城：第二行“弟”字其當非“弟”字。“弟侯”義不明。

按：從整理者原釋。

1214. 73EJT37：1151

賦閣已歸東部卒四人以眾人出胎卩　北辟外垣西面☐程

令士吏將餘卒持五人食詣駒望並持方鍪矛歸之·出胎卒閣在府令衺
亭卒持☑

各有受閣令持矛去並取利絑穿即持皮來令持三皮予服胡千秋爲僵治絝
　　　　　　　　　　　　　　　　　　73EJT37：1151A

東部三　　　　　左後三　　　　歸如意卒張同爲記遣令持
其歸去　丿

南部二　　　　　士吏張卿二　　　遣卒蓋宗詣報胡代馬遂令
亭☐☐丿

北部五　一駢北矛　　臨利二　　　歸禁姦卒同丿鼓下餘十五
石五☑　　　　　　　　　　　　　　73EJT37：1151B

［1］王錦城：“船”字原作“胎”，當爲“船”字。

［2］韓鵬飛：“穿”應隸定爲“窅”。

按：王錦城、韓鵬飛之言可從。此外，B面"令亭"下圖版作：，當爲"持"字，同簡該字圖版作：，可參。

1215. 73EJT37：1181

☑□立以來　　　　　　　　　　　　　　　　73EJT37：1181A

……遣亭長……　　　　　　　　　　　　　　73EJT37：1181B

按：B面可補釋文字作"……令□丞□移過所遣亭長……"。

1216. 73EJT37：1184

五鳳四年三月壬申朔癸酉令史登敢言☑

同縣故里柳廣偕乘所占騅牡馬一匹白駹左□☑

侯國門亭河津勿苛留如律令☑

三月癸酉蔭平守丞寰寫移☑　　　　　　　　73EJT37：1184

[1] 黄浩波："博平"原釋爲"蔭平"。①

[2] 王錦城：從字形來看似非"博"，亦非"蔭"，或當存疑待釋。

按：暫從整理者原釋。

1217. 73EJT37：1195

葆䌛得步里公乘趙明年十八　　　大車一兩　　　二月丙申出□☑

　　　　　　　　　　　　　　　用牛二頭☑　　73EJT37：1195

[1] 韓鵬飛：我們認爲此處應釋作"迹"。

按：可備一說。

1218. 73EJT37：1202

建平元年十一月甲辰居延令彊守丞＿移過所縣道河津關遣守☑

　　　　　　　　　　　　　　　　　　　　73EJT37：1202

[1] 許名瑲：簡73EJT37：1202"守丞宫""宫"字溼漫不清，幾近

---

① 黄浩波：《肩水金關漢簡（肆）所見郡國縣邑鄉里表》，簡帛網，2016年3月9日，ht-tp：//www.bsm.org.cn/show_article.php？id=2484。

闕文，原整理者未釋，據同類簡文例，可補作"守丞宮"。①

[2] 王錦城：補釋或可從，但圖版磨滅，似本來即無字。職官名後空缺人名的情況漢簡習見，其當爲草稿，有待填入發文官吏的名字。

按：當從整理者原釋。

1219. 73EJT37：1205

張掖郡□田卒觻得樂安里公士嚴中……　　　　　　　　73EJT37：1205

[1] 趙爾陽：細察圖版，應爲"甲"，"田卒"當爲"甲卒"。②

[2] 王錦城：從字形來看確爲"甲"，又漢簡中釋作"田卒"的"田"寫成"甲"的情況還有出現，因此其或存在有"甲卒"這樣一種卒。

按：改釋可從。

1220. 73EJT37：1225

☑二月丁卯武駿期門侍郎臣延壽持節奉☑

……

……　　　傳第九十七　　　　　　　　　　　　73EJT37：1225

[1] 黃浩波："駿"當作"騎"，"奉"當作"承"。③

按：改釋可從。

1221. 73EJT37：1266

☑□居第五亭印賦筭給　　　　　　　　　　　　　73EJT37：1266

[1] 王錦城："印"字或當是"部"字草寫，"第五亭部"漢簡常見。

按：王錦城所言可備一説。

---

① 許名瑲：《〈肩水金關漢簡（肆）〉簡 73EJT37：1491 考年》，簡帛網，2016 年 3 月 16 日，http：//www.bsm.org.cn/show_article.php？id＝2487。

② 趙爾陽：《淺談肩水金關漢簡中涉及張掖郡籍"田卒"的幾則簡文》，簡帛網，2018 年 8 月 25 日，http：//www.bsm.org.cn/show_article.php？id＝3212。

③ 黃浩波：《〈肩水金關漢簡（肆）〉所見甘延壽相關簡文考釋》，《出土文獻研究》第 16 輯，中西書局 2017 年版。

1222. 73EJT37：1284

孝子山囚   73EJT37：1284A

囚囚囚   73EJT37：1284B

按：整理者所釋"山"字，恐非，此字圖版作：**山**，當釋"曰"字。"孝子曰"又見於73EJT21：485 號簡，辭例爲"孝子曰自□"，其中"曰"字，圖版作：**山**，可爲參考。

1223. 73EJT37：1304

卒忠   73EJT37：1304A

［1］韓鵬飛："忠"我們改釋作"中"。

按："忠"字圖版作**忠**，字形可疑，韓鵬飛的懷疑頗有道理，暫存疑不釋。

1224. 73EJT37：1309

御史大夫吉下扶風廐承書

當舍傳舍從者如律令   73EJT37：1309

［1］韓鵬飛："廐"爲"府"誤書。

按：從整理者原釋。

1225. 73EJT37：1314

張掖□□□印

肩水候官　九月己亥騂北卒林赦之以来   73EJT37：1314

［1］韓鵬飛："林赦之"改釋爲"林赦"。

按：漢簡中"赦之"較爲常見，此處當從整理者原釋。另，"張掖"後所缺三字疑爲"廣地候"，73EJT14：31 號簡與此簡內容頗爲接近，可參。

1226. 73EJT37：1330

雒陽謝里不更尹□囚   73EJT37：1330

[1] 沈思聰：未釋字圖版作 ，疑“興”字。

按：沈思聰之言可備一説。

1227. 73EJT37：1337

居延亭長孫婁　　　軺車一<u>兩</u>☒　　　馬一匹☒　　　　　73EJT37：1337

[1] 黃悦：整理者釋作“兩”，應當釋作“乘”字。①

按：改釋可從。

1228. 73EJT37：1342

☒□故里左賢年廿三

☒□　　　十一月甲申南關佐音入　　　　　　　73EJT37：1342

按：“故”上一字，圖版作：，整理者未釋，當是“安”字。
“安故里”，里名，肩水金關漢簡中習見。

1229. 73EJT37：1381

長安水上里丁<u>宣</u>年卅五　乘蘭輿車驪牡馬一匹齒十二歲高五尺八寸……
　　　　　　　　　　　　　　　　　　　　　　73EJT37：1381

[1] 高一致：“宣”或應釋作“宜”。②

按：改釋可從。

1230. 73EJT37：1451

元延元年七月丙寅朔丙寅東鄉嗇夫豐佐章敢言之道德☒

使之張掖郡<u>界</u>中願以令取傳·謹案户籍臧官者豐爵公士☒

　　　　　　　　　　　　　　　　　　　　73EJT37：1451A

允吾丞印　　　　　　　　　　　　　　　73EJT37：1451B

[1] 韓鵬飛：“界”我們認爲此處應爲“眾”字的訛寫。

---

① 黃悦：《〈肩水金關漢簡（肆）〉釋文試校五則》，簡帛網，2017 年 3 月 1 日，http：//www.bsm.org.cn/show_article.php？id＝2743。

② 高一致：《初讀〈肩水金關漢簡（肆）〉筆記》，簡帛網，2016 年 1 月 14 日，http：//www.bsm.org.cn/show_article.php？id＝2434。

按：從整理者原釋。

1231. 73EJT37：1453

☑□月甲寅朔庚申東鄉有秩禁敢言之西函里男子☑

☑獄徵事當爲傳謁移過所縣邑侯國郵亭津☑　　　　73EJT37：1453

［1］許名瑲：細審簡文"月"字前殘筆，似爲"九"字，若然，則九月甲寅朔，推定本簡爲元延三年。成帝元延三年九月甲寅朔，七日庚申，儒略日 171 8047，前 10 年 10 月 4 日。①

［2］王錦城：（許名瑲）補釋或可從，但該字大部殘缺，不可辨識，當從整理者釋。

按：暫從整理者原釋。

1232. 73EJT37：1459

田卒河南郡新鄭章陽里公乘朱兄年卅☑　　　　73EJT37：1459

按：整理者所釋"卅"圖版殘缺不全，實無法準確判定。暫不釋讀較宜。

1233. 73EJT37：1461

<u>鶉陰</u>佐王匡年十八　　已出　　　　73EJT37：1461

［1］王錦城：據趙爾陽"鷅陰"作"鶉陰"。

按：改釋可從。

1234. 73EJT37：1491

☑□寅朔己酉都鄉嗇夫武敢言之龍起里房則自言願以令取傳爲居延倉令史徐譚葆俱迎錢☑

上河農・謹案戶籍臧鄉者則爵上造年廿歲毋它官獄徵事當得以令取傳與譚俱謁移過所縣道河津關

毋苛留止如律令敢言之

---

① 許名瑲：《〈肩水金關漢簡（肆）〉曆日校注》，簡帛網，2016 年 3 月 7 日，http：// www.bsm. cn/show_article. php？id＝2483。

九月庚戌居延令彊守丞宮寫移過所如律令 ╱ 兼掾臨守令史襃

73EJT37：1491

[1] 許名瑲：簡 73EJT37：1491 "建平元年九月庚寅朔己酉"。①

[2] 王錦城：(許名瑲) 補釋或可從，但均殘缺不能辨識，當從整理者釋。

按：許名瑲補釋可從。

1235. 73EJT37：1502

☑年十二月辛未朔甲戌張掖廣地候況移肩水金關吏使

☑里年姓如牒書到出入如律令 73EJT37：1502A

☑□ 守令史惲 73EJT37：1502B

按：該簡 B 面簡首字圖版殘缺，作：█，整理者未釋，疑 "印" 字殘筆。

1236. 73EJT37：1514

通道亭長虞憲 母昭武平都里虞俠年五十

十一月壬寅候史□□

十二月丁巳北嗇夫豐出 73EJT37：1514

[1] 韓鵬飛："壬寅候史" 原簡扭曲，紅外圖版不見這些字，故此處存疑。

按：韓鵬飛所言頗有道理，疑整理者放置圖版時疏忽所致，此處暫從整理者釋讀意見。另，整理者所釋 "俠" 字恐非，此字圖版作：█，疑 "儉" 字，肩水金關漢簡 73EJT37：758 有辭例 "母昭武平都里虞儉年五十" 可爲佐證。對比可知 73EJT37：758 號簡與 73EJT37：1514 號簡的 "虞憲" 當爲同一人，兩簡中的虞憲之母也應是同一人。73EJT37：758 號簡中 "儉" 字相對較爲清晰，圖版作：█，由此，73EJT37：1514 號簡

---

① 許名瑲：《〈肩水金關漢簡 (肆)〉簡 73EJT37：1491 考年》，簡帛網，2016 年 3 月 16 日，http：//www. bsm. org. cn/show_article. php？id＝2487。

中此字也當是“儉”。此外，筆者發現“虞憲”在其母五十歲這一年（建平四年）職務有所調整，從“通道亭長”變更爲“南部候史”。據學者考證：“候史與隧長雖然俸錢相等，均爲六百，但就實際地位而言，候史要略高於隧長。”① 由於通道亭又稱“通道隧”（73EJT26：121），屬於陳夢家論及的“隧、亭同名同實”。② 可知“虞憲”的職務調整屬於升遷任用。

1237. 73EJT37：1542

皮⿱罒目草革各一 瓦枓二　　73EJT37：1542

［1］張再興、黄艷萍：“⿱罒目”當“冒”。③

［2］秦鳳鶴：“⿱罒目”當釋“窅”。④ 韓鵬飛同。

［3］王錦城：該字無疑爲“冒”字。

按：釋“冒”可從。

1238. 73EJT37：1544

蓬火⿱罒冊板一 煙造一 畚一　　73EJT37：154

［1］王錦城：“⿱罒冊”字爲“圖”字，“烽火圖板”當和烽火有關或是指放置烽火的地圖。⑤

按：改釋可從。

1239. 73EJT37：1549

芀橐一 布蓬三 塢戶上下級各一　　73EJT37：1549

［1］王錦城：“芀”原作“芳”。

---

① 高榮、張榮芳：《漢簡所見的“候史”》，《中國史研究》2004年第2期。

② 陳夢家：《漢簡綴述》，中華書局2004年版，第56頁。

③ 張再興、黄艷萍：《肩水金關漢簡校讀札記》，《中國文字研究》2017年第26輯。

④ 秦鳳鶴：《〈肩水金關漢簡〉（肆）釋文校訂》，《古文字研究》第32輯，中華書局2018年版。

⑤ 王錦城：《肩水金關漢簡校讀札記（一）》，簡帛網，2017年7月13日，http：//www. bsm. org. cn/show_article. php? id=2839；王錦城：《西北漢簡字詞雜考四則》，《簡帛》第18辑，上海古籍出版社2019年版。

按：改釋可從。

1240. 73EJT37：1568

□□敬老里<u>王</u>□<u>年十</u>四 方箱車一□

用馬一匹騅　　　　　　　　　　　　73EJT37：1568

按：整理者所釋"王"字，圖版作：▯，知此字殘斷，實無法核實是否是"王"，亦有可能是其他字，如"壬"，應存疑。整理者所釋"十"字，圖版作：▯，亦殘斷難釋，廿、卅的可能性亦無法排除，應存疑。所釋"方箱車一"也是圖版殘缺，僅從現存字跡來看，亦無法進行釋讀，應存疑。由此，釋文作：

□□敬老里□□年□四

……

用馬一匹騅　　　　　　　　　　　　73EJT37：1568

1241. 73EJT37：1573

·樂府卿言齋□後殿中□□以不行……迫時入行親以爲□常諸侯王謁拜正月朝賀及上計鈁鐘張虞從樂人及興卒制曰可孝文皇帝七年九月<u>乙</u>未下　　　　　　　　　　　73EJT37：1573

[1] 許名瑲：九月庚子朔，是月無乙未，"乙"字當校正爲"己"字。文帝七年九月庚子朔，廿日己未，儒略日 165 8526，前 173 年 10 月 18 日。[1]

[2] 王錦城：圖版模糊，不能辨識，（許名瑲）改釋當可從。

[3] 裴永亮：原釋"行親以爲□常"，"□"衍，應爲"行親以爲常"。[2] 韓鵬飛同。

按：許名瑲改釋可從，"行親以爲□常諸侯王"懷疑爲"行親以爲行□諸侯王"。由此，釋文作：

·樂府卿言齋□後殿中□□以不行……迫時入行親以爲行□諸侯王

---

① 許名瑲：《〈肩水金關漢簡（肆）〉曆日校注》，簡帛網，2016 年 3 月 7 日，http：//www.bsm.org.cn/show_article.php? id=2483。

② 裴永亮：《肩水金關漢簡中的漢文帝樂府詔書》，《音樂研究》2018 年第 2 期。

謁拜正月朝賀及上計飭鐘張虞從樂人及興卒制曰可孝文皇帝七年九月己
未下   73EJT37：1573

1242. 73EJT37：1578

……

居延謹案□□□   73EJT37：1578A

……   73EJT37：1578B

按："案"下第兩、叁字圖版作：█、█，整理者未釋，疑是"毋"
"官"兩字殘筆。

1243. 73EJT37：1580

□近頃□

叩頭再□   73EJT37：1580A

□願爲今□   73EJT37：1580B

［1］韓鵬飛：此處據辭例釋爲"拜"。

按：韓鵬飛所言可從。

1244. 73EJT37：1582

觻得成信里大夫功師聖年十八長七尺二寸黑色　七月庚子入　七月
壬辰出   73EJT37：1582

［1］張再興、黃艷萍："功師"當讀作"工師"。①

按：補釋可從。

1245. 73EJT37：1590

童弟小女貞年九長五尺一寸黑色正則占不□□占所乘用騩牡馬一匹
齒三歲高五尺六寸正則占   73EJT37：1590

［1］韓鵬飛："一寸"懷疑此處應釋作"五寸"。

按：韓鵬飛所言可從，另，簡首整理者所釋"童"也頗可疑。

---

① 張再興、黃艷萍：《肩水金關漢簡校讀札記》，《中國文字研究》2017 年第 26 輯。

（三十一）73EJH1

1246. 73EJH1：2

十一月　□己卯　庚辰　辛巳　壬午　癸未　甲申　乙酉　丙戌　丁亥
　　　　戊子　己丑　　庚寅　　辛卯　　壬辰　　　　　73EJH1：2

[1] 許名瑲：“□”爲“大”。①

[1] 王錦城：補釋可從，但簡文漫漶不清，不能辨識，當從整理者釋。

按：暫從整理者釋讀。

1247. 73EJH1：4

☑□ 辛辛庚庚庚己己戊丞相史陳戊
　　　　　初伏 後伏

☑□ 酉卯申寅申丑未子卿從居延來午　　　　73EJH1：4

[1] 許名瑲：今所存簡文“辛酉”前一月，可補作“壬辰”。②

[2] 王錦城：補釋可從，但該兩字幾全部殘缺，僅存一點墨跡，暫從整理者釋。

按：暫從整理者釋讀。

1248. 73EJH1：25

廣地關都亭長蘇安世妻居延鉼庭里薛存年廿九長☑　　　73EJH1：25

[1] 王錦城：據張俊民意見，“闘”其實是“闥”省去了中間的“日”，爲“闥”字的異體。

按：王錦城所言可從，簡文中的“蘇”字，當釋作“薛”字，肩水金關漢簡中有辭例可爲佐證，如下：

---

① 許名瑲：《〈肩水金關漢簡（肆）〉曆日綜考》，《簡帛》第 14 輯，上海古籍出版社 2017 年版。

② 許名瑲：《〈肩水金關漢簡（肆）〉曆日綜考》，《簡帛》第 14 輯，上海古籍出版社 2017 年版。

關嗇夫居延鉼庭里薛安世☑　　　　　　　　　　　73EJT4：89

73EJT4：89 號簡漢簡"薛安世"與 73EJH1：25 號簡的"薛存"均來自
"居延鉼庭里"，而且妻隨夫姓較爲常見，薛存爲薛安世之妻與理通順。
由此，釋文作：

廣地關都亭長薛安世妻居延鉼庭里薛存年廿九長☑　　73EJH1：25

1249. 73EJH1：30

☑八人其一人車父　·凡百卅九人　輻車七兩☐☐☐☐牛　車百一十兩☑
☑百卅一人其十六人輸廣地置　馬七匹　　牛百一十二其十五輸廣地還
☑　　　　　　　　　　　　　　　　　　　　　　　　　73EJH1：30

　[1] 郭偉濤：末字原釋作"還"，與前面"置"字絕肖，當爲
"置"，徑改。① 韓鵬飛同。

　[2] 王錦城：第二行"還"字原作"置"，該字當釋"還"。第二個
"還"字可以參看。又兩個"還"字處於相同辭例中，應當一致。

　按：郭偉濤所言可從，當爲"置"。

1250. 73EJH1：39

戍卒上黨郡銅鞮中人里大夫陰春☑　　　　　　　　　73EJH1：39

　[1] 高一致：原釋"春"恐不確，疑字爲"孝"。② 黃悅同③。

　按：諸家改釋可從。

1251. 73EJH1：51

居延獄史徐☐☑　　　　　　　　　　　　　　　　　73EJH1：51

　按：該簡簡末尾字圖版殘缺，作：，整理者未釋，疑"偃"字
殘筆。肩水金關漢簡 73EJT25：19 號簡中有"居延獄史徐偃"辭例可爲
佐證。

---

　① 郭偉濤：《漢代張掖郡肩水塞研究》，博士學位論文，清華大學，2017 年，第 170 頁。

　② 高一致：《初讀〈肩水金關漢簡（肆）〉筆記》，簡帛網，2016 年 1 月 14 日，http：//
www.bsm.org.cn/show_article.php？id=2434。

　③ 黃悅：《〈肩水金關漢簡（肆）〉釋文試校五則》，簡帛網，2017 年 3 月 1 日，http：//
www.bsm.org.cn/show_article.php？id=2743。

1252. 73EJH1：65

☑□奴　　　　　　　　　　　　　　　　　　　　73EJH1：65

［1］沈思聰：未釋字圖版作 ⼟，當釋“王”。

按：暫從整理者原釋不釋讀。

1253. 73EJH1：68

原武南長里王富☑

原武南長里張□☑

□□□□圍里☑　　　　　　　　　　　　　　73EJH1：68

［1］韓鵬飛：依據字形爲“南陽”。①

按：補釋可從。

（三十二）73EJH2

1254. 73EJH2：1

田卒上黨郡涅磨<u>焦</u>里不更李過程年廿五　　　　　73EJH2：1

［1］王錦城：“焦”字似當爲“侯”字。

按：從整理者原釋。

1255. 73EJH2：2

公乘番和宜便里年卅三歲姓吳氏故驪靬苑斗食嗇夫廼神爵二年三月<u>辛</u>

73EJH2：2

按：參73EJT23：193、73EJT4：98號簡，73EJH2：2號簡整理者所釋“辛”字，疑爲書誤，可能爲73EJT4：98號簡的“庚”字。

1256. 73EJH2：12

張掖大守延年肩水倉長湯兼行丞事謂觻得以爲駕一　　73EJH2：12

_____

① 張俊民惠賜的釋文中，也有改釋“南陽”。

按：簡的左上側還有墨跡，圖版作：，整理者未釋，當隸定作"豆"。

1257. 73EJH2：38

伏地再拜請

□□足下今　　　　　　　　　　　　　　　　　73EJH2：38A

……

進宋子　　　　　　　　　　　　　　　　　　　73EJH2：38B

［1］韓鵬飛：應釋爲"子山"。

按：所言可從，B 面第一行簡末一字疑爲"謹"。

1258. 73EJH2：42

道人謹案亭隧六所警精皆見毋少不足當實敢言之☑　　73EJH2：42

［1］王錦城："書"原作"當"，該字當爲"書"字。又"書實"一語金關漢簡常見，亦可爲證。

按：王錦城所言可從。

1259. 73EJH2：48

……幸爲取布唯惡也被幣衣耳強不可已得幸急……　　73EJH2：48A

［1］韓鵬飛：應隸定作"蕙"。

按：所言可從。

1260. 73EJH2：87

☑二人　　　六年部候長候☑

　　　　凡六部會☑　　　　　　　　　　　　　　73EJH2：87A

☑□□□□史二人☑

☑□長六人卒十五人☑

☑西部候長候史二人☑　　　　　　　　　　　　　73EJH2：87B

按：A 面"會"下一字，圖版殘缺，整理者未釋讀，圖版作：，疑"府"字殘筆。"會府"一詞又見於 73EJT30：56 號簡可爲佐證。B 面"史"上一字整理者未釋，圖版作：，當爲"亥"字，73EJT30：68 號

簡 “亥” 字作：，可參。“長” 上一字整理者未釋，圖版作：，當爲

“亭” 字，73EJT4：157 號簡 “亭” 字作：，可參。由此，簡文可復原爲：

　　☑二人　　六年部候長候☑

　　凡六部會府☑　　　　　　　　　　　　　　　　　　73EJH2：87A

　　☑□□□亥史二人☑

　　☑亭長六人卒十五人☑

　　☑西部候長候史二人☑　　　　　　　　　　　　　　73EJH2：87B

1261. 73EJH2：90

　　☑□隧長贏□☑　　　　　　　　　　　　　　　　　73EJH2：90

　　按：“隧” 上一字，圖版殘損，整理者未釋，此處圖版作：，疑

“姦” 字殘筆。肩水金關漢簡中有辭例可爲佐證，如：

　　□禁姦隧長贏　　　　　　　　　　　　　　　　　73EJT37：1223

　　由此，釋文作：

　　☑（禁）姦隧長贏□☑　　　　　　　　　　　　　73EJH2：90

推測 73EJH2：90 與 73EJT37：1223 號簡所指當爲同一人。

（三十三）73EJF1

1262. 73EJF1：1

丞相方進御史臣光昧死言

明詔衰閔元＝臣方進御史臣光往秋郡被霜冬無大雪不利宿麥恐民□

　　　　　　　　　　　　　　　　　　　　　　　　73EJF1：1

　　按：第二列 “大” 字下有字，原整理者初釋作 “霝”，後改釋作

“雺”，作 “冬無大雺”。① 伍德煦釋作 “雩”，認爲即雪字之章草體。② 薛

---

　　①　甘肅省文物工作隊居延簡整理組：《居延簡〈永始三年詔書〉冊釋文》，《敦煌學輯刊》
1984 年第 2 期。

　　②　伍德煦：《新發現的一份西漢詔書——〈永始三年詔書簡冊〉考釋和有關問題》，《西北
師院學報》1983 年第 4 期。

英群、《釋粹》從之①，《肩（肆）》亦從之，作“冬無大雪”。伍德煦之說可從，此處簡文可處理作：往秋郡被霜，冬無大雩（雪）。“冬無大雪”是災異，氣候不合之像，不利農業。該詞見於《漢書·平當傳》，曰：“朕選于眾，以君為相，視事日寡，輔政未久，陰陽不調，冬無大雪，旱氣為災，朕之不德，何必君罪？”② 簡文中的“被霜”一詞又見於《淮南子》、《鹽鐵論》等典籍，意遭霜害。《淮南子·人間訓》載：“同日被霜，蔽者不傷。”③《鹽鐵論·非鞅》曰：“譬若秋蓬被霜，遭風則零落，雖有十子產，如之何？”④ 如若“霜害”程度較大，則不利農業生產，且影響社會穩定。《漢書·五行志》載：“元帝永興元年三月，隕霜殺桑；九月二日，隕霜殺稼，天下大饑。”⑤

73EJF1：1 號簡言“往秋郡被霜，冬無大雪”可知永始二年秋、冬季節接連發生自然災害。漢成帝賜翟方進的冊書也曾說：“惟君登位，於今十年，災害并臻，民被饑餓”。⑥ 李均明引《漢書·成帝紀》三年春正月“天災仍重，朕甚懼焉。”認為“永始二、三年秋冬間曾發生較嚴重的自然災害，故下詔撫民。”⑦ 可從。由此，釋文作：

丞相方進御史臣光昧死言

明詔哀閔元＝臣方進御史臣光往秋郡被霜冬無大雩（雪）不利宿麥恐民□　　　　　　　　　　　　　　　　　　73EJF1：1

1263. 73EJF1：2

調有餘給不足不民所疾苦也可以便安百姓者問計長吏守丞條封

臣光奉職無狀頓＝首＝死＝罪＝臣方進臣光前對問上計弘農大守丞□

73EJF1：2

① 薛英群：《居延新獲〈永始三年詔書〉冊初探》，《秦漢史論叢》第 3 輯，陝西人民出版社 1986 年版，第 362 頁；甘肅省文物考古研究所編：《居延新簡釋粹》，蘭州大學出版社 1988 年版，第 104 頁。

② （東漢）班固：《漢書》，中華書局 1962 年版，第 3051 頁。

③ 何寧：《淮南子集釋》，中華書局 1998 年版，第 1279 頁。

④ 王利器：《鹽鐵論校注》，中華書局 1992 年版，第 95 頁。

⑤ （東漢）班固：《漢書》，中華書局 1962 年版，第 1427 頁。

⑥ （東漢）班固：《漢書》，中華書局 1962 年版，第 3422 頁。

⑦ 李均明：《秦漢簡牘文書分類輯解》，文物出版社 2009 年版，第 31 頁。

按：《肩（肆）》把 73EJF1：2 號簡中的▨字釋作"封"字恐非，疑此字乃"對"字。我們條列肩水金關漢簡中的"封"、"對"兩字，制表如下：

對				
	73EJF1：2	73EJT37：454	73EJT14：30	73EJT37：118
封				
	73EJT1：124	73EJT10：319	73EJT37：715	73EJT37：745

對比可知▨字與"對"字字形近似，此字左上角的圖版作：▨，模糊可見有兩筆。當是"對"字。

此外，"條對"一詞見於《漢書·梅福傳》，曰："詣行在所條對急政，輒報罷。"顏師古曰："條對者，一一條録而對之。"[1] 同簡第二列曰"臣方進臣光前對問上計"、73EJF1：3 號簡曰"令堪對曰"，暗示詔書存在顏師古所述"條録而對之"的情況，亦可爲佐證。

綜上，73EJF1：2 號簡當作"條對"而非"條封"。由此，釋文作：
　調有餘給不足不民所疾苦也可以便安百姓者問計長吏守丞條對
　臣光奉職無狀頓＝首＝死＝罪＝臣方進臣光前對問上計弘農大守丞▨
　　　　　　　　　　　　　　　　　　　　　　　　　　　　　73EJF1：2

1264. 73EJF1：4
郡國九穀最少可豫稍爲調給立輔預言民所疾苦可以便宜▨
弘農大守丞立山陽行大守事湖陵▨▨上谷行大守事▨　　　73EJF1：4
按：73EJF1：4 號簡第一列"輔"下一字，圖版作：▨，原整理

① （東漢）班固：《漢書》，中華書局 1962 年版，第 2917 頁。

者釋作"既"字,作"既言民所疾苦"。① 伍德煦、大庭脩、《釋粹》、薛英群等從之。② 《肩(肆)》則改釋作"預",作"預言"。此字又見於73EJF1:7號簡,圖版作:,原整理者釋作"既"字,作"既可",伍德煦、大庭脩、李均明等從之。③ 薛英群則釋作"即"字,作"即可"。④ 《肩(肆)》仍改釋作"預",作"預可"。當是"既"字,原整理者所釋可從,《肩(肆)》改釋不可取。我們條列既、即、預三字在漢簡中的字形,制表如下:

既				
	73EJT24:568	103.46B⑤	206.28⑥	E. P. T20:9⑦
即				
	46.28⑧	73EJT37:61	73EJT37:163	73EJT9:264

---

① 甘肅省博物館漢簡整理組:《〈永始三年詔書〉簡册釋文》,《西北師院學報》1983年第4期;甘肅省文物工作隊居延簡整理組:《居延簡〈永始三年詔書〉册釋文》,《敦煌學輯刊》1984年第2期。

② 伍德煦:《新發現的一份西漢詔書——〈永始三年詔書簡册〉考釋和有關問題》,《西北師院學報》1983年第4期;[日]大庭脩:《論肩水金關出土的〈永始三年詔書〉簡册》,姜鎮慶譯,《敦煌學輯刊》1984年第2期;甘肅省文物考古研究所編:《居延新簡釋粹》,蘭州大學出版社1988年版,第105頁;薛英群:《居延漢簡通論》,蘭州大學出版社1991年版,第203頁。

③ 伍德煦:《新發現的一份西漢詔書——〈永始三年詔書簡册〉考釋和有關問題》,《西北師院學報》1983年第4期;[日]大庭脩:《論肩水金關出土的〈永始三年詔書〉簡册》,姜鎮慶譯,《敦煌學輯刊》1984年第2期;李均明:《秦漢簡牘文書分類輯解》,文物出版社2009年版,第30頁。

④ 薛英群:《居延漢簡通論》,蘭州大學出版社1991年版,第203頁。

⑤ 簡牘整理小組編:《居延漢簡(貳)》,臺北:"歷史語言研究所"2015年版,第7頁。

⑥ 簡牘整理小組編:《居延漢簡(貳)》,臺北:"歷史語言研究所"2015年版,第253頁。

⑦ 白海燕:《"居延新簡"文字編》,博士學位論文,吉林大學,2014年,第336頁。

⑧ 簡牘整理小組編:《居延漢簡(壹)》,臺北:"歷史語言研究所"2014年版,第153頁。

续表

預				
	東76①			

　　對比三字字形知，該字與 103.46B、E. P. T20：9 號簡的“既”字在字形上較爲一致，當是同一字，原整理者所釋可信。此外，從文意分析，73EJF1：2 號簡簡文曰“調有餘給不足不民所疾苦也”，73EJF1：4 號簡若作“既言民所疾苦”，亦能形成文意上的貫通。

　　73EJF1：4 號簡第一列尾字圖版作：，字殘損，原整理者釋作“安”字，作“民所疾苦可以便安”。② 伍德煦、大庭脩、《釋粹》、薛英群等從之。③《肩（肆）》則改釋作“宜”，作“民所疾苦可以便宜”。此字字殘損，原不易識別，我們傾向是“安”字，也即認同原整理者的釋讀。原因在於73EJF1：2 號簡有相同簡文，可以形成互證，如下：

　　民所疾苦也可以便安百姓者

　　此外，73EJF1：2 號簡中的“安”字，圖版作：，從書寫風格來看，與73EJF1：4 號簡第一列尾字字形也較爲接近。

　　傳世文獻也有記載，漢成帝永始二年詔書便有相似語句。《漢書·成帝紀》載：“二月癸未夜，星隕如雨。乙酉晦，日有蝕之。詔曰：‘乃者，龍見於東萊，日有蝕之。天著變異，以顯朕郵，朕甚懼焉。公卿申敕百

---

① 長沙市文物考古研究所、中國文物研究所編：《長沙東牌樓東漢簡牘》，文物出版社 2006 年版，圖版，第 40 頁。

② 甘肅省博物館漢簡整理組：《〈永始三年詔書〉簡册釋文》，《西北師院學報》1983 年第 4 期；甘肅省文物工作隊居延簡整理組：《居延簡〈永始三年詔書〉册釋文》，《敦煌學輯刊》1984 年第 2 期。

③ 伍德煦：《新發現的一份西漢詔書——〈永始三年詔書簡册〉考釋和有關問題》，《西北師院學報》1983 年第 4 期；［日］大庭脩：《論肩水金關出土的〈永始三年詔書〉簡册》，姜鎮慶譯，《敦煌學輯刊》1984 年第 2 期；甘肅省文物考古研究所編：《居延新簡釋粹》，蘭州大學出版社 1988 年版，第 102 頁；薛英群：《居延漢簡通論》，蘭州大學出版社 1991 年版，第 203 頁。

寮，深思天誡，有可省減便安百姓者，條奏。所振貸貧民，勿收。'"①

《肩（肆）》所改釋"便宜"一詞，多指"便宜事"或"便宜從事"，如《漢書・張釋之傳》曰："釋之既朝畢，因前言便宜事。"② 再如《漢書・常惠傳》道："大將軍霍光風惠以便宜從事。"③ 我們從簡文分析，《永始三年詔書》意在安撫百姓，而非給予官員以便宜從事之權。由此，我們認爲把此字釋作"安"字是合適的。由此，釋文作：

郡國九穀最少可豫稍爲調給立輔既言民所疾苦可以便安

弘農大守丞立山陽行大守事湖陵□□上谷行大守事　　　　　73EJF1：4

1265. 73EJF1：6

治民之道宜務興本廣農桑□□□□

來出貸或取以賈販愚者苟得逐利□　　　　　　　　　　　73EJF1：6

按：73EJF1：6 號簡第一列"農"下一字圖版作：███，原整理者初未釋，後釋作"桑"字，作"廣農桑"④。《釋粹》、《肩（肆）》從之。⑤ 伍德煦、大庭脩、薛英群等未釋。⑥ 從字形分析，疑是"業"字，我們把漢簡中業、桑兩字的字形，制表如下：

業				
	73EJT21：96	73EJT37：855	73EJT24：160	73EJT26：36

① （東漢）班固：《漢書》，中華書局 1962 年版，第 321 頁。
② （東漢）班固：《漢書》，中華書局 1962 年版，第 2307 頁。
③ （東漢）班固：《漢書》，中華書局 1962 年版，第 3004 頁。
④ 甘肅省博物館漢簡整理組：《〈永始三年詔書〉簡冊釋文》，《西北師院學報》1983 年第 4 期；甘肅省文物工作隊居延簡整理組：《居延簡〈永始三年詔書〉冊釋文》，《敦煌學輯刊》1984 年第 2 期。
⑤ 甘肅省文物考古研究所編：《居延新簡釋粹》，蘭州大學出版社 1988 年版，第 102 頁。
⑥ 伍德煦：《新發現的一份西漢詔書——〈永始三年詔書簡冊〉考釋和有關問題》，《西北師院學報》1983 年第 4 期；［日］大庭脩：《論肩水金關出土的〈永始三年詔書〉簡冊》，姜鎮慶譯，《敦煌學輯刊》1984 年第 2 期；薛英群：《居延漢簡通論》，蘭州大學出版社 1991 年版，第 203 頁。

续表

桑				
	108.5①	胥 101·15②	武醫 75③	E. P. W：67④

對比知，此字字形與"桑"字差距較大，近似"業"字。"農業"一詞，漢代典籍也較爲常見。如《漢書·宣帝紀》載："蓋聞農者興德之本也，今歲不登，已遣使者振貸困乏。其令太官損膳省宰，樂府減樂人，使歸就農業。"⑤《漢書·王莽傳》載："諸侯、關、任、附城、羣吏亦各保其災害。凡上下同心，勸進農業，安元元焉。"⑥ 由此，此字當是"業"字，作"廣農業"。由此，釋文作：

治民之道宜務興本廣農業□□□□

來出貸或取以賈販愚者苟得逐利□ 　　　　　　73EJF1：6

1266. 73EJF1：7

言預可許臣請除貸錢它物律詔書到縣道官得假貸錢□□

縣官還息與貸者它不可許它別奏臣方進臣光愚憨頓＝首＝死＝罪＝

　　　　　　　　　　　　　　　　　　　　　73EJF1：7

按："預"當是"既"字。73EJF1：7 號簡第一列"官"下三字圖版作：（A）、（B）、（C），字殘損，原整理者初未釋，后釋出前兩字作："得"、"取"，第三字則未釋。⑦《釋粹》從之⑧。伍德煦、大

---

① 簡牘整理小組編：《居延漢簡（貳）》，臺北："歷史語言研究所"2015 年版，第 11 頁。

② 李洪財：《漢簡草書整理與研究》，博士學位論文，吉林大學，2014 年，下編，第 261 頁。

③ 李洪財：《漢簡草書整理與研究》，博士學位論文，吉林大學，2014 年，下編，第 261 頁。

④ 白海燕：《"居延新簡"文字編》，博士學位論文，吉林大學，2014 年，第 406 頁。

⑤ （東漢）班固：《漢書》，中華書局 1962 年版，第 245 頁。

⑥ （東漢）班固：《漢書》，中華書局 1962 年版，第 4143 頁。

⑦ 甘肅省博物館漢簡整理組：《〈永始三年詔書〉簡册釋文》，《西北師院學報》1983 年第 4 期；甘肅省文物工作隊居延簡整理組：《居延簡〈永始三年詔書〉册釋文》，《敦煌學輯刊》1984 年第 2 期。

⑧ 甘肅省文物考古研究所編：《居延新簡釋粹》，蘭州大學出版社 1988 年版，第 103 頁。

庭脩、薛英群對三字均未釋。① 《肩（肆）》則改釋作"得"、"假"、"貸"。② A 字近似于"得"，原整理者釋讀可從；B 字從字形分析，疑是"貸"字，C 字疑是"錢"字，我們把肩水金關漢簡中取、假、貸、錢四字的字形制表如下：

取				
	73EJF1：6	73EJT37：52	73EJT37：377	73EJT37：637
假				
	73EJF1：16	73EJT3：98	73EJT21：23	73EJT21：47
貸				
	73EJF1：3	73EJF1：6	73EJF1：7	73EJF1：7
錢				
	73EJF1：7	73EJT37：1442	73EJT37：1481	73EJT37：1525

對比知，B 字字形與取、假兩字均存在差距，與"貸"字則近似。原整理者所釋"取"，《肩（肆）》所釋"假"，均不合適。C 字則與"錢"字字形近似，與《肩（肆）》所釋"貸"字不合。此外，從簡文分析，把 B、C 兩字釋作"貸錢"亦能貫通文意。

故 A、B、C 三字當作：得、貸、錢。由此，釋文作：

言既可許臣請除貸錢它物律詔書到縣道官得貸錢□□

① 伍德煦：《新發現的一份西漢詔書——〈永始三年詔書簡册〉考釋和有關問題》，《西北師院學報》1983 年第 4 期；［日］大庭脩：《論肩水金關出土的〈永始三年詔書〉簡册》，姜鎮慶譯，《敦煌學輯刊》1984 年第 2 期；薛英群：《居延漢簡通論》，蘭州大學出版社 1991 年版，第 203 頁。

② 疑《肩水金關漢簡（肆）》多認了一"假"字，從而導致順序有誤。

縣官還息與貸者它不可許它別奏臣方進臣光愚戆頓＝首＝死＝罪＝

73EJF1：7

1267. 73EJF1：11

賞得自責母息毋令<u>民</u>辦鬭相殘賊務禁絕息貸

令 73EJF1：11

按：73EJF1：11 號簡第一列"令"下三字圖版作： （D）、 （E）、 （F），字殘損，原整理者初釋"使"、"郡"、"縣"，后廢前釋，將 D 字改釋爲"民"，對 E、F 兩字並未釋讀。① 《釋粹》從之②。伍德煦、薛英群從原整理者初釋。③ 《肩（肆）》釋作"民"、"辦"、"鬭"。張俊民釋作"民"、"辨"、"鬭"。④

原整理者把 D 字改釋"民"字可從，E、F 兩字我們暫與漢簡中的郡、縣、辦、辨、鬭等字作一對比，如下：

郡				
	73EJF1：1	73EJF1：4	73EJF1：10	73EJF1：12
縣				
	73EJF1：5	73EJF1：7	73EJF1：7	73EJT1：101
辦				
	73EJT23：196	73EJT28：26	73EJT30：139	73EJT37：762

---

① 甘肅省博物館漢簡整理組：《〈永始三年詔書〉簡册釋文》，《西北師院學報》1983 年第 4 期；甘肅省文物工作隊居延簡整理組：《居延簡〈永始三年詔書〉册釋文》，《敦煌學輯刊》1984 年第 2 期。

② 甘肅省文物考古研究所編：《居延新簡釋粹》，蘭州大學出版社 1988 年版，第 103 頁。

③ 伍德煦：《新發現的一份西漢詔書——〈永始三年詔書簡册〉考釋和有關問題》，《西北師院學報》1983 年第 4 期；［日］大庭脩：《論肩水金關出土的〈永始三年詔書〉簡册》，姜鎮慶譯，《敦煌學輯刊》1984 年第 2 期；薛英群：《居延漢簡通論》，蘭州大學出版社 1991 年版，第 203 頁。

④ 蒙張俊民交流中告知，謹致謝忱。

续表

辨				
	73EJT21：131	73EJT21：239	73EJT24：58	72ECC：3
鬭				
	73EJT7：75	E. P. T40：207①	E. P. T59：142②	E. P. T68：22③

　　對比知，E 與 "郡" 字差距很大，當非 "郡"，其與 "辦" 或 "辨" 字左側近似；F 與 "縣" 字差異也很大，當可排除，與 "鬭" 字形上則較爲接近。

　　《後漢書·劉盆子傳》載："大司農楊音按劍罵曰：'諸卿皆老傭也！今日設君臣之禮，反更殽亂，兒戲尚不如此，皆可格殺！'更相辯鬭。而兵眾遂各踰宮斬關，入掠酒肉，互相殺傷。"④ 古文中 "辨" 亦通 "辯"，⑤ "辨鬭" 即 "辯鬭"。由此，釋文作：

　　賞得自責母（毋）息毋令民辨（辯）鬭相殘賊務禁絕息貸
　　令　　　　　　　　　　　　　　　　　　　　73EJF1：11

1268. 73EJF1：13

　　十月己亥張掖大守譚守部司馬宗行長史……

　　書從事下當用者明扁鄉亭顯處令吏民皆知之如詔書　　　73EJF1：13

　　按：73EJF1：13 號簡字，原整理者所釋 "譚" 字恐非。我們列舉 "譚" 字不同字形，將此字與肩水金關漢簡中的 "譚" 字作對比，制表如下：

---

① 白海燕：《"居延新簡" 文字編》，博士學位論文，吉林大學，2014 年，第 203 頁。
② 白海燕：《"居延新簡" 文字編》，博士學位論文，吉林大學，2014 年，第 203 頁。
③ 白海燕：《"居延新簡" 文字編》，博士學位論文，吉林大學，2014 年，第 203 頁。
④ （南朝宋）范曄：《後漢書》，中華書局 1965 年版，第 482 頁。
⑤ 王輝：《古文字通假字典》，中華書局 2008 年版，第 756 頁。

譚				
	73EJH2：40	73EJT37：404	73EJT33：37	73EJT26：94

對比可知，字與"譚"字形上存在較大差異，當非"譚"字，整理者釋讀存在問題。此外，我們從簡文意分析，若把73EJF1：13號簡的字釋爲"譚"，73EJF1：13、73EJF1：14兩簡將同時現了在張掖任職的"譚"，一個是"十月己亥張掖大守譚"（73EJF1：13），一個是"十一月己酉肩水都尉譚"（73EJF1：14），由於時間相差僅僅十天，兩簡中的"譚"當是二人，雖然職位有別，但也容易引起很大的誤解，從而會影響文書的準確傳遞。

居延漢簡中有"都尉譚"的相關信息，如下：

永始二年三月辛亥居延城司馬譚以秩次行都尉事

當舍傳舍從者如律令／□□□□   140.2A

140.2號簡中的"譚"由"司馬"行"都尉事"，時間是在永始二年，與73EJF1：14號簡永始三年緊鄰，且職務皆與軍事相關，據此我們推測140.2、73EJF1：14兩簡中的"譚"當是同一人。結合兩簡信息，我們大致可以梳理出"譚"的任職脈路，如下：

？－永始二年三月，職務：居延城司馬

永始二年三月－永始三年十一月，職務：肩水都尉

由上可知，時間上，"譚"不可能在永始三年十月出任張掖大守；職務上，"譚"也不會變動如此之快。我們核查出土以及傳世文獻，也沒找到相關"張掖大守譚"的信息。

綜上，73EJF1：13號簡原整理者釋作"譚"不妥，暫存疑待考，作：十月己亥張掖大守□。由此，釋文作：

十月己亥張掖大守□守部司馬宗行長史……

書從事下當用者明扁鄉亭顯處令吏民皆知之如詔書   73EJF1：13

1269. 73EJF1：20、73EJF1：22

☒候掾所魚主☒   73EJF1：20A

☑三<u>願</u>詣在所□☑　　　　　　　　　　　　　73EJF1：20B

按：B 面整理者所釋"願"字，恐非，此處圖版作：，當是"頭"字，表示魚的數量。肩水金關漢簡與此相關的還有 73EJF1：22 號簡，如下：

☑□十頭馮君長☑

☑□十頭侯掾☑

此簡殘缺，侯掾、馮君長所受物品無法知曉。肖從禮曾研究漢簡中的量詞，認爲："漢簡中用頭稱量的有牛、羊、駱駝、魚和鷹等動物。"[1]結合 73EJF1：20A 號簡"侯掾所魚主"的記載，推測 73EJF1：22 號簡是"魚十頭"。由此，釋文作：

☑侯掾所<u>魚</u>主☑　　　　　　　　　　　　　　73EJF1：20A

☑三<u>頭</u>詣在所□☑　　　　　　　　　　　　　73EJF1：20B

☑魚十頭馮君長☑

☑魚十頭侯掾☑　　　　　　　　　　　　　　　73EJF1：22

1270. 73EJF1：31

元鳳二年二月癸卯居延與金關爲出入六寸符券齒百從第一至千左居官右

移金關符合以從事<u>齒</u>八百九十三　　　　　　　73EJF1：31

[1] 王錦城：末行"第八百"的"第"原作"<u>齒</u>"，該字中部磨滅。"八百九十三"爲該符的編號，左"齒八百九十三"於文例不妥。又該簡第一行"第"字作形，結合字形和文義來看，其無疑當爲"第"字，釋"齒"非是。

按：王錦城所言可從。

1271. 73EJF1：37

肩水候長蘇長□☑　　　　　　　　　　　　　　73EJF1：37

按："長"下一字，圖版作：，整理者未釋，當"保"字殘筆。

---

[1]　肖從禮：《從漢簡看兩漢時期量詞的發展》，《敦煌研究》2008 年第 4 期。

肩水金關漢簡中有辭例可爲佐證。

1272. 73EJF1：38

者未蒙教叩頭再拜　　　　　　　　　　　73EJF1：38A

逐相□□得毋有它　　　　　　　　　　　73EJF1：38B

[1] 秦鳳鶴：該簡文應釋讀作"逐相□再，得毋有它。"①

[2] 王錦城：似非"再"，當存疑。

按：暫從整理者原釋。

1273. 73EJF1：42

☑□格言廷　　　　　　　　　　　　　　73EJF1：42A

☑千三百賦卒張　　　　　　　　　　　　73EJF1：42B

[1] 秦鳳鶴：該簡文應釋讀作"廿格言廷。"②

[2] 王錦城：該字圖版似非"廿"，當存疑。

按：暫從整理者原釋。

1274. 73EJF1：52

二十三日　　　甲☑　　　　　　　　　　73EJF1：52

[1] 許名瑲：推定廿四日甲戌。③

[2] 王錦城：當爲據文義補，補釋可從，但簡牘圖版該字不存，當從整理者釋。

按：王錦城所言可從。

1275. 73EJF1：53

二十九日　　　卯☑　　　　　　　　　　73EJF1：53

① 秦鳳鶴：《〈肩水金關漢簡〉（肆）釋文校訂》，《古文字研究》第 32 輯，中華書局 2018 年版。

② 秦鳳鶴：《〈肩水金關漢簡〉（肆）釋文校訂》，《古文字研究》第 32 輯，中華書局 2018 年版。

③ 許名瑲：《〈肩水金關漢簡（肆）〉曆日綜考》，《簡帛》第 14 輯，上海古籍出版社 2017 年版。

［1］許名瑲：推定廿九日己卯。①

［2］王錦城：當爲據文義補，補釋可從，但簡牘圖版該字不存，當從整理者釋。

按：王錦城所言可從。

1276. 73EJF1：116

☑北亭長□出（削衣）　　　　　　　　　　　　　　73EJF1：116

按："長"下一字整理者未釋，此字圖版作：，疑"彭"字，肩水金關漢簡中"彭"字作：（73EJF1：72）、（73EJF3：115）可爲參考，且肩水金關漢簡中亦有辭例可爲佐證，如下：

假佐宣萬年 乘軺車一乘 馬一匹 以八月己未北亭長彭出　73EJF1：72

簡文可能是指騂北亭長彭。由此，釋文作：

☑（騂）北亭長彭出（削衣）　　　　　　　　　　73EJF1：116

1277. 73EJF1：117

☑尉史□敢言之魏右尉左馮翊湖邑簿左里公乘李順自言調爲郡送五年

☑□里大夫刑疾去小奴全偕謹案順等毋官獄徵事　　　73EJF1：117

［1］黃浩波：澂邑，整理者誤釋爲"湖邑"。②

按：黃浩波改釋可從。

---

① 許名瑲：《〈肩水金關漢簡（肆）〉曆日綜考》，《簡帛》第 14 輯，上海古籍出版社 2017 年版。

② 黃浩波：《肩水金關漢簡（肆）所見郡國縣邑鄉里表》，簡帛網，2016 年 3 月 9 日，ht-tp：//www. bsm. org. cn/show_article. php？id＝2484。

五 《肩水金關漢簡（伍）》

（三十四）73EJF2

1278. 73EJF2：4

西海大尹史周勤子男一人□☒　　　　　　　　　　73EJF2：4

［1］秦鳳鶴："勤"當釋"勳"。①

按：改釋可從。

1279. 73EJF2：8

☒□市陽里官大夫潘收年十五長七尺二寸☒　　　　73EJF2：8

［1］雷海龍：未釋之字原簡字形作 ▨▨。從殘筆看，極可能是得。
䑛得市陽里，於金關簡中常見。②

按：雷海龍補釋可從。

1280. 73EJF2：11

金城里萬竟年五十一輜車四乘☒ 用馬四匹☒　　　　73EJF2：11

［1］雷海龍：▨，整理者釋竟。從艹從見，當釋莧，此處爲人名。③

───────────────

　　① 秦鳳鶴：《〈肩水金關漢簡（伍）〉釋文校讀》，《簡帛研究》2018 春夏卷，廣西師範大學出版社 2018 年版。

　　② 雷海龍（落葉掃秋風）：《〈肩水金關漢簡（伍）〉釋文商補》，簡帛網簡帛論壇，2016 年 8 月 25 日，0 樓，http：//www. bsm. org. cn/bbs/read. php？tid = 3389&keyword = % BC% E7% CB% AE% BD% F0。

　　③ 雷海龍（落葉掃秋風）：《〈肩水金關漢簡（伍）〉釋文商補》，簡帛網簡帛論壇，2016 年 8 月 25 日，0 樓，http：//www. bsm. org. cn/bbs/read. php？tid = 3389&keyword = % BC% E7% CB% AE% BD% F0。

［2］韓鵬飛：此處應當從原釋。

按：雷海龍改釋可從。

1281. 73EJF2：34

□□到□人付□□□□

□□延還思想君丙在邊□　　　　　　　　73EJF2：34

［1］李洪財：第一行標下畫線未釋字，原簡作 ，當釋爲“殺”。左側所從“杀”明顯，右側尚見“攵”少許筆畫。第二行未釋字原簡作 ，上部從非，下部爲“心”之草寫，當釋爲“悲”。①

［2］王錦城：從殘存字形來看，釋“殺”可從，但不能確知，當從整理者釋。又第二行末未釋字圖版作，釋“悲”似可從，但又不能十分肯定，暫從整理者釋。

按：暫從整理者原釋。

1282. 73EJF2：37

□一歲毋官獄徵事　　　　　　　　　　　73EJF2：37

按：整理者所釋“一”字，恐非，此處圖版作： ，知殘缺不全，無法核實所載是否爲“一”，當存疑不釋。

1283. 73EJF2：39

☑□

妻始年二☑

子男福年☑　　　　　　　　　　　　　73EJF2：39

按：第一行“年”下一字，整理者釋“二”，恐非，此處圖版作： ，並不是十分清晰。此字釋作“二”不妥，暫存疑待考。第二行“男”下一字，整理者釋“福”，恐非，此處圖版作： ，疑是

---

① 李洪財：《〈肩水金關漢簡〉（伍）校讀記（一）》，簡帛網，2017 年 2 月 25 日，http：//www. bsm. org. cn/show_article. php？id＝2739。

"鴻"字。

1284. 73EJF2：44

稟萬世卒杜崇正月二月食　二月食　（「正月二月食」墨塗）

73EJF2：44

按：正如整理者所言，"正月二月食"被墨塗，當是書手寫錯被塗抹，也即所發僅是"二月食"，此外，墨跡中還有鉤校符號可辨，圖版作：▮。由此，釋文作：

稟萬世卒杜崇丿　二月食　　　　　　　　　73EJF2：44

1285. 73EJF2：47

地黃七分　术□分　　乾□四分
黃蓂六分　人參六分　石□三分·凡十物白□一升橐脂一升
……　　　　　　　　　　　　　　　　　73EJF2：47A
……九日四……　　　　　　　　　　　　73EJF2：47B

[1] 方勇、張越："乾"下一字，頗疑其形爲"杕"字或者"漆"字；"蓂"應爲"芩"；"二"字被誤釋爲"三"，也即是説此處簡文當是"石□二分"。①

[2] 張雷：A 面"白"下一字當爲"密"，"橐"當釋"麋"。②

按：圖版不清晰，暫從整理者原釋。

（三十五）73EJF3

1286. 73EJF3：3、73EJF3：11＋4

右前騎士關都里任憲卩　左前騎士陽里張嚴卩　中營右騎士中宿里鄭茂卩　　　　　　　　　　　　　　　　　73EJF3：3

右前騎士關都里趙嚴卩 左前騎士通澤里李嚴卩 中營右騎士安樂里范

---

① 方勇、張越：《讀金關漢簡醫類簡札記五則》，《魯東大學學報》2017 年第 1 期。

② 張雷：《秦漢簡牘醫方集注》，中華書局 2018 年版，第 417 頁。

良 　　　　　　　　　　　　　　　　　　　　　　　　73EJF3：11＋4

　　［1］李洪財：簡中的“關”當釋作“闡”。此處省“曰”形。其實
張俊民在《肩水金關漢簡（壹）釋文補例》，中就已經指出這個字的釋讀
問題。①

　　按：改釋可從。

1287. 73EJF3：25＋543

右前騎士中宿里孫賞　　左前騎士累山里卞黨　中營左騎士鳴沙里☑
　　　　　　　　　　　　　　　　　　　　　　　　73EJF3：25＋543

　　［1］張再興、黃艷萍：“卞”也有可能是“亓”。②
　　［2］王錦城：説是，當統一釋作“亓”或“卞”。
　　按：可備一説。

1288. 73EJF3：28

右前騎士富里周護　　左前騎士陽里顧立　　卩　中營左騎士累山里☑
　　　　　　　　　　　　　　　　　　　　　　　　73EJF3：28

　　［1］雷海龍：整理者釋“顧”，可隸定爲“顡”，釋爲“顔”。③ 徐佳
文同④。

　　按：諸家改釋可從。

1289. 73EJF3：30＋21

右前騎士累中宿北鄉□　　左前騎士□　　　　73EJF3：30＋21
　　按：整理者所釋“北鄉”，恐非，此兩字圖版作：、，知圖

---

　　① 李洪財：《〈肩水金關漢簡〉（伍）校讀記（一）》，簡帛網，2017 年 2 月 25 日，ht-
tp：//www.bsm.org.cn/show_article.php？id＝2739。
　　② 張再興、黃艷萍：《肩水金關漢簡校讀札記》，《中國文字研究》2017 年第 26 輯。
　　③ 雷海龍（落葉掃秋風）：《〈肩水金關漢簡（伍）〉釋文商補》，簡帛網簡帛論壇，2016
年 8 月 2 日，0 樓，http：//www.bsm.org.cn/bbs/read.php？tid＝3389&keyword＝% BC% E7%
CB% AE% BD% F0；雷海龍：《〈肩水金關漢簡（伍）〉釋文補正及殘簡新綴》，《簡帛》第 14 輯，
上海古籍出版社 2017 年版。
　　④ 徐佳文：《讀〈肩水金關漢簡（伍）〉札記》，簡帛網，2017 年 2 月 27 日，http：//
www.bsm.org.cn/show_article.php？id＝2740。

版殘缺，難以釋讀。若釋“北鄉”與文例不通，所釋“北”字更可能是“里”字殘筆，肩水金關漢簡中有辭例可爲佐證，如下：

中營右騎士中宿里鄭戎·   73EJF3：23

右前騎士中宿里孫賞 　卩 左前騎士累山里卞黨 　卩 中營左騎士鳴沙里   73EJF3：25＋543

右前騎士中宿里單崇 　卩 　左前騎士廣   73EJF3：27

對比辭例可知，此類文書格式的模式是：××騎士＋××里＋姓名，“中宿”是一個里名，“右前騎士累中宿”后無疑應接“里”字。由此，釋文作：

右前騎士累中宿里□□ 　左前騎士□   73EJF3：30＋21

此外，簡文中的“累”字有可能是“累山里”之“累”，書手本應寫“中宿里”，“累”字並未被削掉。

1290. 73EJF3：46

俱之夷胡隧下田中耕牧牛莫宿堠   73EJF3：46

［1］王錦城：“耕”字原作“秄”，此統一釋“耕”。

按：王錦城所言可從。

1291. 73EJF3：47

右前騎士闟都里李誼 　毋馬十二月壬戌北出☒   73EJF3：47

［1］李洪財：簡中的“闗”當釋作“闟”。此處省“日”形。其實張俊民在《肩水金關漢簡（壹）釋文補例》，中就已經指出這個字的釋讀問題。①

按：改釋可從。

1292. 73EJF3：91

·冣凡士百廿人馬百卅二匹 　其十二匹萃馬   73EJF3：91

［1］王錦城：“冣”原作“取”，冣即最。

---

① 李洪財：《〈肩水金關漢簡〉（伍）校讀記（一）》，簡帛網，2017年2月25日，http：//www.bsm.org.cn/show_article.php？id＝2739。

按：從整理者原釋。

1293. 73EJF3：100

中營左騎士白石里侯博　　　　　　　　　　　　　73EJF3：100

右前騎士襐里孫長　左前騎士累山里樊戎　卩　中營左騎士白石里<u>侯</u>博
卩　　　　　　　　　　　　　　　　　　　　　　73EJF3：359

按：兩簡中的"侯博"均是"中營左騎士"，且都來自"白石里"，無疑當爲一人，然整理者所釋"侯"字，恐非，此字兩處圖版分別作：、，疑"焦"字。列舉肩水金關漢簡中的"焦"、"侯"兩字，對比如下：

	73EJT23：622	73EJT24：150	73EJT24：411	73EJH2：1
	73EJF3：181	73EJF3：290	73EJT7：10	73EJT9：257

對比可知，此字與"侯"字字形差距較大，與"焦"字字形一致，當是"焦"。由此，釋文作：

中營左騎士白石里焦博　　　　　　　　　　　　　73EJF3：100

1294. 73EJF3：102

☑累山里張護　　　　　　　　　　　　　　　　　73EJF3：102

☑左前騎士孤山里張護☐卩　中營右騎士☐☐里朱嘉卩　73EJF3：365

按：兩簡簡文的"張護"疑爲同一人。73EJF3：102 號簡中整理者所釋的"累"字，圖版作：，知圖版殘缺不全，字形上亦像"孤"字，73EJF3：367 號簡"孤"字作：，可爲參考。由此，釋文作：

☑孤山里張護　　　　　　　　　　　　　　　　　73EJF3：102

1295. 73EJF3：104

始建國三年三月辛酉朔辛未列人守丞　別送治簿卒張掖居延移□＝

南代卒　　　　　　　　　　　　　　　　　　　73EJF3：104

［1］李洪財：掖，原簡作"液"，從水。①

按：李洪財改釋可從。

1296. 73EJF3：117

……屬私使名縣爵里年始牒書到出入盡十二月……　73EJF3：117A

［1］韓鵬飛："始牒"爲"如牒"的訛寫。

按：所言可從。

1297. 73EJF3：118

始建國元年六月壬申朔乙未居延居令守丞左尉普移過所津關遣守尉

史東郭

護迎朓䑑得當舍傳舍從者如律令掾義令史商佐立　73EJF3：118A

居延左尉印

六月八日白發　　　　　　　　　　　　　　73EJF3：118B

［1］李洪財：乙，原簡作 ，顯然不是"乙"，當改釋作"己"

字，但乙壬申朔，則此月無"己未"，知此"己"當是"乙"之訛。②

［2］王錦城："船"字原作"朓"。"壬申朔"則該月無"己未"，

"乙未"釋讀或不誤。

［3］韓鵬飛：當從原釋。

按：李洪財、王錦城所言可從。

1298. 73EJF3：120

☑建國元年正月癸酉朔戊寅橐他守候孝移肩水金關居延卅井縣索關吏

---

① 李洪財：《〈肩水金關漢簡〉（伍）校讀記（一）》，簡帛網，2017 年 2 月 25 日，ht-
tp：//www.bsm.org.cn/show_article.php？id＝2739。

② 李洪財：《〈肩水金關漢簡〉（伍）校讀記（一）》，簡帛網，2017 年 2 月 25 日，ht-
tp：//www.bsm.org.cn/show_article.php？id＝2739。

葆家屬私

　　☑縣爵里年姓如牒書到出入盡十二月如律令　　　　73EJF3：120A

　　☑水橐他候印

　　☑□十日北嗇夫欽出　　　　　守尉史長□　　　　73EJF3：120B

　　［1］許名瑲：簡首殘斷，年號存"國"字，其前殘留字跡，原整理者釋作"建"，可信，其前奪"始"字，可據文例補。始建國元年正月癸酉朔，六日戊寅（儒略日172 4365；9年1月20日）。①

　　［2］郭偉濤："披"字原釋爲"水"，細察圖版，僅存下半，當爲"披"，徑改。②

　　［3］沈思聰：簡首奪"始"字。

　　［4］王錦城：（許名瑲）補釋可從，但該簡殘斷，當從整理者釋。

　　按：許名瑲、郭偉濤、沈思聰之言可從。此外，B面第二行"十"上一字圖版殘損，僅有部分字跡，結合文意，當爲"月"字殘筆。由此，釋文作：

　　☑（始）建國元年正月癸酉朔戊寅橐他守候孝移肩水金關居延卅井縣索關吏葆家屬私

　　☑縣爵里年姓如牒書到出入盡十二月如律令　　　　73EJF3：120A

　　☑披橐他候印

　　☑月十日北嗇夫欽出　　　　　守尉史長□　　　　73EJF3：120B

1299.73EJF3：127

偉卿足下毋恙叩頭聞者起居無它甚善賢獨賜正臘□

□丞問起居燥濕叩頭偉卿強飯厚自愛慎春氣　　　　73EJF3：127A

旦暮盡真不久致自愛爲齊數丞問甫君成起居言歸

請叩頭因爲謝騂北尹衡叩＝頭＝塞上誠毋它可道者

……　　　　　　　　　　　　　　　　　　　　　73EJF3：127B

---

　　①　許名瑲：《〈肩水金關漢簡（伍）〉曆日校補》，復旦大學出土文獻與古文字研究中心網，2016年10月3日，http：//www.gwz.fudan.edu.cn/Web/Show/2911。

　　②　郭偉濤：《漢代張掖郡肩水塞研究》，博士學位論文，清華大學，2017年，第254頁。

［1］秦鳳鶴："賢"當釋"質"。①

按：秦鳳鶴改釋可從。

1300. 73EJF3：133

常安善居里公乘汪尚年三十八　　十月<u>十日</u>入　　　　　　73EJF3：133

［1］雷海龍：，"十""日"之間尚有墨跡，整理者漏釋。可能是補寫的"一"字，此處釋文當作"十一日"。②

按：雷海龍補釋可從。

1301. 73EJF3：135

觻得常樂里公乘丁□年六<u>十</u>　　子上造怒年十五　　一黃犗齒十歲
　　　　　　　　　　　　　　　　牛車一兩　　　　　一黑犗齒十歲
　　　　　　　　　　　　　　　　　　　　　　　　　　73EJF3：135

［1］雷海龍："上造"後一字，圖版作，整理者釋"怒"。此字下部未見"心"旁，當釋"奴"。③

按：雷海龍所言可從，此外，整理者所釋"六十"，其中"十"字不能確指，當存疑。由此，釋文作：

觻得常樂里公乘丁□年六□　　子上造奴年十五　　一黃犗齒十歲
　　　　　　　　　　　　　　　牛車一兩　　　　　一黑犗齒十歲
　　　　　　　　　　　　　　　　　　　　　　　　73EJF3：135

1302. 73EJF3：136＋266

觻得新成里馮丹年廿五爲人中<u>奘</u>毋須方箱車一乘

---

① 秦鳳鶴：《〈肩水金關漢簡（伍）〉釋文校讀》，《簡帛研究》2018 春夏卷，廣西師範大學出版社 2018 年版。

② 雷海龍（落葉掃秋風）：《〈肩水金關漢簡（伍）〉釋文商補》，簡帛網簡帛論壇，2016年 8 月 25 日，0 樓，http：//www.bsm.org.cn/bbs/read.php？tid＝3389&keyword＝％BC％E7％CB％AE％BD％F0。

③ 雷海龍（落葉掃秋風）：《〈肩水金關漢簡（伍）〉釋文商補》，簡帛網簡帛論壇，2016年 8 月 25 日，0 樓，http：//www.bsm.org.cn/bbs/read.php？tid＝3389&keyword＝％BC％E7％CB％AE％BD％F0；雷海龍：《〈肩水金關漢簡（伍）〉釋文補正及殘簡新綴》，《簡帛》第 14 輯，上海古籍出版社 2017 年版。

觻得丞印<u>一</u>用馬一匹驊牝高六尺二寸尸　二月廿九日北佐嘉出

73EJF3：136＋266

[1] 雷海龍："爲人中"後一字圖版作![图],整理者釋奘。此字下方所從爲犬(![图]),當釋奘,通壯。"印""用"二字之間的墨跡,整理者釋"一"。綜觀整支簡的書寫布局,及文中的數詞"一"的寫法,可以推知此墨跡非文字,而是書寫布局之用的分隔線。①

按:雷海龍所言可從。

1303. 73EJF3：138

廣土隧長孫黨 小母居延＝年里<u>解</u>憲

子女及年十三　　　　　　　　　　　　　73EJF3：138

[1] 雷海龍:![图],整理者釋解。左從彳,右從甬,可釋徧。②

按:雷海龍所言可備一説。

1304. 73EJF3：144

未使奴王陽　用布一丈　十月戊戌付奴王便　　　73EJF3：144

[1] 雷海龍:![图],整理者釋"戊"。當釋"戌",在本簡中爲戌之錯寫。③

[2] 韓鵬飛:當從原釋。

按:雷海龍所言可從。

1305. 73EJF3：150

校肩水三時簿鞮鞪二百一十三　　　　　　　73EJF3：150A

---

① 雷海龍(落葉掃秋風):《〈肩水金關漢簡(伍)〉釋文商補》,簡帛網簡帛論壇,2016年8月25日,0樓,http：//www. bsm. org. cn/bbs/read. php? tid＝3389&keyword＝％BC％E7％CB％AE％BD％F0。

② 雷海龍(落葉掃秋風):《〈肩水金關漢簡(伍)〉釋文商補》,簡帛網簡帛論壇,2016年8月25日,1樓,http：//www. bsm. org. cn/bbs/read. php? tid＝3389&keyword＝％BC％E7％CB％AE％BD％F0。

③ 雷海龍(落葉掃秋風):《〈肩水金關漢簡(伍)〉釋文商補》,簡帛網簡帛論壇,2016年8月25日,0樓,http：//www. bsm. org. cn/bbs/read. php? tid＝3389&keyword＝％BC％E7％CB％AE％BD％F0。

/掾尉史章 73EJF3：150B

［1］李洪財：尉，當釋作“令”。①

［2］韓鵬飛：當從原釋。

按：李洪財改釋可從。

1306. 73EJF3：158

居延尉史徐嘉 八月……北嗇夫欽出 73EJF3：158

按：整理者所釋“八”字，恐非，此字圖版作： ，當是“七”字殘筆。肩水金關漢簡中有辭例可爲佐證，如下：

居延尉史杜敞 七月壬辰北嗇夫欽出 73EJF3：93

居延尉史孫護 軺車一乘 馬一匹騅牝齒八歲高六尺 七月壬辰北嗇夫欽出 73EJF3：534＋521

由此，筆者認爲整理者所釋“八”字當是“七”字，有可能和73EJF3：93、73EJF3：534＋521號簡一樣，均是“七月壬辰”，也可知“居延尉史徐嘉”、“居延尉史杜敞”、“居延尉史孫護”當是同一天被“嗇夫欽”核驗出關。

1307. 73EJF3：161

以警備絕不得令耕更令假就田宜可且貸迎鐵器吏所 73EJF3：161

［1］王錦城：“耕”字原作“秄”，此統一釋“耕”。

按：王錦城所言可從。

1308. 73EJF3：174＋197

……不肯歸也莫當隧長于曼所屬從在張未召

二 三日言方君毋它皆與關嗇夫家室俱發來度且到

73EJF3：197A＋174A

……

誠有秩坐前善毋恙聞者起居毋它甚善善叩頭因言

---

① 李洪財：《〈肩水金關漢簡〉（伍）校讀記（一）》，簡帛網，2017年2月25日，http：//www.bsm.org.cn/show_article.php？id＝2739。

□□□□□問起居行□取□弦及虻矢箭三枚藥橐二枚迫

73EJF3：174B＋197B

［1］雷海龍："有秩"前一字，圖版作█，整理者釋誠。此字右構件中的第三筆幾乎爲垂直書寫，似當是"許"，其與敦煌漢簡2189之"許"（█）字寫法相同。"許"字於此處當爲姓氏用字。①

按：雷海龍改釋可從，此外，A面第一行整理者所釋"召"字圖版作：█，疑"到"字，同簡"到"字作：█，可參。

1309. 73EJF3：179

始建國天鳳元年十二月己巳朔己卯己曹史陽□

糧穀願以令取傳謹案宣毋官獄徵事當得以令取傳謁移

⋯⋯城司馬守丞以右尉印封守馬丞郎寫移⋯⋯　　　73EJF3：179A

婦獨付它人來它今爲尹子春⋯⋯衣者欲寄往⋯⋯不得致之今肩水

吏及尹子春皆亡去尹府調氏池庶士□子河守肩水候至⋯⋯迫秋寒到家室

分襏衣被皆盡新卒又不來不知當奈何辭泉食不可□□□數□知曉

73EJF3：179B

［1］張再興、黃艷萍："襏"可能是"撥"，有分發之義，也可以讀作"發"。②

［2］王錦城：（張再興、黃艷萍）説可從。

按：暫從整理者原釋。

1310. 73EJF3：181

建始二年閏月己丑朔丙辰犁陽守丞朢移過所遣都鄉佐陽成武爲郡送戍卒張掖郡

---

① 雷海龍（落葉掃秋風）：《〈肩水金關漢簡（伍）〉釋文商補》，簡帛網簡帛論壇，2016年8月25日，0樓，http：//www.bsm.org.cn/bbs/read.php？tid＝3389&keyword＝%BC%E7%CB%AE%BD%F0；雷海龍：《〈肩水金關漢簡（伍）〉釋文補正及殘簡新綴》，《簡帛》第14輯，上海古籍出版社2017年版。

② 張再興、黃艷萍：《肩水金關漢簡校讀札記》，《中國文字研究》2017年第26輯。

居延縣邑侯國門亭河津毋苛留當舍傳舍從者如律令

／守令史常　　丿　　　　　　　　　　　　　　73EJF3：181

　[1] 雷海龍：整理者釋戌，可釋戍。結合文意，此處當是戍之
訛寫。①

　按：雷海龍所言可從。

1311. 73EJF3：183

江並叩頭白

子張足下前見不言因白寧有書記南乎欲與家相聞　　　73EJF3：183A
者且居關門上臥須家來者可也何少乏者出之叩＝頭＝方伏前

幸甚謹使＝再拜白／並白虞勢馮司馬家前以傳出今內之 73EJF3：183B

　[1] 王錦城：該字漢簡常見，當一並釋爲從"力"作"**勢**"。

　按：改釋可從。

1312. 73EJF3：189＋421

允吾左尉從史驕護年廿三 軺車一乘用馬一匹騂駮牝齒五歲卩入十二
月甲午蚤食入　　　　　　　　　　　　　　73EJF3：189＋421

　[1] 韓鵬飛："卩入"改爲"巳入"。

　按：改釋可從。

1313. 73EJF3：199

　□□隧布薰一循辤觻得　安國里姓□氏年二十三始□▨ 73EJF3：199

　[1] 雷海龍：簡首二字，圖版作 、。73EJF1：71 與 73EJF3：

417 二簡中的"驪喜"二字分別作：、。將 73EJF3：

199 簡首二字的殘筆與之進行比對，可以發現其很可能是"驪喜"二字的

───────────────

　① 雷海龍（落葉掃秋風）：《〈肩水金關漢簡（伍）〉釋文商補》，簡帛網簡帛論壇，2016
年 8 月 25 日，0 樓，http：//www. bsm. org. cn/bbs/read. php？tid＝3389&keyword＝％BC％E7％
CB％AE％BD％F0。

殘筆。“驪喜隧” 爲隧名。①

[2] 王錦城：（雷海龍）補釋可從，但圖版右半缺失，不能確知，暫從整理者釋。

按：雷海龍改釋可從。

1314. 73EJF3：215

戍卒櫟得千秋里上造□常年<u>十</u>八 丿☑　　　　　　　73EJF3：215

按：73EJF3：215 號簡整理者所釋 “十” 字，圖版作：，知其右側殘斷，亦有可能是 “廿” “卅” “卌” 等字的殘筆，暫存疑不釋較宜。

1315. 73EJF3：220

二月辛巳櫟得守□□□守丞賞□□□□□□□□　　　　73EJF3：220

[1] 韓鵬飛：簡末三字當釋 “如律令”。

[2] 胡永鵬：“櫟得守” 後並非三字，實爲一字，可釋作 “長”。②

按：改釋補釋可從，另，“如律令” 上可補 “移過所寫移”。由此，釋文作：

二月辛巳櫟得守長　守丞賞移過所寫移如律令　　　73EJF3：220

1316. 73EJF3：226＋247

出糅程三斛 出入 稟□□胡隧長賈過王勤二人十月食

　　　　　　　　　　　　　　　　　73EJF3：226A＋247A

研研研研研研研（習字）　　　　　73EJF3：226B＋247B

按：此簡中部殘斷，“胡” 上一字當是 “夷” 字，“夷胡隧長王勤” 居延漢簡有辭例可爲佐證，如下：

---

① 雷海龍（落葉掃秋風）：《〈肩水金關漢簡（伍）〉釋文商補》，簡帛網簡帛論壇，2016 年 8 月 25 日，0 樓，http：//www. bsm. org. cn/bbs/read. php？tid＝3389&keyword＝%BC%E7%CB%AE%BD%F0；雷海龍：《〈肩水金關漢簡（伍）〉釋文補正及殘簡新綴》，《簡帛》第 14 輯，上海古籍出版社 2017 年版。

② 胡永鵬：《肩水金關漢簡校讀三則》，《中國古文字研究會第二十三屆學術年會論文集》，2020 年 10 月。

出麥五十斗 卩 廩夷胡隧長王勤五日食　　□ 官　　　　53.22①

此外，"夷"上是隧名，也即賈過所擔任隧長的隧名，肩水金關漢簡中有辭例可爲佐證，如下：

出穬稈三斛 稟受降安世隧長李敝牛成等二人十月食　　73EJF3：401

此處隧名是一字還是兩字尚難確認，但隧名兩個字的居多，此處暫存疑待考。由此，釋文作：

出穬稈三斛　　出入　　稟……夷胡隧長賈過王勤二人十月食

73EJF3：226A＋247A

研研研研研研研（習字）　　　　　　　73EJF3：226B＋247B

1317. 73EJF3：238

二月二十□□

□白□□□　　　　　　　　　　　　　73EJF3：238A

……　　　　　　　　　　　　　　　73EJF3：238B

按：A 面第二行"白"下第二字整理者未釋，此處圖版作：，疑色字。

1318. 73EJF3：251＋636＋562＋234＋445

☑刂平樂吏六月亡弩三　　　　　受降吏王晏見

☑萬福吏周望見毋卒

登山吏二月亡弩三　　　　疆新吏王護六月十三日亡卒賈惲見

要虜吏六月亡弩三　　　　慧吏來舉亡

73EJF3：251B＋636A＋562B＋234B＋445B

[1] 雷海龍："萬福吏"之"福"，圖版作。此字左從衤，右從豐，當釋"禮"，此處的"萬禮"亦當爲隧名。檢索肩水金關漢簡所記隧名中，似無"萬禮"隧名，"萬福隧"倒是比較常見，或許整理者是據此

---

① 簡牘整理小組編：《居延漢簡（壹）》，臺北："歷史語言研究所"2014 年版，第 172頁。

釋此字爲“福”的。此處之“禮”是否“福”之錯寫，尚需其他證據
證明。①

　　按：雷海龍改釋可從。

1319. 73EJF3：272

戍卒觻得當成里公乘張博年卌五　丿　☑　　　　　73EJF3：272

[1] 雷海龍：當釋“戍”，“戌”之訛寫。②

　　按：雷海龍所言可從。

1320. 73EJF3：278

廣利隧長魯武葆從弟昭武便處里魯豐年卅丿　☑　　　73EJF3：278

[1] 雷海龍：█，整理者釋“從”。當釋徒，從之訛寫。③

　　按：雷海龍所言可從。

1321. 73EJF3：285

萬福隧卒齊甲☑　　　　　　　　　　　　　　　73EJF3：285

[1] 秦鳳鶴：“齊”當釋“高”。④

　　按：暫從整理者原釋。

1322. 73EJF3：298

馬以令菫一積 收布一匹

---

①　雷海龍（落葉掃秋風）：《〈肩水金關漢簡（伍）〉釋文商補》，簡帛網簡帛論壇，2016
年8月25日，0樓，http：//www. bsm. org. cn/bbs/read. php？tid＝3389&keyword＝%BC%E7%
CB%AE%BD%F0；雷海龍：《〈肩水金關漢簡（伍）〉釋文補正及殘簡新綴》，《簡帛》第14輯，
上海古籍出版社2017年版。

②　雷海龍（落葉掃秋風）：《〈肩水金關漢簡（伍）〉釋文商補》，簡帛網簡帛論壇，2016
年8月25日，1樓，http：//www. bsm. org. cn/bbs/read. php？tid＝3389&keyword＝%BC%E7%
CB%AE%BD%F0。

③　雷海龍（落葉掃秋風）：《〈肩水金關漢簡（伍）〉釋文商補》，簡帛網簡帛論壇，2016
年8月25日，1樓，http：//www. bsm. org. cn/bbs/read. php？tid＝3389&keyword＝%BC%E7%
CB%AE%BD%F0。

④　秦鳳鶴：《〈肩水金關漢簡（伍）〉釋文校讀》，《簡帛研究》2018春夏卷，廣西師範大
學出版社2018年版。

傳送河東 闐憙縣 堅家所在　　　　　　　　　　73EJF3：298

[1] 張再興、黃艷萍："棄" 當釋 "楮"。①

按：補釋可從。

1323. 73EJF3：328

始建國天鳳五年八月戊寅朔戊寅朔戊寅都鄉庶士惲敢言之客田宣成善居里男子程湛自

言爲家私使之延亭郡中謹案湛毋官獄徵事當得以令取傳謁移過所津關毋苛如律

令敢言之　　　　　　　　　　　　　　　　　73EJF3：328A

八月己卯錄得行宰事守馬丞　　行馬丞事守徒丞衆移過所如律令

/掾高史並　　　　　　　　　　　　　　　　73EJF3：328B

[1] 雷海龍："寅都" 上一字圖版作 ⬚，整理者釋戊。當釋戌。②

[2] 尉侯凱："戊寅朔" 后復有 "戊寅朔"，后三字显系衍文。③

按：雷海龍所言可從。

1324. 73EJF3：331

滎陽陳偉取泉二百用鈹當泉出梁谷之　　　　　73EJF3：331

[1] 何茂活："滎" 當爲 "熒"。④

按：改釋可從。

1325. 73EJF3：336＋324

月十一日具記都倉置牛車皆毋它巳北尊以即日發去有屬證居☒

者言居延穀倉出入百十二石耳·禄得遣史蚩廉卿送卒□肩水以今

---

① 張再興、黃艷萍：《肩水金關漢簡校讀札記》，《中國文字研究》2017 年第 26 輯。

② 雷海龍（落葉掃秋風）：《〈肩水金關漢簡（伍）〉 釋文商補》，簡帛網簡帛論壇，2016 年 8 月 25 日，3 樓，http：//www. bsm. org. cn/bbs/read. php？tid＝3389&keyword＝% BC% E7% CB% AE% BD% F0。

③ 尉侯凱：《讀〈肩水金關漢簡〉零札七則》，《西華大學學報》2017 年第 1 期。

④ 何茂活：《〈肩水金關漢簡（壹）〉 釋文訂補》，復旦大學出土文獻與古文字研究中心網，2014 年 11 月 28 日，http：//www. gwz. fudan. edu. cn/Web/Show/2392。

月二

……屠李君及諸君凡六人車數十百兩禄得吏民爲　73EJF3：336＋324

[1] 雷海龍："送卒"後一字，圖版作▇。此字與其他漢簡"直"
字寫法如▇（肩水 73EJT4H：24A）、▇（敦煌 558）一致，可釋爲
"直"。"送卒直肩水"，與肩水金關漢簡 72EJC：268 "☐吏光敝送罷卒
至"、居延漢簡 51.16 "☐送省卒詣府"等辭例相似。結合辭例與文意來
看，"直"可能是至、詣、如、到等類意思。①

按：雷海龍補釋可從。

1326. 73EJF3：346

田卒平明里陳崇年三十　　　　大車一兩用牛二頭　　　丿 73EJF3：346

[1] 趙爾陽：細察圖版，應爲"甲"，"田卒"當爲"甲卒"。②

按：改釋可從。

1327. 73EJF3：354

從者天水安世里下造 張崇年三十　　　　　　　　73EJF3：354

傭人填戎樂里下造張翁年二十五　大車一兩　用牛二頭 73EJF3：368

傭人樂湆直里下造孟忠年三十五

大車一兩　用牛二頭　　　　　　　　　73EJF3：536＋424

傭人填戎樂里下造王尚年三十三　　作者同縣下造杜歆年二十

大車一兩 用牛二頭　　　　　　　　73EJF3：139

[1] 徐佳文：因此四條簡中出現了"下造"實爲書寫者的誤寫。從
書寫的筆跡來看，也頗爲相似，很有可能出自一人之手。因此，在這裏

---

① 雷海龍（落葉掃秋風）：《〈肩水金關漢簡（伍）〉釋文商補》，簡帛網簡帛論壇，2016
年 8 月 25 日，3 樓，http：//www. bsm. org. cn/bbs/read. php？ tid＝3389&keyword＝% BC% E7%
CB% AE% BD% F0；雷海龍：《〈肩水金關漢簡（伍）〉釋文補正及殘簡新綴》，《簡帛》第 14 輯，
上海古籍出版社 2017 年版。

② 趙爾陽：《淺談肩水金關漢簡中涉及張掖郡籍"田卒"的幾則簡文》，簡帛網，2018 年
8 月 25 日，http：//www. bsm. org. cn/show_article. php？ id＝3212。

的"下造"應爲筆誤，以上四條簡文均改爲"上造"。①

按：徐佳文所言可備一説。

1328. 73EJF3：356

……二月癸未主官掾憲受　　　　　　　　　　　　73EJF3：356

［1］王錦城："五"原作"主"，該簡圖版字跡已基本消失，據文義來看，當爲"五官掾"。

按：王錦城所言可從。

1329. 73EJF3：359

右前騎士襐里孫長　左前騎士累山里樊戎　卩　中營左騎士白石里侯博

卩　　　　　　　　　　　　　　　　　　　　　　73EJF3：359

按：參73EJF3：100號簡，釋文作：

右前騎士襐里孫長　左前騎士累山里樊戎　　卩　中營左騎士白石里

焦博　　卩　　　　　　　　　　　　　　　　　73EJF3：359

1330. 73EJF3：365

☑左前騎士孤山里張護□卩　中營右騎士□□里朱嘉卩　73EJF3：365

按：參73EJF3：102號簡，釋文修訂作：

☑左前騎士孤山里張護卩　中營右騎士□□里朱嘉卩　73EJF3：365

1331. 73EJF3：371

田卒居延富里張惲年三十五　　大車一兩用牛二頭　　九月戊戌出

卪　　　　　　　　　　　　　　　　　　　　　　73EJF3：371

［1］趙爾陽：細察圖版，應爲"甲"，"田卒"當爲"甲卒"。②

按：改釋可從。

---

①　徐佳文：《讀〈肩水金關漢簡（伍）〉札記（二）》，簡帛網，2017年3月8日，http：//www.bsm.org.cn/show_article.php？id＝2752。

②　趙爾陽：《淺談肩水金關漢簡中涉及張掖郡籍"田卒"的幾則簡文》，簡帛網，2018年8月25日，http：//www.bsm.org.cn/show_article.php？id＝3212。

1332. 73EJF3：399

右前騎士中宿里鄭<u>彭</u>□□　　　　　　　　　73EJF3：399

［1］趙爾陽：“彭”字酷似“竝”。①

［2］王錦城：似非“竝”，暫從整理者釋。

按：從整理者原釋。

1333. 73EJF3：404

·一力六石傷兩淵各一所右恬三所皆鑣不□✐　　　73EJF3：404

［1］王錦城：“鑣”或當爲“鏃”字。

按：王錦城所言可備一説。

1334. 73EJF3：408

敕……因白事屬□教<u>孤</u>山吏張彭斤竟吏李樂卒　　73EJF3：408A

□到謹□ □卿　　　　　　　　　　　　　　　　73EJF3：408B

按：此簡中間殘斷，A面整理者所釋“孤”字，圖版作：，疑“乘”字；肩水金關漢簡73EJF3：165有“乘山隊長張彭”辭例可爲佐證。

1335. 73EJF3：411

……　　　　　　　　　　　　　　　　　　　　73EJF3：411

［1］韓鵬飛：依據圖版補釋“如律令”。

按：補釋可從，另，可再補釋“移過所”。由此，釋文作：

……移過所如律令……　　　　　　　　　　　　73EJF3：411

1336. 73EJF3：415＋33

右前騎士<u>關</u>都里李誼卩左前騎士陽里張豐卩 中營左騎士安樂里李豐

———————————

① 趙爾陽：《肩水金關F3（73EJF3）所出騎士簡冊探析》，《出土文獻》第13輯，中西書局2018年版。

卩 　　　　　　　　　　　　　　　　　　　　73EJF3：415＋33

　　[1] 李洪財：簡中的“關”當釋作“闌”。此處省“曰”形。其實張俊民在《肩水金關漢簡（壹）釋文補例》，中就已經指出這個字的釋讀問題。①

　　按：改釋可從。

1337. 73EJF3：419

出薰二升　　稍薰傳中☑　　　　　　　　　　　　　73EJF3：419

　　[1] 王錦城：從其字形來看，當爲“薰”字。

　　按：改釋可從。

1338. 73EJF3：432

☑□檄到驗問必得事□☑　　　　　　　　　　　　　73EJF3：432

　　[1] 徐佳文：整理者所釋□，疑爲“治”字。按照圖版應該隸定爲“泡”，但《漢語大字典》中認爲此字爲“泡”的訛字。不過無論是“泡”還是“泡”字都是説不通的……這枚簡最後一字由於圖版殘損，未釋出，根據上下文意及辭例，應釋爲“實”字。“必得事實”在《居延漢簡》中出現。②

　　按：徐佳文論證自可成一家之言，不過筆者是持謹慎態度。如釋“治”，檢索居延漢簡、居延新簡、肩水金關漢簡，尚缺乏“治檄到”的辭例。此外，“必得事”後並非一定是“實”，居延新簡中亦有接“案”字的情況存在，如下：

　　……必得事案到如律令言會月廿六日會月廿四日……

　　　　　　　　　　　　　　　　　　　　　　E. P. S4T2：8A③

　　所以，傾向整理者的做法，暫不釋讀。

---

　　① 李洪財：《〈肩水金關漢簡〉（伍）校讀記（一）》，簡帛網，2017 年 2 月 25 日，http：//www. bsm. org. cn/show_article. php？id＝2739。

　　② 徐佳文：《讀〈肩水金關漢簡（伍）〉札記（二）》，簡帛網，2017 年 3 月 8 日，http：//www. bsm. org. cn/show_article. php？id＝2752。

　　③ 張德芳：《居延新簡集釋》第 7 册，甘肅文化出版社 2016 年版，第 680 頁。

1339. 73EJF3：433＋274

教諸謹與行丞事司馬莊<u>主</u>官掾並雜物賦官奴婢用布絮如牒糸絮布餘

一斤　　　　　　　　　　　　　　　　　　　　　　73EJF3：433＋274

［1］王錦城："五"字原作"主"，該字當爲"五"。"五官掾"漢簡

常見。

　　按：王錦城所言可從。

1340. 73EJF3：447

戊□治吏所　夜治小□　庚晝治□□　□治□　壬晝

已晝治細□　夜治□送　辛晝治縢□　　□夜治功曹　73EJF3：447A

後部治所收責□　伏見音□致肩水候鄣

……　　　　　　　　　　　　　　　　　　　　　　73EJF3：447B

［1］程少軒：訂正木牘釋文如下：

　　……

　　戊晝治大吉、夜治小吉；

　　已晝治神後、夜治傳送；

　　庚晝治徵明，夜治魁；

　　辛晝治勝光（或勝先）、夜治功曹；

　　壬晝……。

　　或可復原牘上文字如下：

　　【甲晝治大吉、夜治小吉；】

　　【乙晝治神後、夜治傳送；】

　　【丙晝治徵明、夜治魁（或從魁）；】

　　【丁晝治勝光（或勝先）、夜治功曹；】

　　戊晝治大吉、夜治小吉；

　　已晝治神後、夜治傳送；

　　庚晝治徵明，夜治魁（或從魁）；

　　辛晝治勝光（或勝先）、夜治功曹；

　　壬晝【治太乙，夜治太衝；】

【癸晝治太乙，夜治太衝。】①

按：程少軒所言可從。

1341. 73EJF3：453

☑日　　　　癸 壬 壬 壬 辛 辛 庚 庚
　　　　　　巳 戌 辰 戌 卯 酉 寅 申　　　　　　73EJF3：453

[1] 許名瑲：其簡首可補作"一日"。②

按：許名瑲所言可備一説。

1342. 73EJF3：459

入居延轉車一兩粟大石二十五石　　　始建國二年十月戊申肩水☑
　　　　　　　　　　　　　　　　　　　　73EJF3：459

[1] 徐佳文：此枚簡中的"五"應釋爲"六"。③

按：此字當從整理者原釋，作"五"，此字圖版作：**五**，是"五"的草書形體，李洪財在《漢代簡牘草字彙編》中已有列舉相關字形④，可參看。

1343. 73EJF3：472＋540

等車八兩牛十頭爲事千人轉運粟當☑　　　73EJF3：472＋540

[1] 向雪："事"字從字形來看，當爲"韋"字。⑤王錦城同。

按：改釋可從。

---

① 程少軒：《〈肩水金關漢簡（伍）〉"天干治十二月將"復原》，復旦大學出土文獻與古文字研究中心網，2016 年 8 月 26 日，http：//www.gwz.fudan.edu.cn/Web/Show/2885。

② 許名瑲：《〈肩水金關漢簡（伍）〉〈始建國天鳳三年曆日〉簡册復原》，簡帛網，2016 年 8 月 30 日，http：//www.bsm.org.cn/show_article.php？id＝2623。

③ 徐佳文：《讀〈肩水金關漢簡（伍）〉札記》，簡帛網，2017 年 2 月 27 日，http：//www.bsm.org.cn/show_article.php？id＝2740。

④ 李洪財：《漢簡草字整理與研究》，博士學位論文，吉林大學，2014 年，第 608—609 頁。

⑤ 向雪：《〈肩水金關漢簡（伍）〉釋文校補三則》，簡帛網，2017 年 4 月 10 日，http：//www.bsm.org.cn/show_article.php？id＝2775。

1344. 73EJF3：477

大車十兩用牛二十頭☑　　　　　　　　　　　　　　　73EJF3：477

［1］韓鵬飛："十兩"應釋作"兩"。

按：改釋可從。

1345. 73EJF3：496

☑□封解隋蒲　　　　　　　　　　　　　　　　　　　73EJF3：496

［1］徐佳文：該簡"封"前所釋"□"字，應作"破"字。①

［2］王錦城：（徐佳文）補釋或可從，該字僅存右下角筆畫，不能確知，當從整理者釋。

按：暫從整理者原釋，不作釋讀。

1346. 73EJF3：505

欲遺□可衣□☑

……　　　　　　　　　　　　　　　　　　　　　　73EJF3：505

［1］向雪："遺"下一字圖版作 ，右部有磨滅，可釋爲"孫"。②王錦城同。③

［2］秦鳳鶴："遺"下一字當釋"驗"。④

按：釋"孫"可從，釋"驗"存疑。

1347. 73EJF3：511＋306＋291

置佐孫宏葆　　幸朋故廣里公乘王尚年三十五☑

　　　　　從者櫟得富昌里公士張惲年十二☑

　　　　　　　　　　　　　　　　　73EJF3：511＋306＋291

① 徐佳文：《〈肩水金關漢簡（伍）〉札記二則》，《漢字文化》2017 年第 6 期。

② 向雪：《〈肩水金關漢簡（伍）〉釋文校補三則》，簡帛網，2017 年 4 月 10 日，http：//www. bsm. org. cn/show_article. php？id＝2775。

③ 王錦城、魯普平：《肩水金關漢簡釋文校補舉隅》，《出土文獻》第 11 輯，中西書局 2017 年版。

④ 秦鳳鶴：《〈肩水金關漢簡（伍）〉釋文校讀》，《簡帛研究》2018 春夏卷，廣西師範大學出版社 2018 年版。

［1］黄浩波：“幸朋”當作“奉明”。①

按：黄浩波改釋可從。

1348. 73EJF3：516

三月庚辰<u>佐</u>……　　　　　　　　　　　　　　73EJF3：516

［1］秦鳳鶴：“佐”當釋“從”。②

按：改釋可從。

1349. 73EJF3：531

☑□士<u>曹</u>里鳳則　　　　　　　　　　　　　　73EJF3：531

按：整理者所釋“曹”字恐非，此字圖版作： ，知其右側殘缺，疑爲“富”字殘筆，73EJT7：103 號簡“富”字作： ，可爲參考。此外，在 F3 中，“富里”多次出現。由此，73EJF3：531 號簡的“曹”字當釋讀爲“富”。

1350. 73EJF3：554

右前騎士<u>富田</u>里周並　　☑　　　　　　　　　73EJF3：554

［1］雷海龍：原釋“富田”二字，圖版作 。此字書寫時各構件的間隙稍大，當釋“富”。73EJF3：28 之“富”字作 ，可資比對。“富里”作爲里名，於肩水金關漢簡中多見。“富里周並”又見於 73EJF3：416＋364“右前騎士富里周並”。③

按：改釋可從。

---

① 黄浩波：《〈肩水金關漢簡（伍）〉釋地五則》，《簡帛》第 15 輯，上海古籍出版社 2017 年版。

② 秦鳳鶴：《〈肩水金關漢簡（伍）〉釋文校讀》，《簡帛研究》2018 春夏卷，廣西師範大學出版社 2018 年版。

③ 雷海龍（落葉掃秋風）：《〈肩水金關漢簡（伍）〉釋文商補》，簡帛網簡帛論壇，2016 年 8 月 26 日，4 樓，http：//www. bsm. org. cn/bbs/read. php？tid＝3389&keyword＝% BC% E7% CB% AE% BD% F0；雷海龍：《〈肩水金關漢簡（伍）〉釋文補正及殘簡新綴》，《簡帛》第 14 輯，上海古籍出版社 2017 年版。

1351. 73EJF3：565

十二月省卒<u>芳</u>葦　　　　　　　　　　　　　　73EJF3：565

［1］尉侯凱："芳"字當爲"芀"字之誤。①

按：改釋可從。

1352. 73EJF3：584

☑　持牛十六頭<u>入</u>　　　　　　　　　　　　　73EJF3：584

［1］雷海龍：本簡釋文或可修正爲"持牛十六頭丿"。②

按：雷海龍所言可從。

1353. 73EJF3：599

□□已得賦錢萬八千　　　　　　　　　　　　73EJF3：599A

……　　　　　　　　　　　　　　　　　　　73EJF3：599B

按：第一行所缺兩字，圖版作：▇、▇，疑是"正"、"月"兩字。肩水金關漢簡中有相似辭例可爲佐證，如下：

始元五年三月丁巳除　　已得都內賦錢千八百　　73EJT21：422

地節元年十二月庚辰除　已得都內賦錢五千四百　73EJT24：252

關於這類文書性質，李天虹認爲是"俸賦名籍"③，李均明則稱爲"吏未得俸及賦錢名籍"，解釋爲"官方拖欠及償还给官吏个人俸禄的名单"。④ 常見的格式是"某人某年某月某日除/已得錢若干/未得錢若干"，據此，簡文可補"除"字，表示任官的時間。由此，釋文作：

---

①　尉侯凱：《漢簡零拾（六則）》，簡帛網，2016 年 8 月 25 日，http：//www. bsm. org. cn/show_article. php？id＝2617。後以"《讀〈肩水金關漢簡〉零札七則》"爲名，發表於《西華大學學報》2017 年第 1 期。

②　雷海龍（落葉掃秋風）：《〈肩水金關漢簡（伍）〉釋文商補》，簡帛網簡帛論壇，2016年 8 月 26 日，4 樓，http：//www. bsm. org. cn/bbs/read. php？tid＝3389&keyword＝% BC% E7% CB% AE% BD% F0；雷海龍：《〈肩水金關漢簡（伍）〉釋文補正及殘簡新綴》，《簡帛》第 14 輯，上海古籍出版社 2017 年版。

③　李天虹：《居延漢簡簿籍分類研究》，科學出版社 2003 年版，第 26、27 頁。

④　李均明：《秦漢簡牘文書分類輯解》，文物出版社 2009 年版，第 364 頁。

……正月□□（除）

……

……已得賦錢萬八千　　　　　　　　　　　73EJF3：599A

……　　　　　　　　　　　　　　　　　　　73EJF3：599B

1354.73EJF3：604

子春足下前相見不一└二☑　　　　　　　　　73EJF3：604A

〔1〕雷海龍：，整理者釋前。或可釋“屬”。參（金關73EJF3：336＋324）、（尹灣 YM6D1 正第 6 列）。①

〔2〕韓鵬飛：此處從原釋。

按：雷海龍所言可從。

1355.73EJF3：612

☑朔辛酉守☑

☑令取傳謁☑　　　　　　　　　　　　　　73EJF3：612

按：整理者所釋“謁”字，無法核實，此字圖版作：，亦有可能是“名”字，肩水金關漢簡中有相似辭例可爲佐證，如下：

居聑三年三月戊申朔辛酉守令史鳳敢言之□

當得以令取傳名縣爵里年姓如牒謁移過　　　73EJF3：43

由此，應存疑待考。

（三十六）73EJT4H

1356.73EJT4H：3

河南雒陽南□里蘇□□□□月己巳入卷□□□　　73EJT4H：3B

〔1〕韓鵬飛：此處作“己巳”。

---

① 雷海龍（落葉掃秋風）：《〈肩水金關漢簡（伍）〉釋文商補》，簡帛網簡帛論壇，2016年 8 月 26 日，4 樓，http：//www. bsm. org. cn/bbs/read. php？tid＝3389&keyword＝% BC% E7% CB% AE% BD% F0。

按：張俊民惠賜的釋文作"乙巳"，此處圖版不清晰，暫存疑不釋較宜。

1357. 73EJT4H：11＋2

□□□　　弩幡三毋里　　　蘭冠三毋里　　　長斧少三　　　　蓋冒一毋

執適隧　　弩長弦三毋□　　具弩□□　　　牛矢橐二少一蘭冠三幣絕

槀矢銅鏃二百五十少　　　馬矢橐二毋　　　□三糒九斗毋

73EJT4H：11＋2

［1］張再興、黃艷萍：釋"冒"和"冐"均不當，應該是"冒"字。①

［2］王錦城："冒"和"冐"，或可均釋作"冒"。簡73EJT4H：11＋2所錄爲烽燧各類守御器具等，其中"蓋冒"漢簡中不見。而"蓋"居延漢簡常見，如簡104·42A有"□蓬干□置，毋蓋"，簡127·30有"狗少一，前廚蓋解隨"，簡128·1有"磑一合，上蓋缺二所，各大如踈"等。這些簡文中的"蓋"可指與蓬干、廚房、石磨等有關的蓋子。"冒"有覆蓋義，因此"蓋冒"當屬同義連用，從簡73EJT4H：11＋2中所見器物均爲守御器具來看，"蓋冒"或指與烽干有關的一種蓋子。②

按：改釋可從。

1358. 73EJT4H：5

陳惲白少房凡此等事安足巳窮子春也叩頭□不宜遣使□□

到子春送焉記告尹長厚叩＝頭＝君知惲有疾不足少　　73EJT4H：5A

子長子春也前子春來柰人出自已小疾見立偷也今

客居□時億也子春又舍金關使幸欲爲之官入故敢取　　73EJT4H：5B

［1］王錦城：A面第一行簡末"房"字原未釋，其和第一個"房"字形體相同，當亦釋作"房"。

按：王錦城所言可從，A面"叩頭"下一字圖版殘缺，從文意分析，當爲重文符號"＝"。B面"幸"字圖版作：，當爲"子"字，同簡

①　張再興、黃艷萍：《肩水金關漢簡校讀札記》，《中國文字研究》2017年第26輯。

②　王錦城：《肩水金關漢簡校讀札記（一）》，簡帛網，2017年7月13日，http：//www.bsm. org. cn/show_article. php？id＝2839。

A面"子"字作：![子], 可參。由此，釋文作：

> 陳惲白少房凡此等事安足已窮子春也叩頭＝不宜遣使□房
> 到子春送焉記告尹長厚叩＝頭＝君知惲有疾不足少   73EJT4H：5A
> 子長子春也前子春來黍人出自己小疾見立偷也今
> 客居□時億也子春又舍金關使子欲爲之官入故敢取   73EJT4H：5B

1359. 73EJT4H：13

佐伏地再拜請□卿馬足下□   73EJT4H：13A

□□□必之□□   73EJT4H：13B

［1］沈思聰："卿"前未釋字圖版作![子]，當釋"子"。

按：沈思聰之言可備一説。

1360. 73EJT4H：23

戎   73EJT4H：23A

□地地地李□   73EJT4H：23B

按：整理者所釋"戎"字，恐非，此處圖版作：![戎]，疑"戌"字。

1361. 73EJT4H：34

□□□□

□□□□居延城司馬行都尉事   73EJT4H：34

［1］韓鵬飛：此處爲"□□書一封"。

按：韓鵬飛補釋可從，此處可參 73EJT24：634 + 627 號簡進行訂補，
釋文作：

> ……日
> 南書一封居延城司馬行都尉事   73EJT4H：34

1362. 73EJT4H：40

□叩頭言☑   73EJT4H：40

［1］徐佳文："叩頭言"前缺失一個字，應釋爲"教"字……"教"

字前可補出"如","如教"意爲聽從教誨。①

　　按：73EJT4H：40 號簡徐佳文所釋"教"字圖版作：，漫漶不清，其左側亦殘斷，識別困難，且所據辭例爲 73EJC：586A 號簡所補釋的"教叩頭言"，故暫存疑。

1363. 73EJT4H：41

☑弦二百卌　　關門礜三千

☑羊頭石三千　大黄弩廿☐　　　　　　　　　　　　73EJT4H：41A

☑☐卒史一人　　　　　　　　　　　　　　　　　　73EJT4H：41B

　　[1] 王錦城："闌戸"原作"關門"。

　　按：王錦城所言可從，另，B 面當有兩行。

1364. 73EJT4H：58

誊家常安夏陽里閭尚　車一兩☑

☐☐☐☑　　　　　　　　　　　　　　　　　　　　73EJT4H：58

　　[1] 韓鵬飛：此處應釋作"肩水候"。

　　按：此處可參 73EJF3：170 號簡，疑爲"橐他候"。

1365. 73EJT4H：72

☑十井縣索使☑　　　　　　　　　　　　　　　　　73EJT4H：72

　　按：整理者所釋"使"字，恐非，此處圖版作：，疑是"吏"字。肩水金關漢簡中有辭例可爲佐證。

1366. 73EJT4H：88

尉史張況　☐簿府　　　　　　　　　　　　　　　　73EJT4H：88

　　[1] 徐佳文：整理者所釋"☐"其圖版爲，疑此字應爲

---

　　① 徐佳文：《讀〈肩水金關漢簡（伍）〉札記》，簡帛網，2017 年 2 月 27 日，http：//www. bsm. org. cn/show_article. php？ id = 2740。

"移"字。①

[2] 王錦城：補釋或可從，但該字圖版漫漶不請，不能辨識，當從整理者釋。

按：暫從整理者釋讀。

（三十七）73EJD

1367. 73EJD：5

出粟一石二斗 四月廿日付橐他令史所卿食送將軍傳馬四匹 73EJD：5

[1] 徐佳文：這枚簡中的"所"字圖版爲 ，應釋爲"耿"字。②

按：改釋可從。

1368. 73EJD：12

蘭三　其二完盖毋室　　　　　　　　　　　　　　　　73EJD：12

[1] 王錦城："完"字從字形來看，似非"完"字，或當存疑待釋。

按：暫從整理者原釋。

1369. 73EJD：15

官大奴胡賀十月丁未出ノノ　　　　　　　　　　　　73EJD：15

[1] 王錦城："九"字原作"十"，據改。

按：改釋可從。

1370. 73EJD：16

□□四年……

□□伏唯子侯以政故爲計時出騂北載天不重　　　　　73EJD：16A

奈何欲身詣前迫未及政叩頭唯子侯 毋已　　　　　　73EJD：16B

---

① 徐佳文：《讀〈肩水金關漢簡（伍）〉札記（二）》，簡帛網，2017 年 3 月 8 日，http：//www.bsm.org.cn/show_article.php？id＝2752。

② 徐佳文：《讀〈肩水金關漢簡（伍）〉札記》，簡帛網，2017 年 2 月 27 日，http：//www.bsm.org.cn/show_article.php？id＝2740。

　　[1]　徐佳文：這兩枚簡的"侯"字都應該釋爲"侯"字。"子侯"
應改爲"子侯"，"子侯"通常是作爲人名出現的。"子"則表示古代對
男子的一種通稱，後來表示一種美稱，如杜甫字子美。"侯"表示五爵之
一，古人在名或字當中使用可以表示一種美好的願望。因此"子侯"作
爲人名在漢簡中較爲常見。①

　　按：改釋可從。

1371. 73EJD：19

……過所津關縣□□當得取

陽收事如律令敢言之……

六月己巳居延令宣移過所魏郡繁陽書到如律令/掾商嗇夫憲 六月丁巳

入　　　　　　　　　　　　　　　　　　　　　　73EJD：19A

居令延印區□　　　　　　　　　　　　　　　　73EJD：19B

　　[1]　秦鳳鶴：B面"區"下一字當釋"僉"。②

　　按：秦鳳鶴改釋可從。A面第一行圖版殘斷，整理者依據殘斷筆跡
釋讀。細讀之下，部份字的釋讀似有不妥。簡文內容涉及赦令文書，訂
補釋文作：

　　……過所津關給法所當得繁

　　陽收事如律令敢言之

　　六月己巳居延令宣移過所魏郡繁陽書到如律令/掾商嗇夫憲 六月丁巳

入　　　　　　　　　　　　　　　　　　　　73EJD：19A

　　居令延印區僉　　　　　　　　　　　　　　73EJD：19B

1372. 73EJD：23

☑延眾駿里呂孝年卅五爲家私　　　　　　　　73EJD：23

　　按：整理者所釋"延"字，恐非，此處圖版作：，疑是"陵"

---

　　①　徐佳文：《讀〈肩水金關漢簡（伍）〉札記》，簡帛網，2017 年 2 月 27 日，http：//
www.bsm.org.cn/show_article.php？id＝2740。

　　②　秦鳳鶴：《〈肩水金關漢簡（伍）〉釋文校讀》，《簡帛研究》2018 春夏卷，廣西師範大
學出版社 2018 年版。

字殘筆。

1373. 73EJD：28

隧長弘再拜言

□□□九疾五亡□七□皆毋恙今大□一疾□癰種□□羊一疾頸種初

言狗食盡弘再拜　　　　　　　　　　　　　　　　73EJD：28A

子元足下　　　　　　　　　　　　　　　　　　　73EJD：28B

〔1〕方勇、張越："癰種"下兩字懷疑"肘足"二字，其下一字"羊"可能即是讀爲"癢"。"初"字陳劍認爲是"制"字，"狗"字之釋亦是可疑，需要重新考慮。①

〔2〕王錦城：釋讀或可從，但該行文字左半缺失，"肘足"及"制"字均僅存右半形體，不能確知，當從整理者釋。

按：方勇、張越之言可備一説。此外，A 面"亡"下一字圖版作：（圖），當爲"氏"字，肩水金關漢簡中"氏"字作：（圖）（73EJT30：133）、（圖）（73EJT30：10），可參。由此，釋文作：

隧長弘再拜言

□□□九疾五亡氏七□皆毋恙今大□一疾□癰種□□羊一疾頸種初

言狗食盡弘再拜　　　　　　　　　　　　　　　　73EJD：28A

子元足下　　　　　　　　　　　　　　　　　　　73EJD：28B

1374. 73EJD：59

☑□入以食都丞騎馬十九匹 = 一斗二升嗇夫成臨薄中官卩　73EJD：59

〔1〕秦鳳鶴：簡首字當釋"具"。②

按：秦鳳鶴改釋可從。

1375. 73EJD：37

建昭四年八月己卯朔甲申弘農北鄉嗇夫臨敢言之始昌里公乘范忠年

---

① 方勇、張越：《讀金關漢簡醫類簡札記五則》，《魯東大學學報》2017 年第 1 期。

② 秦鳳鶴：《〈肩水金關漢簡（伍）〉釋文校讀》，《簡帛研究》2018 春夏卷，廣西師範大學出版社 2018 年版。

卅一自言將錢東至

敦煌謹案忠毋官獄事當傳謁移過所河津關勿苛留敢言之

八月甲申弘農守丞盧耳尉憙移過所如律令　　　　　73EJD：37A

爲官府□□……

博伏地地

……博爲　　　　　　　　　　　　　　　　　　　73EJD：37B

[1] 黃浩波："盧耳"當作"盧氏"。①

按：改釋可從。

1376. 73EJD：66

☑□二年七月甲申佐通奏封　　　　　　　　　　　73EJD：66

[1] 許名瑲：年號末字疑爲"嘉"字。②

按：暫從整理者原釋，不作釋讀。

1377. 73EJD：69

臨道隧念一毋維☑

卒□□☑　　　　　　　　　　　　　　　　　　　73EJD：69

[1] 王錦城："蒽"原作"念"，該字據其字形則爲蒽，蒽即蔥。

[2] 韓鵬飛："維"可能是"維"字。

按：王錦城、韓鵬飛所言可從。

1378. 73EJD：88

報鄭卿屬南部凡易幾何　　　　　　　　　　　　　73EJD：88A

・收降輸二其一六石不害　　　　　　　　　　　　73EJD：88B

[1] 王錦城：B 面"害"字作形，下部略殘，據文義來看，其或當是"審"，不審義爲不知道，不清楚。

---

① 黃浩波：《〈肩水金關漢簡（伍）〉釋地五則》，《簡帛》第 15 輯，上海古籍出版社 2017 年版。

② 許名瑲：《〈肩水金關漢簡（伍）〉曆日校補》，復旦大學出土文獻與古文字研究中心網，2016 年 10 月 3 日，http：//www.gwz.fudan.edu.cn/Web/Show/2911。

按：王錦城所言可備一説。

1379. 73EJD：120

☑□卿御至通遠廿一日謁官廿二日還宿橋北廿三日日迹數……

☑迹南日中迹北竟還廿六日旦迹南日中迹北竟還廿七日旦迹南日……

☑□會吏□弩周初八日旦南迹□日入迹南竟二日……

☑鋪迹南竟九日旦迹南日中迹北<u>至</u>還五日旦迹南……　　73EJD：120A

☑閒　　旦迹北竟還　日食時入關將卒詣　　旦北至□□□　旦迹☑

☑塞　　下鋪南竟　　行暮宿都倉　　　　□召卒出入　□從□□☑

☑稽落食陳卿舍　日入到治所□　宿趙□□☑竟　　73EJD：120B

[1] 王錦城：A 面第四行"竟還"原作"至還"，"竟"字據字形和文義來看，其爲"竟"字無疑。

按：暫從整理者原釋。

1380. 73EJD：138

☑明<u>瞿</u>　　　　　　　　　　　　　　　　73EJD：138

[1] 秦鳳鶴："瞿"字當隸定爲"嬰"，用爲"備"。①

按：從字形分析，當作"嬰"。

1381. 73EJD：173

☑□陽東鄉東樂里郭敞年五十長☑　　　　73EJD：173

按：73EJD：173 號簡簡首第一字殘，整理者未釋，從辭例分析，推測爲"雒"，肩水金關漢簡 73EJT37：1386＋1138 有"河南落陽東鄉上言里"的相似辭例可爲佐證。

1382. 73EJD：204

河南宜樂里史陽年卅九字少實☑　73EJD：204

[1] 王錦城："實"字原作"實"，該字當釋"實"。

---

① 秦鳳鶴：《〈肩水金關漢簡（伍）〉釋文校讀》，《簡帛研究》2018 春夏卷，廣西師範大學出版社 2018 年版。

按：暫從整理者原釋。

1383. 73EJD：214

·右故受降隧長氐池宣稟里楨充字☑　　　　　73EJD：214

［1］高一致：所謂“宣”字，實爲宜。故原釋“宣稟里”應爲“宜稟里”。①

［2］王錦城：其説或是，該字漢簡“宣”和“宜”字形體往往相似，不易區分，此暫從整理者釋。

按：高一致改釋可從。

1384. 73EJD：233

治渠卒河東安邑陶就里公乘趙喜　　年卅九☑　　　73EJD：233

［1］秦鳳鶴：“陶”字當爲“陰”。②

按：秦鳳鶴改釋可從。

1385. 73EJD：276

☑䠖得萬年里邴種巳☑　　　　　　　73EJD：276

按：73EJD：276號簡整理者所釋“年”字恐非，此字圖版作： ，當是“金”字。“萬金里”里名，肩水金關漢簡中有辭例可爲佐證，如下：

延甲申直隧長䠖得萬金里邴種巳廣野隧長屋□　73EJT24：557

䠖得萬金里簪王殷年卅長七尺　　　73EJT37：110

由此，釋文作：

☑䠖得萬金里邴種巳☑　　　　　　　73EJD：276

1386. 73EJD：313

戍卒汝南郡召陵始成里王恭

① 高一致：《讀〈肩水金關漢簡（伍）〉小札》，簡帛網，2016年8月26日，http：//www.bsm.org.cn/show_article.php？id＝2618。

② 秦鳳鶴：《〈肩水金關漢簡（伍）〉釋文校讀》，《簡帛研究》2018春夏卷，廣西師範大學出版社2018年版。

橐 73EJD：313A

伏伏地大重 73EJD：313B

按：B面除整理者所釋外，第一個"伏"上還有一字可釋，圖版作：

，疑"敢"字。由此，釋文作：

戍卒汝南郡召陵始成里王恭

橐 73EJD：313A

……敢伏伏地大重 73EJD：313B

1387. 73EJD：352

鴻嘉元十月辛卯☑ 73EJD：352

[1] 許名瑲：簡文曆日紀年"元"字下奪"年"字。七月辛卯，原釋文作：十月辛卯。鴻嘉元年十月辛亥朔，無辛卯。"十"字原簡字跡完整清晰，當釋作"七"。其完整簡文曆日當作"鴻嘉元年七月辛卯"。鴻嘉元年七月壬午朔，十日辛卯（儒略日171 4358；前20年8月28日）。①

[2] 羅見今、關守義：鴻嘉元年（前20年）十月辛亥朔，不得有辛卯。查紅外線原圖，原簡本無"卯"字，爲釋文者所加，錯誤。十月辛亥朔，當月可有辛酉、或辛未，但原簡"辛"字後殘留部分無法斷定是"酉"或"未"，故釋文應爲"辛□"，較妥。②

[3] 王錦城：羅見今、關守義説當非是。原簡"元"和"七"之間有斷裂痕，似乎是拼綴而成，也可能中間掉了"年"字的圖版。

按：王錦城所言可從，由此，釋文作：

鴻嘉元七月辛卯☑ 73EJD：352

1388. 73EJD：370

芀一斗 73EJD：370

[1] 王錦城："芀"原作"芀"。

---

① 許名瑲：《〈肩水金關漢簡（伍）〉曆日校補》，復旦大學出土文獻與古文字研究中心網，2016年10月3日，http：//www.gwz.fudan.edu.cn/Web/Show/2911。

② 羅見今、關守義：《〈肩水金關漢簡（伍）〉曆簡考釋》，《中原文化研究》2018年第6期。

按：改釋可從。

1389. 73EJD：376

□□□□爲

在子候所□□□　　　　　　　　　　　　　73EJD：376

按：參考 73EJD：16 號簡，釋文作：

□□□□爲

在子候所□□□　　　　　　　　　　　　　73EJD：376

1390. 73EJD：391

□實陳君長鄭君□　　　　　　　　　　　　　73EJD：391

［1］王錦城：“實”字當爲“賓”字。

按：王錦城改釋可從。

（三十八）72EJC、73EJC

1391. 72EJC：15

章曰熒陽丞印　　　　　　　　　　　　　　72EJC：15 B

［1］韓鵬飛：此處的“曰”應隸定爲“自”。

按：改釋可從。

1392. 72EJC：27

田卒魏郡犂臨里大夫陰福年廿六　　　　　　72EJC：27

［1］高一致：疑本簡於“犂”後脱一“陽”字，“犂陽”即黎陽。①

［2］王錦城：説是，當爲原簡書寫時脱漏。

按：補釋可從。

---

① 高一致：《讀〈肩水金關漢簡（伍）〉小札》，簡帛網，2016 年 8 月 26 日，http：//
www. bsm. org. cn∕show_article. php？ id＝2618。

1393. 72EJC：43＋52

安定郡施刑士周<u>工</u>阿里救充邑年廿黃色長七尺三寸　　72EJC：43＋52

［1］黃浩波："周"當作"鹵"。①

按：黃浩波所言可從。

1394. 72EJC：79

……

□德在術刑在庭　　　日加卯□加午下弦　　　　　　　72EJC：79A

二月大丁巳朔重春分戊午可食社稷己未血忌

□酉小時在辰……　　　　　　　　　　　　　　　　72EJC：79B

［1］許名瑲：酉字前殘字殘斷嚴重，不知爲"癸"或"乙"字殘筆。②

［2］王錦城：該字殘缺，僅存右下半部，或是"癸"或"乙"字，此暫從整理者釋。

按：暫從整理者原釋。

1395. 72EJC：125＋134

☑□里成鳳年廿 載小麥八十七石五斗輸范誼誼　　72EJC：125＋134

［1］韓鵬飛："斗""輸"之間補"二"。

按：補釋可從，另，"里"上一字可補"昌"。地灣漢簡86EDT8：16號簡有"就人䅯得益昌里成鳳輸肩水候官"的辭例，兩簡中同樣是"成鳳"，地點同樣是"肩水金關"，承擔的任務同樣是"糧食輸送"，據此，當是同一人。由此，我們也從此簡看出肩水金關漢簡與地灣漢簡有緊密的關聯。

---

① 黃浩波：《〈肩水金關漢簡（伍）〉釋地五則》，《簡帛》第15輯，上海古籍出版社2017年版。

② 許名瑲：《〈肩水金關漢簡（伍）〉曆日綜考》，《出土文獻與古文字研究》第7輯，上海古籍出版社2018年版。

1396. 72EJC: 201

謂金城隧長福塞虜<u>福</u>　　　　　　　　　　　　　72EJC: 201

[1] 王錦城：簡末"隧"字原作"福"，該字圖版漫漶不清，從可辨識的筆畫來看，其和同簡"金城隧"的"隧"字相似，或當釋"隧"。又據文義來看，釋"福"於義不可解，釋"隧"則文句較通順。

按：圖版十分不清晰，暫從整理者原釋。

1397. 72EJC: 218

延水令史楊禹☑　　　　　　　　　　　　　　　　72EJC: 218

☑□䍐得市陽里公乘楊禹　十月壬戌出丿　　　　　73EJC: 339

按：兩簡中所記載的"楊禹"當是同一人，居延漢簡 32.11 的記載可爲佐證，如下：

令史䍐得市陽里公乘楊禹年［卅］五　斥免□□　　　　32.11①

據 32.11 簡可知"楊禹"職位是"令史"，爵位"公乘"，由此 72EJC: 218、73EJC: 339 可形成互證。

此外，72EJC: 218 號簡整理者所釋的"廷"字，恐非，此字圖版作：，當是"延"字，肩水金關漢簡以及居延漢簡中亦有"延水令史"可爲佐證，如下：

延水令史孫仁　　　　　　　　　　　　　　　73EJT37: 1117

爲延水令史神爵二年九月中爲　　　　　　　　　26.16②

由此，釋文當作：

延水令史楊禹☑　　　　　　　　　　　　　　　72EJC: 218

由此，可復原出"楊禹"的相關信息，職位是"延水令史"，爵位"公乘"，籍貫"䍐得市陽里"，年齡"卅五"。

1398. 72EJC: 267

□□毋官徵事☑

---

① 簡牘整理小組編：《居延漢簡（壹）》，臺北："歷史語言研究所"2014 年版，第 98 頁。
② 簡牘整理小組編：《居延漢簡（壹）》，臺北："歷史語言研究所"2014 年版，第 81 頁。

□嗇夫武行尉☑

二月己酉燊陽　　　　　　　　　　　　　　　72EJC：267A

印曰燊陽右□☑　　　　　　　　　　　　　　72EJC：267B

[1] 何茂活："滎"當爲"燊"。① 黃艷萍同②。

按：釋文當作"燊"，另，第二行簡首一字，圖版殘缺，73EJT10：213號簡有"六月乙未廚嗇夫武行右尉事"辭例可參，疑可補"廚"，由此，釋文作：

□□毋官徵事☑

廚嗇夫武行尉☑

二月己酉燊陽　　　　　　　　　　　　　　　72EJC：267A

印曰燊陽右□☑　　　　　　　　　　　　　　72EJC：267B

1399. 72EJC：270

……里父老公乘□☑

☑廷移過所縣邑侯☑　　　　　　　　　　　　72EJC：270A

☑印　　　　　　　　　　　　　　　　　　　72EJC：270B

[1] 劉欣寧：父老後方文字不明，參看他例原應有"證"等字。③

按：劉欣寧意見可從。

1400. 73EJC：284

元年二月中魚廿頭遣李長實丿丿　　　　　　　72EJC：284

[1] 王錦城："實"原作"實"，當釋"實"字。

按：暫從整理者原釋。

1401. 73EJC：293

☑北亭長章敢言之迺癸巳平旦時騂北亭卒同受　　73EJC：293

① 何茂活：《〈肩水金關漢簡（壹）〉釋文訂補》，復旦大學出土文獻與古文字研究中心網，2014年11月28日，http：//www.gwz.fudan.edu.cn/Web/Show/2392。

② 黃艷萍：《〈肩水金關漢簡〉（壹—肆）異體字研究》，博士學位論文，華東師范大學，2016年。

③ 劉欣寧：《漢代"傳"中的父老與里正》，《早期中國史研究》2016年第8卷第2期。

按：簡首字殘，整理者未釋，當是"騂"字，肩水金關漢簡中有辭例可爲佐證。

1402. 73EJC：304

魏苟𦚯錢卅　　　　　　　　　　　　　　　　73EJC：304

[1] 沈思聰："𦚯"當釋"豚"，"苟豚"即"狗豚"。

按：沈思聰之言可備一說。

1403. 73EJC：312

河平三年五月癸丑橐他候福移致□□卒

都尉府　六月庚□☑　　　　　　　　　　　　73EJC：312

[1] 許名瑲：六月庚申，"申"字殘泐，其左下半部佚失，右上半部殘存字跡亦漫漶不清，原整理者未釋。[1]

[2] 王錦城：補釋或可從，但該字圖版殘斷，不能確知，當從整理者釋。

按：暫從整理者原釋不作釋讀，另，參考73EJT2：78號簡，訂補釋文如下：

河平三年五月癸丑橐他候福爲致送□卒

都尉府　　　　　　　　　　　　六月庚□☑　73EJC：312

1404. 73EJC：316

元始元年正月己未朔癸未西鄉嗇夫蔡敢言之□□

☑毋官獄徵事當得以令取傳謁移肩水金關居☑

正月癸未氐池長良移肩水金關居☑　　　　　73EJC：316A

氐池長印　氐丞　　　　　嗇夫□

二月丙午以來北出　出出丞　君卿下　　　　73EJC：316B

[1] 郭偉濤："君門下"原釋爲"君卿卩"，細察圖版，后兩字當爲

----

① 許名瑲：《〈肩水金關漢簡（伍）〉曆日校補》，復旦大學出土文獻與古文字研究中心網，2016年10月3日，http://www.gwz.fudan.edu.cn/Web/Show/2911。

"門下"，徑改。①

　　按：郭偉濤改釋可從。

1405. 73EJC：322

戍卒魏郡梁期來<u>期</u>里不更王□年卅五（竹簡）　　　　　73EJC：322

　　按："來"下一字整理者釋作"期"，恐非，此字圖版作：，同簡

"期"字作：，對比可以發現字形差異較大。疑是"趙"字，73EJT1：

157 號簡可提供辭例支撐。73EJC：322 號簡"王"下一字圖版作：，

整理者未釋，與"相"字近似，疑爲"相"殘筆。73EJC：322、

73EJT1：157 兩簡可以對讀研究，兩簡所指爲同郡同縣同里同人。由此，

釋文作：

戍卒魏郡梁期來<u>趙</u>里不更王相年卅五（竹簡）　　　　　73EJC：322

1406. 73EJC：333

☑以給卅人隗憲二月<u>來</u>七月□☑　　　　　73EJC：333

　　按：整理者所釋"來"字，恐非，此字圖版作：，疑"奉"字，

列舉肩水金關漢簡中的"奉"、"來"兩字，對比如下：

73EJF2：2	73EJF3：352	73EJD：211	73EJT7：61
73EJF3：380	73EJD：48	72EJC：140	73EJT7：70

①　郭偉濤：《漢代張掖郡肩水塞研究》，博士學位論文，清華大學，2017 年，第 125 頁。

　　對比可知，由於此字殘缺，字形上與"奉"、"來"兩字均較相似，從字形上入手分別兩字的可能不太現實。然從文意分析，傾向是"奉"字。肩水金關漢簡中亦有相似辭例可爲佐證，如下：

以給士吏王相四月盡六月奉　　　　　　　　　　　　73EJT4：5

出錢千二百　　以給士吏相六月奉　　　　　　　　73EJT21：242

給始安隧長趙禹七月奉　　　　　　　　　　　　　73EJT37：194

　　此外，整理者所釋"卅"、"人"，從文意看並不通順，兩字圖版作：，知圖版殘缺不全，實無法判別。由此，釋文作：

☑以給☐☐隗憲二月奉七月☐☑　　　　　　　　73EJC：333

1407. 73EJC：350

元始四年九月庚午朔肩（竹簡）　　　　　　　　　73EJC：350

　　[1] 許名瑲：原簡文"五月"誤書作"九月"，原簡文作"肩"，恐非是，當爲"庚"字之訛。元始四年五月庚午朔，朔日庚午（儒略日172 2677；4 年 6 月 7 日）。①

　　[2] 羅見今、關守義：元始四年（4 年）九月戊辰朔，五月庚午朔。原簡書誤。②

　　[3] 王錦城：（許名瑲）其説或可從，但從圖版來看，"肩"字釋讀似不誤，且其後未見字跡。

　　[4] 韓鵬飛："始"當隸定作"佁"。

　　按：王錦城之言可從。

1408. 73EJC：357

騎士便里馮發年廿五　　　　　　　　　　　　　　73EJC：357

　　[1] 韓鵬飛："發"應暫存疑。

　　按：存疑較爲適宜。

---

① 許名瑲：《〈肩水金關漢簡（伍）〉曆日校補》，復旦大學出土文獻與古文字研究中心網，2016 年 10 月 3 日，http：//www.gwz.fudan.edu.cn/Web/Show/2911。

② 羅見今、關守義：《〈肩水金關漢簡（伍）〉曆簡考釋》，《中原文化研究》2018 年第 6 期。

1409. 73EJC：432

☑□養里李尊□☑　　　　　　　　　　　　　73EJC：432

居延關都里男子王遵年十七　　　　　　　　73EJC：594

按：73EJC：594 號簡整理者所釋“關”字，圖版作：，當是“闓”，張俊民、李洪財均有論述。① 此外，73EJC：432、73EJC：594 號簡整理者所釋“遵”字，亦恐非，此字圖版分別作：、，疑“道”字，值得注意的是，居延新簡已有“遵”改“道”的先例，（EPT4：93）原釋作“遵”②，孫占宇改釋文作“道”。③ 由此，釋文作：

☑□養里李道□☑　　　　　　　　　　　　　73EJC：432

1410. 73EJC：441

故駁卒段益雠　　　　　　　　　　　　　　73EJC：441

［1］沈思聰：“益雠”即“益壽”。

按：沈思聰之言可備一説。

1411. 73EJC：458

南書一封 李奉印詣肩水都尉府

六月戊戌日出□☑

平明七分付沙頭□☑　　　　　　　　　　　73EJC：458

按：整理者所釋“平”字，恐非，此字圖版作：，疑是“卒”字。簡文是郵書傳遞，常見格式是“某卒某時付某卒”，如下：

① 張俊民：《肩水金關漢簡（壹）釋文補例》，簡帛網，2014 年 12 月 16 日，http：//www. bsm. org. cn/show_article. php？id＝2112；李洪財：《〈肩水金關漢簡〉（伍）校讀記（一）》，簡帛網，2017 年 2 月 25 日，http：//www. bsm. org. cn/show_article. php？id＝2739。

② 甘肅省文物考古研究所等編：《居延新簡——甲渠候官》，中華書局 1994 年版，第 6 頁；甘肅省文物考古研究所等編：《居延新簡——甲渠候官與第四燧》，文物出版社 1990 年版，第 14 頁；馬怡、張榮強：《居延新簡校》，天津古籍出版社 2013 年版，第 20 頁；中國簡牘集成編輯委員會：《中國簡牘集成》第 9 册，敦煌文藝出版社 2001 年版，第 41 頁。

③ 孫占宇：《居延新簡集釋》第 1 册，甘肅文化出版社 2016 年版，第 292 頁。

卒充即行日蚤食時付沙頭亭卒合　　　　　　　　73EJT23：1021

正月己丑東中時良受莫當卒良八分時付沙頭卒益有良行

　　　　　　　　　　　　　　　　　　　　　　73EJT24：627

五月癸亥日中時騂北卒受莫當卒同八分時付沙頭卒同　73EJT4H：12

依據陳夢家對郵書的研究，莫當、騂北、沙頭之間的亭隧傳遞，自北向南依次爲：莫當→騂北→沙頭。① 綜合辭例分析，此處“卒明”疑是莫當卒。

1412. 73EJC：480

即日嗇夫豐發

□□　　　　　　　　　　　　　　　　　　　　73EJC：480

[1] 胡永鵬：缺釋之字亦爲“門下”。②

按：補釋可從。

1413. 73EJC：489

莫當隧卒張褒　　　　　　　　　　　　　　　　73EJC：489

[1] 沈思聰：“褒”字圖版作 ，釋“褒”可疑。

按：存疑不釋較爲適宜。

1414. 73EJC：526

定從居延來伏地再

請丈人……　　　　　　　　　　　　　　　　　73EJC：526A

伏地再拜地再拜

之之之之伏地再拜伏地（習字）　　　　　　　　73EJC：526B

[1] 韓鵬飛：“伏地”存疑。

按：簡面存在多次書寫，暫從整理者原釋。另，B 面右側簡首疑“張卿足下”。

---

① 陳夢家：《漢簡綴述》，中華書局 1980 年版，第 15 頁。

② 胡永鵬：《肩水金關漢簡校讀五則》，《近代漢字研究第三屆學術年會論文集》，湖南師範大學，2020 年 11 月。

1415. 73EJC：529

卒史興妻大女桂從者同里王得願俱往遺衣用乘所<u>言</u>用馬一匹·謹案延壽等毋官獄徵事當

爲取傳里父老更生等皆任延壽等謁言廷移過所縣邑門亭河津馬界關

毋苛留止如律令敢言之　　　　　　　　　　　　　73EJC：529A

章曰長丞安印　　　　　　　　　　　　　　　　73EJC：529B

［1］韓鵬飛：此處爲"言"字，爲"占"的誤書。

按：所言可從。

1416. 73EJC：538

遆四月甲寅病身<u>楒</u>☑　　　　　　　　　　　　73EJC：538

［1］張再興、黃艷萍："楒"當是"炅"的基礎上加義符"月（肉）"構成的語境異體字。"炅"字讀作"熱"。①

按：補釋可從。

1417. 73EJC：542

☑丁未肩水候憲□□□受

……　　　　　　　　　　　　　　　　　　　73EJC：542A

☑欲轉表取表是始昌

☑凡少三石幼伯自言入　　　　　　　　　　　73EJC：542B

按：A面"受"上一字，整理者未釋，此字圖版作：▨，疑"同"字殘筆。"同受"肩水金關漢簡中常有出現。

1418. 73EJC：553

☑□□田　　　　　　　　　　　　　　　　　　73EJC：553

［1］秦鳳鶴："田"上一字當爲"取"。②

---

① 張再興、黃艷萍：《肩水金關漢簡校讀札記》，《中國文字研究》2017 年第 26 輯。

② 秦鳳鶴：《〈肩水金關漢簡（伍）〉釋文校讀》，《簡帛研究》2018 春夏卷，廣西師範大學出版社 2018 年版。

按：秦鳳鶴補釋可從。

1419. 73EJC：554

☑□陽<u>舒</u>里常奉　牛一劍一盾一　　　　　　　　　　　　73EJC：554

［1］徐佳文：整理者所釋"舒"字，應爲"郫"字。①

［2］王錦城：從字形來看，似當爲"舒"。

按：從整理者原釋。

1420. 73EJC：573

☑<u>二輩</u>凡七□☑　　　　　　　　　　　　　　　　　　　73EJC：573

按：整理者所釋"輩"字，簡繁存在問題，此處圖版作：，當是繁體"輩"字。肩水金關漢簡中有辭例可爲佐證。

1421. 73EJC：586

☑如教叩頭□☑　　　　　　　　　　　　　　　　　　73EJC：586A

按：徐佳文指出 73EJC：586A 號簡"原圖版爲'□'，根據辭例改，應爲'言'。"② 73EJC：586A 號簡徐佳文所釋"言"字，圖版作：，殘斷難釋，若僅從字形出發，釋"言"存在疑問，此外，73EJF1：38A 號簡簡文作"者未蒙教叩頭再拜"，其中"拜"字作：，倒與 73EJC：586A 號簡字形近似，且辭例亦相合，當然也有其他的可能。③ 所以傾向整理者存疑不釋的做法。

1422. 73EJC：592

子佋居家故字爲誰踈予便君它所飲者輙＝言

名眇字元夫　　　　　　　　　　　　　　　　　　　73EJC：592A

---

① 徐佳文：《〈肩水金關漢簡（伍）〉札記二則》，《漢字文化》2017 年第 6 期。

② 徐佳文：《讀〈肩水金關漢簡（伍）〉札記》，簡帛網，2017 年 2 月 27 日，http：//www. bsm. org. cn/show_article. php？ id＝2740。

③ 李洪財認爲或爲"幸""伏"。

證房報子都舍何緩急得毋有病瘦者欲干遺

令史之長房子都子佋數事言子□遺不相爲之　　　　　　　　73EJC：592B

[1] 沈思聰：未釋字圖版作![image]，當釋“方”。

按：沈思聰之言可備一説。

1423. 73EJC：593

憐振給賞思不可梁德不可勝陳賞又遠爲吏居窮處伏自念元未有可復

思　　　　　　　　　　　　　　　　　　　　　　　　73EJC：593

[1] 張再興、黄艷萍：“憐”字可能是“哀憐”合寫。①

[2] 王錦城：説可從，該字左部爲心，右部上衣下心。

按：暫從整理者原釋。

1424. 73EJC：594

居延關都里男子王遵年十七　　　　　　　　　　　　　73EJC：594

按：參 73EJC：432 號簡，釋文作：

居延關都里男子王道年十七　　　　　　　　　　　　　73EJC：594

1425. 73EJC：600

・小時者大一之左將也常在角 = 者倉龍也故行戰舉百事欲左小時而

吉小時常主斗轂逆之大敗　　　　　　　　　　　　　　73EJC：600

[1] 王錦城：“在將”、“欲在”的“在”字原均作“左”，該兩字或當爲“在”字。

按：王錦城所言可從，此外，整理者所釋“吉”字疑“告”字。由此，釋文作：

・小時者大一之在將也常在角 = 者倉龍也故行戰舉百事欲在小時而

告小時常主斗轂逆之大敗　　　　　　　　　　　　　　73EJC：600

1426. 73EJC：604

十一月己卯肩水士吏順以私印兼行候事下尉士吏順東部候長遷等承

---

① 張再興、黄艷萍：《肩水金關漢簡校讀札記》，《中國文字研究》2017 年第 26 輯。

書從事

下當用者如詔書 73EJC：604

[1] 秦鳳鶴："遷"當爲"還"。①

[2] 張俊民："遷"與"還"的分歧，原本書寫的筆畫減省，字體似是而非，但作爲人名考慮"遷"字就會更加合理。

按：張俊民所言可從，暫從整理者原釋。

1427. 73EJC：607

·子贛曰九變復貫知言之暮居而俟合<u>憂心懆=念國之虐</u>子曰念國者懆=呼衡門之下 73EJC：607

[1] 尉侯凱："憂心懆懆（懆當爲慅字之訛），念國之虐"，見於《詩經·小雅·正月》……我們認爲，簡文的"慅慅"與今《小雅·正月》的"慘慘"，當爲異文的關係……"九變複貫，知言之篆"，不見於今本《詩經》。②

按：尉侯凱所言可備一説。

1428. 73EJC：611

四月辛丑夜詬火天風填<u>寊</u>不知時騂北亭受橐他莫當隧　　騂北亭長襃移 73EJC：611

[1] 王錦城：因此，上述"冐"和"寊"，或可均釋作"冒"。③

[2] 蕭旭："寊"當是"寈"等形之誤寫，即"冥"俗字，昏晦也。另外，"目冐"當作"目寈"，指眼目凹陷。"皮寊"當作"皮冒"，余曾

---

① 秦鳳鶴：《〈肩水金關漢簡（伍）〉釋文校讀》，《簡帛研究》2018 春夏卷，廣西師範大學出版社 2018 年版。

② 尉侯凱（悅園）：《〈肩水金關漢簡（伍）〉有關〈詩〉〈書〉的兩條記載》，簡帛網簡帛論壇，2016 年 8 月 28 日，http：//www. bsm. org. cn/bbs/read. php？ tid = 3391&keyword = %BC% E7% CB% AE% BD% F0。後以"《讀〈肩水金關漢簡〉零札七則》"爲名，發表於《西華大學學報》2017 年第 1 期。

③ 王錦城：《肩水金關漢簡校讀札記（一）》，簡帛網，2017 年 7 月 13 日，http：//www. bsm. org. cn/show_article. php？ id = 2839。

有專文考證。①

　　按：諸家意見可從。

1429. 73EJC：614

南陽郡宛薄<u>林</u>里朱耐年廿四　　　　　　　　　　　73EJC：614

［1］秦鳳鶴："林"當爲"如"。②

　　按：秦鳳鶴改釋可從。

1430. 73EJC：658

☑阿都里頓得奴年五十一　　　　　　　　　　　73EJC：658A

☑都里士五頓……　　　　　　　　　　　　　73EJC：658B

　　按：整理者所釋"阿"字，恐非，此字圖版作：▆，而"阿"字常作：▆（72EJC：43），與該字字形差異較大。疑此字當是"得"字，同簡"得"字寫作：▆，可供對比。此外，觻得（一作"祿得"）又下轄有"都里"，如下：

觻得都里公乘　　　　　　　　　　　　　　73EJT15：10

士吏護葆觻得都里公乘張徙年卅五歲　　　　73EJT37：759

祿得都里大夫周賢年五十八長七尺二寸黑色　73EJT37：920

此外，B面"頓"下一字殘，圖版作：▆，綜合從殘留筆跡以及A面簡文分析，此字有可能是"得"字殘筆。由此，釋文作：

☑（觻）得都里頓得奴年五十一　　　　　　73EJC：658A

☑都里士五頓得……　　　　　　　　　　　73EJC：658B

1431. 73EJC：658

□譚年卅五　　　布巾一　　　　　　□

布單襦一領布橐一

---

　　① 蕭旭：《關於漢簡填官的校正》，簡帛網簡帛論壇，2017 年 7 月 13 日，http：//www. bsm. org. cn/forum/forum. php？mod = viewthread&tid = 3488。

　　② 秦鳳鶴：《〈肩水金關漢簡（伍）〉釋文校讀》，《簡帛研究》2018 春夏卷，廣西師範大學出版社 2018 年版。

布昆一兩　　　　　舌一具　　　　　　　73EJC：671

［1］雷海龍：布昆一兩之“昆”可讀爲“褌”。①

按：雷海龍所言可從。

（三十九）72ECC

1432. 72ECC：3

總領煩亂決疑文辨闈煞□☑　　　　　　72ECC：3

［1］張傳官：簡末未釋字與“傷”字相合。②

按：張傳官之言可備一説。

1433. 72ECC：5

☑羜翰六畜蕃殖㹠羵豬豭豶狡狗野雞雛　　72ECC：5A

第六十一　　　　　　　　　　　　　　　72ECC：5B

［1］高一致：原釋“㹠”字，簡文寫作🔲。該字應釋寫作“㹠”，這里用作“豚”。③

［2］張傳官：“彖”與“豕”在偏旁中常因形近而訛混，此處之“㹠”當視爲“豚”之異體，將二者關係表述爲“‘㹠’用作‘豚’”實際上是不準確的。

［3］王錦城：諸説是。該字據字形看當作“㹠”。

按：從整理者原釋。

1434. 72ECC：6、72ECC：19

疾狂失鄉癃瘶積癉麻溫病　　　　　　　72ECC：6A

第六十六　　　甲子乙丑□□　　　　　72ECC：6B

癉麻溫病　　　　　　　　　　　　　　72ECC：19

---

① 雷海龍微信告知。

② 張傳官：《〈肩水金關漢簡〔伍〕〉所見〈急就篇〉殘簡輯校——出土散見〈急就篇〉資料輯錄（續）》，《華學》第 12 輯，中山大學出版社 2017 年版。

③ 高一致：《讀〈肩水金關漢簡（伍）〉小札》，簡帛網，2016 年 8 月 26 日，http：// www. bsm. org. cn/show_article. php？id＝2618。

［1］張傳官："瘾"、"痛" 爲一字異體。《金關伍》72ECC：19 此字僅存下部之"心"旁，當爲據傳世本和《金關伍》72ECC：6A 擬補。[①]

［2］王錦城：其説是，該字僅存下部"心"字殘筆。

按：張傳官之言可從。

1435. 72ECC：38

☑九月十四日起詣觻得郵行起□☑

☑時范尊受李實☑　　　　　　　　　　　　　　　　72ECC：38

［1］王錦城："實"字原作"實"，當爲"賓"。

按：暫從整理者原釋。

1436. 72ECC：43

☑□七月戊午朔戊寅☑　　　　　　　　　　　　　72ECC：43

［1］胡永鵬：所謂的"戊寅"當釋"十七日"。[②]

按：懷疑爲"壬申"兩字。

1437. 72ECC：81

☑凡□不□☑　　　　　　　　　　　　　　　　　72ECC：81

［1］秦鳳鶴："凡"下一字當爲"情"。[③]

按：補釋可從。

---

① 張傳官：《〈肩水金關漢簡〔伍〕〉所見〈急就篇〉殘簡輯校——出土散見〈急就篇〉資料輯錄（續）》，《華學》第 12 輯，中山大學出版社 2017 年版。

② 胡永鵬：《肩水金關漢簡校讀五則》，《近代漢字研究第三屆學術年會論文集》，湖南師範大學 2020 年 11 月版。

③ 秦鳳鶴：《〈肩水金關漢簡（伍）〉釋文校讀》，《簡帛研究》2018 春夏卷，廣西師範大學出版社 2018 年版。

後　　記

　　筆者對肩水金關漢簡是蠻有感情的，對這批材料的關注與研究也已經有一段時間了。確切地說，筆者是從肩水金關漢簡正式進入漢簡研究的大門的。

　　2014 年進入武漢大學簡帛研究中心之始，對簡帛學是頗爲陌生的。尤其是古文字基礎很薄弱，在陳偉老師的鼓勵與指導下，開始去接觸古文字材料。說來慚愧，雖然古文字的書買了不少，但到處碰壁，也鬧出了很多的笑話，心裏不免有焦急和畏難的情緒，對陳老師也頗有愧疚之感。2015 年初，因爲申請武漢大學博士研究生自主科研項目，筆者組建了研究團隊，在與同一級的雷海龍、謝坤交流後，選定了肩水金關漢簡作爲項目方向，這才開始了漢簡的研究。

　　研學過程中，由於學界對肩水金關漢簡釋文的校改意見很多，閱讀肩水金關漢簡時非常不便，不知道一枚簡有沒有改釋、補釋意見，導致不敢寫札記文章。於是乎心中便有了匯總學界意見的想法，便着手盡可能地收集已發表的各種文章，進行匯總。隨着資料越來越多，發現這對一個古文字基礎薄弱的初學者而言，難度是很大的。還好武大簡帛研究中心資料豐富，可以方便查閱各種古文字書籍，中心各位老師、師兄師姐也願意賜教。我經常會把先寫好的札記文章，發給陳偉老師、李天虹老師、何有祖老師、魯家亮老師、高一致師兄等，請他們先代爲把關，若他們覺得可行，我才敢在簡帛網上發佈。此時回顧自己在簡帛研究中心求學的四年，能夠安心讀書，盡心學術，多賴師友們的支持和關愛。

　　後來對肩水金關漢簡的研究越來越入迷，並就相關問題產生了寫專題的想法，故把自己的札記文章通過郵箱發給了張德芳老師，請他進行把關。張老師回信說“大作粗略看過，我覺得寫得很好。簡牘研究，就是這樣的路數，先從小處着眼，從釋字開始，從點到面，最後貫通，終究會取得大的成績。"這無疑給了我很大的自信，對剛入門研究簡牘的年輕人也是一種巨大的鼓舞。後來也是在張德芳老師的提攜下有幸參與了《肩水金關漢簡（伍）》的整理工作，得以有機會查看原簡並與參加整理的諸位老師交流，收穫很大。

在研讀肩水金關漢簡的過程中，張俊民、孫占宇、顏世鉉、鄔文玲、肖從禮、馬智全、楊眉、韓華、曾磊等師長給予了許多無私幫助，至今難忘。平日與張俊民老師學術溝通最爲頻繁，受教良多。2019 年 10 月份，孫占宇師兄組織了居延邊塞考察活動，打電話邀請我加入，我有幸與簡牘學界的很多老師一起參與，得以親臨漢代烽燧遺址探查，抵達了肩水金關遺址（A32），藍天白雲之下，荒漠殘壁之處，談簡論道，讓我獲悉了更多簡牘信息，十分開心。這也是參加工作後，一次身心與學術的全面放鬆之旅。在此，感謝所有的幫助者，也希望自己在簡帛學研究的道路上能回饋大家的期望！

由於書寫時間倉促，學界對肩水金關漢簡的討論還在繼續，加之筆者本人研讀漢簡的時間尚短，小書定有很多的問題和不足，真心希望得到大家的批評指正，使以後再進行修訂補充。最後，感謝家人對我工作的支持，兒子的出生帶來了開心和喜悅，希望他無憂無慮地成長。

姚磊

2020 年 10 月 11 日